随感录第五辑

王利明 著

法治是一种生活方式

北京大学出版社
PEKING UNIVERSITY PRESS

序 言

新世纪以来,我在繁忙的工作之余,结合我国社会法治进程中出现的相关问题,写下了自己的一些思考。这些文章既不系统,也不完整,甚至思考并不深入,但作为中国当代法治进程的亲历者、见证者和实践者,作为一名躬耕于法学领域的学者,不断思考和记录关于当下问题的点滴想法,也可以说是积极参与国家法治的一种方式。我也希望将这些感想略加整理之后公开发表,与广大读者分享,希望能够引发大家更多地关注法治建设。

正是出于这种想法,我先后出版了《人民的福祉是最高的法律》《法治:良法与善治》《法治具有目的性》《法为民而治》四本随感录。本书是第五本。本书之所以以"法治是一种生活方式"为书名,主要有四点考虑:第一,法治的根本目的是要保障人民的美好幸福生活。随着我国进入新时代,人们对法治在保障我们幸福生活方面的重要性越来越有共识,国人普遍认识到,提升国人的幸福指数,一个重要的内容就是要厉行法治。法治不仅仅保障了国家的长治久安,而且也保障了人民的幸福生活。法治不仅应该成为一种治国方略,更应该成为一种生活方式。第二,法治的精髓在于良法善治。而法律能否成为良法,根本还在于其是否普遍地反映了人民的意愿,维护了人民的权益,增进了人民的福祉,有助于实现社会的公平正义。第三,无论是行政执法,还是公正司法，最终的落脚点都是为了保障和维护公民的人格尊严、人身自由和财产安全，使人民群众具有公正感、安全感和幸福感。第四，构建法治社会、建设法治国家，既不仅仅是政府的事，也不仅仅是法律人的事，而应当是社会各界共同的事业，需要社会各界从不同的侧面来共同践行和促成。同时，法治教育也是法治实践的重要组成部分，因为要更系统地促进国家法治事业，不仅需要在职业的法律活动中坚持和贯彻法治的原则与精神，而且还应当将法治教育融于现代公共教育体系中，让法治教育成为社会通识教育的一部分。全社会都要以守法为荣、以违法为耻，自觉养成遵纪守法的生活习惯。

全心全意为人民服务是我们党的宗旨，为人民谋幸福，为民族谋复兴，在中国大地上全面实行依法治国，从根本上说也是为了满足人民美好幸福生活的需要。世界上有些国家虽然一度实现快速发展，但并没有顺利迈进现代化国家行列，反而落入了"中等收入陷阱"（Middle Income Trap），这很大程度上与其法治不彰有密切关联。"不谋万世者，不足谋一时"[1]，建设法治国家，推进法治昌明，是党和政府的奋斗目标，是亿万人民的美好期盼，是实现中华民族伟大复兴"中国梦"的必然选择。从社会主义法制到社会主义法治，从依法治国到全面依法治国，从形成中国特色社会主义法律体系到建设中国特色社会主义法治体系，一幅波澜壮阔、绚丽多彩的法治画卷正在绘就。中国社会在法治方面取得的每一次进步，都使得人们对未来的美好幸福生活充满期待。与法治同行，我们的生活会越来越美好。

在《人类简史：从动物到上帝》中，尤瓦尔·赫拉利对人类社会的发展作出了如下总结：人类社会从来没有终点，是一场永远的革命，总

---

[1] 〔清〕陈澹然:《寤言二·迁都建藩议》。

是在不停地变动和发展。① 因此,我们总能不断地发现和追求新的目标,改变人类的社会生活。即便到了后小康时代,我们还需要深刻地认识到,还有很多美好的社会生活目标在等着我们去不断地追求和实现。追求法治就是要不懈地追求社会公平正义,维护个人的基本权益,进一步提升人格尊严和幸福。人类对安全、正义、自由的追求是永恒的,法治也将永远是人类社会不懈追求的目标。

法之必行,在于民心所向。新时代,法治已经走进我们的生活,成为我们的一种生活方式。在实现中华民族伟大复兴的道路上,还要不断筑法治之基、行法治之力、积法治之势,努力让人民群众在每一项法律制度、每一个执法决定、每一宗司法案件中都感受到公平正义,这是每一个法律从业者心中的至上理念,也是法治中国的美好愿景和执着追求。

---

① 参见〔以色列〕尤瓦尔·赫拉利:《人类简史:从动物到上帝》,林俊宏译,中信出版社2014年版。

目　录

第一编　法治的一般理论

法治是一种生活方式　　3
绘就法治建设的宏伟蓝图　　10
何谓"法乃公器"？　　15
法治者，治之极轨也　　22
法治与法治国家概念的区分　　27
从"典"的含义看法典化　　31
亲历民事立法四十年　　37
法是社会契约的产物吗？
　　——重读卢梭《社会契约论》　　45
坚持人民主体地位　　51
什么是权利
　　——重读霍菲尔德的《基本法律概念》　　56
靠什么致君尧舜？　　62
保障自由是法治的精髓　　66
法安天下　德润人心　　72
保护好基本民事权利就是保障人权　　77
从熟人社会到陌生人社会：法律制度的变迁　　83

法治建设：既要自上而下，也要自下而上	88
"活法"理论的启示	94
从工商社会的法治迈向数字社会的法治	101
法治是最好的营商环境	109
从春秋决狱所想到的	114

第二编　民法典编纂

迈进民法典时代	123
为民法典编纂和实施贡献智慧力量	127
民法典：保障私权的宣言书	130
民法典是依法行政的基本遵循	135
从单行法思维向法典化思维转化	140
发挥民法典在国家治理现代化进程中的保障作用	145
民法总则：浸润学术智慧的民法典开篇之作	150
民法典合同编的中国特色	153

第三编　立法制度

以良法促发展保善治	161
再谈法贵简约	166
加快公共卫生重点领域立法	172
构建地方法治竞争的格局	178
加强政务诚信亟须立法	183
个人信息与隐私为何需要区别保护？	188

交警可否因交通剐蹭事故查阅个人通话记录？　192

"AI 换脸"亟须法律规制　196

规范"算法"程序　保障数字正义　202

法治社会需要一部行政程序法典　207

控股股东掏空公司的民事责任　213

针对美国长臂管辖的立法应对　219

亲属拒证权与亲亲相隐　225

小议自媒体时代的回应权　230

第四编　司法制度

如何应对诉讼爆炸？　239

宁可错放，不可错判　244

法院能与公司搞战略合作吗？　249

司法应当向"和稀泥"说不　254

法无解释不得适用
　　——以受害人自甘冒险的案例为例　258

裁判文书是否要记载分歧意见　264

准确识别虚假诉讼　270

裁判说理要秉持正确的价值观　275

检察机关提起生态环境公益诉讼的相关建议　282

充分发挥行业调解、仲裁在纠纷解决中的功能　286

第五编　法治的实践

普法：让宪法精神深入人心　295

"人情债"的软法治理 299
君子怀刑 306
为什么要保护行政行为中的信赖利益？ 311
行政强制措施权岂能随便委托？ 316
守经与权变 321
"黑名单"制度亟须法律规范 326
人脸信息应注重保护而非利用 332
强化对未成年人网络权益的保护 339
自媒体时代要强化人格权保护 343
人格权侵害禁令：依法管网治网的方式 350
法律可以预防"公交坠江案"吗？ 356
行政执法应当与刑事司法相互衔接 361
门口安装摄像头与权利滥用 366
发挥商业行规在商事治理中的作用 372
借助数字技术解决业主"投票难"问题 377
疫情期间西安"孕妇流产"事件的思考 383
谈谈单位反职场性骚扰的义务 387

第六编　法学教育

法学为何是一门科学？ 395
尽快构建中国民法学理论体系 404
民法典时代的民法教学 412
以案例教学促进法学教育的变革 418
中国的法学研究究竟排世界第几？ 423

加强涉外法治人才培养的几点思考　　428
什么是学问？　　433

第七编　人生感悟

五月梅花落？
　　——读李白《与史郎中钦听黄鹤楼上吹笛》
　　有感　　441
愿为一字之徒，不为一字之师　　448
厚道：为人处世的基本准则　　453
事了拂衣去，深藏身与名　　459
六十感怀　　466

后　记　　471

法治是一种生活方式

第一编
法治的一般理论

法治是一种生活方式*

2021年，总部设在华盛顿的美国咨询公司盖洛普（Gallup）发布的《全球法治》（Global Law and Order）显示，就安全指数而言，挪威排在全球第一位，分数为94分（100分满分），中国位列第三，分数为93分。这份报告是盖洛普每年通过家访、电访、问卷、面谈等方式进行的，涵盖50个国家与地区（2020年涵盖115个国家和地区）的调查结果式汇总。该报告旨在衡量人们的安全感、对警察的信心，以及遭遇犯罪的经历等。西方调研机构盖洛普这次说了一句公道话。①

而在国内，由中国社科院社会学研究所社会心理学研究中心发布的《社会心态蓝皮书：中国社会心态研究报告（2021）》指出，2020年，民众各项安全感均高于2019年，安全感涉及人们日常生活的不安全因素和风险相关的内容，由高到低分别是食品安全、信息和隐私安全、环境安全、医疗安全、交通安全、劳动安全、财产安全和人身安全。② 这

---

* 原载《光明日报》2016年9月5日，本文收录时有改动。
① See Gallup's Latest Law and Order Report, Gallup, https://www.gallup.com/analytics/356963/gallup-global-law-and-order-report.aspx. Visted date：2021-12-30.
② 参见《〈中国社会心态研究报告（2021）〉：民众安全感、公平感、信任感都有所提高》，载《法治周末》2022年1月13日。

份报告也印证了前述盖洛普公司的报告结论。

不像有些西方国家已经走了几百年的道路,我国的法治建设只有数十年时间,在中国这样一个人口大国建设法治社会,还需要不断摸索。虽然有上述报告,但我们还不能说我们的法治从整体上已经排到世界第三。法治的内涵是多样的,单就安全指数而言,中国的法治建设取得了举世瞩目的成绩。我曾经访问过许多美国城市,深深地感受到我国的安全性是远远超过美国的。美国社会枪支泛滥、毒品管理失控、暴力犯罪横行、黑恶势力猖獗,这些顽症痼疾因为各种原因很难根除,因此,在这份报告中,就安全指数而言,美国的排名远低于中国,也是美国多数民众承认的一个事实。安全指数的提升代表了中国法治的进步,也反映了人民美好幸福生活的质量在不断提升。

法治是治国理政的基本方式,一个国家应当具备"依法办事"的制度安排,并且应当严格做到有法可依、有法必依、执法必严、违法必究;同时,法治还应当是一种良好的、依法治理的社会治理状态。法治是一种生活方式,其特点在于用理性化、规则化与民主化的方式来指导人们的生活。

为什么法治是一种生活方式?

法是社会交往的行为准则。无规矩不成方圆,法是人们在参与社会生活时的行为准则。在社会生活中,"人非遗世而孤立,而是具有社会性,共营社会及经济生活"①。各类主体为了满足自身的利益需求,也需要从事各种社会交往,产生各种社会关系。同时,为了实现社会关系的安定、和平、有序,使人们之间形成和谐的交往关系,法律需要调整各种社会关系。人不同于动物之处在于,人类是理性的,是有精神生活

---

① 王泽鉴:《民法总则》,北京大学出版社2009年版,第37页。

的，人类社会为自己制定规则，并且遵守规则。法是社会规则最重要的形式之一。法律规则具有确定性和可预期性，遵守法律规则就会使每个人合理安排好自己的生活，有预期地从事各种社会活动，遵守法律规则可以形成一种良好的习惯，习惯成自然，"习惯之初如蛛丝，习惯之成如绳索"，"故祸莫憯于欲利"。通过法律规范约束和规范人们的行为，逐渐使人们养成一种生活习惯，如此，人人择善而行，才能真正形成良好的社会秩序。

法是一种思维方式。在一个法治昌明的社会中，人们依据法律生活，就能形成良好的思维方式。法律思维首先是一种公平正义的思维方式，按照法律思维，人们能够准确判断哪些是正当的，哪些是非正当的，这为维护社会公平正义奠定了良好的社会基础。在社会交往中要有规矩意识和公平正义的观念，社会关系的各个主体要时刻考虑自己所实施的行为是否合法。例如，行政机关在作出决定时，要时刻考虑是否有法律依据，是否可能侵害老百姓的权益。只有这样，法才能以内化于心、外化于行的方式发挥作用。法律思维是一种规则思维，使我们的行为符合法律规定的思维。有了法律思维，我们才能始终有法律底线。法律是底线，道德是高线，只有按照法律行为，才能保障不越界。法律思维也是一种权利义务思维，按照法律思维，我们不仅能明确自己的权利和义务，而且也明确自己虽然享有行为自由，但也不能妨碍他人的行为自由，这样才能形成人与人和谐相处的良好状态。

法是现代社会治理最重要的工具。现代社会纷繁复杂、价值多元，诸如宗教或道德等传统的社会治理工具难以单独应付现代社会治理，在这一背景下，法律是最有效的治理国家社会的方式之一。法律是立法者通过最大限度地凝聚社会共识、协调多方利益而制定的，法律作为抽象的、普遍的、统一的行为规范,具有普遍适用性,而不是针对特定人群制定的。法律能够约束全体社会成员的行为,且能够保持持续性和稳定性,不会随意朝令夕改,这也有利于实现法律的权威性和公信力。"法典是保护人民自由的圣经。"法律旨在保证每个社会成员的基本权利和自由,保障人们的人身和财产安全,这也是法律的主要功能。在社会治理中,特别是在涉及各种官民关系、商家与消费者关系、劳资关系等复杂的社会关系中,利益冲突常常尖锐对立,唯有法治可妥善处理这些复杂的社会冲突和利益冲突,从而化解乃至预防社会矛盾,确保社会的发展和长治久安。

法是通往公平正义的道路。公平正义是人类社会的理念,就像北极星一样,指引着人们前进的道路。法本身就是公平正义的集中体现,法治的最终目的就是要实现社会的公平正义。正如习近平总书记所说的"努力让人民群众在每一个司法案件中都能感受到公平正义",公平正义是司法永恒的主题。这意味着,不仅要在每个案件中实现个案的正义,而且还要捍卫整个社会的公正。但公平正义不仅仅是司法的目标,它也是整个公权力行使所要追求的目的。在行政执法活动中,执法者也应当秉持公正执法的理念,不得随意扣减公民依法享有的合法权益。一个法治社会,正义不仅要实现,而且要以看得见的方式实现。彰显、尊重法治的最终效果是:在这个社会中,有理走遍天下,无理寸步难行;好人方可一生平安,坏人必寸步难行;有冤总能申诉,沉冤能获昭雪,社会能够给每个人公正的结果。

法是良好秩序的保障。奥古斯丁在谈及法律与秩序的关系时也认为,无论是天国还是地上之国,也无论是社会还是个人,其都是为了追求和平与秩序,从而使社会关系有序,使个人心灵安宁,而法律正是维护和平与秩序的必要工具。① 中国几千年来虽然在不同朝代曾经出现过"文景之治""贞观之治""开元盛世"等，但在大多数时间内，人民饱受饥饿、匪患、兵祸、战乱、灾难等，没过上几天太平日子，俗话说，"宁为太平犬，莫作离乱人""兴，百姓苦；亡，百姓苦"。中华人民共和国成立以来，尤其是改革开放以来，厉行法治，形成了良好、有序的社会秩序，不仅结束了几千年中国社会始终没有解决的饥饿、贫困问题，彻底解决了匪患猖獗、兵匪一家的痼疾，也结束了黑恶势力为害一方、无人过问的现象。在前述报告中，中国的安全系数大幅度提升，也从一个侧面反映出我国法治建设的成就，社会秩序井然有序，是良好社会治理的基本前提，人们真正从秩序中感受到了安全感、获得感。亚里士多德认为："法律就是秩序，有好的法律才有好的秩序。"正是因为有法律的保障，才能形成这样一种良好的秩序。

法是美好幸福生活的保障。法治安邦，国家安定，方有人民安居乐业。在人们基本的衣食保障得到满足之后，还需要形成安定、有序、公正的社会生活秩序。幸福与安康是联系在一起的，物质上的丰富并不能等同于人民生活的安康。一方面，幸福安康的生活需要人人都有安全感、文明有礼、安居乐业、遵纪守法，社会秩序井然。人们生活在安全的环境中，呼吸自由的空气，享受安宁的生活，免于一切非法的强制和恐惧。无论是投资还是创业，无论是创新还是积累，社会成员的人身和财产都受到法律保障。公权依法行使，私权得到保障，这些都是幸福生活的来源。另一方面，幸福安康的生活需要人人都有尊严感、公正感。尊严得到保障是幸福生活的重要内容，中国梦也是个人的尊严梦，是人民对有尊严生活的期许。此外，幸福安康的生活需要人人享有法律保障

---

① 参见陈兵：《"法律秩序"形义研究》，载《云南大学学报（法学版）》2010年第2期。

的自由。法不仅让人活得有体面、有尊严，法还让人产生安全感，让人们对明天充满了期待。在法治社会，人们住有所居，老有所养，弱者得到关爱，法律面前人人平等，个人人格都应得到他人的充分尊重，个人的正当诉求均能得到有效表达，个人的正当权利均能得到法律保护，个人的价值都能得到社会认可。

法治是社会长治久安的保障。法治内在包含着国家与社会和谐稳定、治理有序、长治久安的含义。法治建设对于国家和社会而言，是一种具有治国理政内涵的基础性的制度安排。人类社会的历史经验表明，法治是最为稳定、最为有效的社会治理方式，能否实现依法治理，也是国家治理体系和治理能力现代化的重要体现。法律具有固根本、稳预期、利长远的功效，不会因人而异，人亡政息，能够使人们形成合理预期，从而使人们能够大胆投资、置产，大胆创新。我们党要实现长期执政，国家要实现长治久安，就必须厉行法治。苏联和东欧社会主义国家失败的教训时刻警示我们，不厉行法治，就容易出现特权横行和个人崇拜的现象，社会主义事业也可能因此遭受重大挫折。法治保障公权力有序运行，保障私人生活行止有序，人人敬畏法律、尊崇并依循法律。心中有底线和戒尺，社会才能和谐有序。全面推进依法治国、建设社会主义法治国家，不仅是促发展、保善治的要求，也是巩固党的执政地位、确保国家长治久安的根本保障。在中国这样一个 14 亿人口的大国，要实现政治清明、社会公平、民心稳定、长治久安，最根本的还是要靠法治。

法是人们的信仰。美国法学家哈罗德·伯尔曼曾说过一句非常著名的话："法律必须被信仰，否则它将形同虚设。"[①] 法治的实现依赖于民

[①] 〔美〕哈罗德·J.伯尔曼：《法律与宗教》，梁治平译，中国政法大学出版社 2003 年版，第 3 页。

众内心对法治的信仰,此处所说的信仰是指民众从内心深处对法治的认同和自觉自愿的依归。这要求人民从心底尊重法律而不是崇拜权力,认识到法治社会的根本标志是每个社会成员都能够做到心中有法,以守法为荣,以违法为耻,将法律作为一种行为的准则。如此,方能在人与人之间形成一种良好、和谐的关系,在社会共同体中形成一种和谐、有序的秩序。法治是我们的理想和追求,如果把法治简单地视为一种实现其他社会发展目标的工具,很可能使我们失去未来奋斗的方向。

鲁本曾经在《法律现代主义》一书中指出:"法治之善是我们体面生活不可或缺的条件。"① 依法治国、依法执政、依法行政共同推进,才是真正的依法;科学立法、严格执法、公正司法、全民守法全面推进,才是真正的法治。以法为纲,崇法善治,大到国家的政体,小到个人的言行,都需要在法治的框架中运行。对于法治的重要性,可以说怎么强调都不为过。法治是人类文明进步的重要标志。法治是安邦固本的基石。改革发展稳定,离不开法治护航;经济社会发展,有赖于法治赋能;百姓平安福祉,靠的是法治守卫。一言以蔽之,人们幸福安康的生活必须有法律保障,正如亚里士多德所言:"优良的立法家们对于任何城邦或种族或社会所当为之操心的真正目的必须是大家共同的优良生活以及由此获致的幸福。"② 按照法律生活是获得幸福的根本保障。

---

① 〔美〕戴维·鲁本:《法律现代主义》,苏亦工译,中国政法大学出版社2004年版,第53页。

② 〔古希腊〕亚里士多德:《政治学》,吴寿彭译,商务印书馆1965年版,第348页。

绘就法治建设的宏伟蓝图

法治兴则国家兴,法治强则国家强。我国法治的重要特点,是自上而下地逐步推进法治建设。而在这个过程中,法治建设规划起着引导作用,它明确了我国法治建设的方向,也为法治建设提供了明确的指引。

党的十八大以来,党中央对全面依法治国作出一系列重大决策,形成一系列关于全面推进依法治国的新理念、新思想、新战略,特别是注重法治建设规划,把全面依法治国纳入"四个全面"战略布局,形成了一个覆盖广泛、内涵丰富、路径清晰的完整体系。

一是党的十八届四中全会围绕全面依法治国的总目标,加强法治领域改革的顶层设计,提出了180多项法治领域的重大改革举措,制定了全面依法治国的总蓝图、路线图和施工图。在"四个全面"战略布局中,全面依法治国共同推进法治国家、法治政府、法治社会一体建设,为全面建成小康社会、全面深化改革、全面从严治党提供长期、稳定的制度保障。可以说,对法治建设的全面规划,是有效推进法治建设事业稳步发展的重要基石。

二是在建党一百周年之际,党中央印发的《法治中国建设规划(2020—2025年)》明确提出了未来三十年法治中国建设"三步走"的宏伟战略，提出了切实可行的近期目标、中期目标和远景目标。

三是《中华人民共和国国民经济和社会发展第十四个五年规划和2035年远景目标纲要》《法治中国建设规划（2020—2025年）》《法治社会建设实施纲要（2020—2025年）》等多份事关法治建设的重要规划密集出台，就科学立法、严格执法、公正司法、全民守法作出顶层设计和重大部署，统筹推进法律规范体系、法治实施体系、法治监督体系、法治保障体系和党内法规体系建设，法治中国建设迈入了一个全面规划的时代，一幅法治建设的宏伟蓝图已经绘就。

党和国家不仅制定了全面依法治国的战略，而且还确定了具体的、切实可行的有关立法、法治政府建设和司法改革的规划、纲要。例如，立法机关制定了五年立法规划，中共中央、国务院在2015年颁布了《法治政府建设实施纲要（2015—2020年）》，这一纲要就是围绕法治政府建设而全面展开的，内容非常详尽、具体；最高人民法院已颁布了五个"人民法院五年改革纲要"，就1999年到2023年的法院改革各项措施作出了全面、系统的部署，这也有力地推进了我国的司法改革进程。国务院制定了法治政府建设规划，司法机关也制定了司法改革纲要等，这些规划都是整个国家全面依法治国规划的重要组成部分。规划的全面性、具体性和可操作性，并且可以始终保持其连续性和可持续性，这在全世界可以说是罕见的，较之于一些西方国家而言，我们更注重法治建设规划的长远性和可持续性，在这一点上，也体现了中国模式的优越性。

法治建设之所以需要科学规划，这是由法治的内在科学性决定的。"法因时转而治"，就立法而言，应当适应不同社会时期的发展需要，只有根据不同时期的需要，与时俱进，才能立出良法。同时，不同的法律部门发挥着不同的制度功能，但其又有紧密的内在联系，因此，先制定哪一部法律，既取决于社会发展的迫切需求，也要受到已经颁布的法律以及执法、司法经验的限制。例如，中华人民共和国成立以来，从1954年开始四次启动民法典的制定，但是始终未能成功，其中一个重要的原因就是，在市场经济尚未成熟和发达的情况下，很难产生出一部优秀的规范市场经济的民法典，而只能在市场经济基本成熟的情况下，才有能力且更迫切需要编纂和颁布民法典。

习近平总书记指出，规划科学是最大的效益。在法治建设中，制定法治建设规划具有如下重要的意义：一是明确法治建设的目标。规划本身就是一种指引。古人说："凡事预则立，不预则废。"规划实际上就是形成一种目标导向。在现代社会，各类市场主体和社会团体的利益和目标日益多元化，其应当与我国社会整体利益和国家发展长远目标保持一致，这就需要政府制定规划予以协调。从法治的角度看，作为一种目标治理模式，国家发展规划是否科学，关键在于目标体系设计的科学性。全面依法治国作为一项庞大的系统工程，应当在具体的工作布局方面做到统筹兼顾、把握重点、整体谋划，首先要做好顶层设计，明确法治建设目标，才能将法治建设稳步推进。规划越周密，越具有科学性，就越具有可行性。二是明确行动方案。从我们的法治建设规划来看，其既包括长远规划，也包括中短期规划。长远规划实际上是明确了我们的法治建设目标，其发挥着全局性、战略性、引领性的作用。而中短期规划则是我们法治建设的具体路线图，是我们分阶段、分步骤推进法治建设的具体方案。中短期规划可以明确我们的工作抓手，可以进一步明确在不同阶段按照不同目标，确定工作的抓手，中短期规划的合理性也有利于切实增强法治中国建设的时代性、针对性、实效性。这种既有高屋建瓴的顶层设计又有切实可行的路径安排,为有效推进法治中国建设提供了强有力的保障。三是突出工作重点。在社会发展的不同时期,社会的基本矛盾不同,人民群众的需求也不尽相同,因此需要通过规划突出重点,合理分配公共资源,确保资源配置的效率,从而优先解决不同社会发展阶段的重点难点问题。四是保持我国法治建设进程的持续性和连续性。制定好法治建设规划,可以一张蓝图绘到底,我们的法治建设进程不会因人事变动而中断。同时,法治建设规划也是法治建设的"路线图",我们可以将整体规划区分为不同的阶段,在每个阶段设定具体的目标和任务,明确需要完成的阶段性工作,并设置与之相应的评估、检查等指标体系,从而保障规划的有效落实。

规划制定之后,必须切实按照规划的要求,稳步推进法治建设。规划只是确定了一个总蓝图,但是还需要具体的施工图和路线图,在规划之下,还应该有一些具体的任务分解。如何确定这些切实可行的路线图?法治建设要统筹考虑我国的经济社会发展状况、法治建设总体进程、人民群众需求变化等因素,科学、合理地制定具体的规划和路线图。首先,我们制定法治建设规划应当依据习近平法治思想,坚持党对全面依法治国的领导,坚持人民主体地位,坚持中国特色社会主义法治道路,坚持建设中国特色社会主义法治体系,坚持依法治国、依法执政、依法行政共同推进,法治国家、法治政府、法治社会一体建设。其次,我们制定法治建设规划也应当从实际出发,积极回应我国改革开放过程中出现的新情况、新问题,同时系统总结法治建设经验。只有从中国实际出发,积极回应实践问题,我们所制定的法治建设规划才能有效推进我国的法治建设进程。最后,制定法治建设规划应当积极反映我国法治建设不同阶段的特点，有效回应人民群众的现实需求。例如，在我国进入新时代以后，人民物质生活条件得到了极大改善，人民群众就会有更高水平的精神生活追求，就希望过上更有尊严、更体面的生活，对人格尊严等方面的需求更为强烈。人民日益增长的美好幸福生活需要体现为从实现外在物质文化需要向同步追求精神心灵需求的转变，不仅要求充分保障财产权，而且期待人身自由和人格尊严受到充分尊重，名誉、荣誉、隐私、个人信息等人格权能够得到有效保护。因此，我国民法典的编纂，就应该突出对人格权的保障，以适应现阶段法治建设的需求。慎子有言："法者，非从天下，非从地出，发乎人间，合乎人心而已。"只有体现人民主体地位、反映人民群众需求的法治建设规划才是科学合理的规划。

世界潮流，浩浩荡荡，顺之者昌，逆之者亡。法治是迄今为止人类能够认识到的最佳的社会治理方式，依法治国、实现社会公平正义，是人类的永恒追求。建设中国特色社会主义法治体系和法治国家，体现了广大人民群众的共同意志，凝聚了广大人民群众的共识。但全面推进依法治国，是一项长期而艰巨的战略任务，也是一场深刻而重大的社会变革。法治建设不可能"大跃进"，但只要方向正确，就不怕路途遥远。只有制定科学的法治建设规划，才能稳步推进我们的法治建设事业，早日建成社会主义法治国家。

何谓"法乃公器"?

21世纪伊始,我和几位同事、同学开始筹备组建"中国人民大学民商事法律科学研究中心",并着手创办"中国民商法律网",为此,我们专门邀请原最高人民法院肖扬院长给该网站题词,肖院长不仅答应题词,而且还给予了充分的鼓励。在网站策划时,创办团队特别建议设立一个创办宗旨,写在网站的首页。经过反复思考,我提出"法乃公器,民为邦本"作为该网站创办理念,后经团队成员一起商议,大家一致表示接受这个提议。二十多年来,"法乃公器,民为邦本"已经成为中国民商法律网的鲜明特点,也是先后加入这个团队的成员信守的宗旨。

在网站成立后,很多人来信询问:"何谓法乃公器?"实际上,如何理解"法乃公器",也是我在多年民法研习活动中不断思考和品味的问题。以下就我对"法乃公器"这四个字发表一些看法。

据考证,"法乃公器"四个字源于"法者天下公器"之说,其最早见于初唐时期文学家姚崇的一篇文章,题为《执秤诫(并序)》。在该文中,他说:"法者天下公器;官者庶人之师。"姚崇的这段话中,所讲的公器不仅包含了法律应当为天下之法,而且强调法应当体现公平。实际上,在文章开篇,他就认为,"圣人为衡,四方取则。志守公平,体兼正直"。其本意就是说,圣人也以公平正直为准则,以法为公器。在他的眼里,法律之所以被称作公器,是因为他把法视为一种取平的器具,这种器具能够做到"称物低昂,不差毫厘",从而才能够"存信去诈,以公灭私"。这种思想也被唐太宗李世民所接受,他说,"法者,非朕一人之法,乃天下之法"。可见,虽然法在罗马法时期曾被认为是公平正义之术,但这种理念其实在我国也古已有之。

到了北宋时期,司马光借鉴了"法者天下公器"一说,在奏文中多次引用。他说:"法者,天下之公器;若屡违诏命,不遵规矩,虽天子之子,亦不可得而私。庶几有所戒惧,率循善道,可以永保福禄。"(《温国文正司马公集》卷二十一)实际上,司马光不仅是北宋杰出的政治家和史学家,而且作为《资治通鉴》的主编者,通过观古察今,他得出了"法乃公器"这样一个著名的论断。在他的思想理念中,法作为一种公器,不仅是官民一体遵守的准则,也是君王必须服从的规则。司马光曾经劝谏皇帝宋仁宗要把法当作公器,不要用法来徇私。公器就强调了法是君臣百姓都应当一体遵守的共同规则,法不仅具有权威性和威慑力,而且还能够通过君王的遵守来引导普罗大众选择走善道,从而保证国家长治久安。这就在一定程度上打破了中国自秦以来君权神授、皇权至高无上的传统。所以,北宋的理学大师程颐曾在《论汉文杀薄昭事》一文中说,"司马温公以为,法者天下之公器,惟善持法者,亲疏如一,无所不行"。这也从一个侧面说明了司马光关于法乃公器的认知境界,特别是强调亲疏如一。用今天的话来说,就是"法律面前人人平等",无论高低贵贱,都要以法作为行为准则。当然,理学家程颐也不完全同意司马光的观点,认为法虽为公器,但法更应该合于义。其后宋代人引用这句话比较多,可能跟宋朝比较注重法制有关。

受"法乃公器"思想的影响,明末清初思想家黄宗羲在一篇题为"原法"的文稿中作了更深入的阐发,且影响很大。黄氏虽然没有直接说"法乃公器",但他说三代以后历代的法都是帝王家的私器,不是良法,良法应该为公。在他看来,法本为公器,但是三代以上有法,三代以下无法。因为,从尧舜禹之后,君主帝王以天下为一己私有,法律只是为了确保江山社稷传于后代的工具。法律都是维护王权或者皇权的工具,并没有真正反映民众的意愿和利益诉求。因此,他提出,"三代之法,藏天下于天下者也""后世之法,藏天下于筐箧"①。可见,黄宗羲关于"法乃公器"的认识与现代社会关于良法善治的观念已经非常接近。一方面,他主张法治高于人治,坚决反对自荀子以来广为思想家所倡导的"有治人,无治法",治人贵于治法的观点。相反,他主张,"有治法而后有治人"。另一方面,他认为,法要成为公器,必须要"藏天下于天下",也就是说天下应该是普罗大众的天下,天下的利益应该是普罗大众的利益。所以,他说:"夫非法之法,前王不胜其利欲之私以创之,后王或不胜其利欲之私以坏之。坏之者固足以害天下,其创之者亦未始非害天下者也。"这样的认识,在现代社会虽然已经成为老生常谈,但在皇权专制社会能够有如此认识,实属难能可贵。

至清末变法,近代法学的开创者梁启超先生将法乃公器的思想进一步发扬光大,他在《管子传》中,首次提出了"法治国"的概念,"法治国者,谓以法为治之国也"。无论人类社会治国之道会发生何种变化,都不可能舍法而治,为此,他喊出了"法乃公器"的口号。"法者,天下之公器也;变者,天下之公理也。"光绪二十二年

---

① 〔明〕黄宗羲:《明夷待访录校释》,孙卫华校释,岳麓书社2011年版,第17—18页。

(1896),黄遵宪、汪康年等人在上海筹办《时务报》,梁启超应邀前往主持笔政。在主编《时务报》时期,他以新颖犀利的议论和通俗流畅的文字,写出了《变法通议》《论中国积弱由于防弊》等一系列文章,系统阐述维新变法理论。他指出:中国要强盛,必须进行变法。他在《论立法权》一文中指出,"恃人而不恃法者,其人亡则其政息焉。法之能立,贤智者固能神明于法以增公益,愚不肖者亦束缚于法以无大尤"。这就是说,如果靠人治而不是靠法治,就会导致人亡政息的后果,而依法治理就能使贤者、智者精研法律,用好法律,从而增进公益,愚蠢之徒、不法之徒也因为受法律约束而不敢危害社会。

纵观"法乃公器"的观念发生和演进史,我们可以得到关于法律和法治的丰富认识和启发。在自姚崇以来的思想家关于"法乃公器"的阐述中,我们可以从多个维度看到关于法的一般性理论认识。

一是从法的本质上看,法必须成为天下之法,顺应民心,体现民众福祉。"法者,非从天下,非从地出,发乎人间,合乎人心而已。"(《慎子·佚文》)在封建王朝,主流的看法应该是,制定法律的根本目的是出于封建皇帝的江山社稷考虑,而不是天下普罗大众之需。即便如此,在一些王朝,也确有一些皇帝同时将天下普罗大众之生计作为自己的执政目的,作为评价执政功过的标尺。在今天看来,这已经成为一般性认识。其实,反过来看,普罗大众之生计存在困难的,那个王朝通常也不会走得太远。法乃公器,强调法律的目的在于促进天下普罗大众之福禄,而非江山社稷之传承。只有那些真正维护人民福祉的法,才能被称为有效治国理政的"公器"。

二是从法的效力上看,强调了法律的至尊性和至高无上性。管子说,"法者,天下之程式也,万事之仪表也"(《管子·明法解》)。韩非子说,"法者,编著之图籍,设之于官府,而布之于百姓者也"(《韩非子·难三》)。这种观点类似于英国学者奥斯丁所说的法是主权者命令的看法。法家不仅强调了法律的至高无上性,而且还注重法律在治国理政中的重要作用。唐太宗说:"自古帝王多任情喜怒,喜则滥赏无功,怒则滥杀无罪,是以天下丧乱,莫不由此。"因此,必须严格执法,不徇私情。法律之所以具有至高无上的效力,根本原因也在于其属于公器。

三是从法的实施来看,强调法律对天子和庶民的平等拘束力。法家主张,"法不阿贵"(《韩非子·有度》)、"刑无等级"(《商君书·赏刑》)。管子说,"君臣上下贵贱皆从法,此为谓大治"(《管子·任法》)。这就是说,法一旦颁布,君臣上下都要一体遵守,即使王子犯法,也应与庶民同罪。据《史记》记载,秦国的太子犯了法,商鞅认为,法律是所有人都要遵守的,即使是太子犯法,也要受到刑罚制裁。法治秩序的构建不仅是靠普通百姓对法律的遵守,也应当强调公权力受法律的约束,法既然是公器,就必须要普遍遵守。中国古代虽然是封建专制社会,法随君出,君王口含天宪,君权神授,皇权至高无上,但是也存在依法约束君权的思想,主张君臣上下一断于法。如老子认为,"法度道术,所以禁君使无得横断也"(《文子·上义》)。这和现代法治理念所包括的法律面前人人平等的思想已经十分接近了。当然,从制度层面来说,在我国古代封建专制体制下,并没有真正形成系统的约束君王的法律制度。虽然这些思想并没有真正成为现实,但其也是中华民族几千年优秀传统文化的重要组成部分。

四是从法的目的来看,强调法律的公平正义性。关于法的权威,来源于法律规则的公平性。"法律政令者,吏民规矩绳墨也"(《管子·

七主七臣》)。《黄帝四经·道法》主张:"法者,引得失以绳,而明曲直者也。"法律作为一种公器,需要像量物之器那样能够"称物低昂,不差毫厘"。关于法的内容,强调惟善持法,遵循善道。法律设定的规则,不仅仅是通过暴力威慑来让人们服从,更在于通过宣扬善行善举,"存信去诈,以公灭私"。而且,要通过执政者的身体力行来引导普通大众遵循善道。

五是法作为公器,应成为治国理政的重器。法家认为,"国无常强,无常弱。奉法者强,则国强;奉法者弱,则国弱"(《韩非子·有度》)。"法令者,民之命也,为治之本也"(《商君书·定分》)。人治虽然可以在一定时期内保障国家的稳定和治理效能,但其不具有长期性和可预期性,而以法治国才具有固根本、稳预期、利长远的功能,保障国家和社会的长治久安。正如韩非子认为的,通过人治治理国家,则"千世乱而一世治",而以法治国则能实现"千世治而一世乱"(《韩非子·难势》)。而且即便像尧、舜那样的圣贤治国,其也无法完全依靠个人的品格治理国家,而必须依靠法律。如韩非子认为,"释法术而任心治(即人治——笔者注),尧不能正一国;去规矩而妄意度,奚仲不能成一轮;废尺寸而差短长,王尔不能半中"(《韩非子·用人》)。

"落花不是无情物,化作春泥更护花",中国传统法律文化虽然存在其固有缺陷,但也有一些思想体现了现代法治的理念,中华民族的法律文明传统,不是中国构建新型法治的绊脚石,而是中国新型法治成长的沃土和根基。习近平总书记指出,"我国古代法制蕴含着十分丰富的智慧和资源,中华法系在世界几大法系中独树一帜",要求"挖掘和传承中华法律文化精华,汲取营养、择善而用"。[①] 在我们今天全面依法治

---

① 习近平:《论坚持全面依法治国》,中央文献出版社2020年版,第116页。

国中,我们要从传统的五千年法治文明中汲取营养,为我们构建具有中国特色的社会主义法治提供精神给养。所以,我建议"中国民商法律网"要奉行"法乃公器"的理念,也是希望这种古老的法治理念能够与我们的现代法治建设结合起来,把我们的法律传统、法治思想革故鼎新,发扬光大。

法治者，治之极轨也

清朝末年，西学东渐，传统的治国之道受到了西学的挑战。1840年的鸦片战争使国人蒙受巨大耻辱，中日"甲午战争"更使我们感受到亡国灭种的危机，因而，变法图强成为当时有识之士的共识，爱国的读书人纷纷寻求治国之道、强国之道。戊戌变法的倡导者梁启超周游了列国，提出了变法图强的主张，而其中的一个重要口号就是"以法治国"，建立法治国，认为这是中国繁荣昌盛之根本。

梁启超在《管子传》中，首次提出了"法治国"的概念，他说，"法治国者，谓以法为治之国也。夫世界将来之政治，其有能更微于今日之立宪政治者与否，吾不敢知。藉曰有之，而要不能舍法以为治，则吾所敢断言也。故法治者，治之极轨也"。这就是说，无论人类社会治国之道会发生何种变化，都不可能舍法而治，法治就是最完善的治理之道，能够普遍适用于古今中外所有国家。他认为，法律的作用就是《管子》中所说的定分止争，保护每个人享有自己的权利而不侵害他人的权利，实现社会公平正义。国家有了衡量人们之间行为的法律制度，才可以使人与人和谐相处，国家秩序井然。通过比较中西文化，他深刻地体会到，"文明野番之界虽无定，其所以为文明之根原则有定。

有定者何？其法律愈繁备而愈公者，则愈文明；愈简陋而愈私者，则愈野番而已"（《论中国宜讲求法律之学》）。这就是说，一个文明的社会必然是一个法治社会，法治越完备公允，则社会越文明。"人之所以战胜禽兽，文明之国所以战胜野番，胥视此也。古之号称神圣教主、明君贤相、劬劳于席突、咨嗟于原庙者，其最大事业，则为民定律法而已"（《论中国宜讲求法律之学》）。梁启超在他的论述中，深刻阐述了国家治理之道就是法治。

梁启超不仅仅寻求到了法治是治国之道，更重要的是，他考察古今中外的历史发现，法治就是"治之极轨"。所谓"治之极轨"，就是说，人类社会治理之道无论如何变化，都不可能舍法而治，"君臣上下贵贱皆从法，此为谓大治"（《管子·任法》）。他于1896年至1902年，先后在上海《新民丛刊》等报刊上发表系列文章，介绍孟德斯鸠、卢梭等人的法治思想，提出西方之所以"雄于天下"，是因为有"法治"等五大利器，而中国之所以"弱于天下"，是因为缺乏法治主义。在此基础上，他认为法治乃"治之极轨"，法治成为古今中外各国实现国家良好治理的共同道路。梁启超实际上指出了人类社会治理的基本规律。

梁启超所说的"极轨"，本意是最高的法式、楷模。① 所谓"治之极轨"，就是指治理的最佳模式和楷模。从历史发展视角看，人类社会存在过多种多样的治理方式，但梁启超将法治视为"极轨"，意在表明，与其他社会治理方式相比，还没有哪一种治理模式能超越法治这种治理模式。法治作为一种国家治理方式，是通过一种系统化、制度化的

---

① 例如明朝徐祯卿在《谈艺录》中说："盖观于大者，神越而心游，中无植干，鲜不眩移，此宏词之极轨也。"

规则实现国家治理，法治是规则之治、程序之治、控权治理、依法自治，而且有健全的维权机制，可以理顺各方面的利益关系，有效化解各方面的矛盾。因此，其具有长期稳定性和可预期性，这也使得国家治理可以跳出"人存政举，人亡政息"的历史周期律。从历史发展来看，人类社会有文字可考的历史已经有数千年，那么，经历了不同的历史时期，从历史的经验总结可以看出，法律就是一种调整人类行为和交往方式的行为规范。就像尤瓦尔·赫拉利在《人类简史：从动物到上帝》中所观察的那样，好的社会规范能够更好地促进人与人之间的相互合作，实现更好的社会生产和交往，让社会更为富足与和谐。迄今为止，人类历史经验已经表明，法治是最为成功的治国理政方式。

从当今社会治理来看，"奉法者强则国强"可以说已经成为治国理政的基本共识。市场经济本质上是法治经济，需要通过法治激发市场活力，营造安全、有序的营商环境，保障市场主体的合理预期，这也是市场经济健康发展的前提和基础。法治保障公权力有序运行，私人生活行止有序，人人敬畏法律，心有戒尺，社会和谐有序。美国学者德隆·阿西莫格鲁等著有《国家为什么会失败》一书，从中也可以看出，凡是以法治为根本方法的，国家能够治理成功，凡是以人治为主要治国方式的，大多是失败的。因为后者并没能形成有效的国家治理体系和国家治理能力，法治建设更是无从谈起。

法治就像空气和水一样，与现代社会须臾不可分离。不过，从社会的发展来看，关于民主的概念如何界定以及如何实现民主，其实世界各国并没有真正达成共识。即便是在西方国家，其所说的民主也并不完全相同。美国曾经号称世界民主的典范，但其自身也仍然存在着诸如两党撕裂、种族歧视等顽疾，在国家治理中暴露出了许多问题。不过，世界各国对于法治的重要性,毫无疑问是存在基本共识的,不仅是东西方,甚至偏远落后的国家和地区,对此也不存在任何异议,只不过法治应如何生根落地,如何与本国国情相结合,确实有不同的看法。毫无疑问,从未来的发展来看,随着社会的发展,虽然会有许多新问题、新挑战,但法治所固有的内涵,如规范公权、保障私权、实现社会公平正义、法律面前人人平等、保障程序公正等,这些法的价值并不会随着时间的流逝而消失,反而会越来越彰显其极为重要的价值功能。

依法治国是人类社会进入现代文明的重要标志,也是国家治理体系和治理能力现代化的基本特征。苏联、东欧社会主义国家的失败教训警示我们,不厉行法治,就很容易出现特权横行、个人崇拜现象,最后导致社会主义事业的重大挫折。没有法治就不可能有成功的社会主义。社会主义只有与法治结合,才能实现国家长治久安和人民生活幸福。我们在全面建成小康社会之后如何继续前行?如何跳出历史周期律,实现党和国家的长治久安?答案是只有选择法治的道路。西方资本主义国家有着比较深厚的法治传统,建成了健全的法治体系,资本主义与法治的结合,让资本主义保持了相当的生机和活力,这是过去几百年的历史事实,也为我们的社会主义法治建设提供了不少经验。但是,资本主义国家所面对的法治问题与社会主义中国所面对的法治问题存在重大差别,中国必须走自己的法治道路,而绝不能照搬照抄某一个国家或地区的既有模式。

法治之所以被称为"治之极轨",是因为法治相对人治具有不可比拟的优越性,它摆脱了人治所具有的任意性、不确定性,而通过普遍的、一般性的规范调整,实现了国家和社会治理的可预期性。法治的基础是体现了绝大多数人的意志和利益的良法,为人们设置了明确的行为准则，使每个人可以在社会中行有所规，并保障社会交易安全和交易秩序，维护人们的财产安全、人身安全和人格尊严。法治能够通过公平的司法和严格的执法，实现社会的公平正义。法治反映了社会发展普遍存在的规律，有效促进经济的发展、科技的进步。法治兴则国兴，法治强则国强，法治护卫着我们的社会，保障着我们美好幸福的生活。与法律携手，时时相伴，我们的生活也将更加美好。

天下大治是古往今来治国者孜孜以求的理想，而大治天下也是国家治理成功的标准。就如梁启超先生所见，法治是迄今为止人类能够认识到的最佳的社会治理方式，崇尚法治和实现公平正义也是人类的永恒追求。在当代社会，只有以法治为依托才能实现固根本、稳预期、利长远的根本目标。

法治与法治国家概念的区分

"法治"一词,英文为"legal state"或"law-based state",其本意是法的统治。从广义上理解,法治的概念既是一种治国理政的方式,也具有目的性,即具有良好法律秩序的一种治理状态。从这个意义上理解法治,其实它是可以包括法治国家在内的。我国《宪法》第5条明确规定,"中华人民共和国实行依法治国,建立社会主义法治国家"。广义的法治概念实际上包括了上述两个概念,但是从狭义上理解,法治仅仅只是一种治理方式,而法治国家则是运用这种治理方式而形成的一种治理结果,这就产生了法治和法治国家这两个概念的区别。

在中文中,法治一词常常表述为依法治国,英文为"rule of law",德文则为"rechtsstaat"。应当说,法治国家的概念起源于德国,德国学者称为"法治国",其最早源于康德、费希特等近代德国思想家的政治学说,最早的使用者是德国哲学家普拉西度(J. W. Placidus),但真正对"法治国"内涵进行深入阐述的是罗伯特·冯·莫尔(Robert von Mohl),他在《法治国原则的警察学》(Polizeiwissenschaft nach den Grunds-aatzen desRecht sstaates)一书中认为,法治不单纯作为一种解决人与人之间纠纷的手段,也是国家追求的目标,法治国的内在价值在于增进人民的福祉；法治国照料其公民的所有活动，既包括个人之间的关系也包括整体对部分的关系，这种法律是不可侵犯的，统治权也在一种无所不包的法体系限制之下运行。法秩序的确立与维系不是法治国的唯一目标，甚至不是最重要的目标，只是它的主要特征。① 当然，我们所说的法治国家概念与上述概念存在一定的区别，我国社会主义法治道路建立在我们的社会主义制度基础之上，是从中国的实际出发而构建起来的。

狭义上理解的法治概念仅指法治国家。党的十八届四中全会通过的《中共中央关于全面推进依法治国若干重大问题的决定》第一次就如何全面推进依法治国，建设社会主义法治国家作出了顶层设计和战略部署。在该决定中，第一次提出建设"法治体系"和"法治国家"的总目标，并提出坚持法治国家、法治政府、法治社会一体建设。法治国家、法治政府、法治社会相互联系、相互支撑、相辅相成，应当一体建设，共同推进。党的十九大把"法治国家、法治政府、法治社会基本建成"确立为到2035年基本实现社会主义现代化的重要目标，开启了新时代全面依法治国新征程。在"法治国家、法治政府、法治社会一体建设"的框架中，法治国家是目标，法治政府是主体，法治社会是基础。习近平总书记明确提到"三者各有侧重，相辅相成"，可以说是通过三者关系和一体建设完成对法治的整体阐述。

我认为，将法治与法治国家的概念作出适当区分，不无道理，其主要具有如下意义：

第一，强调法治是一种重要的治国理政的方法，是国家治理体系和

---

① 参见刘敏、徐爱国：《德国"法治国"的实践与启示》，载《北京行政学院学报》2015年第6期。

治理能力现代化的重要依托。狭义的法治与人治的概念相对应，其强调的是通过法律治理国家和社会，从这个意义上说，法治也是一种重要的国家和社会治理工具。国外一些学者提出要区分"rule of law"（法治）与"rule by law"（以法治理），后一个概念中有一定的人治色彩，是不无道理的。应恢复法治原本的含义，彰显其本来的色彩。在依法治国概念中，既包括了有法可依、有法必依、执法必严、违法必究，也可以用另外十六个字概括，即科学立法、严格执法、公正司法、全民守法。

第二，将法治国家作为一种理想的状态去追求。法治是治国理政的一种方法，依法执政、依法行政、依规治党、依法自治等都是法治的一种方式，其重要目的就是建设社会主义法治国家。我理解宪法讲的依法治国就等同于法治，而法治国家其实就是法治所追求的治理结果。所谓厉行法治，就是要建设社会主义法治国家。"法治国家"是指政治权力及其治理体系依法而行的一种国家建设类型。二者概念上有交叉，但针对性和内涵存在差异。法治国家是国家依靠良法来治国理政，合理分配权力和权利，形成良好的法律秩序。国家必须依法管理，国家的权力行使必须依照法律规定，法治国家本身蕴含着良好的法治精神和关怀。法治是一个不断将法治精神和关怀付诸实施的过程，法治国家是法治过程所追求的一种理想状态的结果。法治集中体现在"有法必依"四个字上，不仅要求有良法，而且要求法律能够得到严格的遵守。

第三，法治国家的概念中应当包括法治社会，但从狭义上理解，也可以将法治国家与法治社会区分开，凸显建设法治社会的重要性。习近平总书记指出，要坚持法治国家、法治政府、法治社会一体建设。在这一思想的指导下，《中华人民共和国国民经济和社会发展第十四个五年规划和 2035 年远景目标纲要》明确了一体建设的方案。法治社会是法治国家和法治政府形成的基础条件，而法治社会的形成又取决于公众的法治水平。社会公众存在一个法律信仰的问题，因为法律信仰不仅仅是对法律主体而言的，公众信仰法律同样也是法律信仰的组成部分，法治社会是表征国家与社会依法而治且法律得到人民广泛遵守的概念、价值与治国方略。在社会治理过程中，政治国家是核心的参与者，除政治国家外，社会应当发挥重要的作用，社会的主体相当程度上是民众。要尊重民众的自我创造性和纠纷的自我化解能力。

法治是迄今为止人类能够认识到的最佳的社会治理方式，也是治国理政的最佳模式，它是固根本、稳预期、利长远的治理方式。厉行法治，体现了广大人民群众的共同意志。在我国，全面推进依法治国不仅是一种崇高的理想，更是一场伟大的社会实践，激励我们为建设法治中国而不懈努力。

从"典"的含义看法典化

中文中的许多法律概念都是舶来品,如权利、义务、宪法、民法等,都确实来自西方,但是法典化中"典"的概念,的确是我国固有的用语。

《汉语大字典》中,"典"字有如下不同的写法:

图1 《汉语大字典》中的"典"①

从图1可见,第一行是甲骨文,第二行是金文,第三行是古文(战国时期文字),第四行是小篆(《说文解字》)和隶书(简牍)。从中可以看出,"典"字的写法并没有太大的变化。而从"典"的含义来看,其实其含义也是相对固定的,即都包含了如下含义:

---

① 参见汉语大字典编辑委员会编纂:《汉语大字典(第一卷)》(第2版),崇文书局、四川辞书出版社2010年版,第124页。

一是典则、典范，即可以作为典范的重要书籍。《书·五子之歌》其四曰："明明我祖，万邦之君。有典有则，贻厥子孙。"汉代王符《潜夫论·赞学》有云："是故索物于夜室者，莫良于火；索道于当世者，莫良于典。典者，经也，先圣之所制。"南朝刘勰曾在《文心雕龙·原道》中曰："玄圣创典，素王述训。"

二是典籍。典籍，多指记载被尊为准则或规范的古人教训、古代规章制度等的书。《玉篇·丌部》云："典，经籍也。"《说文·丌部》云："典，五帝之书也，从册在丌上，尊阁之也。"清代俞正燮《癸巳存稿》卷一云："典者，尊藏之册。"孔传曰："典谓经籍。"《论衡·自纪篇》云："尧舜之典，伍伯不肯观；孔墨之籍，季孟不肯读。"《西游记》第九十四回中提到："径往西天，拜求妙典。"在日常生活中，对那些有指导和规范作用的常备工具书也称之为"典"，如字典、辞典。

由此可见，在中国古代，所谓"典"，通常有"典则""典范""典籍"等含义，因此，凡是入典之律，均被认为具有一定的神圣性。中华人民共和国第一部以"典"命名的《中华人民共和国民法典》通过之后，典的含义引起了大家的普遍关注，许多学者也在追问这样一个问题，即为什么叫"典"？称为典与不称为典的区别在哪里？其实，对于这个问题，习近平总书记作出了精辟的论述，他指出："民法典在中国特色社会主义法律体系中具有重要地位，是一部固根本、稳预期、利长远的基础性法律。"这揭示了民法典在中国特色社会主义法律体系中的基础性地位，也回答了称为典的原因。

为什么要用"典"的称谓，就是因为典具有典籍、典则、典范等含义，相对于单行法而言，民法典是基础性的法律，凡是入典之规则，就成为基础性法律的组成部分。在整个民商事法律体系之中，民法典不仅是我国民事法律的集大成者,更是所有私法的基本法。在我国,民商事法律体系由民法典与大量的法典之外的民商事单行法组成,民法典与这些单行法之间是主干和分枝的关系,民法典作为主干,为各单行法提供基础,而其他单行法作为分枝,其生长不能脱离于主干。诚如苏永钦教授所说,单行法与民法典的关系,犹如行星围绕恒星运转一般。① 民法典作为基本法律,是私法的核心,"不了解民法的基本原则和一般规则,也就无法理解私法的特别领域"②。正是因为我国民法典是整个民商事法律的基础,因此,民法典既是民法的主要法源,又是弥补单行法规定不足、填补单行法规则漏洞的来源,还是使单行法制度规则体系融贯的基础。大陆法系国家主张的法典中心主义,其实也旨在确认民法典在民事实体法中的中心地位。因而,我国民法典颁布实施后,法律人要树立以民法典为中心的实体法适用的理念。

由法到典,确立了民法典的基础性地位,它将成为行政执法和司法的基本遵循,使得民事立法从散乱走向体系化,构建了一个民法典统率下的完整民事立法体系。在民法典通过之后,全国人大常委会的有关工作报告在总结民法典编纂的经验时提出,适应立法新形势新要求,必须丰富立法形式,坚持既要搞"大块头",又要搞"小快灵",适时启动条件成熟领域法典编纂工作,针对实际需要以"小切口"形式推进立法,增强立法的针对性、适用性、可操作性。据悉,许多学者呼吁应当在环境保护法、行政法、商法甚至教育法等领域,积极推进法典化,相关的法典草案也已经提交给立法机关。有人预言,因为民法典的成功编

---

① 参见苏永钦:《现代民法典的体系定位与建构规则——为中国大陆的民法典工程进一言》,载《交大法学》2010年第1期。

② 〔德〕卡尔·拉伦茨:《德国民法通论》(上册),王晓晔等译,法律出版社2003年版,第10页。

纂，将促使我国的立法由单行法向法典化转化，我们将进入一个法典化时代。

我认为，在条件成熟时，适时推进法典化的编纂是必要的，但并不是说任何法律领域都可以编纂法典，或者说，单行法都要向法典化转化。其实，相对于法典而言，单行法也具有其自身针对性强、适应性强、修改简便等优势。从法律发展的历史来看，在大陆法系国家，虽然有的国家也仍然在推进法典化和再法典化，但单行法立法仍然具有其强大的生命力。在两大法系，"领域法"（field law）成为新的发展趋势。例如，针对不同的领域、行业而形成所谓体育法、卫生法、医疗法、航空法、道路交通法、保险法等，其既包括公法规范，也包括私法规范，可以说是各个法律部门的集合，而其大多是单行法的形式，而非法典化的形式。因此，法典化并不当然适用于所有的法律部门或领域。

从民法典的编纂可以看出，法典化并不适用于所有的部门或领域，而且实行法典化也应当具备一定的条件和要求，我认为，至少应当具备如下几个要件：

一是自身的体系性。如果某个部门或领域没有形成一个逻辑体系，即不存在内在体系和外在体系的法律部门是不具有法典化的内在基础的。民法典的颁布促进了民商事法律的体系化，有助于实现民事立法规则体系（也称为外在体系）和价值体系（也称为内在体系）的一致性、逻辑上的自足性以及内容上的全面性，形成在特定价值指导下的统一法律术语、法律规则和法律制度，保持法律各部分内容的相互协调、相互配合，形成严谨的体系结构。[①] 就规则体系而言，民法典的颁布使

[①] 参见〔德〕卡尔·拉伦茨：《德国民法通论》（上册），王晓晔等译，法律出版社2003年版，第39—41页。

得整个民商事法律成为一个有机的制度体系，这也为体系性思维提供了基本前提。

二是较为完备的规则体系。如果某个部门或者某个领域的法律规范本身并不完备，则不存在法典化的规范基础。第一，概念的一致性，即法典所使用的法律概念是一以贯之的。尽管某一概念在不同的上下文语境中其表述可能存在差别，或者具有不同的内涵，但是，从基本方面来看，其内容具有相对的稳定性和确定的内核，同一概念在不同的语境下不存在相互冲突的现象。这就是所谓的"相同概念同一解释"的规则。第二，规范的一致性，即该部门或领域内各个法律规范相互之间能够形成密切协调与相互衔接的关系，构成内部自洽的规范群和制度群的规范群要逻辑自洽，相互衔接，功能互补、相互协调。按照德国学者施瓦布的看法，建立"一个协调的、按抽象程度逐级划分的概念系统"构成了法典化的基本前提。[①] 例如，以租赁合同为例，就合同关系、债、总则这些规范之间，其等级体系表现为：租赁合同——合同——法律行为的上下位阶体系。这种规范的位阶结构也充分显示了民法典的形式合理性，保障了民事规范在适用上的整体效果。这种规范层级正是民法典所要追求的规范一致性的重要内容。第三，制度的一致性，即该部门或领域内各项基本制度在调整社会关系的过程中形成了内在的一致性。在我国民法典的七编制体系中，形成了逻辑严谨的总分结构，这种结构不仅是一种简单的形式上的安排，更是一种完美的法律规则设计的安排。

三是较为成熟和稳定的规则体系。如果某个部门或者领域的法律规范是不稳定的，那么即使将其法典化，也可能导致法律规范的变动极为频繁，这也就丧失了法典化的意义。我国民法典总则编通过采用提取公

[①] 参见〔德〕迪特尔·施瓦布:《民法导论》，郑冲译，法律出版社2006年版，第19页。

因式的方式，确认共同适用的规则，发挥兜底作用，而且为解释分则、解决分则的矛盾提供规则基础和价值基础。总则关于立法目的和基本原则的规定，实际上也宣示了民法典的基本价值，成为基础中的基础，具有"压舱石"的作用。民法典各分编就是总则编所构建的一般规则的具体展开，也是总则中一般规定的特殊规定，各编之间、各项制度之间形成了内在的密切的逻辑关联，而这种体系化的总分结构也是准确找法、用法的基础。

四是融贯一致的价值体系。以民法典为例，如果说外在体系是指民法典的各编以及各编的制度、规则体系，那么价值体系则是指贯穿于民法典的基本价值，包括民法的价值、原则等内容，即支配整个民法的基本原则以及这些原则之间的实质联系。内在体系与外在体系共同构成了民法典体系的双重辩证关系，二者结合起来，才能满足一部现代科学立法的民法典要求。规则融贯与价值融贯虽然有所区分，但在民法典中，两者相互衔接，互为表里。一方面，规则融贯建立在价值融贯的基础上，只有私法体系的价值理念具有融贯性，具体规则才能彼此协调，实现规则融贯。另一方面，私法体系的价值理念往往蕴含于具体规则之中，只有具体规则彼此融贯，才能从这些规则中解释出价值理念的融贯性。相反，如果我们将法律体系分为外在体系和内在体系，融贯思维则主要指的是价值的融贯。如果说规则融贯是体系思维的外在体现，那么价值融贯则是体系思维的价值内核。正是因为价值体系的存在，才能使庞大的民法典规则始终具有"神不散"的灵魂，并形成了有机的整体。

可以说，任何成功的法典，同时也是体系完整、规则统一、价值融贯、逻辑严谨的规范体系，只有秉持这样一种思维，才能有效推进未来法典化立法的进程。

亲历民事立法四十年*

2021年即将过去，2022年的钟声即将响起，2021年，我们庆祝了中国共产党成立一百周年，新的一年将迎来党的二十大召开，我们的国家也将迈入新的历史时期。

屈指算来，从我1981年考入中国人民大学法律系、跟随佟柔老师攻读研究生以来，迄今已经整整四十年了，这四十年也是改革开放的四十年，是经济快速发展的四十年，是社会全面进步的四十年，更是民法快速发展的四十年。在民事立法方面，我们用短短四十年的时间走过了西方数百年的道路，不仅构建了较为完善的市场经济法律体系，而且构建了民事权利的基本体系。尤其是《中华人民共和国民法典》的颁布，标志着我们的民事立法进入了系统化、统一化、基本齐备化的阶段。民事立法伴随改革开放的进程而发展和成长，同时也发挥着为改革开放和社会主义现代化建设保驾护航的作用。经过改革开放四十余年的发展，中国已经建设成为世界第二大经济强国，人民群众的物质文化生活水平得到了极大的提高，而民事立法的作用功不可没。回望中国民事立法发展的历程可以发现，四十年的民

---

* 本文完稿于2021年年底。

法发展历史就是一部浓缩了我国政治、经济和社会生活的变迁史。

我可以说是中国改革开放以来民事立法的见证者、亲历者。1977年,"文化大革命"结束后,政治上开始拨乱反正,经济上有了改革开放的先声。在此背景下,高考制度恢复,我踏上这趟开往春天的列车,开始了另一种人生。我很幸运,因为我顺利挤进不到5%的高考录取比例当中,成为恢复高考后的首届大学生;因为我一上大学就融入改革开放的大潮当中,在时代变革中获取人生营养;因为我选择了法律专业,找到了人生发展的方向;因为我在大学毕业后,有幸考取中国人民大学的研究生,在佟柔老师的引领下进入了法学的殿堂,并有机会参与到我国法治建设的伟大事业当中,参与民法通则、合同法、物权法、侵权责任法、民法总则等法律的起草,亲历和见证了这段不同寻常的历程。回首民事立法的进程,我认为,可以分为如下几个阶段:

一是民法通则的制定。中华人民共和国成立以后,废除了"六法全书",《中华民国民法》不再在大陆适用。立法机关为适应社会需要,早在1950年就颁行了《中华人民共和国婚姻法》,后来先后于1954年、1962年、1979年和2001年四次启动民法典制定工作,但都因各种原因而中断。随着我国改革开放进程的推进,社会亟须民法规范,因此,我国立法机关于1986年颁布了《中华人民共和国民法通则》,这是我国第一部调整民事关系的基本法。在民法通则制定时,我刚刚研究生毕业,已经留校任教,虽然没有直接参与这部法律的制定工作,但我当时作为佟柔老师的助手,帮助他整理了相关的立法材料。我们经常结合立法中提出的疑难问题,讨论到深夜。我记得当时涉及《民法通则》第2条关于民法调整对象的制定,引发了民法与经济法关系的激烈争议,佟柔老师交代我整理出了一份详细的关于民法与经济法关系的资料，打印了数十份，后提交给民法通则的起草者和相关领导。《民法通则》第 2 条确立了调整平等主体的财产关系和人身关系，这实际上采纳了佟老师的建议，而且也确立了民法通则作为社会主义市场经济基本法的地位，这也是佟老师关于民法地位和功能的核心观点。我记得在《民法通则》通过后，佟老师跟我谈到第 2 条的重要性时激动地流下了眼泪。

二是合同法的制定。我国早在 1981 年就制定了经济合同法，并于 1985 年制定了涉外经济合同法，于 1987 年制定了技术合同法，三法鼎立，相互之间产生了不少冲突和矛盾，也给法律适用带来了极大困难，自 1993 年年底，立法机关启动了合同法的起草工作。党的十四大提出，经济体制改革的目标是建立社会主义市场经济体制，因而合同法的制定成为完善社会主义市场经济基本规则的重要举措。立法机关开始启动合同法制定工作时，曾委托一些学者集中提供一个专家建议稿，我当时以中国人民大学课题组牵头人的身份负责违约责任、结算合同、储蓄合同部分的专家建议稿的制定。从 1995 年开始，立法机关先后召开了多次重要的合同法起草会议，每次时间长达 1~2 个月，我参加了每一次重要会议的讨论。在会议期间，我们经常就各个条款争得面红耳赤，讨论得异常激烈，特别是在总则里面涉及对欺诈、胁迫是否应当作为无效对待，还是作为可撤销的合同，我们形成了两种不同的意见，后来我专门写了一份专题研究报告，发表在《法学研究》上，立法机关最后采取了折中的办法，将欺诈、胁迫一分为二，分别规定在无效合同和可撤销合同之中。受全国人大常委会法工委的委托，中国人民大学法学院邀请法国、德国、日本等国有关合同法方面的著名专家学者，对我们的合同立法中提出的一些重大疑难问题提供立法经验。合同法认真总结并吸纳了我国司法实践和交易实践的经验，充分吸纳了域外合同立法以及《联合国国际货物销售合同公约》《国际商事合同通则》等先进的立法经验，使合同法彰显了鲜明的时代性和国际性。

三是物权法的制定。《物权法》的制定工作自1993年开始启动，历经十三年，经历八次审议，创下了立法机构审议次数之最，可谓来之不易。在物权法起草工作启动之后，按照全国人大常委会法工委的要求，我组织了有关专家学者起草了物权法草案学者建议稿，其中重点对国家所有权和集体所有权撰写专家建议稿。全国人大常委会法工委召开专门会议，研究这个建议稿。我在对这个建议稿进行汇报时，特别强调坚持"多种所有、平等保护"原则。但在物权法制定中，遇到了来自社会上的一些质疑。有人认为，物权法提出的"平等保护原则"就是要把富人的别墅宝马和乞丐的讨饭棍平等保护，就是要搞私有化；有学者甚至抛出了"九评物权法"，对物权法的平等保护立法理念和相关规则横加指责。但立法机关旗帜鲜明，态度坚定，要推动物权法的制定，为了配合物权法的立法进程，我们组织法学会民法研究会开展了一系列物权法讨论会，深入讨论了平等保护问题，反驳了将平等保护等同于搞私有化的观点，在对所有会议的观点进行了细致整理后，通过相应的途径上报给中央。在物权法制定中，我作为全国人大法律委委员，几乎全程参与起草。2007年3月，物权法草案被提交到第十届全国人大第五次会议进行表决，我对它的通过非常有信心，因为我知道它深深扎根于民生，严格遵循宪法精神，在指导思想和具体内容上都是正确无疑的，但在表决前，它最终能够获得多少赞成票，仍然是个未知数，因此，在表决前的头一天晚上，我内心还是相当忐忑的。后来等到它以97%的赞成比例通过时，我才一下子释然了。这样的过程充满酸甜苦辣，其中既有探索平等保护等关键问题的乐趣,也有挑灯夜战、刻苦攻关的艰辛;既有与不同观点进行沟通、说理的艰难,也有得到广大人民群众肯定和赞同的甜美。

四是侵权责任法的制定。在比较法上,侵权责任法在民法中独立成编是没有先例的,传统的大陆法系国家都是将侵权法置于债法之中,而没有在民法典中规定独立成编的侵权责任法,在法律上也没有形成系统、完整的侵权责任法。我国虽然是成文法国家,但是不是要照搬大陆法系国家的体系,走它们的老路?对于这个问题,我曾作过认真思考。我在20世纪80年代末期在美国留学时,专门研究英美侵权法,英美法中发达的侵权法给我留下了深刻的印象。自20世纪90年代开始,我就开始思考中国侵权责任法的内容和体系问题,考虑侵权责任法与债法分离的必要性和科学性,并于20世纪90年代中期写下了《合久必分:侵权法与债法的分离》一文。该文最初是被作为立法研究报告提交给立法机关,立法机关对此较为重视,在合同法出台后,立法机关就是否需要制定侵权责任法展开了多次讨论,并最终决定制定侵权责任法。在作出该决定之后,立法机关就委托我组织相关专家学者,负责起草侵权责任法的专家建议稿。我后来组织了相关专家学者,召开了数十次侵权责任法立法研讨会,并在许多地方法院作了认真调研,最后向立法机关提供了一份系统、完整的专家建议稿。2008年下半年,全国人大常委会法工委和民法室召开十多次研讨会,经反复修改,我作为全国人大法律委委员,也参与了侵权责任法制定的整个过程;受全国人大常委会法工委委托,我们邀请国外有关侵权责任法的专家学者,介绍比较法的经验,就侵权责任法编纂中的重大疑难问题展开讨论,在这个立法进程中,我建议应当以特殊归责原则和特殊责任主体来构建侵权责任法的分则体系，建立多元化的对受害人补救机制，并采取多元化的侵权责任承担方式等，这些主张也被立法机关所采纳。侵权责任法的制定为后来民法典的编纂奠定了良好的基础。

五是民法典的编纂。我记得我的导师佟柔老师在临终前对我说，中华人民共和国一定要有自己的民法典，但中国始终未能编纂出一部民法典。进入新时代，2014年党的十八届四中全会提出加强市场法律制度建设，并作出了"编纂民法典"的重大决定。自此，民法典的编纂进入了一个新的历史阶段。2016年6月27日，全国人大常委会决定按"两步走"的工作安排进行民法典编纂，即先制定民法典总则，后制定民法典各分编。2017年3月15日通过了《中华人民共和国民法总则》，2020年5月28日，最终通过了中华人民共和国成立以来的第一部《中华人民共和国民法典》，并自2021年1月1日起施行。在民法典编纂工作启动之前，我组织中国人民大学法学院提出了民法典草案专家建议稿，对民法典的框架结构以及制度设计提出方案。同时，以中国法学会民法学研究会的名义组织了五十多场民法典研讨会，组织广大民法学者就重大疑难问题展开讨论，广泛凝聚学界共识。针对民法典编纂起草中的一些重大疑难问题，我还撰写了专门的立法研究报告，供立法机关参考。在民法典制定过程中，争议最大的是人格权是否应当独立成编，以及人格权编的内容应当如何安排等问题。党的十九大报告明确提出保护人格权，这反映了新时代人民群众对美好幸福生活的向往。如今，人格权的观念已深深植入万千人的心中，成为防御不法侵害人格权行为的一道屏障。我始终认为，只有在民法中强化人格权保护，使其在我国民法典中独立成编，才能使民法典真正成为一部尊重人、保护人、关爱人的"人法"，真正成为民事权利的宣言书，并且在信息社会、数字社会、互联网和高科技时代中更好地保护每一个人的隐私和个人信息,维护每一个人的人格尊严。民法典颁行后,我积极参与民法典的宣传普及工作,并有幸被评为"2016—2020年全国普法工作先进个人",这也是我十分珍惜的一份荣耀。

四十年如白驹过隙,也犹如历史长河中转瞬即逝的浪花,但它承载了我国民事立法的成就与辉煌、光荣与梦想。中国改革开放四十余年取得的伟大成就与民事立法的引领、推动和保障作用是密不可分的。四十年来,我们伴随着中国的进步一同成长,从一个年轻人到耳顺之年,我目睹了中国的点滴进步。四十年来,我国社会主义法律体系基本健全,彻底结束了无法可依的状态,从立法层面来看,我国在民商事立法方面取得了重大成就,民商事立法在改革开放和市场经济建设中发挥了保驾护航的作用。四十年在人类历史的长河中只是短短的一瞬间,但对我国而言,却是一段辉煌的历史时期,1840年鸦片战争以后,一代代中华儿女为了改变国家和民族的苦难命运,探求法治道路,但最终都没有实现变法图强的梦想。中华人民共和国成立后,我们开启了法治建设的新篇章,但由于长期受到"左"的思想的影响,以及实行计划经济,法治始终未能取得应有的进步。十年"文化大革命"更是一场浩劫,是对于法治的极大破坏。正是基于对"文化大革命"惨痛教训的反思,党的十一届三中全会提出为了保障人民民主,必须加强法治,必须使民主制度化、法律化。四十年来,我们党把依法治国确定为党领导人民治理国家的基本方略,把依法执政确定为党治国理政的基本方式,积极建设社会主义法治,取得了历史性成就。目前,中国特色社会主义法律体系已经形成,法治政府建设稳步推进,司法体制不断完善,全社会法治观念明显增强。

我个人恰逢这样的伟大变革时代，是时代赋予我以厚重的使命，伴随着法治的发展而成长，见证着改革开放以来中国法治的进步历程，感叹着发展中所遇到的艰难曲折，也感叹自己是何等的幸运，是时代给了我参与立法的机遇，能够在这伟大的时代用自己的所学所识报效国家和社会，为社会主义的法治事业贡献绵薄之力，这是我人生的梦想和心愿。我愿化作沧海一粟，汇入浩瀚的法治江海；我愿作为一粒石子，铺上法治的康庄大道。

进入新时代，我们比以往任何时候都更加接近中华民族的伟大复兴时期。虽然国际形势风云变幻，但是只要我们坚定地走中国特色社会主义法治之路，就能无惧路途遥远、道路崎岖，一定能到达民族复兴的目的地。

法是社会契约的产物吗?

——重读卢梭《社会契约论》

卢梭以人民主权理论闻名于世,并被后人称为"民主共和的奠基人"。卢梭在法律思想方面的贡献虽然没有像他的人民主权理论一样闻名,但其理论也影响深远。卢梭的一个重要建树就是提出了法是一种社会契约的观点。

我在读研究生期间就曾经读过卢梭在1762年写成的《社会契约论》①,但当时领会不透,最近在闲暇之余又重拾这部名著,仔细研读,感慨良多。

卢梭关于法是社会契约的理论,深受古典自然法学派的影响,这一理论最先解释了法的起源,即法是社会契约订立和生效的结果。卢梭假设,人类处于蒙昧时期,如同野兽般生存,相互厮杀,毫无秩序可言。人类为了摆脱混乱的自然状态,于是订立了共同契约,并约定大家都要服从契约,从而形成一种人类生活的正常秩序。这个契约就是最早的法。尽管早期的自然法学派已经提出了类似于社会契约的观点,但是卢梭在《社会契约论》一书中将其上升到理论的高度,进行了系统完整的阐述,这本书提出了几个非常重要结论:

---

① 参见〔法〕卢梭:《社会契约论》,何兆武译,商务印书馆1980年版。

一是人生而自由，需要靠社会契约维护自由。卢梭在该书的开篇便发出了振聋发聩的强音，他提出"人是生而自由的，但却无往不在枷锁之中"。在他看来，人生活在自然状态中，处于混乱的状态下，所以人类需要通过订立社会契约建立共同的法则。社会契约所要解决的根本问题，实质上是要通过人类的互相合作，以契约的方式联合起来，以全部共同的力量来保护每个共同体成员的人身和财富。为了达成这样的目标，人类放弃天然自由，换取契约自由；虽然社会契约是以个人完全让渡权利而产生的，但这并不意味着对个人自由的剥夺，这是因为"每个人既然是向全体奉献自己，他就并没有向任何人奉献出自己；而且既然从任何一个结合者那里，人们都可以获得自己本身所渡让给他的同样的权利，所以人们就得到了自己所丧失的一切东西的等价物以及更大的力量来保全自己的所有"[①]。

二是社会契约的本质是公意的产物。在卢梭看来，社会契约条款是"每个结合者及其自身的一切权利全部都转让给整个集体"[②]。社会契约的本质是"我们每个人都以其自身及其全部的力量共同置于公意的最高指导之下，并且我们在共同体中接纳每一个成员作为全体之不可分割的一部分"。在涉及国家和法的关系方面，卢梭认为，国家是社会契约的产物，因为国家本身就是通过社会契约将共同体联合起来的产物，在达成社会契约之后，每个公民将其全部的权利都转让给了集体，主权在民，每一个成员的结合行为就产生了一个"道德的与集体的共同体，以代替每个订约者的个人……这一由全体个人的结合所形成的公共人格，以前称为城邦，现在则称为共和国或政治体；当它是被动时，它的

---

① 〔法〕卢梭：《社会契约论》，何兆武译，商务印书馆1980年版，第20页。
② 〔法〕卢梭：《社会契约论》，何兆武译，商务印书馆1980年版，第9页。

成员就称它为国家；当它是主动时，就称它为主权者；而以之和它的同类相比较时，则称它为政权。至于结合者，他们集体地就称为人民"①。在通过社会契约将权利让渡给国家之后，每个社会成员都必须以其自身和全部的力量共同受公意的最高指导。这个公意就以法的形式表现出来。如果每个社会成员的自由被暴力所剥夺，那么被剥夺了自由的社会成员就可以通过革命的方式来夺回属于自己的自由。

三是法律是社会契约的产物。卢梭认为法律应是公意的体现，"我的意思是指法律只考虑臣民的共同体以及抽象的行为，而绝不考虑个别的人以及个别的行为"②。法律只有准确地表达公共意志，它才是应然的。立法者的所有权力均来自人民的委托，它自己本身并没有什么权力。社会全体成员通过订立契约，将自己的权利转让给集体后才能形成公意。公意具有最高的权威，任何人都必须服从公意，不具有超越公意的特权。如果某个成员不服从公意，全体社会成员就要迫使他服从公意。"法律既然结合了意志的普遍性与对象的普遍性，所以一个人，不论他是谁，擅自发号施令就绝不能成为法律；即使是主权者对于某个个别对象所发出的号令，也绝不能成为一条法律，而只能是一道命令；那不是主权的行为，而只是行政的行为。"③因此，正是因为有了法律，个人的意志就应当服从法律。

四是真正的法律必须是公意的表达，公意的目的是实现"公共利益"，而公共利益是由每个个体的特殊利益（个别意志）的共享部分组成的。"众意与公意之间经常总是有很大的差别；公意只着眼于公共的利益，而众意则着眼于私人的利益，众意只是个别意志的总和。但

---

① 〔法〕卢梭：《社会契约论》，何兆武译，商务印书馆 1980 年版，第 10 页。
② 〔法〕卢梭：《社会契约论》，何兆武译，商务印书馆 1980 年版，第 47 页。
③ 〔法〕卢梭：《社会契约论》，何兆武译，商务印书馆 1980 年版，第 48 页。

是，除掉这些个别意志间正负相抵消的部分而外，则剩下的总和仍然是公意。"① 公意具有两个本质的特征：一是对象的普遍性，即只考虑臣民的共同体以及抽象行为，不考虑个别的人以及个别的行为；二是意志的普遍性，即法律必须反映全体人民的意志，法律是公意的体现。② 根据共同体及其成员的关系类型，法律主要包括三种，即调整全体人民对全体人民（主权者与国家）的政治法或"根本法"、调整成员之间以及成员对整个共同体关系的"民法"，以及处理个体与法律之间关系或者不服从与惩罚的关系的"刑法"。③

五是最好的政体是民主共和国。为了保证法律成为公意的产物，应当建立共和国，使服从法律的人民成为法律的创造者，保障法律不受个别意志的左右。如前述，国家就是由全体社会成员根据契约而形成的，国家的成立是为了保护社会共同体的利益。卢梭认为政治体具有两种权力：一是立法权力，二是行政权力。在他看来，立法权力属于人民，而且只能属于人民；相比之下，行政权力不像立法权力那样具有广泛性。公意和政府之间是什么关系呢？他认为，由于公意的实现要通过一定的代理人，就需要确保代理人必须按照公意的指示进行活动，这个代理人就是政府。所以政府的重要职责就在于落实共同体所形成的公意，也就是要负责执行法律。人民是主权者，人民是国家最高权力的来源，而政府的一切权力来自人民的委托。政府只能行使主权者委托的权力，人民有权限制、改变和收回政府所拥有的权力。人民根据个人意志投票产生公意。如果政府的行为不符合公意，那么社会契约就遭到破坏，人民就有权决定和变更政府形式与收回执政者的权力。这实际上就

---

① 〔法〕卢梭：《社会契约论》，何兆武译，商务印书馆1980年版，第35页。
② 参见〔法〕卢梭：《社会契约论》，何兆武译，商务印书馆1980年版，第45—48页。
③ 参见〔法〕卢梭：《社会契约论》，何兆武译，商务印书馆1980年版，第69页。

是卢梭的"人民主权理论"的核心思想。也就是说，国家的主人不是君主，而是人民，治理者只是受人民委托，因而主权只能属于人民。

六是公意永远是正确的。由于人民永远希望自己是幸福的，因此人民不可能制定出损害自己利益的法律。经过全体社会成员合意而共同形成的意志，能够反映他们的共同利益。"法律乃是公意的行为；我们既无须问君主是否超乎法律之上，因为君主也是国家的成员；也无须问法律是否会不公正，因为没有人会对自己本人不公正；更无须问何以人们既是自由的而又要服从法律，因为法律只不过是我们自己意志的记录。"①

由此可见，社会契约和人民主权观念是密切结合在一起的。正是基于人民主权，人民才能让渡一切自由和权利形成社会契约；正是基于人民主权，才能形成公意，法律才能作为公意的具体表现而形成，法作为社会契约的产物，乃是因为法体现了人民的公意。卢梭的社会契约论的意义在于：法律不只是简单的主权者的命令，而应当是人民公意的具体体现。这一认识不仅在卢梭所处的年代具有启蒙意义，即便在20世纪乃至当前时代也具有重要价值。这一思想和他的主权在民思想一样，在人类思想史上永远闪烁着耀眼的光芒。今天我们建立共和国就是要使人民当家作主，切实保障我们的法律真正反映人民的意愿、维护人民的权益，也应当是我们的法律所追求的目标。就此而言，卢梭的社会契约论对我们具有重要的启发意义。

不过，由于历史局限性，卢梭认为法律是契约的产物，这一观点显然也值得商榷。一方面，卢梭的社会契约论和人民主权理论的提出，是建立在其假想的自然状态、权利让渡和公意的基础上，但是这一理论建

---

① 〔法〕卢梭：《社会契约论》，何兆武译，商务印书馆1980年版，第47页。

构的方式已经不足以说服现代读者。因为自卢梭以降，历史学、人类学和社会学等社会科学的发展表明，人类历史的发展并不像卢梭所想象的那样，从自然状态到社会状态。例如，马克思从物质生产和物质生产关系的现实出发构建了人民主权的理论，对实现主权在民的社会理想提出了全新的理论方案，实际上就是对卢梭思想的超越和发展。另一方面，卢梭认为，公意是永远正确的，其实公意也是具有历史局限性的，而且也被历史证明该观点是过于理想化的。因为公意可能会受到舆论等的左右，特别是在现代互联网、大数据时代，各种假新闻都会形成"信息茧房"，导致民众产生认识偏差，盲目跟从。这也给代议制民主造成了一种潜在的威胁。其实，卢梭也已经意识到这种现象，他说，"人们总是愿意自己幸福，但人们并不总是能看清楚幸福。人民是决不会被腐蚀的，但人民却往往会受欺骗"①，其实，卢梭这段话表面上对公意肯定，实质上对公意的正确性也表示了一定程度的怀疑。

虽然法是社会契约的产物的命题是值得商榷的，但卢梭提出的人民主权的理论，以及法律应当符合公意等思想，是人类政治和法治思想的瑰宝，永远闪烁着理性、智慧的光芒。

---

① 〔法〕卢梭:《社会契约论》，何兆武译，商务印书馆1980年版，第35页。

坚持人民主体地位[*]

法治和民主具有天然的不可分割的关系，它们都是社会主义民主政治的重要组成部分，也是社会主义现代化的重要内容。人民当家作主是社会主义民主政治的本质特征，而在全面依法治国中坚持人民的主体地位，为了人民、依靠人民、造福人民、保护人民，这也是人民当家作主的应有之义。

习近平总书记指出，全面推进依法治国，要坚持人民主体地位。坚持人民主体地位，是社会主义法治的基本属性，也是全面依法治国的力量源泉和重要保障。坚持党的领导、人民当家作主、依法治国有机统一是社会主义政治发展的必然规律。在全面依法治国的伟大事业中，坚持人民主体地位主要包含了如下内容：

第一，全面依法治国要坚持为了人民、造福人民、保护人民。全心全意为人民服务是党的宗旨，人民对美好幸福生活的向往就是党奋斗的方向；全面依法治国的根本价值就是不断追求和提升人民福祉。"人民的福祉是最高的法律。"法治国家、法治政府、法治社会一体建设的本质就是在不同的层面满足人民对于美好幸福生活的需要。这就需要把体现

---

[*] 原载《法制日报》2019年5月16日。

人民利益、反映人民愿望、维护人民权益、增进人民福祉落实到依法治国全过程，使法律及其实施充分体现人民意志。现代法治的核心要义是规范公权、保障私权，规范公权就是为了防止公权的任意行使损害人民的利益，而保障私权就是要保护人民最根本的利益。现代法治的重要价值是公平正义，而只有让人民群众真正感受到公平正义就在身边，才能使人们有获得感、幸福感、安全感。现代法治的目标是维护社会安全和秩序，维护国家长治久安，这些都是广大人民群众的根本诉求。可以说，之所以在中国推进全面依法治国，最根本的原因就在于，这是人民根本利益之彰显，是人民美好幸福生活之所在。

进入新时代，人民群众对民主、法治、公平、正义、安全、环境等提出了更多的向往。"科学立法、严格执法、公正司法、全民守法"是新时代全面依法治国的基本方针，归根结底就是为了满足人民对"良法善治"的期待。"科学立法"就是要尊重立法规律，恪守以民为本、立法为民理念，切实反映最广大人民群众利益和意愿。"民之所欲，法之所系"，如果每一项立法都反映人民意志、保障人民权利，就能够得到人民的拥护。"严格执法"是人民最关切的法治建设方面，一些执法不严、执法不公、选择性执法、滥用执法权的问题，一直困扰民众、为人们所诟病。解决好了严格执法、公正执法的问题，才能在人民生活中树立法治的权威。"公正司法"是人民对法治生活最强烈的期待。司法本身是为了解决人民生活中的纠纷和争议而存在的，"努力让人民群众在每一个司法案件中感受到公平正义"是全面依法治国的庄严承诺之一，只有在个案中感受到公正的司法，人民才会信任法治，社会才能将司法作为平息争议、化解纠纷的正常渠道。"全民守法"是法治社会的基本标志，人人守法才能够真正使法律成为人们的行为准则和基本遵循;才能依靠法律化解矛盾和纠纷,从而真正实现社会和谐、稳定、有序,实现国家长治久安。

第二,全面依法治国要坚持依靠人民。坚持人民主体地位不仅仅是全面依法治国的价值目标,更是推进全面依法治国的力量源泉。人民是依法治国的主体,人民的力量是依法治国的不竭动力。党的根基在人民、力量在人民。"能用众力,则无敌于天下矣;能用众智,则无畏于圣人矣。"① 改革开放四十余年的发展,天还是那片天,地还是那片地,人还是那群人,为什么我们的国家会发生翻天覆地的变化?为什么能够结束挨饿的历史?为什么我们能够由一个贫穷落后的国家一跃而成为世界第二大经济体,并以昂扬的姿态走向世界舞台的中心?关键在于,在党的正确领导下,通过改革开放,使亿万人民群众的创造力得到了充分发挥,生产力得到了充分释放。人民代表大会制度保证了政体的人民性,人民经由选举产生的代表选举政府、管理国家事务和社会事务,保障了人民可以通过民主选举、民主管理和民主监督的方式确保权力来自人民,受人民监督。众人的事情由众人协商的民主协商制度决定了重大的事务能够形成共识,并保障了健康、有序的决策形成机制,推进决策的科学化和民主化。当前,我国的改革已进入"深水区",处于攻坚战阶段,各种社会矛盾纷繁复杂、频发叠加,牵一发而动全身,这就需要调动人民群众参与、支持改革的积极性,从而确保改革依法稳步向前。

人民的参与是全面依法治国、实现各项奋斗目标的前提。全面依法治国的主体是人民群众,全面依法治国目标的实现也必须要靠人民群众的积极参与。人民参与立法,积极献言献策,形成广泛共识,才能为良

---

① 〔西晋〕陈寿:《三国志·吴书》。

法的出台奠定坚实的社会基础。尤其应当看到，法律的生命力在于实施，法律的权威也在于实施。法律能否从书本中的条文转化为行动中的法律，关键要看人民群众是否信赖法律、认同法律、遵守法律。"法律必须被信仰，否则它将形同虚设。"① 每一个社会成员从内心自愿接受法律约束，做到"法立，有犯而必施；令出，唯行而不返"②，以守法为荣，以违法为耻。如此才能建成法治国家、法治社会。

人民的智慧是全面依法治国不断开拓创新的关键。全面依法治国离不开改革创新，离不开基层人民的首创精神。一方面，在立法过程中，需要广泛征求民意、汇集民智、凝聚共识，使法律真正体现人民群众的根本利益，回应人民群众的基本要求，使法律永葆先进性、有效性和实用性。民主立法是科学立法的重要保障。另一方面，在法律的实施中，仅仅依靠公权力机关的力量，在手段和资源上都存在很大局限。法律的有效实施还需要人民群众广泛参与，树立起人民参与治理的主体地位，运用人民群众自身的智慧，充分调动他们在举报、投诉、咨询、监督等方面的优势，协助政府共同治理。化解纠纷和争议不能仅仅依靠诉讼，需要充分通过人民调解、和解等手段将生活中的智慧运用到纠纷解决之中。只有这样，才能形成有效的社会治理，既避免法治建设的因循守旧，也避免盲目移植。

人民的经验是全面依法治国始终沿着正确道路前进的重要遵循。法律应当反映社会生活习惯，立法要成为管用之法，必须立足于中国大地，立足于中国国情，解决中国的现实问题。立法也要符合社情民意，每一个制度和体系安排，都要反映本国历史文化传统，符合社会实

---

① 〔美〕哈罗德·J.伯尔曼：《法律与宗教》，梁治平译，中国政法大学出版社2003年版，第3页。

② 〔唐〕王勃：《上刘右相书》。

际需要。法律作为一种社会生活规范，其本身就是要追求良好有序的社会效果。要充分发挥法律调整社会生活的效果，必须要密切联系实际，认真总结人民群众的实践经验，解决现实存在的问题。脱离人民群众的现实需求，不注重人民群众的生活经验，立法也会成为空中楼阁，行政执法和司法也无法找准发力点，难以真正解决现实问题。

第三，全面依法治国的成效应由人民来评判。法为民而治，国家依法治理是否成功，关键要看是否增进了人民的福祉，是否实现了人民对美好幸福生活的向往，是否给人民带来获得感、幸福感、安全感。所以，依法治国是否取得了成效、取得了多大成效，客观上要求只能由人民来担任评判人，应当把评判器交给人民。正如习近平总书记所指出的，时代是出卷人，我们是答卷人，人民是阅卷人。由人民评判，这就要求我们的立法、执法、司法要切切实实了解人民的意愿、回应人民的关切、满足人民的法治诉求。当前尤其需要规范执法、司法行为，人民群众对执法乱作为、不作为以及司法不公的意见比较集中，这要成为我们厉行法治的聚焦点和发力点。"一个案例胜过一摞文件"，要真正使人民群众从每个个案中感受到公平正义。

为人民谋幸福，为民族谋复兴，是我们党执政的初心，也是我们进入新时代的奋斗目标。只有坚持人民主体地位，才能更好推进全面依法治国，真正实现人民群众对良法善治的期盼。

什么是权利

——重读霍菲尔德的《基本法律概念》*

"权利"是法律世界的核心概念,这个词对应的拉丁语为 jus,法语为 droit,德语为 Recht,都有"法"的含义。有人认为,法学就是权利之学,不无道理。然而,到底什么是权利,却是近代以来无数法学家苦苦思索和努力回答的问题。

美国著名法学家庞德认为,"法学之难者,莫过于权利也"。但在我阅读过的文献中,美国分析法学家的代表人物霍菲尔德(Hohfeld)对此作出的回答,不仅系统而且融贯,给人很好的启发。

实然意义上的法律

20世纪80年代,我在密歇根大学法学院学习时,曾经拜读了霍菲尔德在《耶鲁法学杂志》上发表的一篇题为"Some Fundamental Legal Conceptions as Applied in Judicial Reasoning"(司法推理中几个基本法律概念的适用)的论文,留下了深刻印象。

大概十多年前,张书友先生将这篇文章与霍菲尔德的另

---

* 原载《法治周末》2022年1月13日。

一篇文章编译在一起，以"基本法律概念"① 为题翻译出版。读罢此译本之后，我在权利的概念问题上有了新的认识，可谓受益匪浅。

霍菲尔德的这篇名作充分彰显了分析法学的特点。分析法学或者分析实证主义把某种特定的法律制度作为法学思考和建构的出发点，并重点通过归纳法从这些法律制度中提炼出一些基本的法学观念、概念和特点，将它们同其他法律制度中的基本观念、概念和特点进行比较，以确定关于法律的共同要素和特点。

通过运用这种方法，分析法学将法律科学的关注重点指向法律制度。换言之，分析法学认为，法学家应当重点关注实然意义上的法律，而非应然意义上的或者理想的法律。

八个底层概念

正是运用此种方法分析"权利"，霍菲尔德认为："对任何严密的推理而言，变色龙般的词语在思维和表达上都极其有害。"② 但在当时的美国法中，"权利"概念恰恰是十分混乱的。为此，霍菲尔德将涉及权利的法律关系纳入"相反"和"相关"关系的图表，从而厘清了诸多类型"权利"的准确意涵。

其中，相关关系是指，针对同一对象，处于一个法律关系中的双方当事人各自所处的法律地位。例如，权利的相关概念是义务，即若某甲享有特定权利，则某乙负有相应的义务。

相反关系是指，针对同一对象，同一主体只能享有其中一种地位。例如，权利的相反概念是无权利，即某甲要么享有特定权利，要么不享

---

① 参见〔美〕霍菲尔德：《基本法律概念》，张书友编译，中国法制出版社2009年版。
② 〔美〕霍菲尔德：《基本法律概念》，张书友编译，中国法制出版社2009年版，第26页。

有该权利；不可能出现某甲既享有权利、又处于"无权利"地位的情形。具体来说：

（1）权利与义务。权利的相关概念是义务，也就是说，在一个法律关系中，某甲的权利对应着某乙的义务。例如，某甲拥有排除某乙进入甲之土地的权利，则某乙便对某甲负有不得擅自进入其土地的义务。在狭义上，权利的含义可等同于请求权（legal claim），即享有请求某乙排除妨害的权利。这也是霍菲尔德在场景性叙事中频繁地使用"'权利'或'请求权'"（a right or claim）这样表达方式的重要原因。

权利的相反概念则是无权利。言下之意是，某甲要么有特定权利，要么无特定权利，二者择一。

（2）特权与无权利。特权的相关概念是"无权利"，当某甲享有特权进入某块土地时，意味着另一主体（如某乙）没有请求某甲离开某块土地的权利。在此意义上，某甲的特权也可以理解为其享有从事特定行为的自由。特权的相反概念则为义务。例如，当某甲享有特权进入某块土地时，意味着某甲没有义务不进入该土地。也即，某甲不可能既享有进入土地的特权，又负有不进入土地的义务。在这个意义上，特权与义务处于相反关系。

（3）权力与责任。权力是指依其意志改变法律关系的力量。例如，某甲可以通过抛弃消灭所有权，或者通过行使优先购买权取得其他共有人拟出售的不动产或者动产份额。

与权力相关的概念是责任，即某甲行使权力，意味着某乙有责任接受因此发生改变的法律关系。这个意义上的"责任"与我国民法典所规定的民事责任有所不同，其主要是指要承受一方行使权力引发的后果。

与权力相反的概念是无权力，即某甲要么享有权力，要么无权力；

只能二者择一，不可兼得。无权力是指某一主体不得根据自己的意志改变法律关系。例如，无权处分人实施的处分行为不会改变物权归属，该无权处分人的地位就是"无权力"。

（4）豁免与无权力。豁免是指在特定法律关系中，免受他人权力约束的自由。豁免的相关概念是无权力，例如，某甲是土地的所有人，当某乙擅自将土地让与给他人时，因为某乙的处分是无权力的处分，所以，某甲豁免于此种处分造成的不利后果。

又如，某乙是某甲的代理人，但是某乙实施无权代理时，某甲豁免于代理行为，不受某乙实施的无权代理行为的拘束。

豁免的相反概念是责任。这意味着，某甲要么享有豁免（不受他人权力的约束），要么负有责任（受到他人权利的约束）。这两者必然居其一，也只能居其一。

根据上述八个底层概念，任何模糊的权利都可以得到进一步的解构和分析，从而确定模糊概念的真实含义。例如，在比较长的时期，法学家侧重将财产权（或者说物权）界定为一种"人对物"的关系，或者说侧重从"人与物"的关系视角来理解权利。

"权利大教堂"的一个侧影

布莱克斯通曾如此定义财产权：人们进行主张或行使的，对世上的外在物进行单独地、任意地支配的权利；这种权利完全排除任何他人。这种定义强调权利人可以单独地、随意地处置财产。由此形成了财产权是一种"对物权"的印象。

但是霍菲尔德恰恰认为，财产权的本质并不是人对物的关系，而是人与人之间的法律关系，而且是由一系列复杂权利（请求权）、特权、权力和豁免构成的关系集合。这些观点后来又被发展成了"权利束"的思想,即一宗财产上发生的多重权利关系集合在一起,构成一个权利关系的束体,就像一束花一样。

在这个意义上,霍菲尔德改写了英美法系对于权利(尤其是财产权)的认识。特别是,人们后来日益普遍地认识到,财产权并非人对财产的支配关系,而是人与人之间的法律关系。

霍菲尔德的思想也为后来法与经济学的财产权理论奠定了理论基础。因为按照霍菲尔德的思想,财产权的内容并非固定或绝对的。财产权是由不特定的权利(请求权)、特权、权力和豁免构成的集合。这些构件如何组合,并非一成不变,而是取决于公共政策。① 在一个科斯所想象的零交易成本的世界中②,人们可以彼此之间就所有这些构件一一达成协议,进行多样复杂的权属分割和让渡。这样一来,任何一种固定的权利类型安排都将是多余的。③ 因为人们永远可以就特定资源的利用达成最有效率的分割和利用协议。

但是,也有观点反对霍菲尔德的分析框架,认为这种分析框架不能描述真实的法律世界。如果霍菲尔德的方法是准确周延的,那么,当某甲将某一土地转让给某乙时,所有原本对某甲负有义务的人,现在对某乙负有义务。但实际情况是,除了某甲和某乙的权利义务发生改变,没有其他的权利义务发生改变。其他人的地位与原来一模一样,即不得干涉该土地的使用和控制。不得干涉土地的义务,不管谁是所有人,都是

---

① See Kenneth J. Vandevelde, The New Property of the Nineteenth Century: The Development of the Modern Concept of Property, 29 Buff. L. Rev. 325-368 (1980), p.361.

② 参见〔美〕罗纳德·H.科斯:《企业、市场与法律》,盛洪、陈郁译校,格致出版社、上海三联书店、上海人民出版社2014年版,第78页以下。

③ See Henry E. Smith, Exclusion Versus Governance: Two Strategies for Delineating Property Rights The Evolution of Property Rights, 31 J. Legal Stud. 453-488 (2002), p.473.

一样的；人们在遵守该义务时，也不需要查明谁是所有人。① 换言之，当人们在面对不属于自己的土地时，并不像霍菲尔德所说的，处于一种有"义务"，即人们之所以不侵入他人的土地，不是因为土地所有人请求他们这样做（"权利—义务关系"），而是因为这是他人的财产，人们当然负有"保持自己不进入该土地"的一般性义务。这就又回到了布莱克斯通定义的财产权概念了，即"完全排除任何他人"的权利。另外，一宗财产上的确可以不断分割出一束丰富的子权利，但这个束体内部中的子权利类型并不是漫无边际，可以像艺术品那样随心所欲地创设的。相反，现实世界中，权利束体内部的子权利呈现出模块化的特点，即在各法域常常以有限类型出现②，这也是为什么物权法定是一个普遍遵守的财产法原则。因此"权利束"的思想也存在其缺陷。

这就如卡拉布雷西曾评论的那样，"提出某种分析框架或者模型这种方法……只是提供了大教堂的一个图景罢了"（But this approach also affords only one view of the Cathedral）③。霍菲尔德的八个概念，也只是从一个视角系统地描述了"权利"这座"大教堂"的一个侧影。

总之，张书友先生编译的霍菲尔德的《基本法律概念》一书，值得认真阅读、细细品味。

---

① See James Penner, The Idea of Property in Law, Oxford University Press, 1997, p.23.
② 参见熊丙万：《实用主义能走多远？——美国财产法学引领的私法新思维》，载《清华法学》2018年第1期。
③ Guido Calabresi & A. Douglas Melamed, Property Rules, Liability Rules, and Inalienability: One View of the Cathedral, 85 Harv. L. Rev. 1089 (1972), at 1128.

靠什么致君尧舜？

中国知识分子历来都有士大夫精神和浓厚的家国情怀，以修身、齐家、治国、平天下为己任，这种家国情怀的极致表现就是"致君尧舜"的梦想。早在《孟子》中就出现过"使是君为尧舜之君"的表达。千古诗圣杜甫曾在《奉赠韦左丞丈二十二韵》中留下了"致君尧舜上，再使风俗淳"的诗句，表达了希望自己得到重用，辅佐君王成就超越上古圣君尧舜的功业，使已经败坏的社会风俗再恢复到上古那样淳朴敦厚的心愿。同样，一代文豪苏东坡也在其词中多次表达了"致君尧舜"的抱负和理想，熙宁七年（1074年）七月，苏轼在由杭州移守密州的途中寄给其弟苏辙的一首《沁园春·孤馆灯青》中写道："有笔头千字，胸中万卷；致君尧舜，此事何难？"

这两首诗词集中反映了知识分子共同的心愿：忧国忧民，以天下为己任，成为治世之能臣，惠泽万民、兼济天下，在动荡之际凭一己之力，挽狂澜于既倒、扶大厦于将倾，体现了读书人的生命价值、担当意识和家国情怀。正所谓"一片丹心图报国，两行清泪为忠家"。上古时期的伊尹、皋陶，便是呕心沥血辅佐圣君的典范，其功高德厚，千古流传；还有商鞅变法图强、诸葛亮两朝开济、王安石变法强国、张居正整顿吏治等,都在历史上留下了浓墨重彩的一笔。"致君尧舜"不仅描绘了文人的政治梦想,也反映着其作为士大夫的宽厚胸襟——这是儒者的最高政治理想。

靠什么致君尧舜?凭借一己之力显然是一种极不现实的理想主义。致君尧舜的理想本身具有强烈的"人治"色彩,寄希望于恰遇"明君",辅佐明君开创一代伟业,为百姓带来海晏河清的太平盛世。实际上,这种幻想大都破灭了,甚至在残酷的现实面前撞得头破血流。杜甫一生贫困潦倒、颠沛流离,虽有鸿鹄之志,但怀才不遇,一生难展其治国之才,抱憾终身。苏轼一生四处碰壁,因为"乌台诗案"几乎丢掉性命,后多次被贬放逐,晚年更是写下"心似已灰之木,身如不系之舟。问汝平生功业,黄州惠州儋州"的诗篇,真实地反映了其坎坷的一生。在这种理想主义的背后,主要还是个人英雄主义的情怀,将国家治理的宏大任务寄希望于特定个人的努力。然而,真正的国家治理应该是一种制度安排,需要依靠一整套科学、合理、有效的治理体系来推动,需要靠良法善治来实现。

良法是善治的前提。"立善法于天下,则天下治;立善法于一国,则一国治。"① 法治发展的历史经验表明,单纯依法而治是无法实现善治的。要实现善治就必须有良法,真正的良法除具备规则、逻辑体系一致、完整的法律体系之外,还应当反映民意、谋求人民的福祉,符合公平正义的价值。这就是说,良法要"形""神"兼具,从而促善治、保善治。苏轼曾经写下一首《戏子由》的词,其中写道"读书万卷不读律,致君尧舜知无术",自嘲没有把法律一类的书读通,所以无法帮助皇帝成为像尧舜那样的圣人。虽然该诗的本意是讽刺王安石变法,但其

---

① 〔宋〕王安石:《周公》。

心意依旧体现了对良法的重视。这或许是对他致君尧舜思想的一种反思和矫正。古往今来的历史经验已经反复证明，法治才是最佳的治国理政方式，也是国家治理现代化的集中体现，而法治首先要求以良法治国。

善治是法治的体现，也是良法追求的目标。"致君尧舜"的希望应该被寄托于制度而不是个人之上，其实，一个好的制度可以让真正有才华的人充分发挥其能力，为国效力，而不需要明君的特别赏识。人类社会的历史已经证明，个人纵有天大的本领，在历史中所能发挥的作用毕竟有限。杜甫与苏轼虽然饱读诗书，诗情词才冠绝古今，但未见得就是治理国家的人才。杜甫在表达自己"致君尧舜"的理想时，首先讲的是自己"读书破万卷，下笔如有神"；苏轼同样认为"有笔头千字，胸中万卷"就可以"致君尧舜"。实则不然，治国和作诗毕竟是两回事。治国理政的思想必定源于实践，且具有科学性、合理性、可行性，而非闭门造车、纸上谈兵，纯粹的读死书对于治国不仅作用有限，甚至可能有害——所以古时有所谓"书生误国"的说法，并非全无道理。就治理国家而言，"纸上得来终觉浅"，势必要结合实践，特别是结合民众鲜活的生活实践，才能获得成功。善治应当是一种民主的治理、依法的治理，一种选贤任能的治理、一种礼法并举的治理。

历史上，有辅佐圣君抱负的知识分子甚多。然而，实际获得辅佐君主机会的知识分子少之又少。即便是那些获得辅佐君主机会的知识分子，也时常以失败而告终。因为这种治国抱负的追求方式是有天然缺陷的。这种将治国目标寄托于特定个人的想法，没有充分认识到个人能力的不足——这需要被辅之君具有圣君的潜质，还需要君主受到制度和规则的约束，不受个人喜怒哀乐的影响，等等。这些知识分子常常受制于君主个人无常的喜怒，甚至会在实现辅佐抱负前就丢了性命。与此相比,制度的力量则要大得多,同时具有更强的稳定性。"法立而能守,则德可久,业可大。"① 也就是说,只有确立法度并且严格坚守,事业才有可能壮大。法治所蕴含的良法价值追求与善治相得益彰,必将形成良好的秩序和状态。

在这样一个崇尚法治、信守法治、厉行法治的新时代,良法和善治将使一个社会生机盎然、生生不息,使古代读书人致君尧舜的政治抱负成为现实。

---

① 〔宋〕张载:《正蒙·三十篇第十一》。

保障自由是法治的精髓

自由是社会主义核心价值观的重要内容。自由是人类社会的美好向往，是人民美好幸福生活的重要内容，也是马克思主义追求的社会价值目标。

中国共产党从成立之初，就将为人民谋福祉、为人民谋解放作为初心，为人民谋解放的含义中就包含了为人民谋自由。在新民主主义革命时期，共产党领导的地区被称为解放区，有一首歌里唱道"解放区的天是明朗的天，解放区的人民好喜欢"。解放区的人民为什么感谢共产党，是因为我们党带领人民推翻了"三座大山"，实现了人民的自由解放，为人民争得了自由。人民的解放就意味着人们普遍翻身作自己的主人，能够自主安排自己的生产和生活，能够自由设计和追求自己的理想。人民解放军之所以被称为解放军，就是因为共产党领导的解放军把劳苦大众从三座大山的压迫中拯救出来，让人们翻身成为主人，自己决定自己的生活和命运。中华人民共和国成立以后就制定了第一部《婚姻法》，真正实现了男女平等、婚姻自由，妇女才真正获得了解放。

中华人民共和国的成立使亿万人民群众获得了真正的自由。但是由于"左"的思想的影响，以及高度集中的经济体制，确实在一定程度上也压抑了人们在经济领域的自由。尤其是十年"内乱"期间，林彪、"四人帮"进行了大量祸国殃民的罪恶活动，严格限制人们的自由。在"文化大革命"期间，农民种了一点自留地，养几只鸡，卖一点鸡蛋，都会被当作"资本主义尾巴"割掉，如果想进城务工，甚至会被当作盲流遣返，老百姓要从事长途贩运，买卖蔬菜、水果，甚至被视为投机倒把，锒铛入狱。人们的自由受到压抑，必然导致生产力受到极大的束缚。在"文化大革命"后期，经济甚至快要走向崩溃的边缘。"忽如一夜春风来，千树万树梨花开"，党的十一届三中全会召开，解放思想，"拨乱反正"，给了人们充分的自由。改革开放解放了生产力，为亿万民众提供了自由的空间，承包经营给了农民自主劳动、自主经营的自由，亿万农民走出了束缚他们的土地，进城打工、进城经商；年轻人通过高考有了改变人生命运的途径，大学开始引入了自由的空气，思想的创新、理论的创新、科技的创新极大地推动了中国经济和技术的发展。正是因为这种自由的扩大，才使得我们在短短的四十多年，从贫穷落后的国家一跃成为世界第二大经济体。

改革开放的成就表明，自由既意味着机会，也意味着创造，还意味着社会主体潜能的发挥。正是人民群众的自由空间不断扩展，中国的社会经济才能不断发展，中国社会的每一次进步，其实都表现为人民自由的扩大。因此，为了更好地发挥个人的创新能力，释放个人的创造活力，就必须更好地保障社会公众的自由，并且充分尊重个人对其生活的规划和安排，充分保障其对自身生活方式的选择。法律为人们的生活提供了确定性，也使人们充分享有法治保障下的自由。也正是因为这一原因，党的十八大报告将"自由、平等、公正、法治"作为社会主义核心价值观的重要内容，并将其作为全体人民的共同价值追求。

但是，自由并不是凭空产生的，它需要制度的充分保障，自由离不开法治的保障。自由被古希腊人看作最高道德价值，所以，法律与自由是一致的，城邦的要素就是在法律之下的个人自由。① 洛克政治法律学说的基调，在于维护个人的自由权利。在洛克看来，自由也是法律的基础。② 马克思说："法典就是人民自由的圣经"，并强调，"法律不是压制自由的措施，正如重力定律不是阻止运动的措施一样"。③ 因此，自由应当是法律保障之下的自由，也应当是法律规制下的自由。

可以说，一个社会的法治水平越高，公民自由的保障程度越高，自由的空间也越大。现代法治从多个方面促进和保障了人们的行为自由：百年辉煌历史，我们党矢志不渝领导中国人民探索人类历史上先进的法律制度和法治模式，从社会主义法制到社会主义法治，从依法治国到全面依法治国，从形成中国特色社会主义法律体系到建设中国特色社会主义法治体系，社会主义法治国家建设取得了举世瞩目的伟大成就，谱写了一幅波澜壮阔、绚丽多姿的法治中国建设历史画卷。法治的经验表明，自由要真正实现，需要法治的根本保障。

第一，自由的内涵是法律赋予的。哲学家柏拉图甚至说，公民追求自由，才愿意成为法律的"奴仆"。今天，人们享有多大自由，不是某个领导一句话就有多大的自由，自由应当是法律赋予的，与权利直接相关，法律承认某人享有某种权利，实际上是承认了某人的自由。人类生活内在地需要法律。我国民法典规定民事主体享有各项民事权利，其目的也在于保障民事主体的自由。现代法治通过国家立法公开确认人民的社会主体地位和自由身份，平等地赋予每一个人行为自由。既然法律把

---

① 参见王人博、程燎原：《法治论》，广西师范大学出版社2014年版，第11页。
② 参见王人博、程燎原：《法治论》，广西师范大学出版社2014年版，第27—29页。
③ 《马克思恩格斯全集》（第1卷），人民出版社1956年版，第71页。

人平等地当成社会主体来对待，那自然就需要赋予人们普遍的自由，让每个人能够为自己的行为和社会交往做主。

第二，自由都是有限度的，都是法律所规定的自由，早在清末时期，梁启超提出了所谓的法治国，即要建立所谓"人人自由，而以不侵人之自由为界"的国家。因此，自由并不是不受任何限制的。法律在赋予每个人自由的同时，也确立了每个人的权利，自由和权利是一对孪生兄弟，"自由止于权利"，一个人享有法律规定的自由，但并不享有侵害他人权利的自由。穆勒在《论自由》中将个人利益应受的限制概括为个人的行为应当以他人的利益为边界①，他认为，"挥舞拳头的自由止于他人鼻尖"②。每个人有自己充分的自由，但同时，每个人都有一定的自由边界，即一个人的自由不得不当侵害另一个人的权利和自由，每个人都有行使自己权利的自由，但不得逾越边界，不得不当损害他人。正是因为法律划定了自由的边界，才能使人们和谐相处、社会井然有序。

第三，自由需要公权力提供充分的保障。自由是私法上的主体享有的，但自由能否得到充分的保护，很大程度上又依赖于公权力机关尊重老百姓的自由，保障老百姓的自由。在我国国家治理模式中，推行过负面清单模式，其实负面清单模式最大的特点在于，在私法领域采取法不禁止即自由，即法律法规界定了一个自由行使的空间，只要不是在法律、法规禁止的范围内，老百姓就享有广泛的自由。在实践中，公权力机关随意克减老百姓权利和自由的现象仍然时有发生，因此，保障老百姓的自由与规范公权力之间具有密切关联。现代法治坚持"法不禁止皆自由"的精神。只要法律没有明确限制或者禁止的事宜，都是人们可以

---

① 参见〔英〕约翰·穆勒：《论自由》，孟凡礼译，上海三联书店2019年版，第85页。
② 〔美〕理查德·A.波斯纳：《超越法律》，苏力译，中国政法大学出版社2001年版，第34页。

自由开展的活动。特别是在市民社会中，法律坚持私人自治的基本原则。自由是常态、限制是例外。在这样的法律秩序下，人们的人身财产权益得到法律的确认和保障，不用担心他人的随意侵扰。同时，人们可以自由地与他人缔结合同，并依法请求保护自己的合同利益，不会担心因为交易相对人的背信弃义行为或者外来者的无理干涉而丧失预期利益。

保障自由是法治的精髓，因为一方面，现代法治通过设置公开性、一般性、明确性、统一性的行为规则，明确了每个人应当享有的权利范围；另一方面，通过合理配置权利，尤其是在民事领域，采用负面清单模式，设置了禁止民事主体进入的领域，能够有效地引导人们的行为，人们才能预期自己行为的结果，合理安排自己的生活。人们可以根据公开透明的法律规则预判实施特定行为的法律后果，这也增强了对社会生活的可预期性，如此一来，人们就可以基于对未来的预期去自由地安排自己的生产和生活。正如洛克所说，法律的目的不是放弃和限制自由，而是保护并扩大自由。

从今后的发展趋势来看，按照马斯洛的需求层次理论，随着人们物质生活水平的提高，精神层面的需求也将逐步提升，所谓"仓廪实而知礼节"，在人们的基本温饱解决之后，人们在精神层面的需求会逐步提升，人们对社会主义核心价值观中自由价值的需求更加强烈，自由甚至成为人们的一种"刚需"，成为人们美好幸福生活的重要内容。所以，法律要保障人们美好幸福生活，就需要进一步维护好、保障好人们的自由。对于民众来说，美好幸福生活就是自由不受到非法限制。随着我国法治建设的不断完善，应当尽量扩大人们受法律保护的自由，人们依法享有的自由越多，人们的生活就越幸福美满。

从社会层面来看，对人的自由的保护越充分，人们就越敢大胆投资、置业，也就越敢开展生产、从事交易，经济也越有活力；对人的自由的保护越充分，人们就越有动力不断研发新的生产技术和工艺、开发新的产品和服务、设计新的商业模式和方案，从而使整个社会更有活力，并使整个社会的生产和交往活动变得更加繁荣；对人的自由的保护越充分，就越能够激发每个人的想象力，释放整个社会的活力和创造力，并使其成为科技创新、思想和理论创新的源头活水。

总之，自由必须是法律规定的自由，自由不是个人随心所欲的、非法的自由，只有服从良法，人们才能享有真正的自由。

法安天下　德润人心

哥伦比亚大学法学院门前有一座雕塑，是一个勇士驯服了一匹烈马。该雕塑名叫"Bellerophon Taming Pegasus"，它取材于希腊神话，直译为"伯勒罗丰驯服柏伽索斯"，前者为神话英雄，后者为美杜莎与波塞冬所生的天马，后成为前者的坐骑，象征着人类对逆境自然的征服。但是我弄不明白为什么要在法学院门前塑立这座雕塑，它和法律有什么关系？于是，在多年前访问哥伦比亚大学时，我请教了该院的前院长利伯曼（Libeleman）教授。他对我说，他在决定制作这座雕塑时，和大家讨论认为，雕塑的寓意在于以法律遏制人性的阴暗，他说法律就是这样一个勇士，而人性恶的一面就像这匹烈马，如果没有法律，这匹烈马就会四处奔腾，只有靠法律才能真正将人性的烈马驯服。所以法律就是希腊神话中的伯勒罗丰，引申为战胜邪恶。这样理解的确有一定的道理。

其实中国古代法的概念也有相同的含义，中国古代的法字为"灋"，这个字出自汉代许慎《说文解字》，意思是"灋，刑也，平之如水，从水；廌，所以触不直者去之，从去"。獬廌（獬豸）是中国古代神话传说中的"法兽"，其双目明亮有神，独角，能辨是非曲直，能识善恶忠奸，维护公正。如今，在我国一些法院或法学院的大门前，还能看到獬豸的雕像，象征着对公平正义的守护。

西方传统上采用法律和宗教共同遏制人性之恶，其对社会关系的调整规范和机制，可分为三种，即宗教调整、道德调整和法律调整，由此形成不同的文明秩序。与此相对应，"产生了三种秩序，分别为道德秩序、宗教秩序和法律秩序。感情发自于心，信仰凭籍于灵，理智产生于脑，而道德诉诸感情，宗教诉诸信仰，法律诉诸理性。三者实为人类文明秩序建立和发达的首要条件。就理想而言，三者统一于某一文明秩序时，这个文明秩序便是完美的文明秩序，可以称之为三维文明秩序"①。但中国文化传统历来以法律和道德相结合，宗教并没有在社会治理发挥其作用。其实无论是法家还是儒家，实际上在德法综合治理的认识上并没有本质差异，所谓区分在于，法家更注重以法律来惩治邪恶，但也并没有完全否认道德的作用，而儒家更注重以道德来治理社会、遏制邪恶，其治理模式采取以道德为主，以法律为辅，即所谓"德主刑辅"。可以说，中国传统法律文化历来注重通过法律与道德的结合来治理国家和社会，既注重以法治国，法安天下，也重视崇德向善，发挥道德的教化作用。

今天，中国传统的法律和道德结合的治理模式和经验仍然彰显着强大的生命力。首先应当看到，法律不可代替道德，儒家传统主张，人之初，性本善。因而，人心向善，人人均可教化，即所谓"人皆可尧舜"。儒学认为，道德是个人行为规范的基础，个人一切行为都应当通过道德自省来约束自己。所谓修身、齐家、治国、平天下，修身是国家治理的基础，社会是可以借助道德的力量来维持的，因此，一个和谐稳定的社

---

① 於兴中：《法治东西》，法律出版社 2005 年版，第 39 页。

会需要道德教化。《孝经·天子》中说,"而德教加于百姓,刑于四海"。强化道德教化,可以提高社会成员道德素质和文明修养,促进人际关系的和谐和睦和美,从源头上消弭矛盾纠纷、预防犯罪。所谓"法能刑人而不能使人廉"①,其实也意在强调道德教化的作用。

当然,道德不能代替法律。人类社会的历史经验已经证明,只有法治才是各种社会治理模式中最佳的治理模式,只有通过法治才能真正遏制恶行,以安天下。"法治"的理念可追溯至亚里士多德,其在著作中曾提到过作为多数人的统治方式,"法治应当优于一人之治"。他认为,法治意味着"良法之治"与"法律得到遵守",法治之所以能够成为遏制人心之恶、安定天下的最佳方式,主要体现在:一是与伦理道德相比,法律是普遍的、明确的、稳定的、统一的行为规则,并且它为人们设置了明确、清晰的行为准则,由国家强制力予以保障,具有效力上的至上性和权威性,能够保证社会成员一体遵守。而道德规范较为抽象、原则,不如法律规则那样清晰、明确,难以为人们提供具体的行为准则。二是法律规范受到国家强制力保障,违反法律将承担法律责任;而道德主要依靠社会舆论予以保障,违反道德也不会产生具有国家强制力保障的不利后果。因为任何违反法律规定的行为都会受到法律的制裁,而道德则主要靠社会舆论和信念来维护,依靠人们自觉遵守,因而针对那些寡廉鲜耻、不讲公德的人而言,单纯依靠道德难以有效约束其行为。三是法律是最低限度的道德规则,其调整范围是十分有限的,大量的生活领域还主要依靠道德规则进行调整。国无德不兴,人无德不立。司马迁在《史记·太史公自序》也言:"夫礼禁未然之前"而"法施已然之后"。这就是说,道德规矩重在对个人的行为进行事先的教

---

① 〔汉〕桓宽:《盐铁论·申韩》。

化,重在对相关违法行为进行预防;而法律规则则主要是对违法行为进行制裁,主要是一种事后的预防。

从今天来看,法律也要积极发挥预防和引导的功能,但社会的道德教化是法律能够有效实施的前提,法治本身就是一种规则之治,只有全社会人人诚实守信,崇尚道德,遵守规矩,才能奠定良好的法治基础。坚持德法并举,法治和德治相结合,这既是我国法治建设的重要特征,也是我们法治建设的优势所在。首先应当看到,法治和德治是相辅相成的,具有一种互补的关系,依法治国和道德教化是相互配合、相得益彰的,也是任何法治国家都要采取的社会治理模式,不能把两者对立起来。道德教化具有培育法治文化、滋养法律精神、促进法律实施、增进社会文明等重要作用,其不仅引导人心向善,而且对相关的违法行为具有一种预防功能。儒家经典中对此有大量的论述,如《礼记·经解》曰:"礼之教化也微,其止邪也于未形,使人日徙善远罪而不自知也。"一方面,应当将道德融入法律,即法律应当彰显道德。坚持以法治承载道德理念,需要更加注重把孝悌仁义、诚信友爱、扶贫济困、和睦和谐、公序良俗等道德理念转化为法律规范,更加注重依法保护善行义举。我国民法典对见义勇为行为的规定,实际上就体现了将道德纳入法律的理念。另一方面,要注重发挥道德教化的作用。道德应当发挥引导社会成员崇德向善、见贤思齐的作用,要以德治支撑和保障法治,强化道德教化,提高社会成员道德素质和文明修养,促进人际关系和谐和睦和美,从源头上消弭矛盾纠纷、预防违法犯罪。

法安天下,德润人心,只有将法律和道德结合起来,才能形成对人性之恶的有效制约,这正如司马迁所提出的"礼乐刑政,综合为治"。当然,我认为,对于社会治理的模式,现代社会更应实行"法主德辅"，即以法治作为主要的社会治理手段，而以道德作为道德教化的方式，毕竟法治可以提供更为明确和具体的行为规则，而现代社会是一个陌生人社会，人与人之间的关系比较复杂，从财产到人身，各种利益多元化且交织在一起，需要靠缜密的规则来调整人们的行为，而道德过于抽象，难以成为具体的行为规则。同时，法律具有强制性，通过法律责任保障，而道德主要通过社会舆论等方式来约束人们的行为，这在传统社会中虽然可以起到较大的作用，但在现代陌生人社会，其能够起到的作用十分有限。例如，一些官员滥用公权力，厚颜无耻，贪赃枉法，无所顾忌，必须要通过法律责任的方式，才能够约束其行为。从这个意义上可以说，法律是底线，道德是高线。此外，法律具有确定性和可预期性，尤其是可以明确底线规则，这个底线要如同高压线一般，手一伸碰上，就会触电，这样才知道底线是不可触碰的。在社会生活中，如果没有底线，人们的行为可能会毫无节制。实践中出现的出售假冒伪劣商品、出售腐烂变质食品、电信诈骗、网络诈骗、商业欺诈等行为仅仅通过道德约束是不够的，必须要靠法律明确触碰底线的后果，只有这样，才能真正有效规范其行为。当然，法律远远不可能具有代替道德的作用，两者必须相辅相成，相得益彰。

保护好基本民事权利就是保障人权

长期以来,关于民事权利保障与人权保障之间的关系,一直是法学界讨论的重大理论和实践问题。2022年2月25日,习近平总书记在主持中共中央政治局第37次集体学习时强调,我国要坚持"保护人民人身权、财产权、人格权",更好推动我国人权事业发展。① 这一重要论述为准确认识"人身权、财产权、人格权"这三项基本民事权利与人权事业发展的关系提供了重要指导。

人权是一个美好的字眼,反映了人类对美好生活的一种向往和追求。习近平总书记指出:"尊重和保障人权是中国共产党人的不懈追求。党的百年奋斗史,贯穿着党团结带领人民为争取人权、尊重人权、保障人权、发展人权而进行的不懈努力。"② "实现人民充分享有人权是人类社会的共同奋斗目标。人权保障没有最好,只有更好。"③ 当今世界,争取人权、尊重人权、保障人权、发展人权已经成为人类社会

---

① 参见习近平:《决胜全面建成小康社会,夺取新时代中国特色社会主义伟大胜利》,载《习近平谈治国理政》(第三卷),外文出版社2020年版,第38页。

② 习近平:《坚定不移走中国人权发展道路 更好推动我国人权事业发展》,载《人民日报》2022年2月27日。

③ 习近平:《致"2015·北京人权论坛"的贺信(2015年09月16日)》,载《人民日报》2015年9月17日。

的共识,并成为当代法律关注的重点,对人的尊重和保护被提升到前所未有的高度,保障人权也成为21世纪必然的趋势和潮流。我们必须将人权作为人类社会的共同价值,尊重和保障人权既是宪法的基本原则,也是国家和社会的基本责任。只有尊重和保障人权,才能拥抱世界、和世界对话,也才能真正构建人类命运共同体。以人民为中心旨在追求人民的利益和福祉,而保护人权也应当是其中的应有之义。

不过,在我国民法典编纂过程中,关于人身权、财产权、人格权是否属于人权的重要内容,的确发生过比较大的争议。有学者认为,人权仅限于公民享有的民主选举、民主管理、民主监督等政治权利,而与私法确认和保障的民事基本权利无关。他们还认为,不能将人格权纳入人权的话语体系中来讲述,否则就是对人权概念的误读。但我一直坚持认为,人格权等民事基本权利当然是人权的重要内容,保护人格权等民事基本权利也是人权事业发展的重要内容。我在与外国同行进行学术交流时,曾多次以中国人格权等权利保护的成就为例,讲述中国人权事业的进步和发展。回顾中国数千年的历史,长期缺乏民权特别是隐私、肖像、名誉等人格权的观念。中华人民共和国成立以来,国家重视法制,保护人权,但因为受"左"的思想以及封建社会历史遗毒的影响,导致在"文化大革命"期间,造反派动辄将许多领导干部甚至普通百姓"戴高帽""打黑脸""剃阴阳头""架飞机",甚至捆绑吊打。那时候,几乎没有人认识到这是在侵害人格权,更没有人权的概念。正是基于对"文化大革命"期间侵害个人人格权暴行的反思,1986年民法通则才专门规定了人格权,为人民法院裁判人格权纠纷提供了基本法律依据,并使人们逐步形成了人格权受法律保护的观念,回溯历史,这难道不是中国人权事业的重大进步吗?

多年前，时任全国政协副主席、中国人权研究会会长罗豪才教授曾邀请我参加一次关于人权的讨论会，我就保护人格权与保护人权的关系做了发言。我的观点受到罗豪才老师等前辈的肯定。我记得罗老在评论时说，过去讨论人权往往是从公法层面讲得多，但对私法层面的人权关注不够，其实，人格权、财产权等私法权利与人权的关系十分密切，对这些民事权利的保护维护了我们人之为人的日常生活安全与尊严。因此，我们也要注重从私权保护的角度来讲好中国人权故事。

习近平总书记强调，要"保障公民人身权、财产权、人格权，保障公民参与民主选举、民主协商、民主决策、民主管理、民主监督等基本政治权利，保障公民经济、文化、社会、环境等各方面权利，不断提升人权法治化保障水平"。这一论述清晰地阐明了人权的主要内容，即人权包括基本民事权利、基本政治权利和经济文化社会环境权利等三部分内容。人身权、财产权、人格权作为基本民事权利，也当然是人权的重要组成部分。总书记的讲话高屋建瓴，深刻地阐述了人权的内容与层次，为坚定不移走中国人权发展道路，更好推动我国人权事业发展指明了方向。

总书记将人身权、财产权和人格权等基本民事权利置于各类人权之首，这也充分表明这类人权的重要性，需要予以优先保障。简要回顾历史，我们就不难认识到基本民事权利保护的重要性，无论是中外社会实践还是理论，人权经历了四代理论发展，其内涵和外延不断扩张，从个体到集体，从物质到精神，但无论人权如何演变，人身权、财产权和人格权等基本民事权利应为人权之首位。首先，生命健康权是最高人权。天地间，人为贵，人之所贵，莫过于生。按照霍布斯的看法，保护自然人的生命权是建立国家的最重要目标之一。① "皮之不存,毛将焉附",没有生命健康,其他人权都将化为乌有。在生命权、身体权、健康权与其他权利发生冲突时,其他的权利都要退居其次。其次,财产权反映了人民最基本的物质需求。亚当·斯密曾经指出,没有财产权的地方就没有人权。在社会生活中,没有财产权谈不上人权。在财产安全缺乏保障、食不果腹的年代,何谈政治权利和经济文化权利?生存是享有一切人权的基础,财产权保护是最大的民生,人民幸福生活是最大的人权。正所谓"仓廪实而知廉耻,衣食足而知荣辱"。改革开放以来,中国使7亿人摆脱了贫困,我国的脱贫人数就占全世界总数的四分之三,并解决了困扰中国数千年的饥饿问题,这难道不是人权事业的巨大成就吗?最后,基于人格尊严和人格自由产生的人格权,在现代社会中,占据了重要的位序,反映了人们的基本需求,尤其是最基本的精神需求,是人作为社会关系主体的基本前提。换言之,人在社会中生存,不仅要维持生命,而且要有尊严地生活。互联网、大数据、高科技时代,科技进步和科技发展威胁着人民的隐私、个人信息等人格权益,这类人格权的保护比任何时候都更为重要。

正是基于保护基本民事权利对于人权保障的重要性,习近平总书记指出,"编纂民法典"对推动我国人权事业的发展具有重大意义。民法典以人民为中心,充分维护人民权益,彰显人文关怀精神;民法典作为保护民事权利的宣言书,坚持以人民为中心的理念,饱含爱民、护民、安民、惠民的情怀,促进民权保障、民生改善、民业兴旺、民心和顺、民风文明,成为充分关心人、爱护人、保障人的尊严的基本法。② 人格

---

① 参见〔英〕霍布斯:《利维坦》,黎思复、黎廷弼译,商务印书馆1985年版,序言。
② 参见黄文艺:《民法典是经世济民、治国安邦之重器》,载《光明日报》2020年6月3日。

权编全面维护民事主体所享有的各项人格权,维护人格尊严,构建了更加规范有效的权利保护机制,让每个人生活得更体面,更有尊严。侵权责任编对各类侵权中不幸的受害人提供充分救济,不断增强人民群众的安全感。民法典中监护制度和收养制度等充分体现未成年人利益最大化原则,婚姻家庭和继承制度提倡夫妻互助互爱,树立良好家风,鼓励家庭成员互帮互助,建立和谐和睦的家庭。总之,我国民法典就是一部全面保障人权的宣言书。民法典的颁布本身就是我国人权事业发展进程中的重大成就。

面向未来,如何将民法典关于人身权、财产权、人格权的保护性规定从纸面上的权利转变为现实生活中的权利,仍然是一项长期的重要任务。权利和义务始终是一对孪生姐妹。每位公民不仅要充分认识和积极行使自己的基本民事权利,而且还应当重视权利与义务的孪生关系,充分尊重其他公民所享有的基本民事权利。政府部门要坚持职权法定原则,依法行政,遵循法无授权不可为的现代行政法理,充分尊重民法典赋予大众百姓的三项基本民事权利,不得违反法律规定随意作出减损民事主体合法权益或者增加其义务的决定。司法机关要公正司法,保护好公民的财产权利和人身权利。依法公正对待人民群众的诉求,坚决杜绝出现因司法不公而伤害人民群众感情、损害人民群众权益的现象。

当然,我们也需要认识到,人权具有历史性、具体性和现实性,不能脱离特定时空的社会政治条件和历史文化传统空谈人权,人权都是在法律范围内享有的权利和利益,不存在超越国情、超越时代的人权。例如,西方一些学者认为言论自由是绝对的,但事实上,任何国家都不存在绝对的言论自由,任何国家也不可能允许和接受这种绝对的言论自由。相反，人权保障必须与国情相结合，人权的发展总是和每个国家的历史、经济、时代和文化密切相关，中国未来的人权发展也是如此。我们要继续弘扬法治理念，坚持以民法典为依据，在法治轨道上充分保护人身权、财产权、人格权这三项重要人权。

从熟人社会到陌生人社会：法律制度的变迁

众所周知，中国正在进行从熟人社会向陌生人社会的转型，这也对我们的法治建设提出了新的挑战。费孝通先生在《乡土中国》一书中指出，中国社会是个熟人社会，在这一熟人社会中，人情、亲情和面子等具有十分重要的价值。他据此提出了著名的"同心圆"比喻，认为传统社会中的人是人际关系同心圆的核心，不同关系的亲疏远近就像水的波纹一样，一圈一圈推出去，越推越远，也越推越薄。本质上，重人情充分体现了传统社会的团体性特征。在这样的社会中，法律的实施经常遭遇人情的困扰和阻碍，如何解决好国法与人情的关系，也是传统社会的一大难题。

陌生人社会必须靠法律规范社会生活。我国从传统社会进入现代社会的过程也是从熟人社会进入陌生人社会的过程。在熟人社会中，可以主要依赖道德、习俗、宗教等规范进行调节，强调的是人治而不是法治，办事大多凭借人与人之间关系的熟悉程度、感情深浅程度，关系越亲密，就越有可能被中心成员用来实现其目标。中国古代社会具有"礼治"的传统，汉字中的"礼"字，除具有规范的含义外，还兼有馈赠的意义，而送礼就等于是送"人情"，这也是情和礼相融合的表现。费孝通先生认为，重人情是传统社会的固有特点。在这里，权利、义务以及责任的观念较为模糊。人情弱化了"法制"的功能，以"关系"代替"契约"，以人情取代法律的威严，社会公平正义也容易受到人情的腐蚀，从而发生倾斜。熟人社会更加注重人情关系，所谓"一人得道，鸡犬升天"，因亲等秩序形成的人情关系会对执法和司法造成影响，所谓托人情、走关系，正是熟人社会的遗留物。因此，有学者主张，只有完成从熟人社会向陌生人社会的转型，才能实现法律的社会控制功能。此种观点不无道理。在陌生人社会中，人们的价值观念多元化，利益冲突加剧，不再像传统社会一样可以依靠共同的价值观念实现社会治理，因此陌生人社会需要法律协调多元的价值、平衡复杂的利益冲突。在陌生人社会中，很难考虑"人情"因素，以法律为核心的规则体系具有更为重要的作用，陌生人之间只能讲法律，要靠法律规范社会生活。总之，从熟人社会向陌生人社会的发展，就需要注重按照规则办事。

陌生人社会必须实现从身份到契约的转型。西方从中世纪进入工业社会，对封建的身份关系和等级观念造成了剧烈的冲击，个人亦逐渐从封建的、地域的、专制的羁绊下解脱出来，而成为自由、平等的商品生产者，这就实现了梅因所说的"从身份到契约的运动"，这也使得契约自由观念得到了广泛的传播。在现代社会，诺斯认为，经济发展的关键是交易范围从基于身份与阶层的群体扩大到所有人，从而建立一套不依赖个人身份的、非人格化的交易机制。[①] 陌生人社会不重视身份关系，更加重视利益关系，社会治理的主要难题在于协调利益冲突，因此陌生人社会需要一套去身份化的法律规范。传统社会讲究亲情，陌生人

---

① See Douglass C. North, Institutions, Institutional Change and Economic Performance, Cambridge University Press, 1990.

社会需要通过交易实现，而不再通过亲情实现。例如，不论我们乘坐公共汽车、火车或飞机旅行，还是到医院看病，都有赖于陌生人提供服务。在陌生人社会中，邻里之间不再形成互动，甚至互不相识，很多关系不再通过亲友关系来维系，而需要依靠法律规则的调整。

陌生人社会更加注重对个体权利的保护。在传统的熟人社会中，社会成员之间存在一种等级尊卑的关系，中国传统社会就是按照儒家的君君臣臣、父父子子的等级观念而构建的，并没有彰显个体的独立性。李泽厚先生提出"情本体"的看法，他认为，按照儒家的观点，人情是人存在的基本方式，这与西方社会中强调个人的独立、自主存在重要区别。西方社会建立的基础是个人本位主义，而我们的传统社会更加注重人际社会关系，而忽视个人的独立人格与平等。这些看法都不无道理。在陌生人社会中，个人是更加原子化的，不再像在传统社会中，每个人都处于一系列复杂的亲等关系的束缚之中，人们在这个等级秩序中应当遵守相应的束缚。但在现代社会中，人们不再受此等级秩序的束缚，人们之间的关系更加透明。因此，陌生人社会必然要求法律对每个个体的权利、尊严等，进行一体的、平等的保护，将每个个人当作独立的民事主体予以尊重，并且尊重个人对其私人事务的自主决定。

陌生人社会重视对隐私的保护。从农业社会向工业社会转型后，隐私保护问题日益突出。因为农业社会是一个熟人社会，人们居住在一个特定的环境中，由于受到地域、交通等各方面条件的限制，人与人之间在共同的环境下生活，彼此之间十分熟悉，甚至没有隐私可言，就像费孝通先生在《乡土中国》中所描写的，小孩子都是看着长大的，人们可以随时到每家每户串门，村里发生的任何事情都可以很快为大家所知晓，人们也喜欢了解、谈论他人家里发生的一切事情。这种环境中是不可能存在隐私观念的,所以,中国几千年来没有隐私的概念,甚至把隐私视为"阴私",成为一个贬义词。而在进入工业社会以后,熟人社会开始向陌生人社会转化,人与人之间需要保持一定的距离,需要有一定的私生活空间,尤其是随着城市化进程的推进和人口的日益集中,都市生活的特点也体现为人们居住密度越来越大,但是相互往来却越来越少,甚至住在一栋公寓里面的邻居,彼此生活几十年也互不往来。尤其是随着互联网、高科技的发展,每个人都几乎成为"裸奔""透明"的人,隐私的保护比以往任何时候都显得更为迫切和重要。许多学者认为,现代社会的特点就是对政府的行为越来越要求公开透明,而对个人的隐私越来越要求受到法律的保护。因此,现代社会,法律必然要强化对隐私的保护。

陌生人社会更重视司法在纠纷解决中的作用。在熟人社会里,人们几乎不需要法律和法院。出现纠纷之后,人们的行为靠礼制来调节;出现纠纷以后,由受人尊重的社区或族亲人士来进行非正式调解。而法律更多的是一种潜在的威慑。所以,中国古代一直有"厌讼"文化,所谓"饿死不做贼,冤死不告官","一场官司十年仇",这都是熟人社会的真实写照。而进入陌生人社会之后,个人都是独立的个体,人与人之间的往来关系往往需要靠法律规则、合同来维系,纠纷当事人之间往往并不存在亲情等伦理关系;纠纷发生之后,往往需要有权威的第三者来解决,这就需要司法机关的介入。在现代社会,传统社会中的伦理道德和亲情关系、礼制等在调整人们行为方面很难发挥作用;而对权利冲突的有效化解,则是现代独立司法裁判体系的核心功能。通过司法裁判来化解权利冲突的优势在于,它可以终极地解决纠纷,而且可以通过国家强制力保障裁决的执行。同时,现代司法制度可以借助程序制度,将复杂的社会纠纷转化为一个个法律问题，从而有效化解纠纷。

今天的中国正在进入陌生人社会，农民工进城打工，人口大规模的流动，城镇化进程的推进，都加速了向陌生人社会的转型。这也向社会治理提出了挑战，这个转型说到底，就是要越来越重视发挥法律制度在调整社会生活方面的作用，维护社会的稳定、安全、和谐、有序。社会学家林·扎克把人类社会的信任分为三种：基于血缘、身份的信任；基于历史、了解的信任；基于制度的信任。社会逐渐从传统的熟人社会向陌生人社会转型，只有靠各种制度才能维系社会在更大范围之内的信任。只有通过完善的制度让所有的失信行为都终将受到制约，失信者对失信行为才会有负的净现值预期，基于制度的理性信任才会代替基于个人的感性信任。① 法律在调整社会生活中，需要针对陌生人社会的特点，发挥其特殊的制度规范功能：一是形成行之有效的、普遍的规范调整，针对所有人的行为形成一种普遍性的、一般性的科学规则来进行调整。二是确认民事主体的合法权益，确认民事主体资格，能够参与各种交易，自主决定自己的事务。三是平等保护民事主体的各项合法权益，保护每个个体的人身权、财产权和人格权。四是要形成制度预期，此种制度预期既包括个体对自己行为将产生何种法律后果的合理预期，也包括个体对他人遵守法律规则的合理预期，这实际上是使个体形成一种对法律制度的信任。五是要充分地保障人们能够享有诉权，通过正当程序的设计，在发生纠纷之后，能够通过司法来维护自身的权益，实现社会的公平正义。

---

① 参见张清、王露：《陌生人社会与法治构建论略》，载《法商研究》2008年第5期。

法治建设：既要自上而下，也要自下而上

作为人类社会发展一般规律的反映，法治是现代世界各国公认的国家治理和社会管理的最佳方式。实践证明，一旦法治失灵，国家运行和社会发展将出现各种问题。人类历史的经验表明，法治不是简单的自上而下的立法活动，也需要自下而上的法治的生长。

虽然法治是现代世界的一般规律和普遍经验，但一个国家走什么样的法治道路，建设什么样的法治国家，是由这个国家的国情所决定的，我国也不例外。我国的政治、经济、社会、文化等实际情况，以及人民的期待和实践的需求，是我们法治建设的真实环境，是我国法治道路和法治模式的制约因素，是我们研究法治的具体语境。脱离了这一点，我国的法治事业将迷失方向或出现盲区，中国特色社会主义建设事业将大受影响。从我国现实出发，我国的法治既需要自上而下地设计和推进，还需要自下而上地实践和成长，两者缺一不可，相辅相成。

所谓自上而下，是说在国家权力主导下推进法治建设，以良法促发展、保善治。我国之所以要采用自上而下的法治建设模式，主要有以下原因：一方面，我国的法治建设是在党的领导下，走中国特色社会主义法治道路，始终注重

法治建设的顶层规划和设计，我们的法治建设既有整体的目标和蓝图，在每个阶段也都有具体的建设规划和保障措施。另一方面，中国法治建设的实践已经证明，我国建设社会主义现代化事业取得举世瞩目的成绩，这一成绩的取得离不开自上而下地按照总体规划逐步推进，把人民的意愿转化为法律，把党和国家的领导主张和重大决策部署转化为法律法规和政策政令，并自上而下地推行，通过严格执法、公正司法，使法律得以贯彻实施，这也是我们自上而下推进法治建设取得重大成就的重要原因。

还应当看到，我国是法治后发国家，在改革开放之初，法治事业的各方面均有很大欠缺，不能满足实践需要。面对这一现实，只有在中国共产党的领导下，结合我国的国情，在借鉴国外先进经验的基础上，发挥社会主义集中力量办大事的优势，进行法治建设的顶层设计，形成严密规划，高效付诸实施，才能不走、少走弯路，实现跨越式发展，从而为改革开放保驾护航。中华人民共和国成立之前，我国封建专制社会历史悠久，虽然朝代几经更迭，但"历代皆承秦王制"，根深蒂固的封建传统至今影响深远，在这漫长的历史长河中，古代社会法律的特点是诸法合一、民刑不分，虽然也存在民商事规范，但主要通过习惯调整民事关系，因而并未形成完整的、现代化的所有权、债权等法律制度。黄仁宇先生在讨论传统中国社会为什么没能进入资本主义社会时，就认为我国几千年来未对私有财产权提供充分保障是主要原因。由此可知，如果缺失国家主导下的良法来引领社会发展，规范社会生活，要想建立一套适应社会主义市场经济建设的法律制度，是完全不可能的。这个例证说明，单凭时间推进和社会演进，就想使我国进入现代化的法治社会，恐怕行不通。因此，在中国共产党的领导下，通过学习外来先进法律文化，继受总结中国优秀传统文化，建立符合我国国情的法律制度，并自上而下推行，才能使我们尽快地进入法治现代化社会。事实证明，自上而下地进行法治建设是一个成功的经验，是一种可行的方案，是我国融入世界、走向现代的重要保障。

自上而下的法治建设无疑是重要的，但仅此并不足够，自下而上的法治建设也不可或缺。所谓自下而上，是说法治建设需与本国的历史、文化、传统以及法律实践密切结合，法律规则不能凭空产生，而应从实践中逐渐生长，由实践提供制度、规则生长的土壤。德沃金指出，"法律是一种不断完善的实践"。法治不可能脱离特定时间和空间而存在，国家的制定法需要特别注重实践经验。19 世纪的历史法学派对现代法律影响很大，其代表人物萨维尼指出，法律不是被创造出来的，而是发现的，其根植于一个民族在过往历史中所形成的生活经验和实践智慧。在这个意义上，我们可以说"法律是历史的产物"。马克思也强调："立法者应该把自己看作是一个自然科学家，他不是在制造法律，不是在发明法律，而仅仅是在表述法律。"[①] 的确如此，立法者制定法律，不是天马行空地凭借想象力就能完成的，真正的良法需要充分考虑社会实践，尤其要特别注重从社会生活中产生的习惯、惯例等，特别注重汲取执法和司法实践经验，及时将其成熟的精华部分提升为法律。自下而上所产生的实践经验转化为一定的行为规则，能够为大多数社会成员所理解和认可，成为一种哈耶克所说的"自发生长的秩序"。如果法律将这些经验吸纳进去，能够使自身更接地气，也能够为人们自觉遵守。反之，如果立法者凭空设计法律规则，就因脱离实践如同浮萍，必将成为具文，甚至沦为恶法，法治建设将因此失去根本。

---

① 《马克思恩格斯全集(第1卷)》(第2版)，人民出版社1995年版，第347页。

法治文化的培育需要靠自下而上的生长，法治的发展离不开社会诸因素的制约，离开了社会土壤，法治及其文化是不能生存的。"法的一切效力都是当时历史的总体状况的产物和缩影。"①孟德斯鸠在《论法的精神》一书中详细地讨论了一国的法律与其政治、经济、宗教、自然条件等诸多自然社会因素具有内在联系，这些关系的总和构成所谓"法的精神"。萨维尼也主张将法律作为一种历史性社会事实加以经验研究，认为法律是内在的民族精神的反映，而不是立法者意志的简单表达。"法律随人民的成长而成长，随其力量的增强而增强，最后随其失去民族性而消亡。"②美国著名法学家庞德在评价时也指出，一个国家的法律不可能与其自身的历史文化、价值观念和实践经验分割开，中国的法律"也深深地根植于为中国历史和中国国民长期以来所熟悉的制度与理念中"，需要结合其自身的历史处境和经验来解释和适用。③这些都说明，法律不仅是立法者制定的抽象法律规则，更是社会运作机理的法律表达。

法治作为一种治理方式，也需要积极吸纳实践经验。我国法治建设经验表明，许多法治建设经验都是各地实践经验的总结，而不完全是规划出来的，实践出真理，实践出真知，通过在实践中不断摸索和总结，能够形成良好的社会治理经验。从某种意义上说，法治也应当是国家与社会协同治理的产物，法治建设既需要总结实践经验，也需要发挥社会的自治功能，尤其是在现代高科技社会，行政机关往往难以及时跟进现代科学技术的发展步伐，这就需要充分发挥社会自治的功能，如充

---

① 〔德〕伯恩·魏德士：《法理学》，丁晓春、吴越译，法律出版社2013年版，第275页。
② 转引自张乃根：《西方法哲学史纲》，中国政法大学出版社1993年版，第208页。
③ 参见〔美〕罗斯科·庞德：《中国法律之基石：比较法和历史》，熊丙万等译，载《财经法学》2019年第1期。

分发挥行业协会、乡规民约以及单位规则等在社会治理中的作用，实现社会的多层次治理。

需要指出，法律之外的社会规范不仅是指现时的习惯，还应包括我国的优秀传统文化。我国传统重视法律与道德的互补，主张礼法合治、德主刑辅，注重维护家庭伦理和秩序，这些都为现代法治建设提供了优秀基因，也为我国法治的发展奠定了文化基础。我们在法治建设中，应当以优秀传统文化为根基，推进依法治国和以德治国的有机结合。只有这样，人们才能以守法为荣，以违法为耻，真正形成对法治的尊崇。否则，我们的法治建设就会像浮萍一样没有根基，难以真正有生命力。

自上而下和自下而上是法治建设的两种道路和模式，它们看上去是矛盾的，但实则不然。这两者是互相配合、相得益彰的关系。在法治建设中，既不能仅有自上而下的推行，否则法治就缺乏社会实践的根基；也不能仅有自下而上的生长，否则法治难以有力推行。在法治建设中，既不能因为有了自上而下的推行，就不要自下而上的生长，自下而上会为法治打好根基，以免法治成为难以发挥作用的空中楼阁；也不能完全依靠自下而上的生长，而不要自上而下的推行、引导和规范，否则法治的生长就会迷失方向。因为完全靠自发的生长，"法治"的发展完全有可能是盲目的、无序的、混乱的、落后的、野蛮的，这就背离了法治的本意。在法治建设中，既不能因自上而下的推行就由国家来包办一切，丢掉社会自治，一定要给社会自治留下必要空间，等到自下而上的生长经验已经成熟，就要及时总结经验，上升为法律规则；也不能因自下而上而放任法治自然生长，否则生长速度可能会过于缓慢，先进的法治文化理念也就推行不开。

在法治建设中，自上而下与自下而上都是必要的，它们之间是良性的有机互动关系，两者应同时进行，不可脱节。只有这样，我们才能顺利推动法治建设进程，确保我国社会主义法治事业不断进步。

"活法"理论的启示

一提到法律,我们首先想到的就是法律文本,这毫无疑问是正确的,但"法"这个概念内涵十分丰富,它不仅包括了国家法律规范,还可能包括一些乡规民约、善良风俗等软法,一些软法甚至被称为"活法"。

19世纪末期,社会法学的代表奥地利学者尤根·埃利希(Eugen Ehrlich)最早提出了"活法"(leben des Recht)的概念。他认为,法律主要不是国家制定的具有一定拘束力的规范性文件,而是从社会中自然产生的行为规范,由法律人制定出来的法律是多元法律的一种形态,而从社会生活中产生的法律才是"活法",法律人的任务在于探求这种生活中的"活法"。按照埃利希的看法,"活法"的知识来源有两个:一个是现代法律性文件;另一个是对生活、商业、惯例以及所有联合的直接观察,这种观察不仅是对那些法律已经认可的事项,而且也是对那些被法律忽略和遗漏的事项,甚至对那些实际上遭到法律反对的事项进行观察。[①] 由此,埃利希引入了实证调研的法社会学研究方法,他主张从观察生活中

---

① 参见〔奥〕尤根·埃利希:《法律社会学基本原理》,叶名怡、袁震译,中国社会科学出版社2009年版,第369页。

具体的事务出发探明活法，这也是法律社会学的重要方法。① 他甚至认为，探明活法是法律社会学的开端。其实，在此之前，也已经有一些学者提出了类似的观点，例如，卢梭认为，风俗习惯就是"铭刻在公民们的内心里"的法律。

德国比较法学家恩斯特·拉贝尔（Ernst Rabel）赞成此种观点，他认为：法是一面镜子，是生活的函数，甚至是生活的一部分——法是活着的。人们造法，并以它为准。因此，所谓法，没有耶林所说的罗马法的"精神"，也不完全是普通法或欧洲大陆法所说的实定法。生活中的法，都在阳光和风中闪烁和颤动过千百次。这些颤抖的躯体，共同铸就了任何人无法想象的法。② 所以，他认为，应当从社会生活中观察、了解什么是法。其实，以后发展出来的功能主义比较法也受到此种影响，主张不仅要注重法本身，也要注重法背后的生活。从这个意义上，称拉贝尔为比较法之父，也不无道理。

埃利希的观点被以卢埃林为代表的美国现实主义法学所接受，卢埃林极力推崇"活法"（living law）的概念，他认为，活法是支配生活本身的法，即使它未曾在法律命题中被陈述过。我们对于这种法的认识，首先源于现代的法律文据；其次是对生活、商业以及习惯用途所有联合在一起的直接观察，不仅仅是那些已为法律所承认的，还包括那些已为法律所忽视或省略的，甚至所抗拒的东西。另一个现实主义法学代表卡多佐在论述软法时，将其称为"变动的法""动态的法""生长的法""用或然性逻辑验证的法""非国家创造和存在于国家之外的法"

---

① 参见〔奥〕尤根·埃利希：《法律社会学基本原理》，叶名怡、袁震译，中国社会科学出版社 2009 年版，第 374 页。

② 参见〔德〕斯蒂芬·格伦德曼、卡尔·里森胡贝尔主编：《20 世纪私法学大师——私法方法、思想脉络、人格魅力》，周万里译，商务印书馆 2021 年版，第 33 页。

"扎根于现实社会关系中的和扎根于公平正义信仰中的法"①。软法都是深深植根于社会生活,在人们的生活习惯中形成了内心确信,最接地气,最符合人们的社会生活习惯。现实主义法学更主张划分"书本上的法律"(law in the book)和"行动中的法律"(law in action),或称"纸面规则"(paper rule)和"实在规则"(real rule),该学说认为,法学的任务应当是观察法律在社会生活中如何运用、如何实现,而不是单纯地关注文本上的法,其应更关注生活中的法。卢埃林曾经主导过美国《统一商法典》的制定,其中吸收了大量的商事习惯,使其成为深刻影响两大法系且成为商业交易准则的规范性文件。

现实主义法学的观点也对日本等国家的学者产生了一定影响。日本法学家川岛武宜在《现代化与法》一书中指出,活法存在于现实的社会生活之中,作为现实社会生活的一部分,它的存在与发展直接源于历史的进程,只有将法律命题还原为上述现实的社会关系,才能将法律现象作为一种自然的发展过程,进而完成对贯穿于该自然发展过程之中的规律性的分析。川岛武宜将活法概念概括为"在现实中通行的规则",其作为人们的行为规范,存在于社会之中。② 法律命题不仅源于现实生活,而且取决于现实社会生活,也正是因为这一原因,法律的正当性应当接受社会生活的检验。法律文本本身既可能是良法,也可能是恶法,如何判断法律文本是良法还是恶法,从法律文本本身是难以发现的,这就需要通过社会生活来检验。一旦法律和社会生活严重脱节,就

---

① 〔美〕本杰明·内森·卡多佐:《法律的生长》,刘培峰、刘晓军译,贵州人民出版社2003年版,第26—27页。

② 参见〔日〕川岛武宜:《现代化与法》,王志安等译,中国政法大学出版社1994年版,第230—231页。

可能不是良法，这种法律就会严重虚置，不能产生应有的社会影响。①

社会法学和现实主义法学关于"活法"的主张在今天来看仍有其积极的现实意义。这就是说，法不仅仅是指立法机关制定的法律文本，还应当包括内容丰富的商业行规、交易习惯、善良风俗，等等。活法的理论对我们的法治建设可以产生如下启示：

一是法律应当从活法中汲取营养，采集精华，使法律更接地气，更能为社会成员普遍认可，并在颁布中得到有效实施，特别是就民事领域的法律而言，法律采集的活法越多，就越具有本土性和社会适应性。例如，我国《民法典》第10条承认了习惯作为法律渊源。民法典在合同、担保、继承等领域，大量吸收了习惯的内容，这也使得我们的民法典能够为人们所认可，能够真正走进人们的心里。当然，习惯必须符合法律和公序良俗。

二是法律必须与社会实践密切结合。法律作为调整各种各样社会关系和法律关系的工具，只有真正作用于具体的生活场景，才能真正展现其生命力。立法并非多多益善，繁杂但不实用的法律，不仅将耗费大量的立法成本，也会使有些法律形同虚设，影响法律的权威和对法律的信仰。《法国民法典》之父波塔利斯在两个世纪前就曾告诫后世的立法者："不可制定无用的法律，它们会损害那些真正有用的法律。"这句话在今天仍然有相当的启示意义。实际上，在调整社会关系的过程中，并非所有的问题都需要通过立法来解决，从国外的成熟经验来看，相当多的新问题可以通过法律解释来解决。因此，不难理解的是，《法国民法典》在问世两百多年之后，在农业社会所制定的许多条款在信息时代的今天仍具有相当的生命力。就我国而言，并不一定简单地一概通过立法调整

---

① 参见唐仲清：《"活法"是什么》，载《辽东学院学报》2006年第5期。

社会生活，更不意味着靠立法的数量多少来实现这一目的。关键在于，从社会生活本身出发，立法者要制定高质量的法律，法律必须有效地调整社会生活，保障人民群众的合法权益，维护社会经济生活秩序。

三是法律不是万能的，需要其他社会规范予以补充。法律作为一种社会治理方式，其在调整社会生活方面具有一定的限度，在法律调整力有不逮的情形，需要交由活法解决。有观点主张，社会生活中出现的问题都应当通过立法来解决。此种观点值得商榷，应当看到，法律并不是万能的，在一些社会生活领域，如农村红白喜事、人情来往等，法律没有必要予以规范，否则可能导致对市民社会的过度干预。从实践经验来看，对上述生活领域的问题，通过乡规民约和善良风俗来调整更接地气，也更有效率。我国《民法典》第10条就明确将习惯作为民法的渊源，这实际上是充分尊重了人们在社会交往中产生的规则，因为习惯已经形成人们内心的确信，它就是活的法律，具有强大的生命力，所以，我们的法律吸纳习惯，能够使我们的法律接近生活。

四是法律不仅仅包括立法者所制定的规则，其实还应当包括生活中的法，例如人们在长期社会生活中所形成的习惯。活法理论特别强调，法律中要吸纳社会生活规则，法律不是凭空产生的，而是来源于社会生活。活法构成了人类社会法律秩序的基础。卢埃林之所以主张把大量的交易规则和习惯纳入商法典，这是因为有利于使法律保持其应有的生命力，这对我们的立法也具有重要的启示。在民事领域，除法律之外，还有大量的习惯，它们都是自发产生的，具有强大的生命力，已经成为人们内心的确信。我国民法典承认了习惯的法源地位，并且规定，在没有法律规定时，可以适用习惯。没有违反法律规定和公序良俗的习惯都可以发挥调整人们社会生活的作用。将习惯纳入法律，能够很容易被人们了解和接受,并发自内心地遵从。

五是要注重发挥司法裁判在检验制定法效果中的作用。按照"活法"理论,判断法律的实践效果,不仅要看法律文本,更要看法律在司法裁判中运用的效果。法律不仅仅停留在文本上,也不仅仅存在于书斋中,法律只有真正作用于具体的司法案件,才真正能体现其价值和意义。在法律社会学看来,检验法律命题和法律文档的标准应当是实际生活。也正是因为这一原因,法律社会学主张以探察发现活法开始,并主要将注意力直接指向法律在裁判中的具体运用,而非仅注重抽象的法律规则。这一点对我们也具有重要的启发意义,在今天,随着我国裁判公开,已经有上亿份裁判文书上网,通过数据分析可以了解法律的适用情况,同时,我们也需要了解司法实践中许多新情况、新经验,从中总结出一些实践经验,从而发展法律、完善法律。"问渠那得清如许?为有源头活水来",对法律而言,源头活水就是丰富多彩的司法实践。

还应当看到,活法理论主张,法治是否实现并不仅仅看纸面上的法,还要看行动中的法。这种看法也不无道理。法律从文本到现实有一个过程。立法者制定法律本身不是目的,其目的在于使法最终得到实现。也就是说,要从书本中的法走向行动中的法,法的实现才能保障法的生命力。"天下之事,不难于立法,而难于法之必行"[①],从法治文明的角度看,法律的理想状态在于它被切实贯彻实施。法律要产生调整社会关系应有的效果,在现实中得到良好的遵守和实现。那么怎么才能保障法的实现呢?一方面,要从社会生活中观察法律实现的效果,一部法律的好坏,应当以其能否在社会生活中产生良好效果作为评判标准。我们颁布的法律,已经超过了290部,今后将不断增加,但这些法律是否

---

① 〔明〕张居正:《请稽查章奏随事考成修实政疏》。

都能发挥其应有的作用,还应当以实践进行检验。我们不能说没有产生应有的社会效果的法就是恶法,但如果某部法律已经脱离了社会生活,应当及时进行修改和补充。据学者研究,我们许多法律在司法裁判中很少被引用,甚至没有被引用。这虽然不能由此断定这些法律已经严重脱离社会生活,但在一定程度上可以表明,其在法律责任制度方面没有产生应有的效果,需要进一步完善。另一方面,法律需要因应社会生活的需要而不断与时俱进。法律作为普遍的、抽象的规则,一旦制定就固定下来,而社会生活在不断发展,因此,法律具有滞后性是正常的。按照活法理论,法律应当随着社会生活不断发展完善,这也是法律完善的重要途径。社会生活是丰富多彩、千姿百态的,只有适应这种社会生活的发展变化,法律才能不断完善。有一些法律,虽然立法者的初衷是好的,但在实践中,因为社会生活的变迁而产生滞后性,不能产生预期的目标,甚至大打折扣,此时,应当因应社会生活的变化而修改完善。

  时代是思想之母,实践是理论之源。"活法"理论对我们的法治建设具有重要的启发意义,《慎子·佚文》有云:"法者,非从天下,非从地出,发乎人间,合乎人心而已。"法律作为社会经济生活一般条件的反映,应当不断适应社会生活发展变化的需要,积极回应和解决现实问题。

从工商社会的法治迈向数字社会的法治

我们已经进入数字经济时代，人类社会面临着从工业生产经济的迅猛发展到数字经济大爆炸的重大变迁。伴随着网络技术的发展，数据、网络虚拟财产日益成为新兴的民事权利的客体，党的十九届五中全会提出："要加强数字社会、数字政府建设，提升公共服务、社会治理等数字化智能化水平。"新一代信息技术空前活跃，数字加持下的城市飞速发展，此种转变也将体现在法律制度的变化上。

从有体物的归属和流转向无体财产的保护发展

传统社会主要是有体物的归属和流转，所有的法律规则都是围绕着有体物的归属和流转来设计的。传统工商社会是实体经济，以实体经济为核心，交易是在具体的、真实的物理空间中进行的。在现代法律体系中，债是整个私法中最为核心的概念。拉德布鲁赫曾经在《法学导论》一书中指出，社会生产关系完全以所有权为中心的中世纪法律形式是静态的，今天资本主义法律形式已完全变为动态的。债权表现的权利欲及利息欲（Macht und Zinsgenuss），在今天都是经济目的。债权已不是取得对物权利用的手段，它本身就是法律生活的目的。传统社会中，对于权利的侵害也主要是围绕人身权益和现实财产权利展开的，所以侵权主要是对人格权利、物权的侵犯，在责任认定、赔偿方式和赔偿范围上，也都是以有体物为中心来设计的。而数字社会是一种虚拟经济，是网络经济的形态。较之于工商社会，数字社会中的社会信息总量和匹配效率都获得了本质性的提升，而且通过技术手段也有望解决工商社会中难以解决的信息不对称问题。工商社会是围绕商品来展开的，"经济价值不是暂时静止地存在于物权，而是从一个债权向另一个债权不停地移动"①。而数字社会则主要是围绕数据、数字、虚拟财产等展开的，其产权的归属和流转规则必然不同于有体物的规则。

在数字社会，传统物权法能否接纳大数据时代的数据权利，值得探讨。显然，物权法中的物主要限于有体物，数据本身作为无形财产，是虚拟世界中的财产，难以成为物权法中的物。数据作为一种财产，与个人信息等人格权益密切结合、相互交融。传统侵权法主要调整对有形财产的侵害，但数字财产也属于财产利益，也应当受到侵权法的保护，行为人侵害他人数字财产也应当构成侵权，如对于他人网络虚拟财产的窃取，在网络空间对他人信息的收集和传播，等等，也应当构成侵权。当然，此种侵权在责任认定、责任承担方式以及赔偿范围等方面具有一定的特殊性。在数字社会，对信息、数据的利用、保护程度以及对个人相关权利保护的程度，可能也是判断数字社会法治水平的重要标准。

从注重物权、债权向注重数据权利和个人信息转化

从民事权利内容和体系来观察，在权利的类型上，传统社会注重的

---

① 参见〔日〕我妻荣：《债权在近代法中的优越地位》，王书江等译，中国大百科全书出版社1999年版，第6页。

是所有权、用益物权、担保物权、债权等权利，而在数字社会，出现了许多新型的民事权利，必然要对传统的民事权利体系形成挑战。一是数据本身成为一项财产权利。就数据权利而言，在以互联网广泛应用和大数据不断挖掘为背景的信息社会中，数据日益成为民事主体重要的财富，数据信息被喻为大数据时代的"新石油"，是经济增长和价值创造的重要源泉。数据的开发和利用一方面已成为科技创新的重要内容，另一方面其也成为民事主体的重要财产。数据究竟包括哪些权利，是一个值得探讨的问题。数据之上可能成立署名权、数据携带权（或提取权）、数据完整权、数据删除权、数据更正权等。针对这一现象，《民法典》第127条规定："法律对数据、网络虚拟财产的保护有规定的，依照其规定。"该条以指示适用规范的方式对数据、网络虚拟财产的保护作出了规定。二是新型权益的多样化。在数字社会，更加注重信息和数据的收集权、采集权、流转权、使用权，以及为了保护信息主体的权利而发展出了删除、更正、回应、申请禁令等权利，这些权利显然不同于传统工商社会的权利类型，围绕这些权利的一系列规则体系也不完全相同。三是在数字社会，既有法律规范难以有效涵盖和调整的新的法益。诸如网络虚拟财产、虚拟货币、智能合约、数据权利、智能机器人"行为"、算法黑箱等，形成了前所未有的利益关系和权利义务构架，难以直接适用传统的法律规则。例如，应当如何对待网络虚拟财产，其能否继承？涉及隐私与个人信息的电子信箱等究竟是人格利益还是财产利益？在算法侵害个人权利时，如何对受害人予以救济？等等，均是数字社会出现的新问题。四是权利的利用方式不同。在工商社会，虽然也注重对信息的利用，如对信息中商业机会的利用，但对信息、数据的利用程度有限；而在数字社会，信息、数据的重要性大大增强，甚至被认为是一种重要的生产力，不仅可以由权利人利用，而且可以共享，越利用越有价值。五是权利保护不同。在工商社会，个人信息、数据权利保护的重要性并不凸显，只有在例外情况下受到隐私权的保护；而在数字社会，信息、数据涉及个人信息、隐私权的保护，与个人的人格尊严存在直接关联，需要强化保护。信息、数据本身是很重要的权利客体，我们不仅要注重发挥信息、数据在社会生产中的作用，也需要强化对这些权益的保护。

交易方式和劳动方式的变化

传统合同法主要调整有体物的交易，在工商社会，人与人之间发生现实的接触，货物的交易也是现实中的流通、移动。但按照私法自治原则，数据财产也应当可以依法成为交易的对象，从而受到合同法规则的调整，当然，数据财产的交易具有一定的特殊性，在数字社会，人和人之间并不发生现实的接触，是在网络环境下发生的一种虚拟方式的接触；同时，数字财产、数据等财产的移转，也并不需要在现实世界中进行运输，是一瞬间便可以在网络上发生传输、移动、交易。所以围绕这些虚拟财产的规则便与工商社会的规则不同。信息数据的利用涉及多个主体，在信息主体、信息处理者以及信息交易者等主体之间，如何确定权利主体，如何划定各个主体之间的权利义务关系，如何通过制度设计实现信息主体权益的保护与信息数据的有效流通与利用，以及在相关主体的信息数据权益遭受侵害时如何对其进行救济等，都是亟须解决的重大问题。此外，在数字经济时代，还要特别关注劳动内容和方式的变化，关注机器替代人可能带来的技术性失业，关注数字时代劳动权利的保护以及如何保障人们平等的劳动机会。

价值理念的变化

从价值形态上看,数字社会实现了从注重私法自治到更强调人格尊严的转变。工商业文明的法治奉行以自由与理性为核心的启蒙价值和现代性精神,追求的是契约自治、财产权神圣、人格平等等价值目标,其处理的核心问题在于,如何调适公共利益与私人利益、自由平等与社会公平、权利与秩序等的平衡关系,其所奉行的是抽象的人格平等,追求的是合同自由,保障私法自治不受公共政策和公共利益的过度侵蚀。工商社会尊重私法自治,以激发主体活力,进而创造社会财富。

数字社会更强调国家对个人的保护,已经形成了数字人权的理念。网络社会对人的主体地位,以及个人信息构成挑战,数字社会中个人的人格尊严、人的隐私、个人信息受到严重威胁。例如非法倒卖个人信息,构成对人格尊严、个人隐私的威胁,由此使得人的主体地位可能被异化,从主体沦为客体,所以对人格尊严的保护应当提高到更高水平。大数据分析技术如算法的过度运用,也会在一定程度上削弱人的主体地位,甚至危及个人的人格尊严,大数据可清晰地了解我们所从事的行为,并可预测我们未来的行为,从而会威胁个人的隐私。因此,大数据技术的发展应当坚持以人为本,将人的尊严和权利的保护作为其最高目的和评价标准。科技如果不加以规制,就会像脱缰野马一样失控。诸如基因编辑、算法歧视、滥用人脸识别信息、算法黑箱、网络暴力对人的主体性和人格尊严的威胁,都是工商社会所未曾遇到的新问题。在数字社会,应克服算法歧视,保障数字正义,强化对个人隐私权、个人信息以及人格尊严的尊重与保护。

治理模式的转化

在治理模式上，近代法治是围绕协调国家与市民社会、公权力与私权利的关系而展开的，并通过公法与私法的配合，实现对上述关系的调整，法律规范的调整对象是具体的、实在的物理空间中的人身关系和财产关系，以制约公权力、保障私权利为主基调，打造自由公平的社会秩序。而数字社会实现了新一代信息技术与社会转型的深度融合，数字技术也推动了社会的精细化管理。在数字化时代，政府也要充分运用数字技术创新行政管理，提高监管效率，"让数字多跑腿，群众少跑腿"，这也有利于优化社会服务供给、创新社会治理方式，从而推进国家治理体系和治理能力现代化。为此，也有必要加强基础公共信息数据的有序开放，逐步建立和完善统一的国家数据共享开放平台。此外，充分利用数字技术，也有利于打造数字乡村，推动城乡均衡发展，实现城乡一体化的战略目标。实践中，许多地方乡村实现了"互联网+政务"，建设美丽乡村公司，开发研究数字乡村政务平台，开设"网上村委会""涉农事务办理和查询""信息公开""工单协作"等功能模块，实现政务公开和信息公开。

治理模式的另一个变化就是平台参与社会治理的作用日益凸显。工商社会是政治国家——市民社会的二元对立，这种结构形成了国家与公民之间的管理关系，传统的行政法主要调整的就是国家与公民之间的管理关系。而在数字社会，平台的崛起使得其获得一定的规则制定权、审查权、管理权和处分权，平台的权力具有明显的"准公权力"特征。政治国家与市民社会的二元模式已经在某种程度上被突破，从而形成了国家——社会、公权力——私权利二元结构向公权力——私权力——私权利的三元结构演变。平台实际上已经是获得了一定权力的准司法机构,其被形象地称为"新管理者"(new-governor)或者"私人管理者"(private governor)。例如,微信在 2021 年年初已有 9.84 亿用户,每天发布数亿信息,掌握关键信息的基础设施,获得了巨量的数据信息和巨大资源。因而,无论是治理庞大的网购关系,还是治理网络世界,离开了平台的参与,治理是不可能实现的,只有加强平台自律,建立完善的用户个人信息、隐私保护机制,强化平台的相关职责,才能真正实现网络的有效治理。

从传统上的排他性利用到重视财产的共享性利用

工商社会主要通过确认产权和确立交易规则,实现对财产的有效利用,即所谓的"确权经济";但数字社会出现了共享经济、包容共享的理念。在数字社会,则需要建立数据产权、数据交易流通、跨境流通以及安全保护等新的制度规则,从而实现数据资源的有序开发利用。伴随网络化、数字化和智能化的深度交融发展,数据信息的处理能力空前提高,其也不再受限于物理空间的阻隔,逐步向"不求所有,但求所用"的"共享经济"转变。数据的价值在于利用,越利用则越有价值。在数字时代,包容共享成为一种更为推崇的价值理念,共享经济的兴起如网约车、共享单车等即是例证。这就需要在数字社会转变原有的过分强调物的归属、排他利用的思维方式,不能简单套用物权—债权二分的财产权分析框架,而应更关注数据要素的共享、自由流通的属性,努力探索共享性的保护机制,从而实现"共建共治共享",并最终实现对个人权利和数据企业进行私法上的权益界定和平衡保护。

数字化是社会现代化的重要标志,法治与科技的融合是未来法治的必由之路，也是人和社会发展的必然趋势。厉行法治就能保证制度优势，如果有数字化的支持，就能保证技术优势，两者结合就能产生改造社会、造福人民的合力。所以数字中国与法治中国相结合，就能够发挥数字化对法治中国强有力的支撑作用。

法治是最好的营商环境

2018年,世界银行公布了对全球190个经济体营商环境的调查报告,名列在前的是新西兰、新加坡、丹麦等,我国名列第78位,与2017年持平。2019年,世界银行再次公布的全球营商环境排名,我国上升到了第46位,而在2020年,我国大幅提升到了第31位。从这个排名来看,我国的营商环境排名在不断提升,而这个提升从一个侧面反映了我国法治环境在不断改善,市场经济的法治在不断进步。

当然,对世界银行的报告,我们要以平常心对待,总结哪些是我们的成功经验,同时也要思考,哪些是我们应该进一步改进和需要进一步努力的。从这个报告也可看出,良好的营商环境是促进经济平稳有序发展的前提和基础。良好的营商环境与法治有着不可分割的关系,习近平总书记指出,"法治是最好的营商环境",因为法治保障下的营商环境本质上就是法治环境。从法治的角度来看,改善营商环境的关键是构建良好的法治环境。现代社会是一个法律至上的社会,社会中各个主体应当在法律的规制下行为,并在法律的规制下自由发展。世界上没有哪个国家能够在没有法治的情况下形成良好的营商环境。从根本上讲,营商环境需要从市场和法治两个层面来加以完善。许多经济学家作了大量的实证研究，发现在全球范围内，凡是治理成果显著的国家，都离不开"市场"加"法治"这一条基本经验。甚至有实证证据显示，全世界人均 GDP 最高的国家都是市场化和法治化程度高的国家。经济发展水平与民主制度并没有必然的联系，但与法治是否发达却存在正相关性。从历史的角度考察，也可以得出同样结论。欧洲中世纪后经济大幅度增长的原因，除市场的作用之外，更重要的是法治的力量。

从世界范围来看，治理成功的模式和经验就是市场+法治，这就像是硬币的两面，缺一不可，市场是法治的基础和前提，法治是市场的保障。讨论营商环境，其实就是在讨论法治在推进市场有序发展中如何发挥作用。营商环境需要解决市场与法治两个环节，在离开了法治的市场中，很难开展自由、高效的交易活动。这就好比一场球赛，在没有明确的竞技规则和裁判时，很难期待其能够成为公正的竞赛，相反，这样的"比赛"最终很可能变成一种恃强凌弱的暴力活动。现代法治是与市场经济的发展相伴而生的，在高度集中的计划经济时代，不能发挥市场主体的自主性，也不可能有良好的法治。法治既是治国理政的基本方式，同时也是营造良好经济环境最重要的保障。"投资不过山海关"的说法再次印证了法治对经济发展的重要性。习近平总书记在谈到振兴东北时提出，要深入推进法治建设，着力打造全面振兴的好环境，法治化环境最能聚人聚财，最有利于发展。

良好的营商环境首先要切实保护好企业家的权利，重点是企业家的三项权利，即人身权、财产权、人格权。党的十九大报告明确提出"保护人民人身权、财产权、人格权"。"人格权"一词首次写入党的全国代表大会报告，具有重大深远的意义，这体现了我们党对人民权利的尊重和保护，彰显了我们党以人民为中心的发展思想，体现了我们党对实现人的全面发展的不懈追求。党的十九大报告为我们构建良好的营商环境确立了行动纲领,指明了努力方向。要营造法治化的营商环境,真正形成尊商、重商、安商、扶商的法治环境,就必须要保护企业家的上述三项权利,不能切实保护这三项权利,构建良好的营商环境也无从谈起。

良好的营商环境需要强化对人身权和人格权的保护。一方面,"人民的安全,乃是至高无上的法律"[①]。在新时代,人民群众的物质生活条件得到极大改善,已经实现了小康,安全感愈发成为人民群众的迫切需求。安全感是人民群众幸福的重要内容。人身安全是企业家最大的安全,企业家合法经营,依法纳税,应当受到法律的切实保护,企业办得再好,资产积累得再多,一旦企业家蒙冤入狱,则万贯家财也可能在一夜之间化为乌有。因此,应当坚持慎捕慎押的政策,禁止以刑事办案为名插手民事纠纷,防止公权力对私权的不当侵害,使每个人生活在安全的环境中,享受安宁的生活,免于一切非法的强制和恐惧。另一方面,必须切实保护人格权,维护人格尊严。美国社会心理学家马斯洛(Maslow)曾经提出著名的"需求层次理论",即当人们的基本物质需要还尚未满足时,对隐私等精神性人格权的诉求相对会较少,而当人的生存需要基本满足之后,对文化和精神的需要将越来越强烈。[②] 马斯洛把这种心理需要归纳为自尊需要。[③] 人格权是人民群众美好幸福生活的重要内容,也是其基本人权,对企业家来说,也显得尤为重要,对于擅

---

① 〔美〕E.博登海默:《法理学:法律哲学与法律方法》,邓正来译,中国政法大学出版社1999年版,第293页。

② 参见〔美〕马斯洛:《马斯洛人本哲学》,成明编译,九州出版社2003年版,第52—61页。

③ 参见〔美〕马斯洛:《马斯洛人本哲学》,成明编译,九州出版社2003年版,第51—52页。

自诽谤企业及其高管、非法处理企业家的个人信息等行为，如果不能进行有效遏制，很容易会使一个企业陷入经营困难，甚至倒闭破产。

良好的营商环境需要强化对产权的保护。构建良好的营商环境，要坚持平等保护，健全以公平为核心原则的产权保护制度，增强社会信心和形成良好预期，增强各类经济主体创业创新动力。构建良好的营商环境，还需要坚持"两个毫不动摇"，在产权保护上强化对民营企业财产权的保护，树立产权平等保护的意识。保护产权就是保护生产力、维护社会主义市场经济的基本秩序。保护产权的关键在于规范公权，必须要全面落实民法典等法律对私人财产权的保护规则，强化对公权力的制约。从实践来看，民事主体相互之间的产权纠纷是容易解决的，但一旦涉及公权对私权的侵害，民营企业的财产权遭到来自政府的侵害，纠正起来就较为困难。营造良好的营商环境最核心的就是保护企业家的人身和财产安全。古人说：有恒产者有恒心。对民营企业来说，关键不在于出台多少政策，给予倾斜支持，而在于持之以恒地贯彻落实物权法的平等保护原则。按照《中共中央、国务院关于完善产权保护制度依法保护产权的意见》的规定，严格遵循法不溯及既往原则，坚持罪刑法定、无罪推定原则，严格区分违法所得与合法财产。在处置违法所得时，不得牵涉合法财产，必须要区分股东的财产与公司的财产，股东犯罪时，不得查封、扣押公司的整体财产。不能因为某个股东犯罪，就查封公司的账户，甚至把某个违法行为人的全部财产予以没收。要坚决防止将经济纠纷当作犯罪处理，防止将民事责任变为刑事责任。此外，保护产权不仅要保护物权、债权等有形财产权利，也要保护知识产权及其他各种无形财产权，这样才能鼓励人们进行创新，激励创新，引导人们创新。民营企业是最具有活力、最具有创新意识的，但创新必须要有法治的保障。

　　良好的营商环境还需要规范公权，真正把公权力关进制度的笼子中，努力建设法治政府、责任政府、诚信政府。有的地方政府，既当运动员，又当裁判员，非法干预企业的经营，越权查企业、查高管，妨碍企业正常的经营活动；尤其是有些地方政府官员"新官不理旧账"，不遵守承诺，不履行合同，这些都会极大地损害营商环境。面对不诚实守信的政府，经营者会"用脚投票"，寻求具有更稳定制度预期的地方进行投资，最终形成"劣币驱逐良币"的局面，扼杀经济的发展。政府诚信是社会诚信的标杆，更是治理的重要资源。政府带头践行诚实守信的地方，经营者就有信心从事投资经营。诚信政府的建设离不开法治的保障和约束。政府要切实保护行政相对人的合理信赖，使人们对投资、创业、置产有合理的预期。政府部门应当在"看得见的法律的框架"下进行调节，切实回应市场主体的关切，依法行政、依法办事。要真正实现把权力装进法律制度的笼子里，在制度层面就需要实施市场准入负面清单制度，营造公平竞争的、良好的市场环境。全面清理妨碍统一市场和公平竞争的规定，从而激发各类市场主体活力，并在此基础上构建新型政商关系，促进非公有制经济的健康发展、健康成长。"一个案例胜过一摞文件"，政府无论怎么讲法治的重要性，无论怎么宣传法治政府的意义，只要有这种"新官不理旧账"的事件频繁发生，就很难让人相信该政府是法治政府，也很难形成诚实守信的营商环境。此外，构建良好的营商环境必须要打破垄断、消除不正当竞争和政府摊派等问题。

　　总之，良好的营商环境其实就是法治环境，要真正实现市场经济健康、有序的发展，关键还是要厉行法治，通过法治构建良好的营商环境。

从春秋决狱所想到的

春秋决狱又称为"引经决狱",即以儒家经典中的论述作为依据来处理政治和司法的问题。① 西汉时,董仲舒向汉武帝建议采此种断狱方式,被汉武帝所采纳。照此种方式,在发生纠纷后,在法律之外,还需要用儒家的论述对案件事实进行分析、定罪,所谓"春秋之治狱,论心定罪。志善而违于法者免,志恶而合于法者诛"②。所引用的主要是《诗》《书》《礼》《易》《乐》《春秋》等儒家经典论著。③ 一般认为,此种方式主要在汉代采用。④ 当然,西汉时期的"春秋决狱"并不是完全以儒家经典论著作为案件裁判依据,其适用范围受到制定法的严格限制,即其仅适用于疑难案件("疑狱"),即案件事实清楚,但找不到法律依据,或者适用当时法律规定会产生不合理的结果的情形。⑤ 然而什么是不合理

---

① 参见李鼎楚:《春秋决狱再考》,载《政法论坛》2008 年第 3 期。
② 《盐铁论·刑德》。
③ 参见华友根:《西汉的〈春秋〉决狱及其历史地位》,载《政治与法律》1994 年第 5 期。
④ 参见汪世荣:《中国古代判词研究》,中国政法大学出版社 1997 年版,第 29—31 页。也有观点认为,"春秋决狱"在性质上属于对疑难案件的处置意见,属于一种法律意见书,而不属于判词。参见杨鸿雁:《法制变迁的痕迹:以清末民初法律文书为考察对象》,中国人民大学 2009 年博士学位论文,第 18—21 页。
⑤ 参见吕志兴:《〈春秋〉决狱与中国古代法制的真实关系》,载《政法论坛》2016 年第 3 期。

的结果就很难判断了。

应当承认,"春秋决狱"引用儒家经典论著裁判,对成文法具有一定的纠正功能,有利于修补法律缺陷,对于法律制度的完备具有重要的推动作用。引用儒家经典裁判,主要不是用于认定案件事实,而主要是用于法律适用阶段,即对于有些案件,可能找不到具体的法律依据,或者虽然能够找到法律依据,但可能导致不合理的结果,这就需要从儒家经典论著中寻找具体的裁判依据。① 据学者考证,采"春秋决狱"方式,从儒家经典论著中抽象出相关的法律原则后,所得出的只是一种法律处理意见,具体的判决结果应当由相关的裁判官决定,重大疑难案件则须由皇帝作最后决定。②

儒家经典论著也可以补正制定法的空白,或者对法律规定不完善之处进行修正,弥补法律规定的不足。例如,在"甲无子拾道旁弃儿判"中,甲自己没有儿子,其在路旁捡到了乙,并将乙抚养成人,后来乙杀人犯罪,并将这一情况告诉了甲,甲将乙藏匿了起来。关于甲是否有罪,能否适用《春秋》所载"父为子隐"的规则,董仲舒作出如下决断:"甲无子,振活养乙,虽非所生,谁与易之?《诗》云:'螟蛉有子,蜾蠃负之。'《春秋》之义,'父为子隐'。甲宜匿之。"③ 在该案中,关于甲藏匿其犯了罪的养子乙是否构成犯罪,按照《春秋》的观点,"父为子隐"不为罪。但问题在于,乙并非甲的儿子,而是甲捡来的养子,对此,董仲舒认为,即便乙是甲的养子,由于乙是甲养大

---

① 参见吕志兴:《〈春秋〉决狱与中国古代法制的真实关系》,载《政法论坛》2016年第3期。

② 参见吕志兴:《〈春秋〉决狱与中国古代法制的真实关系》,载《政法论坛》2016年第3期。

③ 陈重业辑注:《古代判词三百篇》,上海古籍出版社2009年版,第2页。

的，二者的情感联系较为密切，也应当对甲适用"父为子隐"的规则。在这一案例中，董仲舒援引《春秋》对"父为子隐"的描述进行了扩大解释，他认为养父子之间也可以比照亲父子之间的关系，而适用"父为子隐"的规则，这实际上填补了法律没有规定养父子可否适用"父为子隐"规则的漏洞。

春秋决狱实际上是希望用儒家的礼制来缓和汉承秦制的严酷刑律，秦朝灭亡进入汉代，不少人都在反思为什么秦二世而亡，秦朝的暴虐可能是一个原因，从而认为单纯依靠法家的严酷刑罚是不足以维护秩序的稳定的。《论语·为政》中子曰："道之以政，齐之以刑，民免而无耻；道之以德，齐之以礼，有耻且格。"这句话的意思是："如果单纯的只用政令刑法来约束百姓的行为，那民众只能追求免予犯罪刑罚，但是会丧失廉耻之心，而如果选择用道德礼制去同化和引导，那么民众不仅会有羞耻之心，而且会心悦诚服。"所以春秋决狱其实是提出了法律与道德的关系、法与礼的关系。道德实际上起着教化、人文化成的作用，但它能不能用来作为定罪量刑的根据？这至少涉及如下几个问题：

一是究竟应当依据法律还是儒家的经典？按照春秋决狱，儒家的经典论著会被直接用于案件的裁判，即在发生相关纠纷后，如果儒家经典论著中记载了类似的事件，则可以援引儒家经典论著作出决断，从这一意义上看，儒家经典论著起到了类似于判例的作用。① 例如，"甲夫乙将舡判"判词记载了如下案件：甲的丈夫乙驾船出海，遇到海风而船翻，乙溺亡，尸体沉入大海而不得安葬。数月后，甲的母亲又将甲改嫁，甲的行为该如何论处？按照当时的法律，丈夫死后未下葬的，妻子不得改

---

① 参见吕志兴：《〈春秋〉决狱与中国古代法制的真实关系》，载《政法论坛》2016年第3期。

嫁，但董仲舒指出："臣愚以为《春秋》之义，言夫人归于齐，言夫死无男，有更嫁之道也。妇人无专制擅恣之行，听从为顺，嫁之者归也。甲又尊者所嫁，无淫行之心，非私为人妻也。明于决事，皆无罪名，不当坐。"① 也就是说，按照《春秋》的观点，该案中的妻子可以改嫁，其改嫁行为并不构成犯罪。该案实际上是将《春秋》的观点作为案件裁判的依据。

二是是否要考虑道德动机问题。董仲舒在《春秋决事比》中经常强调考虑道德问题，但道德在定罪量刑中作为判断标准可能会带来问题，例如过度重视当事人的动机，如果动机是好的，动机作为重要的判断标准，可能会免除或者减轻刑罚；如果动机是不好的，即使没有造成严重后果，也可能会受到严厉制裁。这使得后来一些司法官为出罪入罪提供了便利，这也是它存在的一些不足。董仲舒在《春秋繁露》中作了解说："春秋之听狱也，必本其事而原其志；志邪者不待成，首恶者罪特重，本直者特论轻。"以《春秋》经义作为刑法原则，它是对传统的严刑峻法的一种缓和的补充，但是专以"心"和"志"这种主观要素来判断有罪无罪、罪轻罪重，也会为司法官恣意擅断，出罪入罪提供便利。

三是是否可以随意对法律进行限制。儒家的经典论著也会被用于解释法律规则，尤其是出于道德上的考虑对法律规则的适用进行限制。例如，在"甲有子乙以乞丙判"中：甲将其儿子乙送养给丙后，由丙抚养长大，后甲告诉乙真相后，乙被激怒并打了甲，甲到官府告了乙。董仲舒作出了决断："甲生乙，不能长育，以乞丙，于义已绝矣。虽杖

---

① 陈重业辑注：《古代判词三百篇》，上海古籍出版社2009年版，第4—5页。

甲，不应坐。"① 在该案中，儿子殴打了父亲，当时的法律对此已经作出了规定，按照该规定，甲的儿子应当受到重罚。但董仲舒认为，该案不能机械地适用这一法律规则，因为甲在将乙送养后，二人之间的义实际上已经断绝了，"于义已绝矣"，其不同于一般的父子关系，因此，不应当对乙适用忤逆之罪的规定。由此可见，儒家思想对成文法规则的解释与适用也产生了重大影响，其可以对法律规则的适用进行必要的限缩。

然而，"春秋决狱"这一"论心定罪"的方式，过度注重道德、情理在裁判中的作用，过度注重对行为动机和目的是否与道德和情理相符的问题，因而在一定程度上忽视了法律的规范性作用，甚至有时置法律于不顾，架空了法律在实践中的作用。例如在某一案例中，"甲父乙与丙争相斗，丙以配刀刺乙，甲即以杖击丙，误伤乙，甲当何论？或曰殴父也，当枭首。论曰，臣愚以父子至亲也，闻其斗，莫不有怵怅之心，挟杖而就之，非所以欲诟父也。春秋之义……君子原心，赦而不诛。甲非律所谓殴父，不当坐"。在这一案例中，甲的客观行为已经构成了"殴父"，虽然当事人并非出于故意，应当对其减轻处罚，但裁判者中出于对其原心的考量，直接免于定罪，事实上就已经改变了法律的规定。

中国的传统文化重视法律与道德的互补，主张礼法合治、德主刑辅，但毕竟"上帝的归上帝，恺撒的归恺撒"，道德不可代替法律，法律也不可代替道德，两者具有不同的作用范围。道德虽然具有弥补法律的功能，但不能直接以道德作为裁判的依据。因为一方面，道德本身不是明确的、具体的行为规则，其更多的是一种倡导性的观念，以道德作

---

① 陈重业辑注：《古代判词三百篇》，上海古籍出版社2009年版，第2—3页。

为裁判依据，必然会带来裁判结果的不确定性和不统一性。另一方面，以道德作为裁判依据，可能影响裁判的可预期性。韩非子曾言："释法术而任心治，尧不能正一国。"以道德作为裁判依据，必然过度重视对行为人行动动机的考察，而不是对其行为进行评判，其结果也必然导致裁判的不确定性。而且，这也给了法官过大的自由裁量权，难以保障裁判的公正。还应当看到，道德规范缺乏程序保障，不具有一种公正的实现程序。当然，这并非意味着，道德在裁判中不起任何作用，事实上，道德也可以用来解释法律、弥补法律规则的不足。古人说以德服人、以德育人，也正是这个道理。因此，在裁判过程中，仍然要坚持依法裁判，以德教化，这也是我从"春秋决狱"中所领悟的一点道理。

法治是一种生活方式

第二编
民法典编纂

迈进民法典时代

随着民法典的颁布实施,我们进入民法典时代,几代民法学人的梦想得以实现。"法典编纂之举是立法史上一个世纪之大事业。国家千载之利害、生民亿兆之休戚,均依此而定。"① 民法典是党的十八届四中全会以来全面推进依法治国的重大成果。编纂民法典对于全面提升国家治理能力和治理体系的现代化水平,全面推进依法治国,实现人民对良法善治的美好期待,将发挥重大作用。

民法典时代是一个更好保障人民合法权益的时代。21世纪是走向权利的世纪,是弘扬人格尊严和价值的世纪。进入21世纪以来,人权运动在世界范围内蓬勃发展,尊重与保护人权已经成为国际社会的共识,并成为当代法律关注的重点,对人的尊重和保护被提高到前所未有的高度。因此,我国民法典也充分反映了时代精神,全面保障了人民的合法权益。法治的核心要义是规范公权、保障私权,《中华人民共和国民法典》作为一部以"民"命名的法典,它坚持了以人民为中心的理念,以保障私权为立法目的和基本理念,它不仅全面保护财产权、人身权、人格权,而且为全面

---

① 〔日〕穗积陈重:《法典论》,李求轶译,商务印书馆2014年版,第1页。

保护私权提供了各种保障和救济机制。正因如此,民法典也被称为"民事权利的宣言书"。

民法典时代是立法更加积极回应人民群众新要求新期待的时代,孟德斯鸠说过,"在民法的慈母般的眼里,每一个个人就是整个的国家"①。民法典坚持以民为本、以民为上,努力促进人权保障、民生改善、民业兴旺、民心和顺、民风文明,更加注重人文关怀。民法典通过人格权独立成编,全面维护人民群众进入新时代后不断提升的精神层面的需求,全面强化了对人格尊严的维护,人民群众不仅吃得饱、穿得暖,而且活得更有体面、更有尊严。民法典通过物权合同等制度的设立,保障人民群众基本财产权利,保障人民安居乐业,不断增强人民群众获得感、幸福感、安全感。民法典时代也是以法律手段保障人民美好幸福生活实现的时代。

民法典时代是一个民事法律走向体系化、统一化的时代。在单行立法时期,法出多门,立法多元,民事立法较为散乱,甚至许多单行法之间存在一定程度的矛盾和冲突,尤其是由于缺乏一部系统完整的民法典,大量的司法解释、行政法规和地方性法规也与法律的规则极不统一。进入民法典时代,民商事法律体系已经形成,需要依据民法典进行立法层面的废、立、改、释,并总结实践经验,加强同民法典相关联、相配套的法律制定工作,以使得民商事立法在民法典的统率下形成内部协调一致的体系化的规范系统。同时,以作为基础性法律的民法典为基准,清理司法解释和其他规范性文件,确保法律规则的统一。

民法典时代是一个民事法律规范基本齐备的时代。这就意味着,大规模创设规则的时代已经结束,民事法律制度建设的重心,应当从立法

---

① 〔法〕孟德斯鸠:《论法的精神》(下册),张雁深译,商务印书馆1961年版,第190页。

论转向解释论,以全面贯彻好、实施好、落实好民法典为重心。民法典实施后,应当充分发挥民法典的体系化效应,体系观法、找法、释法,释放民法典的规则储存功能,不断填补法律漏洞。要注重民法典的基础性地位,从价值、制度、规则、概念等方面处理民法典和民事单行法的关系;同时在民法典指导之下,积极推进重要领域立法,健全国家治理急需的法律制度,满足人民群众日益增长的美好幸福生活需要必备的法律制度,在新的实践基础上推动民法典不断完善和发展。

民法典时代是一个解释的时代。在我国民法典已经颁布,民事法律体系已经基本形成的前提下,大规模创设民事法律规则的时代已经结束,法治建设的任务应当是使"纸面上的法律"变为"行动中的法律",最大限度地发挥法律适用的效果,因而我们需要从重视立法论向重视解释论转化。可以说,一个解释的时代已经到来。换言之,在现阶段,社会主义法治建设的一个重要内容就是通过法律解释弥补现有法律体系的不足,消除现有法律之间的矛盾,使法律得到有效适用,最大限度地发挥立法的效用,这正是法律解释在今天所应发挥的功能。因此,无论是立法者,还是司法者,都应当高度重视法律解释问题,法学研究也应当比以往更重视法律解释,这也是成文法国家法律发展史上的重要规律。正如帕特森所言,"毋庸置疑,我们的时代是解释的时代。从自然科学到社会科学、人文科学到艺术,有大量的数据显示,解释成为20世纪后期最重要的研究主题。在法律中,'向解释学转向'的重要性怎么评价也不过分"[①]。

民法典时代也是一个民法学繁荣发展的时代。广大法学专家曾经为

[①] 〔美〕丹尼斯·M. 帕特森:《法律与真理》,陈锐译,中国法制出版社2007年版,序言。

民法典编纂献计献策，实现了自己的学术抱负，描绘了人生的光彩画卷。随着民法典的颁布，民法学的发展也将迎来一个繁荣发展的春天。在民法典已经颁布的背景下，我国亟须创建中国特色社会主义民法学理论体系，何谓中国特色社会主义民法学理论体系？它应当是对中国实践具有解释力的思想和知识体系，是以社会主义法治理论体系为基础、具有中国特色的理论体系。广大民法学者应以民法典为基准，构建体现我国社会主义性质，具有鲜明中国特色、实践特色、时代特色的民法学理论体系和话语体系，努力提升民法学的理论品格，加强基础理论研究，科学准确解释法典，积极回应现实需求，加快形成具有中国特色的民法学理论体系。

迈进民法典时代，我们对中国法治建设的美好明天充满信心，对实现中华民族的伟大复兴和人民的美好幸福生活充满期待。

为民法典编纂和实施贡献智慧力量[*]

民法典编纂是科学立法、民主立法、依法立法的典范。党的十八届四中全会提出编纂民法典以来,广大民法学者在全国人大常委会法工委、中国法学会等有关单位的领导下,积极参与民法典编纂工作,为制定一部屹立于世界法典之林的、21世纪的民法典贡献了智慧和力量。

第一,在民法典编纂工作启动之前,中国人民大学等单位就提出了民法典草案专家建议稿,对民法典的框架结构以及制度设计提出方案,为民法典编纂奠定良好基础。

第二,中国法学会民法典编纂项目领导小组吸纳知名学者参与工作,就重大疑难问题展开讨论,凝聚学界共识,对每一编都提出专家建议稿。中国法学会民法典编纂项目领导小组成为法学界参与民法典编纂的重要平台。

第三,中国法学会民法学研究会在中国法学会领导下,积极组织学者参与民法典编纂,形成原创性理论成果,并在立法中得到转化运用。研究会围绕民法典编纂连续举办7年年会和近50场研讨会,邀请国内外著名学者研讨重大问题,提出立法建议,充分发挥了重要智库作用。

---

[*] 原载《人民日报》2021年4月16日。

第四，广大法学专家通过中国法学会立法专家咨询会等渠道，为民法典编纂献计献策，实现了自己的学术抱负，描绘了人生的光彩画卷。

第五，广大法学专家在民法典编纂过程中，积极围绕重要理论问题和实践问题著书立说，极大地推动了中国特色社会主义民法学理论的繁荣和发展。在中国知网以"民法典"作为主题词对 2014—2020 年间的论文进行检索，有数万篇学术文章，同时也有数百本学术著作出版，给立法机关提供了重要参考。

学界对民法典编纂的学术贡献，可以概括为如下方面：

一是体系构建。学界在总结中华人民共和国成立以来立法和司法实践经验的基础上，提出了人格权独立成编、侵权责任独立成编等建议，被立法机关采纳，从而实现了民法典体系的重大创新。

二是制度创新。民法典从中国实际出发，借鉴国外先进立法经验，有许多重要制度创新，背后都有学界的贡献。例如，总则编关于主体的分类，物权编中如何维护社会主义基本经济制度，合同编中如何适应优化营商环境的需要完善交易规则，人格权编中如何强化对个人信息的保护，婚姻家庭编中如何促进良好家风建设，继承编中如何注重家庭成员的互助，侵权责任编如何强化对受害人的救济等规定，都在很大程度上吸收了学界的理论研究成果。

三是价值理念创新。民法典充分体现了社会主义核心价值观，无论是对英烈人格利益的保护，还是见义勇为条款的规定，都采纳了学者的建议。尤其是人格权编最为直接地体现了人文关怀的理念，充分彰显人格尊严的价值，这些都凝聚着学者的心血。

四是彰显时代特征。学界呼吁民法典应当回应新时代的新问题，应当对信息社会产生的网络侵权以及数据保护等问题作出规定，应当对环境污染、生态破坏等问题作出有效应对，都被立法机关采纳。

民法典是以习近平同志为核心的党中央推进全面依法治国的重大政治成果和法治成果。民法典通过后，学界响应习近平总书记号召，大力宣传普及民法典，让民法典走到群众身边、走进群众心里，中国法学会民法学研究会发出了"带着民法典回家乡"的倡议，推进民法典宣传工作，取得了很好的效果。

民法典：保障私权的宣言书

德国学者冯·图尔曾言："权利是私法的核心概念。"权利（拉丁语为 jus，法语为 droit，德语为 Recht，英语为 right），是指权利人对义务人提出的与自己的利益和意愿有关的、必须作为或不作为的要求。罗马法的"jus"以及德语的"Recht"、法语的"droit"，既可以翻译为"法"，也可以称为"权利"。权利和法往往被认为是同一事物的两个方面，如同镜子的两面一样，法律的主要功能在于确认权利、分配权利、保障权利、救济权利。法律规定了权利的范围，权利实现本身也是法律实现的重要体现。

中国古代虽有民本思想，但始终不存在西方法制中的"权利"概念，直到19世纪中叶，中国才产生权利概念。也就是说，我国古代虽有民本思想，但缺乏民权思想。民权包括两种：一是依据宪法和法律享有的治理国家、管理社会的权利；二是个人所享有的私权，本文所说的民权指的是私权。法治的基本精神在于"规范公权，保障私权"，只有私权发达，人人能够自由行使权利并尊重他人的权利，社会才能和谐有序；只有私权发达，才能为公权设置尺度，为有效规范公权奠定基础。

必须看到，我国是一个有着两千多年封建历史、封建主义思想意识和传统根深蒂固的国家,正如邓小平同志所指出的,"旧中国留给我们的,封建专制传统比较多,民主法制传统很少"①,在我国,人们的权利意识和平等观念还不是很普遍,等级观念、特权观念、长官意识、官本位思想等还颇为盛行,这些都与市场经济的发展和完善严重不符。所以要真正地建立法治国家,必须要反对任何形式的封建特权,提倡人格独立、人格平等,充分保障民事主体的各项私权。从这一意义上说,弘扬私权是培育中国法治的基础,也是中国法治文化的重要内容。

民法典是全面保障私权的基本法,其立法宗旨就是"保护民事主体的合法权益",故其是权利法,是权利保护法,是私权保障的宣言书,其核心功能是确认和保障民权。私权的保障彰显了人民的根本利益,是确保人民群众享受美好幸福生活的前提和基础,更是促进人民群众追求美好幸福生活的动力。因此,民法典通过保障民权,旨在实现人民的福祉,确保人民的美好幸福生活,为法治社会奠定基础。

(一)以私权为中心构建民法典的体系

保障民事权利是民法典体系结构安排中的红线和中心轴。可以说,民法典以民事权利的确认为经,以民事权利的保护为纬,编制了细密的民事权利保护屏障。民事权利的保护既是民法典的出发点,也是其落脚点。我国民法典的总则编是按照"提取公因式"的方法,将民事权利及其保护的共性规则确立下来。其中,有关自然人、法人和非法人组织的规定,构成了民事权利主体的法律规范;有关民事权利的规定,构成了民事权利的具体内容、体系以及行使方式的法律规范;有关民事法

---

① 《邓小平文选(第2卷)》(第2版),人民出版社1994年版,第332页。

律行为和代理的规定，确认了民事权利行使所形成的法律关系；有关民事责任的规定，是因侵害民事权利所应承担的法律后果；有关诉讼时效和期限的规定，是民事权利行使的时间限制。民法典的分则各编是由物权、合同债权、人格权、婚姻家庭中的权利（亲属权）、继承权以及对权利进行保护的侵权责任所构成的。这表明民法典既确认了个人享有各项具体民事权利，确定了这些权利的具体内容和边界，使个人能够积极行使和主张权利，同时，在权利遭受侵害后，民法典又建立了救济体系，充分保障民事主体的合法权益。尤其是人格权在民法典中独立成编，也使其成为与物权法、合同法等并列的民法的有机组成部分，落实了民法调整平等主体之间的人身关系和财产关系的任务，弥补了传统民法存在的"重物轻人"的体系缺陷，这既是民法典回应时代需求的集中体现，也为世界各国有效应对人格权保护问题提供了中国经验和中国方案。

（二）民法典构建了完整且开放的民事权利体系

我国民法典以民事权利为核心，构建了由人格权、物权、债权、身份权以及其他民事权益所组成的完整的民事权利体系，在各种权利之下，民法典还进一步确立了其内涵和组成。不仅如此，民法典还保护各种新型的利益，《民法典》第120条规定保护"权益"而非"权利"的表述，目的就在于扩张保护范围，通过开放性来与时俱进以适应社会生活发展的需要。为适应互联网、高科技发展的需要，民法典人格权编在我国立法上第一次引入了私生活安宁这一权利，并通过反面列举的方式，对侵害私生活安宁的各种典型方式作出了规定。民法典禁止行为人实施发送垃圾短信、垃圾邮件等侵扰他人私人生活安宁的行为，禁止非法进入、窥视、拍摄他人的住宅、宾馆房间等行为，有利于保障社会生活的安定有序。随着大数据的发展，数据和网络虚拟财产已经成为一项重要的财产，民法典对此加以了规定。随着计算机、人工智能算法的语音识别技术的发展，个人的声音已能得到很好地识别，声音与个人身份的关联性越来越紧密，个人的声音利益值得保护，已经有比较法上的先例，我国《民法典》第1023条第2款也规定"对自然人声音的保护，参照适用肖像权保护的有关规定"，这就把声音作为一种新型的人格利益，以适应未来人格利益发展的需要。

（三）民法典提供了较为完整的私权保障机制

"权利的存在和得到保护的程度，只有诉诸民法和刑法的一般规则才能得到保障。"[①] 21世纪是一个走向权利的世纪，充分保障个人的权利是国际社会普遍的共识。我国民法典全面保障民事主体的人身权和财产权，提供了一整套较为完善的民事权利保障机制。一方面，在体系安排上，民法典各分编先列举物权、债权、人格权、婚姻家庭中的权利以及继承权，最后以侵权责任结束和兜底，其体系构建整体上坚持了从权利到救济的思路。另一方面，民法典提供了较为完整的救济措施和损害预防手段，总则编第179条规定了11种责任承担方式，用各种责任形式保护民事权利。在侵权责任编中，《民法典》第1167条确认了预防性的责任承担方式，除此之外，又在侵权责任编第二章"损害赔偿"中全面规定了损害赔偿责任，其中包括了侵害财产权、侵害人身权的损害赔偿责任，损害赔偿又具体包括了财产损害赔偿、精神损害赔偿以及惩罚

---

① 〔美〕彼得·斯坦、约翰·香德：《西方社会的法律价值》，王献平译，中国人民公安大学出版社1990年版，第41页。

性赔偿。除侵权责任外，民法典还在物权、人格权等编中规定了独特的物权请求权、人格权请求权。这就形成了绝对权请求权与侵权责任编中的损害赔偿请求权的有效衔接。此外，鉴于在现代社会，互联网对损害后果具有一种无限放大效应，相关的侵权信息一旦在网上发布，即可在瞬间实现全球范围内传播，损害将覆水难收，受害人的权利很难恢复原状，因而在保护权利、救济受害人的同时，民法典还在人格权编中规定了更正权、删除权以及禁令等制度，对人格权提供有效的救济，并有效预防损害的发生。这就形成了权利保护与损害预防功能的有效衔接。

权利的观念就是法治的观点，保障民事权利就是尊重和保障人权、维护人民群众的根本利益，实现人民对良法善治的美好期待。

民法典是依法行政的基本遵循

"天下之事,不难于立法,而难于法之必行。"① 民法典的生命力更在于实施,民法典作为基础性法律,是依法行政的基本遵循。行政机关应当把遵循民法典作为依法行政的重要内容,要规范公正文明执法,提高司法公信力,维护民法典权威。民法典实施将有效提升国家治理体系和治理能力的现代化,为全面依法治国打下良好的基础。法治是核心内容,何谓法治?规范公权、保障私权就是法治的最好概括。权力是一把"双刃剑",依法依规行使可以造福人民,违法违规行使则必然祸害国家和人民。法治本身就是控权治理。规范公权意味着任何政府的权力都必须要由法律所规定,"法无明文允许即为禁止",公权力的范围、内容、行使等必须都纳入法治的轨道。传统上,我们通常认为,规范公权就是把公权力关进制度的笼子里,而保障私权是依靠民法包括民法典来完成的。但此种看法实际上割裂了公法与私法之间的关系,也忽略了民法典在规范公权方面的作用。

民法典的颁布为全面依法治国奠定了基础,同时也会为规范公权提供一定的标准,这尤其表现在,民法典是民事权

---

① 〔明〕张居正:《请稽查章奏随事考成以修实政疏》。

利的宣言书，它在全面确认和保护私权过程中也会产生一种"溢出效应"，这就是说，它在起到保障私权作用的同时，也划定了公权行使的界限，换言之，公权力机关在行使公权力时不得以损害公民民事权利为代价，也不得随意减损民法典规定的由民事主体享有的民事权利。可见，对私权的保护也有利于规范公权的行使。

依法行政必须要尊重私权。一般认为，依法行政是指法无授权不可为，并且行政权力的行使必须遵守法定的条件和程序。但实际上，我认为，依法行政还应当有另一个评价标准，这就是说，行政机关在行使行政权的过程中，不得以侵害私权为代价，必须尊重老百姓的财产权（如不得非法查封、扣押），否则，即便其行使职权的行为符合程序，但如果因此不当造成民事主体私权的损害，该行为也不再具有合法性。正如习近平总书记指出的："各级政府要以保证民法典有效实施为重要抓手推进法治政府建设，把民法典作为行政决策、行政管理、行政监督的重要标尺，不得违背法律法规随意作出减损公民、法人和其他组织合法权益或增加其义务的决定。"[①] 实践中，暴力执法、野蛮执法、选择执法等，如果造成了对相对人的民事权利的损害，都不属于依法行政。

依法行政要求对私权的限制应当依法进行。行政机关在实施各种行政行为时，常常涉及对私权的限制，但这种限制必须要合法，具体而言：一是对私权的限制必须有合法依据，不得违背法律法规随意作出减损公民、法人和其他组织合法权益或增加其义务的规定。如果法律规定可以限制的，必须符合法定条件，如公共利益。二是必须遵守法定程序。行政机关在实施行政行为，在依法对公民权利进行限制时，应当严

---

① 习近平：《充分认识颁布实施民法典重大意义，依法更好保障人民合法权益》，载习近平：《论坚持全面依法治国》，中央文献出版社2020年版，第281页。

格按照法定程序。《民法典》第117条规定:"为了公共利益的需要,依照法律规定的权限和程序征收、征用不动产或者动产的,应当给予公平、合理的补偿。"这就是说,征收的合法性应当体现在严格遵守法定程序上,如此才能保障征收程序的合法、有序进行。三是要遵守比例原则,限制不得过度。例如,国家机关在必要范围内制作、使用、公开肖像权人的肖像。国家机关依法履行职责是行使公权力的体现,是保护个人人身财产安全、维护社会秩序、维护国家利益或社会公共利益所必须。《民法典》第999条规定:"为公共利益实施新闻报道、舆论监督等行为的,可以合理使用民事主体的姓名、名称、肖像、个人信息等;使用不合理侵害民事主体人格权的,应当依法承担民事责任。"该条就强调了对公民肖像等权益的限制必须在合理的范围内,如果使用不合理,将构成侵权。例如,在新冠肺炎疫情防控中,政府实行扫码等,这是为了维护人民群众安全需要而采取的必要措施,具有合法性,但如果将疑似病人的姓名等信息在其居住的小区公开,即构成对其人格权的过度限制,也可能构成侵权。

依法行政必须要依法行使职权、维护私权。国家机关要依法履行职能、行使职权,履行民法典规定的法定义务,保护老百姓人身、财产安全。例如,《民法典》第1005条规定了自然人的生命权、身体权、健康权遭受侵害时负有法定救助义务的组织或个人的及时施救义务。再如,高空抛物损害已经成为"悬在城市上空的痛"。《民法典》第1254条第3款规定:"发生本条第一款规定的情形的,公安等机关应当依法及时调查,查清责任人。"这就强化了有关机关查找行为人的职责,有利于确定高空抛物致人损害责任的责任主体。由于公安等机关在查找具体行为人等方面具有各种优势(如技术优势),强化有关机关查询具体行为人的职责，有利于及时发现真正行为人，从而有效解决高空抛物致人损害的责任承担的难题。强化有关机关查明具体行为人的职责，有利于防范高空抛物致人损害事件的发生。高空抛物危害性之严重，事故之频发，除公众道德意识缺失、对危害认识不足之外，另一个很重要原因就是法律威慑力之不足，只有及时查明具体行为人，才能从源头防范此类行为的发生。

依法行政必须要善用民事方式遏制违法行为。我国古代法律制度最为显著的特点是刑民不分，以刑为本，重刑轻民，因此，"法"的概念常常用"刑"来描述，《说文》有云："法，刑也。"重刑轻民观念在今天仍然影响深远。我国民法典颁布的重要意义就在于弘扬民事权益，完善民事救济方式，因而也必然要求从根本上改变重刑轻民的观念和做法。在治理国家和社会中，要善用民事方式遏制违法行为。刑罚作为最严厉的法律制裁手段，其可以直接剥夺个人的自由甚至是生命，因此，刑罚的制裁手段是极为严厉的，这也意味着，只有在违法行为的危害性十分严重的情形下，才有必要适用刑罚。刑法作为最严厉的制裁违法行为的措施，是对公民合法权益进行救济的最后防线。在社会生活中，对一些本来可以通过民法解决的纠纷一旦动用刑法，很可能威胁到个人的人身安全。一个企业家一旦蒙冤入狱，其所有经营活动可能顿时停滞甚至崩溃，再好的公司，其经营都可能受到严重的影响。所以，刑事制裁如果涉及面过宽，其对企业甚至经济发展的影响，都是重大的。即便对个人而言，一旦其人身自由被剥夺，对其家庭甚至家庭成员的生活等会产生重大影响。

党的十九届四中全会强调严格刑事追究。所谓"严格"，应当是指严格适用刑事手段，严格限定刑事制裁方式，审慎地认定犯罪的标准、不可罪及无辜,要严格按照罪刑法定、疑罪从无的要求,不得擅自扩大刑法的适用范围。这就是说,"刑法要谦抑,民法要扩张"。如果罪与非罪界限不清,能通过民事法律手段就能妥善处理的社会纠纷、经济案件,就尽量不使用行政、刑事法律手段。把最大限度保障公民的人身权、财产权、人格权贯穿于执法和司法全过程,不能为了办理一个案件就拆散一个家庭、搞垮一个企业,影响社会稳定。事实上,与刑事责任、行政责任相比,民法的私法自治、民事责任等方式,具有其自身的独特性,在处理民事纠纷的解决方面具有独特的优势,因而在罪与非罪界限不清时,应当扩大民法的调整范围。

民法典的生命力在于实施,在民法典颁行后,如何全面贯彻实施民法典,是我国当前法治建设中亟须解决的重大问题。只有学习好、实践好这部法典,才能不断推进全面依法治国,坚持和完善中国特色社会主义制度,推进国家治理体系和治理能力现代化,实现人民群众对良法善治的美好期待。

从单行法思维向法典化思维转化

2021年是全面贯彻实施民法典的第一年，最高人民法院在《全国法院贯彻实施民法典工作会议纪要》中明确提出，"要牢固树立法典化思维，确立以民法典为中心的民事实体法律适用理念"。全面准确理解民法典的核心要义，准确地理解和实施民法典，可以说，以法典化思维贯彻实施民法典，是当前贯彻实施民法典中迫切需要讨论的重大问题。

民法典的颁布，首先促进了我国法律体系的形成，这是一个由具有内在逻辑联系的制度和规范所构成的、由具有内在一致性的价值所组合的体系结构。民法典是中华人民共和国第一部以典命名的法律，在民法典颁布以后，需要从单行法思维转向法典化思维。从单行法到法典化必然要求我们要有观念上的转化，即必须形成法典化思维，因为一方面，由法到典使我们的研究重心发生转化，在单行法时期所形成的思维方式也应当进行相应的转化。例如单行法长期各自为政、相互割裂，使许多人养成了碎片化的思维习惯。进入民法典时代，就应当形成体系化的研究思维方式，把整个民商事法律视为一个在民法典统率下的完整整体。另一方面，法典化思维是研究好民法的前提。只有借助法典化思维，才能准确观法、准确找法、准确释法、准确用法。还应当保持概念、规则、术语、制度之间的一致性，注意总则与分则之间的协调性、民法典与单行法以及司法解释之间的统一性，以及价值上的融贯性，等等。也只有这样才能真正把握民法的精髓，推动民法的发展。具体而言，法典化思维包括如下内容：

基础性法律思维

在单行法时代，法官在处理民事案件时，常常遇到找法的困难，即究竟应当从哪部法律中找法，从而寻找裁判依据。举一个简单的例子，例如，因网购发生的产品质量纠纷时有发生，但在出现此类纠纷之后，有的法官依据合同法，有的法官依据消费者权益保护法，有的法官依据产品质量法，有的法官依据侵权责任法，许多案件之所以出现同案不同判，同法不同解，很重要的原因在于找法依据五花八门。但在民法典颁布之后，在没有特别正当理由的情形下，必须从民法典中寻找裁判依据，这就统一了裁判规则。之所以首先需要从民法典中寻找裁判依据，主要是因为民法典在中国特色社会主义法律体系中的基础性地位，也需要我们尽快形成将民法典作为基础性法律的思维。民法典是民法的重要组成部分，作为整个民商事法律的基础，是民法的主要法源，因此要树立以民法典为中心的民事实体法律适用理念。[①] 在不具备特别法优先于一般法等正当理由的情形下，裁判者首先应当从民法典各编中找法用法，而不应当在庞杂的单行法中寻找裁判依据。在解释民法典以外的有关单行法律，特别是在这些规定相互之间存在冲突时，应当以民法典为依据。关于合同的单行法律规定不得与民法典规则，尤其是合同编中的规则相冲突。

[①] 参见 2021 年最高人民法院《全国法院贯彻实施民法典工作会议纪要》第 20 条。

体系性思维

法典化就是体系化，民法典就是以体系性以及由之所决定的逻辑性为重要特征的，体系是民法典的生命，缺乏体系性与逻辑性的"民法典"只能称为"民事法律的汇编"，而不能称为民法典。体系性思维其实就是一种系统思维，是哲学上整体观念的体现，也是系统论在法学上的反映。民法典的颁布促进了民商事法律的体系化，有助于实现民事立法规则体系（也称为外在体系）和价值体系（也称为内在体系）的一致性，逻辑上的自足性以及内容上的全面性。要用体系性的思维方式观察、体系找法和释法，并用体系性的思维方式查漏补缺，弥补法律漏洞。要用体系性的思维方式正确适用民法典中的引致规范链接单行法，准确把握民法典内部规范之间的参照适用关系，通过对民法典中不完全法条的组合形成完整的请求权基础。民法典颁布后，法律人要注重运用民法典所构建的体系，运用体系性的思维方式处理个案，而不是再简单地用碎片化的民法知识处理个案。例如，在夫妻财产归属发生争议的情形下，不仅仅要依据民法典婚姻家庭编的规定来确定归属，还应当结合民法典其他各编的规定来确定，涉及关于夫妻财产约定的，适用合同编来进行解释；如果涉及权利归属，需要适用物权编的规定；如果涉及夫妻为逃避债务而虚构合同，需要适用总则编有关民事法律行为效力的规定，以及合同编关于撤销权的规定。

统一性思维

统一性思维要求将整个民法部门看作是统一的整体。随着民法典的颁布，我国才真正形成了以民法典为统帅的民商合一的法律体系，民法部门形成了统一的整体,民商合一才真正成为一种实践。民法部门形成了一个统一的整体,由此也必然要求形成统一性思维。一方面,要树立统一性思维,将民法部门视为以民法典为核心的、由大量的单行法所组成的完整体系,以统一思维处理好民法典与单行法之间的关系,消除二者之间的矛盾。另一方面,要运用统一思维、体系找法、统一解释法。例如,对于民法典中看似不一致的规定,解释者要力求使规则体系相协调,总则与分则之间以及各分编之间应当保持立法目的一致,尽可能避免法律内部出现法律评价的不统一。某些法条,若孤立来看可能与其他法条的表述并不一致,但若从宏观角度来看,这些法条往往构成整体的有机组成部分,则解释者应当从整体性和统一性出发进行解释,防止出现同法不同解的局面,避免解释不统一而产生的矛盾。

融贯性思维

融贯性思维主要是一种价值的一致性思维,我国民法典的体系化也将极大地促进民法学的科学性,民法典的体系化表现在两个方面:一是制度体系(也称为外在规则体系)的构建。民法典七编制紧扣立法目的,形成了严谨的、具有内在逻辑联系的体系。二是价值体系(也称为内在体系)。融贯性思维是以价值体系为基础形成的。融贯性思维要求以社会主义核心价值观作为阐释民法典的价值指引。《民法典》第1条开宗明义地指明,我国民法典的立法目的之一是,要弘扬社会主义核心价值观。将社会主义核心价值观融入全过程,弘扬中华民族传统美德,强化规则意识,增强道德约束,倡导契约精神,弘扬公序良俗。同时,民法典不仅坚持私法自治的价值,而且为适应时代精神发展需要,又确立了人文关怀的价值,充分保护弱势群体的权益,维护个人的人格尊严,如果说体系性思维是以制度为中心构建的,那么融贯性思维是以价值为中心产生的。民法典正是因为融贯性思维,才具有了贯穿于各种制度的灵魂。以价值统领各项制度和规范,始终保持"神不散"的状态。如果说规则融贯是体系性思维的外在体现,那么价值融贯则是体系性思维的价值内核。

从单行法向法典化思维的转化,也为条件成熟的领域适时推进法典的编纂提供了有益参考。这就是说,任何成功的法典,同时也是体系完整、规则统一、价值融贯、逻辑严谨的规范体系,只有秉持这样一种思维,才能有效推进未来法典化立法的进程。

发挥民法典在国家治理现代化进程中的保障作用[*]

习近平总书记指出,国家治理体系和治理能力是一个国家制度和制度执行能力的集中体现。国家治理体系是以法治为基础而建立的规范体系和权力运行机制。我国正在编纂的民法典将成为国家治理体系现代化的制度保障,并将发挥基础性的作用。

从私法自治的价值看民法典在国家治理体系现代化中的作用

民法的基本价值就是私法自治,它是指私法主体在法定范围内享有广泛的行为自由,可以根据自己的意志产生、变更、消灭民事法律关系。私法自治价值在制度层面具体体现为所有权依法行使自由、合同自由、公司设立自由以及遗嘱自由等。私法自治贯穿于民法的全部规则、制度和体系,并在民事领域形成了"法无禁止即自由"的负面清单管理模式。社会历史经验特别是中国从计划经济向社会主义市场经济转变的历史经验告诉我们,只有通过私法自治,才能有效激发市场主体的活力与创造力。保障市场主体广泛的行为自

---

[*] 原载《光明日报》2020年1月15日,收录时有改动。

由，允许其依法自由转让财产，大胆投资，勇于创新，才能推进社会财富的创造与增长。因此，私法自治价值也应成为国家治理体系不可或缺的内容。

当然，鉴于私法自治也存在一定的不足，完全依赖私法自治可能引发社会经济秩序的盲目性，因此，现代民法更强调国家、社会和个人的有机衔接。近代民法向现代民法发展的过程也是一个发挥意思自治并对意思自治进行必要限制的过程，民法的基本价值理念也从绝对的意思自治转向了相对的意思自治，从而实现国家治理与社会治理的有机衔接。也就是说，为了发挥市场主体的活力和社会自我调节的功能，需要以私法自治为原则，但为了克服私法自治功能的不足，维护市场交易秩序，又需要对其进行必要的限制。因此，要实现国家治理体系的现代化，既要充分发挥私法自治的作用，也需要对其进行必要的限制。只有通过这种有机结合，才能妥当平衡各种利益，形成国家治理体系的制度保障。

从保障私权的功能看民法典在国家治理体系现代化中的作用

保障私权是实现国家治理体系与治理能力现代化的基本要求。党的十九届四中全会决定指出，"改善营商环境，激发各类市场主体活力"。法治不仅包括通过公法明确公权力的行使范围和程序，也包括通过私法维护市民社会的有序运行。其中，私权保障既是维护人民群众根本利益的需要，也是实现国家治理现代化的关键环节。

民法典作为"民事权利的宣言书"，是公民私权保护的基本依据，其也将成为国家治理体系与治理能力现代化的制度基础。一方面，民法典保障私权是构建市场经济秩序的前提和基础。民法典通过一系列制度构建了完整的私权体系，从而为实现国家治理的目的、激发市场活力、促进社会经济的发展提供了制度保障。保护产权，实质上就是保护劳动、保护发明创造、保护和发展生产力，使"有恒产者有恒心"，从而充分发挥市场的功能。另一方面，民法典充分保护人身权、财产权和人格权，有利于激发个人活力和创造力，充分发挥个人在国家和社会治理中的作用，而不是将个人仅仅看作是被管理的对象。民法采用赋权的方式，确认个人享有各项具体民事权益，使个人能够积极行使和主张权利，同时，在权利遭受侵害后，民法又通过各种民事责任形式对权利人提供救济，从而鼓励个人积极维护自身权利。此外，保护私权也有利于规范公权。因为依法行政的基本要求，就是行政机关不得非法侵害个人所享有的各项民事权利，否则就逾越了公权行使的界限，公权的行使也就失去了其正当性。因此，通过民法典对个人进行赋权，在一定程度上也有利于规范公权。

可见，私权保障在现代社会中具有重要意义，从某种意义上说，私权保障的水平也将直接反映国家治理体系与治理能力现代化的水平。

从民法制度层面来看民法典在国家治理体系中的作用

民法典内容复杂，涉及社会生活的方方面面，关系每个市场主体的基本权益，绝大多数制度都与国家治理体系具有密切的关联。

民事主体制度是由自然人、法人与非法人组织所构成的制度体系。从宏观层面看，国家治理体系涉及国家的各项制度安排，而从微观层面看，其涉及如何调动各个主体的积极性和活力，使其积极参与市场经济活动与社会治理，从而使整个治理体系充满生机与活力。民法典在其中所发挥的作用体现在以下几个方面：一是确认民事主体资格，使其享有合法的身份地位，并参与民事活动与社会治理。二是在公司、合伙企业、独资企业等现代企业制度方面充分贯彻私法自治原则，鼓励当事人依法创设各类企业，并依法保护其合法权益。三是赋予私主体各项民事权益，充分发挥其在社会治理中的作用。四是承认各类主体共同行为、决议行为的效力，确立各类组织有效运行的规则。

物权制度是确认和保护物权、促进物尽其用的基本规则，是保护财产权的基本法。民法典通过确认物权归属和物权效力的方式保障物权，从而鼓励人们创造财富，促进人的自由。当然，自由不是绝对的、不受任何限制的，人们所追求的自由秩序也绝不是任意的自发秩序。因此，我国物权法要求权利人必须"依法"行使物权，物权的行使应当兼顾他人和社会的利益，不得滥用权利，损害他人权益；同时，物权的行使也必须兼顾生态环境保护的要求，不得造成环境污染、生态破坏；此外，物权也应当受到公共利益的限制，基于公共利益的需要，可以对物权进行征收，这都体现了对物权行使的限制。

合同法是市场交易法，也是组织经济的法，是促进市场交易、鼓励财富创造的基本规则。市场秩序是通过合同严守来实现的。合同法以合同自由为核心理念，并以合同严守、维护市场秩序为目标，合同严守与合同自由是相辅相成、相互支撑的。要发挥合同在国家治理中的作用，就必须发挥合同自由的功能。在现代社会，法治的内涵越来越丰富，其不限于国家机关所制定的法律规范，也包括乡规民约、自治性的团体规则、行业章程、习惯等软法规则。在商事领域，与国家立法相比，许多商业行规和惯例在针对性、参与性、灵活性等方面具有显著优势。发挥软法的治理功能也有利于培育市民社会，从而实现国家治理和行业自治的良性互动，不断推进国家治理体系的现代化。

侵权责任法在国家治理体系中的作用也是不可低估的。现代社会是风险社会，各类风险事故频发，在此背景下，如何发挥侵权责任法在受害人人身和财产权益保障以及生态环境保护方面的作用，也是实现国家治理体系现代化所面临的重大现实问题。侵权责任法实现了对受害人的多元救济机制，综合运用强制保险、商业保险、社会救助、损害赔偿等各种方式，对不幸的事故受害人提供全方位的救济；同时，也通过过错责任，纠正不法行为，保障人们的行为自由。侵权责任法切实有效保护人们"头顶上的安全""舌尖上的安全""车轮上的安全"，为人民安居乐业创造了条件。侵权责任法通过引入惩罚性赔偿、环境修复责任等，全面强化了对生态环境的保护。这也表明，在能够通过惩罚性赔偿的方式加大对违法行为的处罚时，要尽量限制刑事和行政惩罚手段的运用。同时，采用民法上的惩罚性赔偿，也可以形成有效的利益激励机制，形成巨大的社会监控力量，甚至可以做到即时监控，这可以有效弥补行政执法的不足。

婚姻家庭制度也是国家治理体系不可或缺的内容。家庭稳定是社会稳定的基础，家庭治理水平的提升也是国家治理体系现代化的重要体现。民法在维护家庭生活和谐有序方面具有重要作用，其不仅强调家庭成员在家庭生活中的权利，也强调其义务与责任，同时，民法强调夫妻平等及家庭和睦团结，保护妇女、儿童和老人的合法权益，树立良好家风，提倡互助互爱，其目的均在于实现家庭生活的和谐稳定。

国家治理体系和治理能力现代化内涵丰富，法治是其中不可或缺的、核心的组成部分。民法典作为社会生活的百科全书和市民社会的基本法，也是私权保障的基本法，只有充分发挥民法典在保障私权与规范公权方面的功能，才能真正实现国家治理体系与治理能力的现代化。

民法总则：浸润学术智慧的民法典开篇之作[*]

2017年3月15日，第十二届全国人大五次会议表决通过《中华人民共和国民法总则》。作为民法典的开篇，民法总则的制定标志着我国民法典编纂迈出了第一步，也是最为关键的一步。该法的颁布施行，极大地推进了我国民事立法进程，完善了私权保护体系和社会生活的基本规则，健全了市场经济法律制度，为解决民事纠纷提供了基本依循。

民法总则是科学立法、民主立法、依法立法的产物。在民法总则的制定过程中，广大法律学者尤其是民法学者积极建言献策，贡献出自己的学术智慧。从学者们对民法总则内容和体系所作出的学术贡献来看，大致可以概括为如下几个方面：

第一，体系的构建。学者们在总结民法通则颁行以来立法和司法实践经验的基础上，提出了以民事主体、民事权利、民事法律行为和代理、民事责任、诉讼时效等制度为基本框架，构建民法总则体系。尤其是许多学者提出了民法总则应当以民事权利为中心轴而展开体系的构建，具体规定权利主体、权利客体、法律行为以及对权利进行保护的民事责任等制度，该建议也基本被立法机关所采纳。以民事权利为

---

[*] 原载《光明日报》2019年10月1日，本文收录时有修改。

中心构建了整个民法典体系,是我国民法典的一大特色,充分彰显了我国民法典作为权利法的特点。总则编虽然借鉴了《德国民法典》的总则编立法模式,但《德国民法典》的总则编以法律行为为中心。我国民法典总则编采用了"提取公因式"的方式,将民事权利的主体、客体,民事权利的体系、行使、变动、保护等一般规则提炼和抽象出来,形成了较为完备的有关民事权利的规则。民事权利成为一条红线,贯穿于总则的始终,从而增加了民法典的科学性和内在逻辑性,更全面展现了民法典的权利法特质。

第二,制度的创新。民法总则从中国实际出发,借鉴西方国家的先进经验,作出了许多重要的制度创新,总则包含了诸多可以被称为是"中国元素"的法律制度,有力回应了实践的需求,这些制度背后都有学者们的理论贡献。例如,无论是民事主体制度中关于"非法人组织"制度的规定,还是以营利法人与非营利法人的分类代替传统民法社团法人与财团法人的分类;无论是特别法人制度的构建,还是对宗教活动场所等法人的规定,都在很大程度上吸收了学者的理论研究成果。

第三,价值理念的创新。民法总则充分体现了社会主义核心价值观,尤其是近几年来,学者大力呼吁民法总则应当体现人文关怀的理念,充分彰显人格尊严的价值。我国民法典既注重私法自治,又注重人文关怀的价值,传统民法以交易为中心,本质上服务于交易和财富的创造,因而以私法自治为基本价值。而我国民法典虽然也确认了私法自治价值,但更注重强调人文关怀价值,在私法自治和人格尊严发生冲突的情况下,人格尊严价值优先,以这种理念形成了我国民法典总则编的价值融贯。从价值体系上,总则不仅仅注重维护交易安全和秩序,而且注重对人的关爱和保护,形成了从物质到精神、从出生前到死亡后的完整的权益保护机制;此外,民法总则还宣示对未成年人、精神障碍者等弱势群体的特殊保护,强化对胎儿利益的保护,规定成年监护等制度,强化对人身权的保护等,都彰显了人文关怀的理念。

第四,充分体现时代特征。学者们积极呼吁民法总则应当回应改革开放和社会主义市场经济中的新情况、新问题。一方面,伴随着高科技的发展,产生了个人信息保护、网络虚拟财产和数据的保护等新型问题。在学者们的建议下,民法总则首次对个人信息、数据保护等问题作出了规定。另一方面,面对社会热点问题,学者们也通过自己的学术智慧,建议在民法总则中予以回应,无论是对英烈人格利益的保护,还是见义勇为条款的设立,都凝聚着广大学者的心血。

"聚万众智慧,成伟大法典。"民法总则是民主立法的产物,就是因为它凝聚了广大学者的心血和智慧,这也确保了民法典总则编实现了价值融贯、体系完整、规则齐备,充分彰显了中国特色、实践特色和时代特色。

民法典合同编的中国特色[*]

合同法是市场经济的基本法，在现代市场经济法治保障中发挥着最为基础性的作用。我国民法典合同编一共分为三个分编（通则、典型合同、准合同），共计526条，占民法典条文总数的40%以上，几乎占据民法典的半壁江山，在民法典中具有举足轻重的地位。合同编是在系统总结我国合同立法经验的基础上产生的，它植根于中国大地，是我国改革开放和市场经济经验的总结，彰显了中国特色，也回应了我国经济生活、交易实践的需要。

从合同编的规范来源来看，其不仅借鉴了很多国家和地区的立法经验，也积极吸收了我国立法和司法实践经验，尤其是整体继受了1999年统一合同法的立法经验。合同法是在立足中国国情、反映我国市场经济的需求，并充分借鉴其他国家和地区先进的立法经验基础上制定的。二十多年的实践证明，合同法在保护当事人合同权益、促进市场经济健康有序发展以及维护社会经济秩序等方面发挥了重要的作用。合同法的大多数规则是符合我国市场经济的基本情况的，在交易实践和司法实践中也运行良好，因此其主要内容被民法

---

[*] 原载《北京日报》2020年7月13日。

典所吸收。除合同法外，民法典合同编还积极总结司法实践经验，确立了相关规则，如预约合同、未生效合同、打破合同僵局、代位权的直接受偿等规则，这些规则都来源于司法实践，并且在实践中取得了良好的社会效果。从民法典合同编规则的来源来看，合同编立足中国基本国情，从中国的实践出发，解决当代中国的实践问题，充分彰显了中国特色。

合同编的中国特色主要体现在如下几个方面：

体系结构上的重大创新

我国民法典的分则体系设计并未采纳德国、法国和瑞士的立法模式，没有设置债法总则，而是从中国实际情况出发，保持了合同法总则体系的完整性和内容的丰富性，这是对大陆法系民法典体系的一种重要创新。同时，为避免债法总则功能的缺失，合同编规范在一定程度上发挥了债法总则的功能，合同编新增了70个法条，其中将近三分之一涉及有关债的分类以及不当得利、无因管理等债的规则，具体而言：一是在合同的履行中规定了债的分类，补充了多数人之债（按份之债和连带之债）、选择之债、金钱之债等规则，为合同编发挥债法总则的功能创造了条件。二是合同编中严格区分了债权债务与合同的权利义务的概念。例如，在第六章"合同的变更和转让"中，规定了债权转让与债务转移，但合同的概括转让，则采取"合同的权利和义务一并转让"的表述（第556条），表明债权转让与债务移转可以适用于合同外的债权债务转让，而合同的概括转让仅仅适用于合同关系。三是借鉴法国法和英美法的经验，规定了准合同。我国民法典合同编第三分编对准合同作出了规定，其中规定了无因管理、不当得利制度，不再在债法中割裂各种债的发生原因,而使得不当得利与无因管理制度、合同制度有效联系,并充分考虑法律适用中的不同情形,从而实现了对法定之债与意定之债的整合。合同编发挥债法总则的功能,这种体系上的创新既避免了设置债法总则所可能导致的叠床架屋,同时也便利了司法适用,避免法官找法的困难;另外,此种立法设计也可以在规定债法总则共通性规则的基础上,保持合同法总则体系的完整性,这也有利于更好地解释适用合同编的规则。

兼顾了合同严守、合同自由和合同正义的关系

我国民法典合同编将合同严守作为最基础的价值,《民法典》第465条第1款规定:"依法成立的合同,受法律保护。"合同编强调合同对当事人的约束力,并通过合同的履行、保全、解除、违约责任等制度、规则,督促当事人遵守合同。合同法是自治法或任意法,合同的成立和内容基本取决于当事人意思自治。市场经济的发展需要进一步强化私法自治,充分鼓励交易,维护交易安全。合同编从合同的订立到履行都强调了增进合同自由和私法自治这一宗旨,有力调动了市场主体从事交易的积极性。合同编在保障合同自由、合同严守的基础上,注重维护合同正义,如规定了情势变更、不可抗力解除和免责、打破合同僵局以及违约金调整等规则,这些规则不仅填补了合同法的漏洞,而且为解决因疫情等而产生的合同纠纷提供了基本依据,具有重大的现实意义。

强化了对弱势群体的人文关怀

古典的合同法理论认为,"契约即公正",也就是说,合同自由可以自然导向合同正义。人们按照自己的意愿自主地进行交换,这种关系对于双方都是公正的,也有利于创造财富、实现资源的优化配置。然而,合同自由并没有也不可能完全实现社会正义,由于信息不对称、竞争不充分、集体合作规模大等原因,市场不能够完全自发、有效地配置资源,有时无法通过自发的合同交易实现社会财富的最有效利用和创造,尤其是不能体现对弱势群体的关爱。因此,我国民法典合同编强化了对弱势群体的保护与关爱,彰显了实质正义和实质平等。例如,合同编考虑到了相关主体缔约能力的不足,确认了强制缔约规则、对格式条款的规制等一系列规则,旨在通过法律的强制性规定实现合同的实质正义。应当指出,合同编强化对弱势群体的保护是为了体现实质正义和实质平等,但这并非意味着放弃了形式正义和形式平等,而是意味着在弱势群体保护上,合同编既要维护形式公平,也要实现实质公平,对弱势群体之外的主体,仍要以形式平等为原则。

突出了对民生的保护

合同编在保留合同法所规定的 15 种典型合同的前提下,新增了 4 种典型合同,其中专门规定了物业服务合同,这主要是考虑到物业服务对老百姓安居乐业的重要性,与广大业主的权益密切相关。在该章中,合同编明确规定了业主单方解除权、前期物业服务合同、物业服务人的安全保障义务、物业服务人的相互交接等问题。为落实党的十九大报告提出的"加快建立多主体供给、多渠道保障、租购并举的住房制度",合同编在租赁合同一章中进一步完善了买卖不破租赁规则(《民法典》第 725 条)、优先购买权规则(《民法典》第 726 条)、承租人优先承租权规则(《民法典》第 734 条)、承租人死亡后共同居住人的继续承租权规则(《民法典》第 732 条)等,这都有助于加强对承租人的保护，有利于实现租售并举的住房制度改革。

贯彻了民商合一的原则

我国历来采用民商合一的立法体例，这在合同编中体现得尤为明显。合同编秉持"民商合一"的立法传统，将许多商事法律规范纳入其中，如融资租赁、保理、仓储、建设工程、行纪等合同，都是典型的商事合同，其他一些典型合同既包括民事合同也包括商事合同规则。合同编通则中的规则也同样采取了民商合一的原则。此外，为了改善营商环境，合同编进一步补充完善了所有权保留买卖、融资租赁、保理等具有担保性质的规则，并协调了合同性担保权利与担保物权之间的关系。例如，合同编在买卖合同中明确规定，出卖人对标的物保留的所有权，未经登记，不得对抗善意第三人（《民法典》第641条第2款），这就在一定程度上解决了各类担保的受偿顺位问题。

彰显了绿色原则

21世纪是一个面临严重生态危机的时代，生态环境被严重破坏，人类生存与发展的环境不断受到严峻挑战。良好的生态环境是人民美好幸福生活的重要内容，是最普惠的民生福祉。合同编直面这一问题，充分贯彻了绿色原则。例如，《民法典》第509条第3款规定："当事人在履行合同过程中，应当避免浪费资源、污染环境和破坏生态。"这就明确规定了当事人在合同履行中应当避免浪费资源和破坏生态。再如，《民法典》第558条规定："债权债务终止后，当事人应当遵循诚信等原则，根据交易习惯履行通知、协助、保密、旧物回收等义务。"此外，在买卖合同中，合同编还明确规定，标的物的包装没有通用方式的，应当采取足以保护标的物且有利于节约资源、保护生态环境的包装方式（《民法典》第619条）；标的物在有效使用年限届满后应予回收的，出卖人负有自行或者委托第三人对标的物予以回收的义务（《民法典》第625条）。

增加了电子商务的规则

近些年来，我国电子商务发展迅速，无论是在交易数量还是在总规模上，我国都居于全球首位。为适应电子商务交易发展的需要，合同编中增加了有关电子商务的规则，如针对电子合同本身所具有的无纸化、数据化等特点，《民法典》第469条第3款规定："以电子数据交换、电子邮件等方式能够有形地表现所载内容，并可以随时调取查用的数据电文，视为书面形式。"合同编在合同订立部分还增加了通过互联网方式订约的特别规则，《民法典》第491条第2款规定："当事人一方通过互联网等信息网络发布的商品或者服务信息符合要约条件的，对方选择该商品或者服务并提交订单成功时合同成立，但是当事人另有约定的除外。"这就对合同的成立时间进行了特别的规定。《民法典》第512条还就通过信息网络订立的电子合同标的物的交付时间作出了特别规定。这些规定都回应了互联网时代交易的需求。

民法典合同编的中国特色使得合同编更加符合国情，充分回应我国市场经济发展需求、解决中国的现实问题，也更能把握中国的时代脉搏。因此，合同编将为社会财富的创造和流转提供制度保障，也将为中国的市场经济发展保驾护航。

法治是一种生活方式

第三编
立 法 制 度

以良法促发展保善治

党的十九大报告指出,"推进科学立法、民主立法、依法立法,以良法促进发展、保障善治"。法治的本质是"良法善治",正如亚里士多德所指出的:"法治应当包含两重意义:已成立的法律获得普遍的服从,而大家所服从的法律本身又应该是制定得良好的法律。"良法应当反映最广大人民群众的意志和利益,符合公平正义要求,反映社会的发展规律,维护和保障公民的基本权利。

以良法促发展、保善治,关键是要制定良法。法治包括形式法治和实质法治。形式法治要求在国家和社会治理中做到有法可依、有法必依、执法必严、违法必究。而实质法治不仅要求确保法的贯彻实施和一体遵守,还要求执法、司法、守法所依的"法"必须是良法。关于如何判断良法,从抽象层面讲,法乃公平正义之术,良法以实现社会公平正义为基本目标,良法的制定应当符合正当程序,体现人民的意愿,保障人民的利益;从具体层面讲,良法总结了社会发展的规律,回应了社会发展的需求,符合人民群众的道德观念、文化观念等社会规范,良法和其他社会治理的工具紧密结合、相辅相成,共同促进善治。

良法是善治之前提,要实现善治,就需要坚持立法先行，发挥立法的引领和推动作用。通过立法规定相关的程序、制定行为规则、划定行为自由的界限等方式，达到合理配置社会资源、合理分配权利义务、明确权力与责任等目的。只有制定了良法，治理才有充分的依据。善治本身是规则之治，没有良好的规则，规则缺乏或者规则相互冲突，均不能实现善治，只有良法才能保善治。实现善治，必须要厉行良法，推进依法治理；加强协商共治，扩大人民有序政治参与，保证人民依法进行民主协商和民主决策；坚持依法行政，推进社会共治；强化德法合治，使法治和德治在国家治理中相互补充、相互促进、相得益彰，推进国家治理体系和治理能力现代化。

以良法促发展、保善治的前提是科学立法、民主立法。"立善法于天下，则天下治；立善法于一国，则一国治。"人们在基本的物质生活得到保障之后，对保护人格尊严的需求就更加强烈。人民美好幸福生活的需要日益广泛，我们不仅仅要使人民群众生活得富足，也要使每个人活得有尊严，维护个人的人格尊严本身就是人民幸福生活的重要前提。通过良法充分保障人民群众享有的人身权、财产权、人格权，保障公民参与民主选举、民主协商、民主决策、民主管理、民主监督等基本政治权利，充分地实现好、维护好、发展好最广大人民群众的根本利益，促进我国人权事业的发展，这也是坚持人民主体地位的体现。近年来，立法机关制定了民法典、外商投资法、国家安全法、监察法等法律，修改了立法法、国防法、环境保护法等法律，加强重点领域、新兴领域、涉外领域立法，加快完善了以宪法为核心的中国特色社会主义法律体系。

以良法促发展，表现为以良法促进经济的发展。发展是硬道理，市场经济和法治具有天然不可分割的联系。良法对市场经济发展的促进作用主要体现在：一是良法构建了市场经济的基本制度框架，从而保障了市场经济的正常有序进行；良法既是市场经济的内在要求，也是其良性运行的根本保障。良法也对政府行使经济职能作出了制度性安排，其具有稳定性和可预期性，从而可以为企业投资兴业提供决策依据。良法也有利于优化营商环境，保障各类市场主体平等竞争，这实际上也为我国经济实现高质量发展指明了方向。二是良法明晰产权、保障人们对产权的合理期待。产权的清晰界定是市场交易的基础，没有清晰的产权概念，就没有顺畅的市场交易，无法有效地配置资源。三是良法有效地规范市场交易行为，促进市场主体在法治框架内，按照私人自治的原则对自己的产权作出最有效率的安排，从而促进市场经济的发展。以良法促发展，还表现为良法引领改革的发展。

以良法保善治，保的含义是指保护、保障，以良法保善治主要通过如下方式实现：

一是良法护航老百姓的美满幸福生活；"人民的福祉是最高的法律"。进入新时代后，广大人民群众不仅对物质文化生活提出了更高的要求，而且对精神生活的要求日益增长，尤其是在民主、法治、公平、正义、安全、环境等方面的要求更加强烈。良法保护老百姓的财产权、人身权和人格权，保障公民依法享有各项政治权利，防止老百姓的基本权利遭受公权力的侵犯，使人民群众享有充分的安全感、幸福感。

二是良法起到有效规范公权的作用。公权本身是一把双刃剑，其可以起到造福人民的作用，但一旦被滥用，也可能对人民的人身、财产安全造成威胁。在实践中，确实存在公权力机关滥用职权，或者徇私枉法、欺压百姓，有的政府机构及其工作人员执法不公、暴力执法、野蛮执法的现象，这些行为损害了行政相对人的利益，也使得人们对政府颁布的法律不信任。这就需要通过完善有关行政程序法、行政处罚法等规则,有效起到规范公权的作用。

三是良法保障人民积极参加国家治理,即人民群众根据宪法享有选举权等基本权利,良法确保这些基本权利的实现。我国是人民当家作主的国家,人民享有全过程的民主,人民民主的实现需要良法予以保障落实。

四是良法维护社会生活的和谐和安定有序。按照霍布斯的看法,保护自然人的生命权是建立国家的最重要目标之一。① 孟德斯鸠认为这是个人自由的重要内容。为了获得这种自由,政府有义务确保个人享有此种安宁。② 因此,维护社会安定有序,也是良法的重要目标。无论是人身安全,还是财产安全,都需要靠良法来保障。良法还起到维护私人生活安宁,即维护个人自由和精神生活的自治,为个人个性的充分发展提供空间,使个人能支配私生活领域的各项事务的作用。

五是良法保护良好的生态环境。良好的生态环境是美好幸福生活的重要组成部分,是最普惠的民生福祉。但我们现在面临严重的生态危机,工业发展导致环境被严重破坏,全球变暖、酸雨、水资源危机、海洋污染等已经对人类的生存与发展构成了直接的威胁,引起了全世界的广泛关注。我国是世界上最大的发展中国家,为了发展经济,我们必须利用各种资源,但同时又面临资源严重紧缺、生态严重恶化的危机③,大气污染、黑臭水体、垃圾围城等成为民生之患,这就要求我们必须更重视资源的

---

① 参见〔英〕霍布斯:《利维坦》,黎思复、黎廷弼译,商务印书馆1985年版,序言。
② See James Spigelman, The Forgotten Freedom: Freedom from Fear, International & Comparative Law Quarterly, 2010, 59(4), pp. 543-570; 转引自方乐坤:《安宁利益的类型和权利化》,载《法学评论》2018年第6期。
③ 2006年6月5日,国务院新闻办公室发表了《中国的环境保护(1996—2005)》白皮书。该白皮书指出,由于中国人均资源相对不足,地区差异较大,生态环境脆弱,生态环境恶化的趋势仍未得到有效遏制。

有效利用，并防止生态环境进一步恶化。

六是良法保障社会公平正义的实现。"法乃公平正义之术"，因此，良法，不论是行政执法还是司法活动，都应当通过正当程序的设计、对公权力的规范等，实现执法和司法的公正，保障人民的生命财产安全和人身自由。

中国古代曾有"文景之治""贞观之治""开元盛世"等，但是在历史的长河中是十分短暂的，只有靠法治的保障，善治才能久远。为人民谋幸福，为民族谋复兴，是我们党执政的初心，也是我们进入新时代的奋斗目标。坚持良法善治，才能为人民群众美好幸福生活提供长期的、稳定的、坚实的保障。

再谈法贵简约

"小智治事,中智治人,大智立法。"但立法本身也是一门科学,判断立法是否科学的一个重要标准就是立法能否做到简约。我曾在随感录第二辑中讨论过"法贵简约",但关于这一主题,还需要作进一步讨论。

柏拉图认为:"法律是一切人类智慧聪明的结晶,包括一切社会思想和道德。"但是法律不是说规定得越烦琐、越具体、越复杂越好,相反,它需要以最简洁的语言表现最清晰的规则。汉高祖刘邦进入关中曾"约法三章",即"杀人者死,伤人及盗抵罪"。三章内容简洁,但迅速安定人心,稳定了关中的秩序。三章约法后,"秦人大喜,争持牛羊酒食献飨军士"。我国古代曾有不少优秀的法律对东亚乃至其他地区产生了重大影响。《唐律》和《大明律》都是我国历史上著名的法典,对亚洲一些国家产生重要影响,其中许多条文至今仍有重要的借鉴意义,这两部法律制定过程中很重要的指导思想就是做到立法的简约。李世民强调,"国家法令,惟须简约,不可一罪作数种条,格式既多,官人不能尽记,更生奸诈"(《贞观政要·卷八》)。朱元璋对法律制定提出了要求,即"法贵简当,使人易晓。若条绪繁多,或一事两端,可轻可重,吏得因缘为奸,非法意也"①。正是在这样的精神指导下,这两部法律才保持了较高的质量。

法为什么要简洁?一方面,法律规则要调整社会生活,前提是法律要清晰无误地表现立法者的意思,而法律规则越复杂,则越容易产生歧义,让人们无所适从。越清晰、越简单的规定,越能够为人们所理解和把握。正如美国著名法官卡多佐所指出的,"尽管格言的普遍性和重要性已然衰落,法律真理如今已经变得过于繁复,无法用一句话来表达,但是对简洁精炼、言简意赅的措辞的需求并未减少,它们能够让人们充分理解并牢记心中"。另一方面,社会生活纷繁复杂,立法者的理性是有限的,立法者应当保持谦抑性,不可能对社会生活作出事无巨细的安排,法律规定越细致、越琐碎,则越容易出现滞后性,社会生活一旦发生变化,就越容易与过于具体的规则不符合。相反,如果保持立法适当的抽象性,法律就能够保持对社会生活调整的开放性,从而也能顺应社会变化的需求。历史证明,凡是法典规定得过于琐碎、具体,如《普鲁士民法典》等,都会迅速落后于社会生活。相反,保持了适度抽象性的民法典能够顺应社会生活,克服其滞后性。立法简约的杰出代表是《法国民法典》,其历经两百多年而经久不衰。有学者认为,没有比《法国民法典》的文笔更加简洁、优美的法典,该法典的编纂艺术以及文字表述的清晰堪称典范。司汤达曾经给巴尔扎克写信,说他在写《帕尔马修道院》,每天早上都要读几页民法典,以便"把准音调"。

我国民法典编纂的成功经验也表明立法简洁的重要性。我国民法典虽然只有1260条,与大陆法系国家比较有代表性的民法典,如《法国

---

① 〔清〕张廷玉主持编修:《明史·卷九十三·刑法一》。

民法典》《德国民法典》相比较，条文数目并不多，但我国民法典具有强大的规范储备功能，始终保持了简约的风格。一方面，民法典合同编发挥了债法总则的功能，条文中并没有大量规范债法的规则，但通过相关的表述使法官通过解释，将合同编的规则适用于其他债的关系之中。例如，凡是条文中明确表述为合同权利、义务的，则表明其仅适用于合同关系，如果条文中使用了债权、债务表述的，则表明该条文不仅适用于合同关系，而且可以适用于其他债的关系，这就极大地扩张了合同编规则的适用范围。虽然只是表述的变化，但可以使合同法发挥强大的规范储备功能。另一方面，民法典大量采用参照适用、引致条款，扩张了许多条文的适用范围。例如，《民法典》第 1001 条规定，对自然人因婚姻家庭关系等产生的身份权利的保护，民法典第一编、第五编和其他法律没有相关规定的，可以根据其性质，参照适用人格权编关于人格权保护的有关规定。因而，在婚姻家庭编中，虽然没有对相关身份权保护的规则作出详细规定，但也可以依据该参照适用条款，从人格权编中找到规定。再如，民法典合同编仅规定了 19 种典型合同，但社会生活中还有大量的合同关系，民法典并未规定，而《民法典》第 467 条第 1 款规定，对非典型合同，适用合同编通则的规定，并可以参照适用合同编关于典型合同的相关规定。通过这种简洁的表述，可以使合同编的相关规定大量适用于无名合同。因此，不少学者将民法典视为科学立法的典范，其中简洁性可以说是它的一个重要特点。

法贵简约也是立法者保持谦抑的要求。19 世纪德国学者基希尔曼曾言：法律一字之改，整座图书馆变为废纸。这句话虽然说得过于夸张，但其也包含了一定的道理，即立法者应当意识到立法对社会生活所产生的巨大作用，确实应当保持一定的谦抑性。立法者的理性在很大程度上表现为立法节制和谦卑精神,因为立法本身有其内在规律,立法者必然受到这些规律的制约;立法者不可能脱离这些规律而行事。《法国民法典》之父波塔利斯指出,法律的使命是"高瞻远瞩地确定法律的一般公理,确定由此导出的、具有丰富内涵的原则,而不能降格为去规定每一事项所可能产生的问题的细节"。他还指出,"不可制定无用的法律,它们会损害那些必要的法律";"管得太多就会管得太糟"。立法不能脱离具体的社会经济条件;立法滞后或者过分超前,都会付出成本,减损法律规范在社会中的实施效果。

问题在于,立法如何保持谦抑?如何体现简约?

一是适度抽象。刘勰在《文心雕龙·熔裁》中曾提出了要善于"熔裁"的观点,他说:"规范本体谓之熔,剪截浮词谓之裁。裁则芜秽不生,熔则纲领昭畅,譬绳墨之审分,斧斤之斫削矣。"其实他所说的"熔裁"就是要注重提炼、适度抽象。法律本身具有一般性和普遍适用性,只有将社会生活抽象出一般规则,才能有效应对千变万化的社会现象。如果法律表述过于具体,其法律射程必然受到限制,适用范围也会非常有限。例如,前文提到的民法典用债权、债务的表述将合同编的相关规则扩张适用于非合同之债,即合同之债与其他债的关系都是债权人与债务人之间的关系,因此,用债权、债务的表述能够更为简洁地将相关规则适用于非合同之债。事实上,因为合同之债与非合同之债的规则具有相似性,如果在非合同之债中将相关的规则重复规定,不仅非常烦琐,而且也可能会发生歧义,反而不如用更简洁的表达将相关规则适用于非合同之债。所以,法贵简约首先需要做好提炼。去粗取精,熔裁得当,避免意杂辞芜之弊。

二是表达准确。马克思说,法律是"肯定的、明确的、普遍的规范"①,其中明确性应是立法追求的首要目标。美国著名学者富勒曾言,"含糊和语无伦次的法律会使合法成为任何人都无法企及的目标"②。如果法律概念、术语、规范表述含混不清,模棱两可,那么,将使得社会一般人无所适从,甚至有可能被执法者、司法者钻法律空子,"操两可之说,设无穷之词",以非为是,以是为非,翻云覆雨,曲解法律,法律的科学性和适用效果也无从谈起。所以,简洁应当以表达明确为前提,不能为了追求简洁而忽略法律规范的明确性和准确性。

三是语言精练。法律规则要以最精确的表述方式表述,把最核心的内容用最精练的语言表达出来,避免冗长、啰唆、行文烦琐。边沁曾经指出,立法者要惜字如金;法国学者高尔努(G. Cornu)教授指出,"构想的艺术、摄取本质的能力、涵盖其他的冲动,恰如立法的天赋会产生法律的特殊语体,法律的高度使其能以很少的语词表达许多的内容。由此,立法如同格言,简约原则既是智慧的产物,也是书写规则"。一部法律最忌讳条文的重复规定,因为这不仅导致法律条文繁冗,而且可能带来法律适用的困难。立法语言在表述上应当遵守必要的语言规范,既需要遵守逻辑规则,又要做到平实易懂。精炼并不是说文字越少越好,关键是将意思完整表达出来,以最精练的语言精准地概括丰富的内容。

四是善用立法技术。这就是说,要通过参照适用、引致、直接适用条款,发挥法律的规范储存功能,从而实现立法的简约。法律应当注重

---

① 《马克思恩格斯全集》(第一卷),人民出版社1956年版,第71页。
② 〔美〕富勒:《法律的道德性》,郑戈译,商务印书馆2009年版,第76页。

体系性，充分发挥规范的体系效应。即使从表面上看，可能欠缺某些规则，但可以通过直接适用和参照适用等规则发现规则，或通过体系解释，从相关规则的解释中发现规则。例如，参照适用条款虽然不是将条文直接罗列出来，但为法官找法提供了明确的依据。这意味着，凡是参照适用的情形，就不存在法律漏洞，并非无法可依。同时，参照适用条款也给了法官一定的自由裁量权，即如何寻找恰当的参照适用条款，将其适用于被参照的情形，这涉及相似性的判断，留给法官裁量。这也使法律调整的一般性可与案情特殊性有机结合。

我们要制定的法律应当是一部部良法，所谓依法治国应当是依良法治国，因而法律不在于数量多少，并非越多越好，关键在于立法的质量以及实施的效果。要保证立法的质量，就必须做到法贵简约，实现立法的简洁。

加快公共卫生重点领域立法*

自新冠肺炎疫情暴发以来,在党中央的坚强领导下,全国各族人民万众一心、众志成城,团结奋战、共克时艰,以最快的速度有效遏制了疫情的蔓延,谱写了一曲维护人民群众生命安全、与病毒作斗争的壮歌,充分彰显了中华民族不屈不挠、英勇团结的优良品质。

在疫情防控中,数字技术等发挥了重要作用,通过行程码、健康码等数字技术,准确掌握了疫情的发展动向,这为精准、有效控制疫情提供了充分的保障。当然,依法依规进行防控,也是我们取得抗疫、防疫成功的重要原因。从长远来看,在公共卫生领域,依法治理的重要性将更为凸显。依法治理是实现我国公共卫生治理现代化战略意图的重大考虑,也是补齐从这次防疫工作中暴露出来的制度短板的紧迫工作。我们只有统筹法治与改革,加快公共卫生治理工作中的重点领域立法,通过推进立法切实增强治理效果,才能确保国家公共卫生领域的长治久安。

---

* 本文与王旭合作,原载《中国社会科学报》2020 年 4 月 8 日。

尽快制定管长远、定框架、指方向的国家制度基本法律。

从这次防疫工作中我们发现,不谋长远者,不足以谋一时,我们需要对法律体系中一些重大国家制度进行战略性完善,否则必然在具体工作中出现短板和问题。基于战略意图,有必要抓紧制定"生物安全法"和"紧急状态法",前者防止技术性源头污染,后者避免制度失灵引发社会次生伤害。统筹技术和制度,是实现我国公共卫生治理现代化的长远战略设计。

全球化流动、工业文明的复杂技术及人类对生态环境的不当利用,都日益加剧生物界向人类社会侵入病毒的风险,利用生物进行化学试剂实验开发等活动也引起生物材料不当接触、保管、泄露、利用等危害。因此,必须从技术源头通过制定"生物安全法",限制我们与生物有关的市场交易行为、生活消费行为和科研产业转化行为。"生物安全法"应该建立起全环节、多领域、多层次的法律框架,对生物与社会相互影响的各个风险点进行分析并设定权利、义务和责任进行风险控制。法律可以考虑从一般人群和特殊人群两个方面设定确保生物安全接触、利用、交流、处置的基本原则、基本制度、基本程序和基本责任,实现对生物安全维护的全覆盖,防止源头污染。

制定"紧急状态法"是实施我国宪法上规定的紧急状态国家制度的基本要求。从新冠肺炎疫情防控工作来看,有必要将处于紧急状况的突发公共事件进一步通过立法规范化、制度化与程序化,有条不紊开展危机管理工作,避免引发社会次生伤害。现有的突发事件应对法并不能代替"紧急状态法"。这是因为:

一是法律地位不同。"紧急状态法"调整紧急状态下各个国家机关与公民以及这些机关之间的关系，属于宪法性法律或国家法范畴；突发事件应对法仅仅调整行政主体与公民的关系及行政主体的相互关系，属于行政法律部门。二是立法目的不同。"紧急状态法"的立法目的侧重实现国家紧急状态下公共利益与公民权利的平衡，既有管制的一面，更有权利保障和充分救济的一面。突发事件应对法的立法目的更多是建立预防与应急的基本框架，确保应急处置的有效有序。三是规范对象不同。紧急状态不同于突发事件。《突发事件应对法》第69条仅仅从事件的危害程度和应对能力两个要件来区分二者是不全面的。紧急状态是一种国家或局部整体秩序与多种价值受到冲击的状态，它不仅仅涉及应对能力，从法治思维来说，根本上涉及应对权限和应对程序，涉及通过法律来统筹兼顾社会秩序各个方面的合理安排和资源配置。在这个状态下不是只有严格管制，还有公共服务、国家责任等大量内容。

当然，二者的规范内容也不同。突发事件应对法从条文来看主要是实体规则，侧重规范体制机制与具体管制措施，"紧急状态法"还必须作出大量正当程序规定。"紧急状态法"的调整范围是自宪法规定的国家机关宣布全国或局部进入紧急状态到有权机关宣布状态解除的全过程，立法应该重点解决宣布进入和解除紧急状态的条件，紧急状态的分级（全国与局部）分类标准，宣布进入或解除紧急状态及动态调整相应级别的程序，紧急状态下开展相应公权力活动的主体、权限、内容、形式、程序，紧急状态下悬置公民有关权利或暂停适用某些法律条款的条件，紧急状态下公共管制与公共服务的基本内容以及对承受特别牺牲相关主体的国家责任（包括赔偿、补偿、救助、社会保障等）问题。

尽快修改传染病防治和突发公共事件应对的框架性和专门性法律，提升法律的体系性、一致性、操作性和科学性。

从新冠肺炎疫情防控工作来看，有一些重点工作需要推进：一是进一步优化体制机制。统一领导、分类管理、分级负责、属地管理为主的应急体制还需要进一步完善和明确，中央政府与地方政府、地方政府内部各个层级、政府与社会力量等关系还需要进一步理顺。尤其是在2018年党和国家机构改革后，我国建立了相对统一集中高效的应急管理体制，设立了中央和地方的应急管理部门，但目前突发公共卫生事件和社会公共安全事件根据突发事件应对法的规定，分别由特定部门负责，如何协调应急管理部门与这些部门的关系，如何确保全国统一的应急管理标准在不同领域都有效统合，还需要通过法律修改来进一步明确。同时，还需要进一步明确不同危机管理部门的权责和具体工作范围。例如，从中央到县级以上地方设立的应急指挥部，其在法律上的地位、权力，以及其与同级政府的关系。二是进一步实现法律的一致性。对于相关法律之间规定有冲突、存在隐性法律漏洞的要有效填补，梳理传染病防治法和突发事件应对法与"紧急状态法"的逻辑关系，防止在各自规范领域出现重叠、交叉的时候发生冲突。三是在总结新冠肺炎疫情防控工作经验教训的基础上，进一步完善相关制度。例如，完善信息管理制度，明确不同信息获取主体之间的权限和责任，细化信息搜集分析、报送、通报、发布的程序性规定，明确区分"预警发布权"和"疫情发布权"，前者应该建立分散响应机制，后者可以适当高位集中与协调。法律修改还应该规范中间行政组织（如社区、物业管理部门、保安公司、企事业单位）在突发事件应对中的权限、责任与工作程序，避免突发公共事件应对中的标准不一、地方恶性竞争与公权力无序社会化。四是完善公民权利保障和公权力行使程序，有必要明确建立公权力行使指南、手册、裁量基准等制度，统一规范各地各级的行为，有必要建立突发公共事件应对下的公民权利临时性紧急救济与保障制度，发挥司法机关定分止争、保障人权的积极作用。

尽快通过法律修改增强传染病防治和突发公共卫生事件相关法律的支撑、配合作用。

重点可以考虑以下工作：一是抓紧修改野生动物保护法。尽管 2020 年 2 月 24 日全国人大常委会发布了具有法律效力的《关于全面禁止非法野生动物交易、革除滥食野生动物陋习、切实保障人民群众生命健康安全的决定》，但其目的主要是有效应对新冠肺炎疫情的突发情况，其在性质上属于全国人大常委会的立法性文件，在该决定出台后，仍然应当全面修订野生动物保护法，以立法的形式对决定的内容加以确定，统筹法治与改革。二是在相关法律领域进行制度创新，正在编纂的民法典应当在总结防疫经验的基础上，进一步修改相关规则。例如，合同编有关情事变更、不可抗力等规则的适用情形、适用关系以及法律效果等，需要进一步明确。再如，民法典应当进一步强化对个人隐私与个人信息的保护，以及应进一步完善征收、征用的规则。在紧急状态或突发情况下如何有效保障物权编创设的居住权等他物权也值得考虑。正在修改的行政处罚法也可以考虑状态责任的设定问题，非违法行为人是否需要在特定状态下承担以及承担何种程度的行政法责任等问题值得进一步思考。此外，还可以在将来新制定的其他法律中注意突发公共事件状态下的法律关系调整，例如对于疫情期间故意隐瞒接触史、故意隐瞒行踪等不诚信的行为，是否可以在社会诚信立法中加以制裁，这些都可以统筹考虑。

构建地方法治竞争的格局

随着我国法治建设的发展，地方法治建设也取得了长足的进步，尤其是近年来，许多地方都致力于法治建设，不少地方提出了建设"法治某省""法治某市"等口号，并制定了适合本地法治建设发展需要的规划。从近些年的法治建设情况来看，一些地方的法治发展也确实为国家法治建设提供了不少有益的经验。例如，湖南省等地制定了有关行政程序等法规，就为全国性法律的制定提供了有益的参考。

与我国各个地方经济发展不平衡一样，地方法治的发展也呈现出发展程度不一的现象。近几年，中国政法大学等学校和机构对全国各地法治政府建设进行评估，并发布法治政府发展报告。虽然评估的指标体系还有待于进一步优化，但毫无疑问，这也反映出我国各地法治政府建设水平存在差异的现状。法治政府建设其实也与当地的营商环境有密切联系，一般而言，当地的执法环境越好，则其营商环境就相对更好，由此也可以看出，法治建设对地方经济、社会发展所产生的影响是全方位的。

应当承认，地方法治建设水平存在差异是很正常的现象。一方面，各个地方经济发展水平不同，这也在一定程度上影响了其法治建设进程。按照马克思主义经济基础决定上层建筑理论,法治建设属于上层建筑的范畴,其受制于经济发展水平这一经济基础。据有关调查显示,地区发展不平衡在某种程度上造成了各省(直辖市、自治区)法治发展的不平衡。经济发达的东部城市的法治化程度高,中部城市次之,西部城市最低。另一方面,法治人才的整体数量和素质也会影响地方法治建设水平。有的地方法学教育相对比较发达,且经济保障程度较好,法治人才相对充足,法治建设水平就高。而有的地方法治人才相对稀少,法治建设水平就低。还应当看到,地方领导干部对法治建设的重视程度也会直接影响地方法治建设水平。

毫无疑问,我国作为统一的单一制国家,法制应当统一,但受制于各地发展水平的差异,又不可能要求各地法治建设完全采取齐步走的方式,其实,允许各地开展地方法治竞争,未必是坏事。在我国,法治建设确实有其自身的规律,通过自上而下的规划进行顶层设计是必要的,但也应当允许各地进行自下而上的建设,法治自身内生的发展不仅需要消除法治发展的阻力,而且需要为法治发展提供动力,推动地方法治发展的动力之一就是各个地方之间出现的法治竞争。

构建地方法治竞争的格局,就是要鼓励一些地方在法治建设方面积极作为,树立地方法治建设的标杆,如此,可以使其他地方比学赶超,从而带动其他地方的法治建设。鼓励一些地方法治建设先行,就是要在维护国家法制统一的基础上,率先推动区域法治化。正如习近平总书记所强调的:"要在完善社会主义市场经济体制上走在前列,首先就要在法治建设上走在前列。"[①] 构建地方法治竞争的格局也必然要求部分地方法治先行发展,这也可以鼓励相对发达的地区充分发挥其法治建设积极性。

---

① 《让法治成为福建发展核心竞争力的重要标志》,载《福建日报》2022年1月26日。

构建地方法治竞争的格局，可以鼓励一些地方在法治建设方面先行先试，在国家法律授权的范围内进行一些必要的创新。从实践来看，一些地方在推动本地区法治建设方面进行了大胆创新，积极探索法治发展的路径，从而将政策洼地变成制度高地。例如，湖南省率先推出了行政执法方面的相关规定，深圳市颁行了《深圳经济特区前海蛇口自由贸易试验片区条例》。当然，需要指出的是，鼓励地方法治竞争并不是要鼓励地方在法治建设方面盲目创新。例如，就立法而言，鼓励地方先行先试并不是说地方想怎么立法就怎么立法，地方立法活动都应当在立法法的框架内进行。比如，地方要制定独立的破产法规，就应当在立法法的框架内进行，其相关规定也不能与企业破产法相冲突。

构建地方法治竞争的格局，就是要鼓励各地营造最佳的法治环境，也就是营造最好的营商环境。投资者对于营商环境的好坏是最敏感的，凡是营商环境好的地方，投资者都会获得稳定的制度预期。因此，构建地方法治竞争的格局也有利于改善当地的营商环境。我认为，地方法治竞争并不是要比各地立了多少地方性的法规，也不在于建设显示度较高的形象工程，关键在于扎扎实实地改善营商环境。概括地说，谁的营商环境好，谁就对资本和人才更具吸引力；谁的产权保护周全、严格执法、公正司法、政府诚实守信、公共服务设施好、生活居住条件好，谁就能够获得更多的投资和人力资源。而这些条件的实现，都需要有力的法治保障。在营造法治环境方面，尤其需要加强对企业财产的保护，加强对企业家财产权、人身权、人格权的保护。党的十九大报告明确提出要保护三项权利，这也是营商环境改善的重要内容。古人说，有恒产者有恒心。对民营企业来说，关键不在于出台多少政策，给予多大的倾斜支持，关键在于持之以恒地贯彻落实财产权的平等保护原则。要营造法治化的营商环境，真正形成尊商、重商、安商、扶商的法治环境，就必须要保护企业家的上述三项权利，不能切实保护这三项权利，构建良好的营商环境也无从谈起。需要特别强调，保护产权就是保护社会主义市场经济的基石，就是保护生产力，要强化对民营企业财产权的保护，树立产权平等保护的意识。保护产权的关键在于规范公权，必须要全面落实民法典等法律对私人财产权的保护规则，强化对公权力的制约，要坚决防止利用刑事手段插手民事案件，防止将经济纠纷当作犯罪处理，防止将民事责任不当变为刑事责任。

构建地方法治竞争的格局，需要鼓励各地通过制度完善和严格执法以规范公权力，建立法治政府、诚信政府。现在一些地方政府，既当运动员，又当裁判员，非法干预企业的经营，这必然会损害当地的营商环境，政府也必须信守契约，秉持承诺，维护合同的效力。现在有些地方政府"新官不理旧账"，一些新上任的领导往往以"谁的承诺谁去管""谁的事情谁去办""以前的领导是谁就去找谁处理"等为借口，拒不履行前任订立的合同，这显然侵害了企业尤其是民营企业的财产权利。在实践中，政府无论怎么讲法治的重要性，无论怎么宣传法治政府的意义，只要有这种"新官不理旧账"的事件频繁发生，就很难让人相信该政府是法治政府，也很难真正在全社会范围内形成诚实守信的营商环境。此外，构建良好的营商环境必须要打破垄断、消除不正当竞争和政府摊派等问题。如果对政府权力不加以规范，经营者会"用脚投票"，寻求具有更稳定制度预期的地方进行投资，最终形成"劣币驱逐良币"的局面，扼杀经济的发展。

构建地方法治竞争的格局，对中国法治建设的发展是有益的。有竞争才有压力，才有动力，形成一种先进带后进、后进赶先进的态势，通过一种无形的激励机制，促进地方法治建设的发展。

需要指出的是，我们所说的地方法治竞争，应当是鼓励地方法治的良性竞争，即促进法治水平提升的竞争，而且应当避免地方法治的恶性竞争，即扼杀法治进步的竞争。在提升地方法治水平的建设过程中，必须以立法法等法律规定为红线，任何触及红线的行为都应予制止。地方法治竞争是科学的制度建设的竞争，而不是简单的谁能给予投资者更多优惠的竞争。因此，要构建地方法治竞争的格局，必须要在法律规定的范围内进行。

加强政务诚信亟须立法

多年前,我在春节前到某地讲课时,遇见一位地方官员,他说其前任为了修建豪华的办公大楼,在建设工程预算方面一再超标,原计划的财政拨款远远不够用,于是就长期拖欠建筑公司和装修公司的工程款与装修款。年关已到,这些公司的负责人都来找他催款,他也毫无办法,只能四处躲债。好在其想了各种办法,把农民工的工资先付了,让农民工能够安心地回家过年。但其他的债务确实无力偿还。

从实践来看,与此类似的政府失信的事,其实屡见不鲜。有的地方政府机构和工作人员缺乏契约精神和诚信意识,在招商引资中大包大揽,作出各种优惠的承诺甚至签订各种合作协议与意向书等,事后或者因为政府换届,或者因为财政超支,基于各种原因概不认账。有的地方政府在征收土地和房屋的过程中,与被征收人达成了安置补偿协议,事后又以种种借口拒不执行。有的领导一上任就推翻前任代表政府所签订的合同,并美其名曰"新官不理旧账"。有的不考虑地方的财政收入和偿债能力,盲目举债,形成了极大的地方政府债务风险。还有的在建造的大楼、道路等工程竣工后,长期拖欠工程款,有的甚至被列入了"老赖名单"。

人无信不立，国无信不兴。《论语·为政》有云："人而无信，不知其可也。"孔子认为，一个人如果不讲信义，不知他该如何立足处世。诚于中，信于外，内诚于心，方能外信于人。最早将诚与信二者连起来使用的，是春秋时期法家的管仲，《管子·枢言》中说："先王贵诚信。诚信者，天下之结也。"管仲突出了诚信的重要性，明确将其看作天下伦理秩序的基础。中国传统文化不仅将诚信当作为人处世的基本准则，而且也把国家治理中的诚信放在十分重要的位置，商鞅徙木立信就是一个典型的例子。荀子认为，"夫诚者，君子之所守也，而政事之本也"（《荀子·不苟》）。自李斯提出"以吏为师"以来，官员的言行就成为影响社会风气的重要因素。官员讲诚信，对于社会的诚信具有重要的引领作用。北宋司马光在《资治通鉴》中，更明确地阐述了政务诚信的重要性，他说"夫信者，人君之大宝也。国保于民，民保于信，非信无以使民，非民无以保国"。

应当看到，党和政府历来特别强调政务诚信。党的十八大报告中就明确对诚信建设提出了具体要求，指出要加强政务诚信、商务诚信、社会诚信和司法公信建设。国务院于2016年颁布的《关于加强政务诚信建设的指导意见》（国发〔2016〕76号）要求坚持守信践诺，坚持失信惩戒。2014年修正后的《行政诉讼法》在受案范围部分明确将"行政协议"列为可以被提起行政诉讼的行政行为，2019年最高人民法院专门出台有关司法解释予以具体化。2021年出台的《法治政府建设实施纲要（2021—2025年）》也明确将"廉洁诚信"列为法治政府建设的重要目标。许多地方根据国务院的指导意见制定了有关加强政务诚信的具体规定。这些举措对于加强政务诚信与建设社会诚信体系都发挥了重要的作用。但是，我认为，为了有效落实党的十八大报告中提出的加强

政务诚信的要求,必须经由立法的方式。也就是说,加强政务诚信亟须立法,主要理由在于:

第一,国务院规定的位阶相对较低,与法律相比较,其权威性和有效性仍受到限制。建设法治政府就是要努力建立有限政府、服务政府、阳光政府、效能政府、诚信政府,规范公权必须要落实政务诚信。政务诚信与依法行政两者是密不可分的,因为诚实信用本身就是法律的一项重要原则,政府只有遵守诚信原则,其所作出的行为才具有合法性和确定性,凡是不符合诚信原则的政府行为都是不合法的。因此,首先要把诚信原则作为政府依法行政的重要依据。现在很多人认为,诚信原则只适用于民事关系,不适用于政府的行政行为,此种观点显然不妥,鉴于加强政务诚信对于法治政府建设及社会诚信体系建设至关重要,且大量涉及政府与市场主体之间的关系,这就需要通过立法来正式确认诚信原则对政府行为的拘束力。通过立法,来明确诚信原则在行政法上的确定内涵,明确信赖利益保护、禁止反言等原则,从而构建一个完整的诚信政府规范体系。

第二,关于诚信的基本制度与规则有待立法来明确规定,因为政务诚信不仅涉及责任法,还涉及行为法。落实政务诚信需要通过构建政务诚信的专项督导、横向监督和社会监督的监督网络,健全守信激励、失信惩罚机制,逐步完善信用监测、信用公开、信用修复的全过程治理流程,这都需要通过立法来予以落实。例如,要完善招商引资地方性法规与规章对于相关政府承诺的规定,严格依法依规出台优惠政策,避免恶性竞争。要规范地方政府招商引资行为,明确政府在招商引资过程中的权力限制及职责,这些内容都涉及对相关行政机关职权、职责的要求,必须通过法律来作出明确规定,行政法规很难起到应有的效果。例如，我国现在涉及政务诚信的法律法规包括政府信息公开条例、公职人员政务处分法等，但这些规定比较散乱，且缺乏关于政务诚信行为要求的原则性、概括性和一般性的规则，所以需要通过立法来使其系统化、完整化、体系化。尤其是一些规定本身就是在法律之中规定的，必须通过同位阶的法律才能对其进行合法的有效整合。

第三，有关法律责任很难通过行政法规来加以规定。落实政务诚信需要规定违反相关义务时的法律责任，因为公职人员政务处分法主要基于责任法的逻辑而设定，但政务诚信立法不仅仅是责任法，还包括组织法，例如在行政授权、行政委托、行政协助等不同组织关系中产生的政务诚信问题，政务诚信的监督、制约、问责的相关组织建构问题；也包括行为法的部分，例如对政务诚信行为实体标准的法律建构，政务诚信行为程序的法律建构等。这些内容不是公职人员政务处分法能够解决的。

第四，落实政务诚信大量涉及和司法机关的关系。近几年来，由于政府失信引发了不少行政诉讼，我国民事诉讼法也规定了拒不执行法院生效裁判应承担法律责任，行政诉讼法在修改后也明确可以通过适用司法拘留、对行政机关负责人司法罚款等手段来承担拒不执行法院生效裁判的责任。这些涉及行政机关和司法机关的关系，很难在行政法规中作出规定。另外，要建立健全各级人民政府和公务员政务失信记录机制和工作负面清单，要加强社会各方对政务诚信的评价监督，形成多方监督的信用约束体系，这些需要通过立法来进行有效衔接和体系化规定。

政府诚信是法治政府建设的重要内容，政务诚信才能产生社会诚信，只有政府真正讲诚信，全社会的诚信体系才能建立起来。建设社会诚信体系的意义重大,所以应将其纳入立法的整体任务之中。关于政务诚信的规定比较零散,通过立法来落实政务诚信才能真正发挥规范公权、保障私权的作用。

个人信息与隐私为何需要区别保护？*

在互联网、大数据、高科技时代，法律所遇到的最严峻的挑战，是如何强化对个人信息和隐私的保护，各国立法对于个人信息的保护主要采取两种模式：一是制定单独的个人信息保护法，并区分隐私权和个人信息的保护；二是通过保护隐私来保护个人信息。无论采取何种立法模式，都涉及个人信息与隐私的关系。但从比较法上来看，迄今为止尚未彻底厘清这二者之间的关系。因为个人信息和隐私权存在诸多联系，例如二者的权益主体都仅限于自然人，而不包括法人；二者都体现了个人对其私人生活的自主决定，彰显了个人的人格尊严；许多未公开的个人信息（如个人病例资料、银行账户信息、基因信息等）本身就属于隐私的范畴。正是因为这种关联性，导致对二者严格界分的困难。

我国民法典和个人信息保护法区分了个人信息和隐私权的保护。采取此种立法模式，无论是对人格权制度的完备，还是对个人信息的保护，均有相当重要的意义。

个人信息具有集合性。隐私通常很难具有集合性，其本

---

* 原载《北京日报》2021 年 9 月 8 日。

身是单个主体享有的权益。基于人权保护的原因,许多国家将隐私作为基本人权对待,故一般不允许将隐私作集合化处理。而个人信息通常可以集合在一起形成数据,无论是匿名化还是非匿名化处理,个人信息都可成为数据。这就决定了个人信息与大数据的关联非常密切。从全球范围来看,许多法律文件采用的均是个人数据权的表述,且这一术语的使用已基本在欧盟层面的立法中达成了一致。故对于个人信息也要强调数据的流通与共享,因此,也会出现对个人信息的匿名化处理,此时会形成纯粹的数据。

个人信息具有可利用性。隐私权是一种消极的、防御性的权利,个人通常难以积极主动地行使此种权利,而只能在遭受侵害的情况下请求侵害人排除妨害、赔偿损失等。与数据具有流通价值不同,隐私原则上不能利用,即使实践中已经产生了利用隐私的情况,但利用范围极其狭窄,并且一般也不得违背公序良俗。隐私权更强调私密性,故隐私权规则对隐私的保护程度要更强。而对于个人信息而言,法律对于其保护与应用是并重的,既强调保护,也注重利用和流通,故在个人信息保护的场合,利益权衡的空间要大得多。所以,对个人信息的规范,法律要注重规范收集、利用、储存等处理行为。在《民法典》第993条的规定中,有关人格权的商业化利用刻意未将隐私权纳入,因此,原则上隐私权不得进行商业化利用。

个人信息具有自动处理性。隐私通常不涉及大规模处理的问题,侵犯隐私通常具有个别性。现代社会中,为了社会组织、运行与管理现代化,个人信息的大规模收集和自动处理是必需的,而社会的良序运行不以隐私的收集与自动化处理为必要。这种个人信息的自动化处理也可能会出现算法歧视、算法黑箱、网络画像的滥用等问题。

有的企业采集、获取消费者的浏览偏好、消费习惯等信息，利用大数据分析、用户画像等方式，向消费者推送相关信息，支配甚至误导消费者。此类行为违反了诚实信用原则，损害了公平交易，因此，《个人信息保护法》第24条规定，利用个人信息进行自动化决策，不得对个人在交易价格等交易条件上实行不合理的差别待遇。通过自动化决策方式向个人进行信息推送、商业营销，应当同时提供不针对其个人特征的选项，或者向个人提供便捷的拒绝方式。这就明确规定了禁止"大数据杀熟"。但隐私在一般情形下不具有上述特点，对其处理一般具有个别性和非自动处理性。故对隐私的保护需要行政介入的程度相较个人信息更低。

个人信息泄露的程序法应对具有特殊性。由于个人信息往往以集合的方式出现，一旦其泄露可能会涉及大规模侵权问题，因而需要由特殊的诉讼制度与行政介入来处理。正是由于个人信息具有规模性，所以关于个人信息的诉讼可能会采取集体诉讼方式，也可以通过公益诉讼方式解决个人诉讼动因不足的问题，我国《个人信息保护法》第70条专门规定了公益诉讼。但隐私不具有集合性特点，侵害隐私权都是直接侵犯特定受害人的权益，不必采取公益诉讼等方式。

总之，由于个人信息具有上述特殊性，难以在单一部门法中完全实现，故需要民法与行政法相结合来进行保护，这就产生了个人信息保护法，它在本质上属于领域立法，也就是说，既包括公法的内容，也包括私法的内容。该法只是针对个人信息的保护进行了专门性的立法，但是就该法中涉及的确认和保护个人信息的私法规则而言，仍然属于民法的组成部分，与民法典保护个人信息的相关规范，形成了完整的规则。从法律适用层面来说，首先适用个人信息保护法，个人信息保护法没有规定的时候,要适用民法典对个人信息保护的相关规范。虽然隐私与个人信息天然具有重合性,但是,这二者具有明显的区别,民法典和个人信息保护法对它们进行了明确的规则界分,设置了不同的保护规则,在适用中也将产生不同的法律效果。

交警可否因交通剐蹭事故查阅个人通话记录？*

常在路上跑，难免不出点事故；车辆剐蹭，更是在所难免。无论是在马路行驶中，还是在停车移库时，人总有走神的那一刻。这也是为什么道路交通事故保险是现代驾驶活动的标配。

一些交通事故发生后，特别是那些不严重的剐蹭事故，当事人能够通过友好协商快速了结。但也有不少事故，当事人之间对剐蹭原因有争议，于是就求助交警到现场处理。但问题在于，交警应当如何处理这样的事故？通常情况下，交警能够根据现场情况快速评定事故原因并分配责任，快速解决争议、恢复交通秩序。但大众传媒上也曾报道交警在处理剐蹭事故时要求查阅当事人通话记录的新闻，主要理由是希望确定驾驶人在事故当时是否有打电话的行为。如果确定一方当事人在事故时有通话行为，不仅就推定这一方有过错，需要承担全责，而且还很可能因为驾驶途中打电话的行为而给予行政处罚。在有的地方，通过查阅当事人通话记录来断案的做法甚至成为习惯性执法手段；一旦发生剐蹭事故，警察到达现场后不仅要求当事人出示驾驶证和行

---

* 本文完稿于 2019 年年底。

交警可否因交通剐蹭事故查阅个人通话记录？

驶证，而且习惯性地提出通话记录查阅要求。

但交警可否因交通剐蹭事故查阅个人通话记录呢？这的确是一个严肃的法律问题，值得细究。据报道，曾经有地方性法规为了禁止驾驶人员在驾驶途中打电话，特别赋予交警在各类交通执法活动中享有查询个人通话记录的权限。例如，甘肃省有关道路交通事故的地方立法在归纳和总结本地交通安全管理经验和教训的基础上，规定要赋予交警在处理交通事故等执法活动中查询个人通话记录的权力。该地方性法规还就开车打手机行为作出针对性规定，明确规定驾驶员驾车时拨打接听手持电话或者看电视的，处以200元罚款。

这种地方立法和执法手段，在初衷上不可谓不好，的确有一定预防驾驶途中打电话的危险行为的作用。但是，作为严肃的执法活动，在当事人因为交通事故引发的民事争议求助于交警时，执法人员却将此作为顺带发现和处罚驾驶人员打电话行为的机会，确实不够妥当。

首先，个人通话记录是私人敏感个人信息。因交通剐蹭而查询个人通话记录实际上侵害了当事人的个人隐私，按照民法典规定，只有在涉及公共利益时，才能对个人隐私权利进行限制。交通剐蹭事故通常不涉及公共利益，不宜采取查询个人通话记录的方式。

其次，保护个人通话记录不仅是保护个人隐私，而且是保障公民在宪法上的通信自由的基本要求。公民因为解决交通剐蹭事故争议之需而面临通话记录被报告的风险，显然是不符合基本权利保护中的比例原则要求的。依据比例原则，手段和目的应当相称，不能采取明显不符合目的要求的手段。换言之，能够采取某种温和手段实现目的时，就不要"出重拳"。就查清交通剐蹭事故原因而言，可以采取多种技术手段查明原因，就不必采取可能侵害公民隐私和个人信息的方式。

再次,驾驶人员是否通话与事故是否发生之间并没有直接的关系。边通话边驾驶的确增加了交通事故的发生概率,但并不能因为事发时在通话就推定是通话一方的过错导致了损害。受害一方也完全可能是在事发时通话的另一方。

最后,如果交警在处理交通剐蹭事故时习惯性地查阅当事人通话记录,一些当事人特别是受害人可能基于各种考虑放弃在遇到事故争议时报警求助。也就是说,为了治理驾驶中通话行为而随意查阅当事人通话记录的执法手段的副作用过大,不符合法治原则中的比例原则要求。在现代社会,通话信息对很多人来说都是不愿与人分享的敏感信息。当事人如果知道交警会查阅个人通话记录,会对求助交警的做法产生莫名的畏惧感,并因此放弃求助国家公共管理部门。这不符合现代法治中执法为民的基本要求。

当然,在一些事故中,可能有一方当事人指责对方当事人在事故发生时有通话行为,并主张对方的通话行为是事故发生的主要原因。但即便如此,警察也不能单凭这方当事人的一面之词就直接要求翻看另一方当事人的通话记录。毕竟,如前所述,公开查阅个人通话记录涉及敏感个人信息和通信自由等重大民事权益和基本权利的保护问题,且通话行为是否构成事故发生的原因也不好评判,此时,执法人员应当以保障敏感个人隐私和通信自由为先。主张相对方有通话行为的一方当事人应当提出证据来证明相对方在事发时有通话行为,如通过行车记录仪记录的视频资料来举证。交警也可以通过调取道路交通监控录像来认定相应的事实。

即便是在既没有行车记录影像证据,也难以获得相应监控视频的情形下,执法人员也并不等于就没有办法处理相应事故。事实上,交通执法部门根据过往执法活动积累了一系列事故原因判定规则,以及在证据不明时的推定规则。即便是没有通话记录方面的线索,执法人员也能够根据过往执法经验作出原因判断。

正是因为有关的地方允许交警可以因交通剐蹭事故查阅个人通话记录,使得一些交警无所顾虑地查阅驾驶人员的通话记录。甚至在有充分的其他证据帮助交警作出事故原因判断时,执法人员仍然习惯性地要求查阅当事人的通话记录。在一些地方,这也引发了当事人对警察执法手段的正当性和合理性的普遍质疑。一些民众还致信全国人大常委会法工委,请求国家立法机关对相关地方立法进行合宪性审查。经全国人大常委会法工委备案审查室研究,认定上述规定"缺乏法律依据"。最新消息是,全国人大常委会法工委已向甘肃省、内蒙古自治区两地人大常委会发函,督促地方作出纠正。①

交警不得因交通剐蹭事故查阅个人通话记录。这再次提醒我们,在现代社会,如何保障宪法所确认的通信自由等基本权利,仍然是一个需要不断关注的问题。

---

① 参见《交警查手机通话记录违法,这波人大备案审查有点刚》,载《人民日报》2019年12月27日。

"AI 换脸"亟须法律规制

人工智能技术的迅速发展给人类社会生活带来了深刻的变革。其中 AI 换脸技术（人工智能换脸技术）给法律带来了新的挑战，这是一种根据数据算法和人脸数据对相关影视资料中人物的面部外观进行替换的技术。这种技术也被称为"深度伪造"（DeepFakes），借助这种技术手段，甚至可以实现"只要一张照片，就能出演天下好戏"。

早在 21 世纪初期，美国电影行业就开始使用 AI 换脸技术来制作动画，但这种技术在当时还没有广泛普及。直至 2014 年，"深度伪造"的技术雏形"GAN"（Generative Adversarial Networks）才在美国诞生。2015 年上映的美国电影《速度与激情 7》就采用了这项技术进行制作，在该影片拍摄期间，主演保罗·沃克因意外逝世，剧组不得已采用了 AI 换脸技术模拟了保罗·沃克的面部，完成了剩余影片的拍摄。2017 年 12 月，一个名为"深度伪造"（DeepFakes）的用户在某国外论坛上发布了一个利用深度伪造技术制作的"女艺人"的色情视频，引发人们的广泛关注。经过二十多年的发展，"深度伪造"技术如今已经相当成熟了。通过"溯源防伪"和"反向破解"等技术手段，现阶段很难应对深度伪造的行为。鉴于"深度伪造"引发了不少纠纷，2019 年 6 月 12

日，美国国会提出《深度伪造责任法案》（DEEP FAKES Accountability Act），明令禁止深度伪造行为。依据该法案规定，深度伪造的受害人可以直接向法院申请禁令或提起损害赔偿之诉。

在我国，近几年来，"深度伪造"技术也已经开始在市场上推广。曾有一款爆红的APP产品叫"ZAO"，用户只需要在"ZAO"中上传一张照片，就能将该APP所提供的许多影视片段中演员的脸替换成自己的脸，但该款APP的用户协议中有关隐私部分的条款存在很多不规范的地方，即用户一旦将其人脸上传至APP，该APP就可以以任何方式永久地使用该人脸信息。除此之外，还有其他一些利用"深度伪造"技术的换脸APP也开始出现，用户下载这些APP后只需要注册，并简单地提交面部数据，就可以与明星进行"面部互换"，生成的换脸视频还可以"一键分享"到其他的社交平台。

毫无疑问，"深度伪造"技术实际上就是人工智能技术发展的重要成果，这项技术的发展也能积极地推动教育、文化、科技等事业的发展，并且能增进人类的福祉。因而，在当前绝对地禁止这项技术的使用是不现实的，但我们又不得不正视这项技术的应用所带来的法律和伦理、道德风险。实践中已经出现了将某人的肖像与某黄色影片中的角色肖像互换的现象，严重侵害了他人的肖像权。例如，在"葛优与无锡施尔美医疗美容医院有限公司肖像权纠纷案"中，行为人对权利人的多张照片进行加工修改，PS并附上文字用于广告宣传。据环球网报道，在我国台湾地区，包括民进党政要和女性"立委"、网红、艺人在内，岛内百名女性被换脸成为色情片的主角，该事件也闹得沸沸扬扬，成为舆论焦点，也引发一系列社会法律问题。① 在大陆，也有不法行为人将女明星的面部与色情片主角的面部互换，并做成视频进行销售。

AI 换脸涉及民事侵权问题，从侵权的对象来看，此类行为侵害的客体具有多样性。例如，一旦被滥用就可能会导致你没有做某事，但网络视频中却显示是你做了该事；同样，如果你做了某事，网络视频中也可以显示是他人做了该事。如果你讲错了一段话，网络视频可以换成他人的头像，变成他人在讲这段话。所以这种技术的发展不仅仅对人格利益，还对人的名誉、隐私、肖像造成重大的损害。一是侵害肖像权。因为不法行为人擅自使用受害人的面部肖像进行牟利，直接侵害了受害人的肖像权。二是侵害名誉权。因为不法行为人不仅传播了污秽作品，而且造成了对他人名誉的损害，有可能侵害名誉权。三是构成对个人的人脸信息的侵害。AI 换脸技术必须要大量地收集、处理用户的人脸特征等信息，而人脸信息属于个人信息中的生物识别信息，因此 AI 换脸技术极有可能侵害个人信息权益。四是构成对知识产权的侵害。现在，AI 换脸的素材通常是他人已经发表的影视作品，因此用户和平台提供者都可能侵害了相关表演者的表演者权、影视作品的著作权。例如，在某个利用 AI 换脸技术制作的视频中，将某部影视作品的某个片段中 A 演员的脸换成 B 演员的，这就涉及原片段中演员的表演者权，以及原影片制片方的著作权。五是侵害死者人格利益。AI 换脸技术不仅能在活着的人之间换脸，还可以将已故人的脸换到新近录制的视频中的人物上，实现一种虚拟的"死而复生"的效果。但是，不法行为人可能利用这种换脸技术，将某个已经故去的演艺人员的脸拼接入污秽作品中，这

---

① 参见《台湾艺人、主播、议员等百人被"换脸"成色情片女主，警方抓 3 人!》，载新浪网（https://mil.news.sina.com.cn/2021-10-19/doc-iktzscyy0540670.shtml），访问日期：2022年 1 月 20 日。

不仅侵害了死者的肖像，也侵害了其名誉，并且可能给死者近亲属造成精神损害。

采用 AI 换脸技术实施侵权所造成的后果具有严重性。一方面，AI 换脸成品视频的高度真实性使得其具有极大的欺骗性，从而极有可能导致社会公众发生误解。例如，在信息时代下，将某个人的脸换到黄色影片的主人公脸上，达到以假乱真的程度并迅速传播，就会引起社会公众对受害人的恶劣评价，使受害人受到他人的严重谴责与侮辱，甚至会遭受网络暴力。另一方面，AI 换脸技术制作的视频通常在网上发布，向全世界公开并可以无限制地下载、留存，就会导致长久性的人格利益损害。不法行为人可能利用伪造的不雅视频进行敲诈勒索，将不雅视频中的主角换成公共人物，造成受害人的极度恐惧。还应该看到，用 AI 换脸技术制作的视频如果涉及政要或其他知名人士，也可能会涉及对公共利益的侵害。

《民法典》第 1019 条第 1 款规定，"任何组织或者个人不得以丑化、污损，或者利用信息技术手段伪造等方式侵害他人的肖像权"。这是我国直接面对 AI 换脸技术所作出的明确规定，虽然该规定仍然较为简略，但是为相关配套法律和司法解释作出有关规范 AI 换脸技术的规制提供了上位法依据。当然，针对 AI 换脸技术所可能构成的侵权甚至犯罪行为，需要法律上采取综合治理，以民事、刑事、行政责任相互结合的方式，来防范滥用该技术从事的不法行为。若行为人构成了传播淫秽物品罪等，应该依法追究其刑事责任；如果违反了相关行政管理规定，则应当追究其行政责任；有关行政管理部门也应当加强监管，尤其是对平台方的监督、管制。对于那些采用 AI 换脸技术但具有较高侵权风险的 APP，应当严格把关，或督促平台方设置一定的技术手段用以防范侵权。对其所采用的隐私条款，也应当审查。

从民法的保护来看，主要应当从人格权和知识产权的保护方面来规范 AI 换脸技术，保护受害人的合法权益。在法律上应当重点加强对如下两方面人格利益的保护：

一是对人脸信息的强化保护。如前所述，AI 换脸大量地非法盗取或收集人脸信息来使用该项技术，因此，必须要强化对人脸信息的法律保护。人脸信息是个人重要的核心隐私，也是个人的敏感信息。如今人脸支付已融入各行各业，各种非法收集人脸信息的行为也时有发生，因此要从根本上防范 AI 换脸技术的滥用，就必须要从源头上强化对人脸信息的保护。

二是对声音利益的保护。AI 换脸技术不仅涉及肖像问题，而且往往通过换脸实现声音的利用，例如，将某人的声音替换为其他人的声音。在今天，随着技术的发展，声音具有重要的身份识别性，比指纹更容易识别某一特定的人。随着数字化技术、人工智能的发展，声音的利益日益显示出其重要性，所以实践中通过 AI 换脸，非法伪造、非法合成、非法模仿、非法篡改等侵害声音的现象已经出现。《民法典》第 1023 条第 2 款规定："对自然人声音的保护，参照适用肖像权保护的有关规定。"这就第一次承认了声音可以作为一种新型的人格利益予以保护。这也是因为随着人工智能技术的发展，声音识别、人脸识别的应用日益广泛，声音权益保护的重要性也越来越凸显。侵害声音的利益实际上直接侵害的还是个人的人格尊严和人格利益。故民法典明确规定了对声音的保护，这也是适应今天互联网高科技时代人工智能发展所必须采取的一项重要举措。

AI 换脸技术可以说是一把"双刃剑"，其在为公众带来娱乐，为教育、科技等发展提供一定便利的同时，也带来了诸多安全隐患。面对AI换脸技术滥用的现象，亟须加强科技治理和伦理审查，尤其需要在法律层面对其予以规范。科技只能解决是什么的问题，但其本身解决不了或者不能完全解决为谁用和怎么用的问题，科技本身具有技术中立性的特点，不涉及价值判断，也解决不了价值判断问题。如果被用得好，就真正地造福人类，而一旦被滥用，就会给人类带来祸害。所以美国第36任总统林登·约翰逊说："法律是人类最伟大的发明。别的发明使人们学会了驾驭自然，而法律使人们学会如何驾驭自己（Law is the greatest human invention. All the rest give him mastery over his world, but law gives him mastery over himself)。"① 科技的发明必须要有法律相配套才能真正造福于人类。

---

① Lyndon B. Johnson, "Remarks to the Delegates to the Conference on World Peace Through Law", September 16 1965, in Gerhard Peters and John T. Woolley, The American Presidency Project, http://www.presidency.ucsb.edu/ws/? pid=27259. PH

规范"算法"程序　保障数字正义

2021年9月10日,美团公司首次公开外卖"预估到达时间"算法规则。在此之前,各外卖平台由于对骑手配送时间要求过为苛刻,导致骑手为抢时间而在马路上狂奔,因此广受社会诟病。据介绍,美团公司算法测算出的"预估到达时间"其实不是一个时间,而是四个时间,即"模型预估时间"和"三层保护时间"。因为担心模型预估时间与现实情况不符,导致骑手配送压力增加,从城市特性、配送过程分段累加和距离三个维度,额外测算出了三个时间。为了保护骑手,会从四个时间计算结果中,选择最长的时间。大家在订单页面看到的,就是算法选定的那个最长时间。美团公司的做法受到了舆论的普遍好评。

作为人机交互的算法决策机制,对法律的规制提出了新的挑战。传统上,算法是一个计算机术语,用于指称"被编码的程序",但随着算法的大规模应用,其一般是指"利用机器和程序进行的自动化决策"。算法决策的优势在于自动运行、精细一致、超能高效。算法本质上是运用计算机解决问题的程序和指令,为了防止竞争对手的破译,算法通常具有非公开性。但长期以来,算法的非公开性一直广受诟病。传统借助人脑进行的运算以及一般中小企业的运算决策通常是个别性、随机性的，可以通过市场竞争或社会规范调节，而算法运用的主体往往是超大型平台或公共机构，其运用范围较为普遍，甚至可以在很大程度上影响交易秩序。由于算法是一种自动化处理系统，因此，一旦在算法中设置了有关歧视、侵害隐私的机制，则可能对相关主体造成持续侵害，从而形成危险的源头。传统的涉及个人利益的重大公共和个人决策，都需要经过充分的决策或者公共的司法机制来处理，以保证这种决策信息的公开、透明和公正性。而对算法而言，如何保障此种评价机制的公正性，也是现代法治所面临的重要挑战。

一是算法歧视。算法的决策机制常常被认为是客观、准确、公正的，但其在设计之初就很可能被植入了设计者的偏见。随着数字技术的发展，特别是由于算法的不公正所引发的歧视对正义价值的侵害等问题越来越受到人们的关注。数字正义要求算法要公正地对待每一个人，在纠纷发生后，应该以实现数字正义为目标来司法、执法。正如有学者所说，"算法崛起带来的最大挑战在于算法的不透明性，人们常常感到它是一个黑箱，无法理解它的逻辑或其决策机制。因此，应当对算法进行公开，使得算法能够为人们所知晓"①。由于算法歧视的隐秘性，也导致人们很有可能在不知情的情形下违反法律规定。例如，某个平台曾经推出了一款新型的筛选简历的APP，但筛选的结果显示，其对男性求职者的打分往往较高，对女性求职者的打分则过低，其算法中就存在明显的性别歧视问题。算法中可能包含对个人身份性的歧视，很难实现对所有人的平等对待，因此，算法的公开就成为规制算法的重要措施。

二是算法黑箱。算法就像一个巨大的黑箱，平台的终端用户不仅无法窥其全貌，也得不到有关算法的解释，导致公众对算法产生不信

---

① 丁晓东：《论算法的法律规制》，载《中国社会科学》2020年第12期。

任,公开算法的呼声也越来越强烈。算法决策的运用对象往往是大型平台,一般中小企业的决策虽然也具有黑箱性,但往往可以通过市场或社会规范解决,而大型平台及其黑箱决策的普遍性、秩序性使得算法公开成为必要。尤其应当看到,具有风险性的算法黑箱会对个人的知情权、决策权形成新的挑战,严重侵害人们的权益。例如,外卖算法系统一直受到社会的广泛关注,一些平台利用算法来设置外卖骑手的配送时间,但是由于送餐的时间越来越短,导致骑手不得不在道路上狂奔乱跑,对骑手自身以及他人的生命健康构成极大威胁,也严重危害道路交通安全。究竟外卖送餐时间是如何靠算法确定的?公众对此时常提出疑问。

三是隐私威胁。一旦在程序中设置了"后门",就使得掌握技术霸权的互联网公司拥有一种躲在暗处不为人知而侵害他人权益的手段。数据鸿沟也会造成社会交往中的不公平。算法、数据的运用的广泛性、延伸性,导致我们使用网络平台等渠道来浏览信息的时候,根本就不知道在使用过程中充满了"探头",随时会对我们"刷脸"。我们每个人都成了裸奔的人、透明的人。现在一些企业通过自动化处理,抓取个人的各种行为数据,并进行画像,以便于进行商业决策和推送相关信息,在这个过程中,很容易对他人的个人信息进行非法处理。

四是算法伦理。算法并不都是价值中立的,算法的设计者都是以商业利益为最高追求,设计算法是为了获得更高的推送率和点击量。现在,人们在公共决策、经济分析、司法判断等过程中运用算法,但始终无法避免算法的价值判断,只要在算法的设计之初就嵌入错误的价值排序,那么通过算法得出的相关结果就肯定会出现相应的价值错误。更何况,程序的设计者也可能会出现价值问题,在程序设计中,哪怕是轻微的价值错误,也都可能导致算法结果出现谬误。例如,时下非常流行的一些短视频 APP 通常都以一套抓取用户偏好的数据画像算法为核心,以便向特定用户精准地投送其所喜爱的内容,从而吸引用户并在此基础上进一步形成用户对该 APP 的使用黏性。但是在推送过程中,有可能向一个厌恶低俗信息的人不断推送相关的低俗信息,这本身就涉及算法价值伦理问题,也会妨碍个人的私生活安宁。

由于算法问题是科技发展提出的新问题,因此目前尚缺乏对算法的有效规范,甚至有人说,算法是法律上的一块"飞地"。从法律上看,对算法的规范要注意:第一,对于侵害或有可能侵害他人权益的算法,有必要令其以合理的方式公开。由于算法涉及企业的商业秘密,因此,在算法公开的过程中,既要维护企业商业秘密,又要保障算法决策应用对象的知情权。算法公开并不意味着源代码和所有算法决策机制都全部公开,而意味着算法决策者以适当方式在适当范围内公开算法,以满足政府与公众的监管与监督的需要。第二,依据民法典和个人信息保护法等规范性文件,全面保护个人的隐私权利以及查阅、复制、更正、删除等权利。对于那些非法收集、处理个人信息的算法予以禁止。第三,要反对算法歧视,我国《个人信息保护法》第 24 条第 1 款已经明确禁止"大数据杀熟",大数据杀熟是指同样的商品或服务,老客户看到的价格反而比新客户要贵出许多的现象。此种行为违反了诚实信用原则,侵犯了消费者权益保护法规定的消费者享有公平交易条件的权利,应当在法律上予以禁止。① 大数据"杀熟"也侵害了消费者知情权和公平交易权,不仅是一种价格歧视行为,而且是一种价格欺诈行为。还应当看到,我国法律并不禁止数据画像,但是要求处理个人信息必须

---

① 参见杨合庆:《论个人信息保护法十大亮点》,载《法治日报》2021 年 8 月 22 日。

符合法律的要求，且自动化处理的结果应当公平、公开、透明、公正，不得滥用对用户进行"画像"的权利。

人工智能时代带来新的挑战，对传统治理框架的启示在于，新技术会造福于人类，但又存在被滥用的风险，因此需要充分发挥国家立法在技术治理中的作用，从而实现对潜在的应用领域最优化的社会治理。

法治社会需要一部行政程序法典

现代法治的核心是"规范公权、保障私权","程序是看得见的正义"。行政程序法规定各类行政机关应当遵循的公正程序,它对于保障行政权力的正当行使,规范行政自由裁量权,防止行政权力任意扩张对公民权利的损害,都具有十分重要的意义。在我国民法典编纂成功之后,应当适时启动条件成熟领域法典编纂工作,因而行政程序法典的制定已经提上了议程。

制定行政程序法典,就是要为行政权力的行使定规矩、划界限,就是要落实习近平总书记所强调的"把权力关进制度的笼子里"。权力是一把双刃剑,在法治轨道上行使可以造福人民,在法律之外行使则必然祸害国家和人民。而有效地规范权力、制约权力、监督权力,就需要制定一部行政程序法典。一般认为,实体是内容,程序是形式,程序是为实体服务的。但实际上就行政法而言,其最重要、最核心的内容是程序规范而非实体规范。公正科学的程序是作出正确的行政决策、保障行政机关依法行政的关键。程序本身具有自身独立的价值,其中包含了公正、效率、秩序等多种价值。从实践来看,绝大多数错误的行政决策都与不遵守法定程序有直接关系。凡是在行使行政权的过程中,滥用公权力,损害相对人合法权利的现象大多与程序违法密不可分。从规范公权力的层面来说，一般认为，从实体要件上控制相对较难，而从程序上进行控制比较高效。就行政权行使而言，相当程度的自由裁量权是必要且难以避免的，因为行政权的具体行使所面对的情形各不相同，十分复杂，有必要根据实际情形进行个别判断。也因为这个原因，在立法上很难规定普遍适用于各类情形的限制行政权行使的实体要件，在实体要件的层面控制、规范公权力就比较困难。而行使行政权所要遵守的程序具有普遍适用性，因此，从程序上控制公权力比较高效。程序上保障公开、透明、公众参与、集体决策等，就是要保障和尊重行政相对人的权利，规范公权力的行使，实现社会公平正义。所以，通过行政程序法典建立健全、公正、科学的行政程序，对于规范公权、保障公民基本权利、消除和遏制腐败至关重要。

从世界各国和地区行政立法来看，迄今为止还没有制定一部行政实体法典的成功经验。但在法治较为发达的国家和地区，大多制定了行政程序法，例如，日本在1993年制定了行政程序法，韩国也在1996年制定了行政程序法。2009年欧盟就成立了"欧盟行政法研究网络"，集合了来自欧盟各地的141名行政法学家，于2014年编写了一部欧盟行政程序法典草案，名为《欧盟行政程序模范规则》（Model Rules on EU Administrative Procedure）。虽然这只是一部示范法，但是为欧盟行政程序法的统一打下了良好的基础。从我国目前现实出发，我国经济改革和行政体制改革仍然处于不断深化的过程中，行政机构的组织体系、结构、职能以及其权力配置都还处于不断变化的过程中，机构改革十分频繁。在此背景下，要为行政机关制定一套具有稳定性、完备性的行政实体法典是不现实的，也是没有必要的。因为，一旦把一些尚未成熟和定型的规则写入法典，反而会对未来行政体制的改革造成羁绊。但是从中国实际出发，借鉴国外的有益经验，我认为制定行政程序法典的时机已经成熟。

首先，行政程序规则具有相对稳定性和成熟性。一是行政程序法具有自身的完整体系，法典化就是体系化，如果自身没有形成一个逻辑体系，是不存在法典化基础的。但行政程序法典具有自身的完整体系。有学者建议，我国行政程序法典的内容应包括五大板块，即设五编，分别为总则、行政程序基本制度、行政决策与行政立法程序、行政处理程序、特殊行政行为程序。① 我认为该体系是完整的，具有逻辑性的。二是行政程序规则已经较为完备，法典化要求规则基本齐备，如果一个部门法的规则本身并不完备，则不存在法典化的规范基础；程序规则本身是可以体系化的。行政程序法包括了比例原则、合理预期原则、告知制度、听取申辩制度、说明理由制度、政府发言人制度、政务公开制度等制度，可以形成一个制度体系。三是行政程序规则本身已经较为成熟，具有稳定性，如果一个部门法本身规范是不稳定的，那么即使将其法典化也将导致规范的变动极为频繁，丧失了法典化的意义。如前所述，行政实体规则的变动性很强，但行政程序规则具有稳定性，不会随着行政体制改革而变动。无论怎么改革，行政程序规则都能保持相对的稳定性。

其次，我国已积累了较为丰富的立法经验。目前，国家立法机关已经颁布了三部程序法律，即行政许可法、行政处罚法、行政强制法，确立了一些基本的行政程序制度框架，虽然其中许多程序还不完善，且这

---

① 参见姜明安：《关于编纂我国行政程序法典的构想》，载《广东社会科学》2021年第4期。

三部法律之间内容交叉重叠，甚至有矛盾之处（比如行政处罚法与行政强制法关于一些程序的发起要件的规定不尽相同），但毕竟我国已经有了比较成熟的经验可供总结，从而为制定行政程序法典奠定了基础。还应该看到，一些地方立法已经开始探索有关统一的地方行政程序规则。例如，湖南省早在 2008 年就已经出台了《湖南省行政程序规定》，其中对行政程序的一些基本原则和规则都作出了规定。湖南省的经验也为其他地方所效仿。多地的"先行先试"也为国家统一立法积累了足够的经验。

最后，行政程序法具有自身的价值融贯性。以价值统领各项制度和规范，可以始终保持"神不散"的状态。如果说规则融贯是体系思维的外在体现，那么价值融贯则是体系思维的价值内核。仅仅只有规则融贯，体系性仍然是不完整的，正是因为有了价值融贯，才能使庞大的行政程序规则形散而神不散，并形成有机的整体。行政程序法中存在贯穿始终的价值内核，这些价值包括公开原则、正当程序、公众参与、比例原则、诚实信用与信赖保护原则等。例如，按照正当程序原则，行政机关在实施行政行为的过程中，如果可能影响公民、法人或其他组织的正当权益，应当在作出行为之前，向行政相对人告知和说明理由，并听取其意见，以尽可能地防止行政权的恣意、滥用。行政机关不能自己做自己的法官，应当严格遵守程序，详细说明实施行政行为的理由，听取陈述和申辩。

行政程序法典至少应当包括如下内容：一是要科学合理地配备行政相对人的权利，在行政程序进行过程中，行政相对人应当享有获得行政程序通知的权利，申请程序主持人回避以防止出现"自己当自己法官"的不公正现象，还享有获得与行政程序相关的信息的权利、陈述与申辩的权利、提出证据并进行质证的权利、与对方当事人或第三人辩论的权利等。例如，行政收费一直广为社会诟病，但大量的收费行为其实没有任何行政程序的制约，什么情况下收费，什么情况下不收费，应收多少费用等，往往由行政领导随意决定。二是要科学地进行行政程序的设计，要把公众参与、专家论证、风险评估、合法性审查、集中讨论决定等确定为重大行政决策的法定程序。行政程序法要保障行政决策的公开透明。事实上，某些地区出现行政官员"拍脑袋决策，拍胸脯保证，拍大腿后悔，拍屁股走人"的不良现象，就是违反决策程序的结果。程序的设置有利于保障政府在法定范围内、依据法定程序行使职权。这样也可以减少民事纠纷。以征收制度为例，如果在征收等过程中不讲究程序，造成了损害后果再来救济，为时已晚。所以，首先要通过行政程序法，对行政权力进行事先控制。如果滥用行政处分、刑事处罚，就会给国家利益、社会公共利益、行政相对人个人利益造成损失。三是要规定有效的权利救济途径，"有侵害必有保护，有权利必有救济"。救济是现代法治的基本精神，救济也具有赔偿损害、弥补过错的功能。所以，行政相对人的权利受到侵害时，就需要通过行政程序法的救济予以补救。这些救济包括行政监察救济、行政复议救济、行政诉讼救济等。

  在行政诉讼法生效之后，行政法学者就曾经讨论过是否要制定统一的行政程序法典。近几年来，在民法典编纂过程中，行政法学者就积极建议制定行政程序法典，例如北京大学姜明安教授等人提出了行政程序法典草案，这些都为行政程序法典的制定提供了很好的立法建议。尤其是民法典的颁布，积累了法典编纂的经验，也为行政程序法典的制定提供了重要参考。

  我们已经有了一部全面保障私权的民法典，确实还需要制定一部全面规范公权的行政程序法典。行政程序法典和民法典相辅相成、缺一不可。两者相互配合,将会为全面依法治国,实现人民群众期盼的良法善治提供坚实的制度保障。

控股股东掏空公司的民事责任*

最近，恒大"暴雷"引发社会的广泛关注，人们普遍认为，恒大的负债怎么会高达两万亿？两万亿是什么概念呢？它约等于我国全年 GDP 的 2%，两万亿负债超过了我国贵州省、山西省、内蒙古自治区等 12 个省级行政区的 GDP 总量，更是超过了全球 190 个国家的年 GDP 数额。人们普遍质问，恒大是如何深陷债务危机的？有关恒大的一些报道相继出来，其实都提出了一个法律上不可回避的问题，企业在负债累累的情况下，控股股东能否高额分红？作为控股股东派出的高管，是否既可以高额分红，又可以领取高额工资？

恒大"暴雷"的消息还没有停歇，联想又频频被推到了舆论的风口浪尖，虽然联想还不能说已经"暴雷"，但是有关联想的争议也提出了一个类似的问题，即在企业已经高负债的情况下，控股股东通过高额分红和高薪等方式变相掏空公司，是否应承担法律责任？

从道理上讲，股东特别是控股股东与企业的命运是密切相关的，企业经营得好，利润高，控股股东的收益自然水涨

---

* 本文完稿于 2021 年 12 月。

船高，控股股东将从中获得巨额收益，但如果公司的资产被掏空了，深陷债务危机，甚至濒临破产，股东不仅没有了分红，而且自己多年的经营成果也将荡然无存，这不是会给其带来灾难性的后果吗？所以，从道理上说，控股股东绝无理由掏空或者变相掏空公司。国外一些控股股东担任高管时，不拿一分钱工资，其实也说明，只要公司经营得好，分红已经足以使其利益最大化了，他又有什么理由掏空公司呢？

这只是一种逻辑的推理，是建立在股东和公司利益的一元论基础上的。但事实上，公司和股东特别是控股股东之间仍然存在利益上的差异，公司资产并不等同于个人资产，公司营利并非完全等同于个人营利，毕竟公司还有中小股东，尤其是上市公司还有一大批购买股票的小股东，而公司资产还需要对外偿还负债，特别是公司可能需要大量从银行借款，向银行清偿债务。这就形成了违背一般人常识的现象：不少控股股东在经营公司的同时，确实不是为了公司利益最大化，而是想方设法使公司财产变为其个人财产。因此，就产生了前述控股股东掏空公司的现象。

毫无疑问，控股股东掏空公司现象是违反企业家精神的。一个真正的企业家一定是致力于企业的长远发展，真正将企业的经营事业作为自己的终身追求，努力承担企业的社会责任，不仅对公司的员工负责，也对公司的债权人负责，对公司的关联者如消费者等负责。诚然，在实践中，真正有企业家精神的人不少，但不具备此种企业家精神的也不在少数，这些人总是在想方设法将公司资产放进自己腰包，赖掉银行的债务，把银行借的钱转为自己的财产，而事后不付分文。在企业高额负债的情形下，还享受高福利，从事高消费，这种掏空公司者并不是真正的企业家，而是一"损企"肥私者。

问题在于，在出现了控股股东掏空公司的现象时，如何认定其责任？这确实是法律上的漏洞。历史上曾经出现过债务人欠债要承担刑事责任的现象，中国古代也有不少以人身抵债的现象。但在现代社会，人身抵债已经不复存在，父债子还规则也已被废除，甚至因单纯的负债而承担刑事责任的现象也罕见（除非是因为诈骗等原因）。那么，在此背景下，如果对控股股东进行约束，只能回归到民事责任中对其进行讨论。

第一个路径是控股股东对公司或公司的债权人负有信义义务。从域外经验来看，不论法律是否明确将公司债权人规定为公司之利害相关者，公司董事都不对公司债权人承担信义义务，因此公司债权人也无权针对公司董事以信义义务违反为诉因直接提起诉讼。但当公司陷入无偿付能力状态而又尚未申请破产时，也有判例认为，董事对债权人应负有信义义务。然而我国公司法明确规定了董事对公司承担信义义务，违反此种义务应当承担相应的法律责任，而并没有规定董事是否对债权人负有信义义务。对控股股东而言，法律上也没有规定其对公司和债权人负有信义义务。我认为，从法律上无法认定控股股东对债权人负有信义义务，即便规定，也可能是形同虚设的，因为债权人是公司的债权人，控股股东与公司虽然是利益共同体，但债务人与控股股东之间并不存在直接的法律关系，二者之间很难产生信义关系。因此，在控股股东掏空公司的情形下，如抽逃出资或者侵吞公司财产，或者存在资产混同，或者在公司高额负债的情况下，控股股东仍然拿分红或者高管拿高薪，此时，控股股东虽然应当对债权人承担相应的赔偿责任，但也很难认定控股股东对公司债权人负有违反信义义务的责任。因此，这条路径是行不通的。

第二个路径是控股股东对公司债权人承担侵权责任。这就是说,如果控股股东掏空公司,造成公司资不抵债,导致债权人损害,此时,债权人有权直接起诉控股股东。从域外法来看,有的国家采取了此种路径。例如,2007年,德国联邦最高法院(BGH)在Trihotel一案中确立了"毁灭公司责任"(Existenzvernichtungshaftung),通过侵权法的相关规范(第826条)为公司债权人提供救济,如果股东从事侵夺公司财产的行为,并导致或加速了公司的破产,或者股东故意毁灭公司,即在行为时明知公司的财产会因其行为或附和投票等行为而遭受损害,此时,则可以通过侵权法为债权人提供救济,此种做法有助于维护公司制度,尤其是有限责任制度的可预期性。[1] 德国法之所以采取侵权的路径,主要是为了尽量避免适用否认法人人格的规则,维护股东的有限责任。当然,该路径也是饱受争议的。在我国,《民法典》第1165条虽然规定了过错责任的一般条款,但其很难适用于控股股东掏空公司的情形,因为掏空公司侵害的是公司的利益,而非债权人的利益。而且是否构成故意侵权,债权人往往难以证明。所以,我认为,这条路径也是很难行得通的。

第三个路径是通过法人人格否认制度使控股股东对公司债权人负责。所谓法人人格否认,是指营利法人(公司等)的出资人滥用法人独立地位和出资人有限责任,损害法人债权人利益的,应当对法人债务承担连带责任。我国《民法典》第83条第2款对此作出了明确规定。其实,该规则早已由《公司法》第20条作出明确规定,公司法的规定实际上借鉴了英美法"揭开法人面纱"的经验。所谓公司的面纱,是指公

---

[1] BGH NJW 1999, 2887; Wagner, Existenzvernichtungs als Deliktstatbestand, in: Heldrich et al. (Hrsg.), FS Canaris, Bd. 2, 2007, S. 492.

司股东和债权人之间没有直接的联系,因为公司的人格就像蒙上了一层面纱,罩住了股东,将股东与债权人分开,公司在欠下债务时,公司以其财产承担责任,而股东仅以其认缴的出资额为限对公司债务承担责任。民法典对营利法人作出规定,这就扩张了其适用范围,从而可以适用于非公司的营利法人。

应该承认,公司法等法律为了鼓励投资、促进交易,确立了公司的有限责任制度。公司作为现代企业的基本形态,以有限责任作为其责任形式。从历史上看,有限责任制度的产生曾为公司在社会经济生活中发挥重要的作用奠定了基础。然而,从实践来看,一些不法行为人正是通过滥用公司的有限责任来损害债权人利益,其中最突出的问题就是一些投资者在兴办各种公司以后,利用有限责任逃避债务,严重损害公司债权人利益。据此,我国《公司法》第20条第3款规定了法人人格否认制度,并为我国民法典所采纳。但是从公司法到民法典,对法人人格否认的前提是滥用了法人人格,其更多地表现在人格混同(如"一套人马、两块牌子",或名为公司实为个人等)、财产混合(公司的财产不能与该公司成员及其他公司的财产不分),以及不正当控制等行为。但是控股股东掏空公司的情形是否属于财产混同现象,仍然是争议话题。因为这一原因,有不少学者认为,掏空公司的行为不能简单归入法人人格否认范围。

对财产混同,应当作一种广义解释。实际上从现实来看,控股股东与公司的财产混同是罕见的,因为公司都有自己的财务,上市公司都有严格的财务审计制度,基本不会发生公司财产与股东财产完全混同的情况。但是,如果控股股东将公司作为一种工具,利用公司掏空公司,此时,公司的财产实际上与股东的个人财产已经没有差异,二者财务分开也是名义上的了，公司的财产实质上已经与控股股东的财产混同。此种行为严重损害法人债权人的利益。因为公司债权人的债权因法人人格的滥用而无法得到清偿，致使债权人遭受严重的损失。如果滥用法人人格仅造成对债权人一般的或轻微的损害，则不适用该规定。在现实生活中，在控股股东掏空公司之后，留下的巨额债务大量都是银行的债务，债多不愁，银行等债权人对这些负债累累的企业甚至没有什么好办法索债，如果申请破产，其损失可能更为惨重。所以，有一些银行不得已只能继续向这些企业"输血"，以维持其运营，防止其破产，但其实这些企业实际上已经没有多少存在的价值了，最根本的原因就是基本被控股股东掏空了，甚至还在继续被掏空。所以，如果不采取法人人格否认规则，债权人将完全无法获得救济，其面对的可能是公司的空壳。

如果采纳法人人格否认规则，使控股股东对债权人负责，就是要使控股股东明白从创办公司开始，自己就不能实施掏空公司的行为，不能想方设法将公司财产变为其个人财产，而应当致力于将企业做大做强，把经营做大做好。如果掏空企业，最终不仅要返还不当获得的利益，而且可能面临对巨额债务负责的风险，这些巨额债务可能超过了其从企业不当获得的财产。这有可能会成为避免控股股东掏空公司的一剂良药。

针对美国长臂管辖的立法应对

美国长期以来奉行单边主义的外交政策，扮演着"世界警察"和"全球裁判"的角色，在国际上借助长臂管辖手段，滥用制裁措施，控制了几乎八成以上的跨国企业，其范围涵盖了民事侵权、金融投资、反垄断、出口管制、网络安全等众多领域，并在国际事务中动辄要求其他国家的实体或个人必须服从美国国内法，否则随时可能遭到美国的民事、刑事、贸易等制裁。"长臂管辖"是美国在国际关系中奉行霸权主义在法律和司法上的反映，是强权政治在国家对外关系中的投射，这已经成为美国对华出口管制、单边制裁的利器。"孟晚舟案"就是美国滥用长臂管辖的典型案例。

美国之所以随意挥舞"长臂管辖"的大棒，主要依靠禁运管制设备出口的《出口管制条例》、控制公司向政府官员支付不当钱款的《反贪污受贿条例》和明确公司财务报告责任和公司财务披露义务的《萨班斯法案》。美国颁布的《出口管制条例》旨在禁止任何企业将美国生产的军事设施等管制设备出口到美国禁运的国家。如果其认定相关组织机构违反了出口管制法规，则将遭受美国的一系列制裁，如剥夺出口权、禁止从事相关行业、对每次违法处以罚款等，相关的企业法人甚至可能被追究刑事责任。但是否违反了其某部法律，或者违反了其某部法律的哪个条款，完全是由美国人自己认定，他们有自身的认定标准和权力，完全由他们说了算。

美国挥舞"长臂管辖"大棒，其实缺乏国际法依据，只是以美国的国内法为适用依据，奉行单边主义，依据其霸权，使得美国国内法具有无限的域外适用效力，可以超越国际法、优于国际法，或者成为事实上的国际法。凭借这种"长臂管辖权"，美国事实上扮演了"世界警察""全球裁判"的角色，构成对他国主权和司法独立性的侵犯。这种做法因其违背"一个国家不应该在另一个国家的领土上行使国家权力"的国际法原则，严重冲击了以多边主义为基础的全球治理体系，损害了国际法治，给现有的国际关系秩序带来了消极的、负面的影响，也给国际治理带来巨大挑战，因此在国际上引发了广泛争议，也受到不少国家的抵制，"长臂管辖权"被普遍认为是过度或过分的管辖权原则。

如今美国对华战略已经由"接触+竞争遏制"转化为"全面遏制"，其滥用"长臂管辖权"，给我国也带来了不小的损害。一是直接影响到中国重点关键产业的发展、损害中国主权、损害中国国家安全和利益，损害中国企业和公民的合法权益。二是阻碍了我国科技的发展和技术的进步，特别是美国的"长臂管辖权"给我国华为等企业的科技创新带来了严重影响。三是直接影响到全球原材料供应链、产品链和价值链的有序运行，破坏正常的国际经济秩序，也给我国企业从事对外贸易造成了极大的制约和限制。四是对"一带一路"建设及推动构建"人类命运共同体"产生严重的不利影响。而滥用"长臂管辖权"就是单边"法律战"。

因此，针对美国长臂管辖也应当依法应对，既然美国是借助于立法为其长臂管辖提供依据，那么，我们为了有效应对这种长臂管辖，显然也必须要以针尖对麦芒,通过立法的方式进行有效应对。所以遏制与反遏制其实就是在法律领域开辟一条新的战线。2020年11月,习近平总书记在中央全面依法治国工作会议上的重要讲话指出,要坚持统筹推进国内法治和涉外法治,加快涉外法治工作战略布局,更好维护国家主权、安全、发展利益。为此,我们需要强化法治思维,注重运用法治方式应对挑战、防范风险,并综合利用立法、执法、司法等手段,坚决维护国家主权、尊严和核心利益。为了应对美国滥用长臂管辖权所带来的危害,维护国家主权、安全、发展利益,保护我国公民、组织的合法权益,完善相关立法无疑是应对这一严峻挑战的重要一环。具体而言,完善相关立法可以从两个维度展开,即完善直接反制立法和完善间接反制立法。

反制长臂管辖应当善用立法手段。这就是说,要完善直接反制长臂管辖的相关立法。我国以保护管辖权为基础的域外管辖权也有必要通过立法予以确认,并保护本国公民和企业的合法利益,使其免受外国法域外适用的不利影响。从国际通行的惯例来看,常见的方式为制定一般性的反制立法,我国即采取了这种模式。2021年6月10日立法机关通过了反外国制裁法,商务部之前发布了《不可靠实体清单规定》《阻断外国法律和措施不当域外适用办法》等,这些法律法规等规范性文件是我国为应对外国法律和措施的不当域外适用而制定的重要法律文件,这无疑为构建和完善我国的反外国制裁法律体系奠定了坚实的制度基础。

上述法律法规等规范性文件实施后,已经产生了一定的效果,但还有必要总结反制立法的经验,作出进一步的完善。一是要抓紧制定配套立法,明确我国反外国制裁法与国家安全法、对外贸易法等其他现行法律的协调关系。明确国务院享有概括的反制裁权力,建立由国务院召集的部级联席会议制度,设立专门性反制裁机构,集中行使反制裁权力,统一协调和实施对外国政府、组织和个人的反制裁措施。在该法的实施细则中可以列举的方式授予某些行政机关在特定领域的反制裁权力,如商务部、中国人民银行等在贸易、金融领域的反制裁权力。二是进一步明确反制措施的救济权,明确和细化在国内法机制下给予被制裁方的程序性保障和救济渠道。三是进一步细化和明确反外国制裁法中反制措施的内容和类型,以及不执行、违反反制措施所应承担的具体法律责任。比如我国反制裁制度中没有设置限制或禁止金融服务的反制措施,而这类反制措施具有打击精确、成本低、容易实施且效力跨越国界等特征,符合我国目前反制裁工作的现实需求,因此应当授权行政机关实施这类反制措施。四是完善不可靠清单制度。2019年我国商务部决定建立"不可靠清单制度",将那些基于非商业目的而对中国的企事业单位任意实施封锁、断供或其他歧视性措施,并造成了中国实体的实质性损害或者对中国国家安全构成威胁的外国法人、其他组织和个人纳入"不可靠实体清单"中,并采取必要措施予以反制。2020年正式公布了《不可靠实体清单规定》。商务部发布的《不可靠实体清单规定》较为模糊,列入清单的考量因素、异议程序、救济措施以及透明度的问题都有待于进一步完善,尚需要充分地发挥反制的效果。

反制裁、反干涉、反长臂管辖需要完善我国反制立法。反制立法主要通过完善我国自身的法律域外适用体系,制衡美国的域外适用、域外制裁措施,2021年全国人大常委会通过的反外国制裁法就是一部综合性的反制裁方面的国家立法。在该法实施后,还需要推动我国法域外适用的法律体系建设的要求,不断丰富我国法域外适用的工具箱。具体而言:

一是要进一步完善民事诉讼法的规则。我国《民事诉讼法》第 272 条可以为扩大我国的司法管辖提供依据，依据该条规定，对在中华人民共和国领域内没有住所的被告提起的诉讼，可以由合同签订地、合同履行地、诉讼标的物所在地、可供扣押财产所在地、侵权行为地或者代表机构住所地人民法院管辖。将来可以该条为基础，出台相关的司法解释，完善我国民事诉讼法的管辖制度，并以此作为应对美国司法长臂管辖的重要法律武器。

二是完善我国涉外民事关系法律适用法，探索确立保护性管辖原则。相较于传统的以属人管辖或者属地管辖为基础的域外管辖权，保护管辖权强调对本国基本利益的保护，更有利于维护我国的国家利益，更是有效反制美国对我国恶意、任意行使"长臂管辖权"的有效方式，这也可以为我国法院和行政机关行使域外管辖权提供明确的法律依据。

三是在证券监管领域有限度地扩张我国证券法的域外管辖，明确我国证券法域外适用中的管辖权规则，从而实现保护投资者利益、维护证券市场秩序以及尊重他国主权之间关系的平衡。

四是推动完善反垄断法的相关规定。有必要扩张《反垄断法》第 2 条的域外适用效力，建议通过发布细则或指南，进一步明确我国反垄断法的域外管辖的适用条件和范围，增强规则的透明度，避免给相关企业带来麻烦和经济负担，加剧贸易摩擦。

五是完善我国个人信息保护法中有关个人信息保护的域外适用条款。在保障数据跨境流动的同时，加强银行信息、个人数据、国家秘密等出境审查，抵制境外的单边取证行为，保护中国的特定行业和证人的权益。

当前，我国正处在实现中华民族伟大复兴的关键时期，世界进入

"百年未有之大变局"，我们离伟大复兴的目标越近，改革发展稳定任务更加繁重，国际形势更加错综复杂，更需要发挥法治固根本、稳预期、利长远的作用。习近平总书记强调，要加强涉外领域立法，推动我国法域外适用的法律体系建设。要把拓展执法司法合作纳入双边多边关系建设的重要议题，提升涉外执法司法效能，坚决维护国家主权、安全、发展利益。面对美国不断挑战我国底线，对我国进行全方位的战略遏制，滥用"长臂管辖权"，赤裸裸干涉我国内政，我们要充分运用立法手段开展国际斗争，反制长臂管辖，沉着应对国际竞争，运用法律武器维护我国国家主权、公民和法人的合法权益。当然，在制衡美国长臂管辖权滥用的同时，也需要考虑本国公民和组织的现实处境，避免加重其合规成本，使其陷入政治与经济进退两难的境地，避免恶化外商投资环境。

亲属拒证权与亲亲相隐

2010年河北省高级人民法院出台的《人民法院量刑指导意见（试行）实施细则》（以下简称《实施细则》）中规定："被告人亲属举报被告人犯罪，提供被告人隐匿地点或带领司法人员抓获被告人，以及有其他协助司法机关侦破案件、抓获被告人情形的，可以酌情减少被告人基准刑的20%以下。"[1] 该规定一出，便引起广泛争议。多数观点认为这种鼓励"大义灭亲"式的司法政策是一种违背人性、破坏信任机制的举动。[2]

其实，我国立法并没有认可此种规则。2012年修改后的《刑事诉讼法》第188条第1款确立了证人强制出庭制度，强化了证人的出庭义务，但该款为维系家庭稳定、社会和谐，首创亲属拒证权。《刑事诉讼法》第188条第1款规定："经人民法院通知，证人没有正当理由不出庭作证的，人民法院可以强制其到庭，但是被告人的配偶、父母、子女除外。"这就赋予被告人配偶、父母、子女拒绝被强制

---

[1] 转引自李拥军：《"亲亲相隐"与"大义灭亲"的博弈：亲属豁免权的中国面相》，载《中国法学》2014年第6期。
[2] 参见李拥军：《"亲亲相隐"与"大义灭亲"的博弈：亲属豁免权的中国面相》，载《中国法学》2014年第6期。

出庭权（2018年修正将该款变为第193条第1款）。该规则受到了法学界的普遍好评，有学者认为，这一规定"宣示了人伦亲情……的回归，立足于权利本位赋予亲属证人出庭选择权"①。

事实上，截止2016年年底，最高人民法院对亲属相犯行为的定罪量刑先后出台了七次司法解释，充分考虑到了传统伦理规范对定罪量刑的影响。②

在亲情面前，中国自古就有"亲亲相隐"和"大义灭亲"两种理念在发生冲突，但传统的中国法律文化实际上选择的是亲亲相隐。在《论语》中，叶公对孔子说："吾党有直躬者，其父攘羊，其子证之。"其意思就是说："我的家乡有一个正直的人，他的父亲偷了别人的羊，他告发了父亲。"孔子曰："吾党之直者异于是。父为子隐，子为父隐，直在其中矣。"意思就是"我家乡的正直的人与你讲的正直的人不一样。父亲为儿子隐瞒，儿子为父亲隐瞒，正直就在其中了"。这段话昭示了儒家倡导的亲亲相隐理念。

同为儒家圣人的孟子也认为亲亲相隐是必要的。《孟子·尽心上》记载了如下一段话：

> 桃应问曰："舜为天子，皋陶为士，瞽瞍杀人，则如之何？"
>
> 孟子曰："执之而已矣。"
>
> "然则舜不禁与？"
>
> 曰："夫舜恶得而禁之？夫有所受之也。"
>
> "然则舜如之何？"

---

① 谢登科：《困境与突破：我国亲属拒证权制度反思》，载《法律科学（西北政法大学学报）》2015年第4期。

② 参见孙广坤：《亲属相犯行为定罪量刑的介述与思考——基于法与伦理的博弈视角》，载《法律适用》2016年第8期。

曰:"舜视弃天下犹弃敝蹝也。窃负而逃,遵海滨而处,终身䜣然,乐而忘天下。"

这段话的意思是,桃应问孟子:"舜做天子,皋陶当法官,如果瞽瞍杀了人,那该怎么办呢?"孟子说:"把他抓起来就是了。""那么舜不去制止吗?"孟子回答说:"舜怎么能去制止呢?皋陶抓人是有依据的。""那么舜该怎么办?"孟子回答说:"舜把放弃天子之位视同丢弃破鞋。他会偷偷地背上父亲逃跑,沿着海边住下来,终身高兴,快乐得忘掉了天下。"孟子在上述对话中所表达的亲亲相隐的观点对后世影响极大。朱熹在《论语集注》中说:"父子相隐,天理人情之至也。故不求为直,而直在其中。"这句话解释了亲亲相隐的正当性,即它是符合天理人情的。因此,自秦以后,许多朝代的法律都明确规定了亲亲相隐的规则,唐朝甚至发展出了"同居者相为隐"的规则,这是不无道理的。与此相适应,有的朝代法律还规定了亲属拒证制度,如《大明律》卷首就规定:"弟不证兄、妻不证夫、奴婢不证主。"

传统中国是一个宗法伦理社会,亲情是维系社会正常运行的最为重要的纽带,因此,国家往往把维护亲情视为法律所要保护的一种更高的价值,这也是许多朝代明确规定"亲亲相隐"的道德基础。换言之,亲亲相隐的合理性并不完全出于亲属私情,其在家国同构的注重道德约束的古代社会治理模式中也发挥了应有作用。

今天,我们虽然重视弘扬爱国主义和集体主义精神,但同时也要注重维护家庭的和睦、和谐。黑格尔曾经将国、家作为社会治理的两个基本单元。① 中国古代强调"家国同构",儒学倡导"家齐而后国治",这实际上是将家庭作为社会的细胞,将家庭治理作为国家治理的基础。家庭的和谐也是社会和谐的基础,家庭是社会中的一个单元,家庭的和睦和谐关系着整个社会秩序的稳定。家庭是一个国家的雏形和缩影,构建一个个充满仁爱、和谐的家庭,也是国家和社会治理的重要目标。西方近现代传统注重家庭成员个性的张扬,而中国传统则更注重家庭的和谐、和睦,追求"父严母慈子孝",强调家庭的整体性。波塔利斯指出:"家庭是良好品性的圣殿:正是在其中,私德逐步培养为公德。"② 家庭培养公民的私德;而良好的私德是公德的基础。在十年动乱期间,林彪、"四人帮"进行了大量祸国殃民的罪恶活动,使党、国家、人民遭到严重的挫折和损失,他们鼓吹"斗争哲学",造反有理,使不少家庭出现妻子告丈夫、儿子告老子、相互落井下石的乱象,甚至引发出儿女以"造反"的名义殴打父母等严重违背我国传统伦理道德的行为,这种破坏人伦秩序的行为遗毒甚广,对社会的危害难以估量,其中的教训是极为深刻的。孟德斯鸠曾形象地说:"一个美好的家庭是暴风雨中一只笃定的方舟。"③ 从家庭层面来看,如果亲亲相隐的规矩被破坏了,儿子可以随便告父亲,妻子可以随便告丈夫,就会导致家庭不再是安全的场所,又何谈家庭的和谐与稳定呢?

亲亲相隐是符合人性的。儒学倡导"父子之亲,夫妇之道,天性

---

① 参见蒋海松、韩娜:《从家到国的逻辑过度及精神局限——黑格尔中国政制法律观启示之一》,载肖海军主编:《岳麓法学评论》(第7卷),湖南大学出版社2012年版,第116页。

② Portalis, "Discours préliminaire sur le projet de Code civil", In Jean-Etienne-Marie Portalis, Discours et rapports sur le Code civil, Centre de Philosophie politique et juridique, 1989, pp. 103-104.

③ 〔法〕孟德斯鸠:《论法的精神》(上卷),许明龙译,商务印书馆2012年版,第145页。

也",中国古代历来就有天理、国法、人情之说,法律也要因应人情。人情其实也是人性,父子之情实际上是永远割舍不断的,不能因父亲或儿子犯了错就彻底毁灭这种关系。西方许多思想家如孟德斯鸠等也提出了类似的观点。又如,富勒、罗尔斯等新自然法主义者认为,法律应该宽容亲情和人性。亲属间的容隐源于善良的人性和本能,对这些人性和本能的宽容与尊重也应当是良法必备的品格之一。

当然,我国法律所说的亲亲相隐是指如果涉及家庭成员实施了违法、犯罪行为,一般而言,证人没有正当理由拒绝出庭作证的,人民法院可以强制其到庭,但是对家庭成员,不能采取强制作证的方式,要求犯罪嫌疑人的家庭成员必须出庭质证其犯罪行为。但亲亲相隐并非鼓励家庭成员之间、亲属之间对犯罪行为相互包庇、窝赃,也不意味着包庇可以被免罚。不得强制被告人亲属出庭作证,也不意味着亲属没有作证的资格,或者说没有作证的义务。如果家庭成员主动出庭作证,法院也应当认可其证人资格,对其作出的证言,也应当依法采信。

小议自媒体时代的回应权*

2021年12月14日，媒体报道了耿美玉诉饶毅名誉侵权案，在这个案件中，饶毅在微信公众号发布了指责耿美玉相关科研活动存在问题的言论，而耿美玉认为饶毅的指责构成对其名誉的侵害，饶毅又在其微信公众号上对该事实作了一些回应，后来科协介入进行调查，作出了一个结论，该结论对法院的判决产生了重要影响。这也说明了，在回应过程中，其实通过双方对事实的相互辩论，可以使公众从中及时了解事实真相。从这个案例中，我想到了自媒体时代的回应权问题。

回应权就是申辩权，是指被报道人有理由认为某个媒体所报道的事实与真实情况不符，其享有在报道该事实的媒体上自我申明、澄清事实的权利，而相关媒体负有刊载其申明、陈述的义务。众所周知，我们进入了一个自媒体时代，话语权极度下沉，人人手握"超级麦克风"，利用自媒体发布、转发各种消息、视频，甚至还可以自己创作、编辑并发布各种消息。一方面，这些自媒体具备传统媒体所具有的发布、转发各种信息的功能；另一方面，其还具备传统媒

---

* 本文完稿于2021年12月。

体不具有的功能,因为自媒体是向全世界发布消息,受众是无限的,一旦发布可以无限次下载,瞬间就可能被无数次转发,迅速发酵,有的信息在短短几分钟之内就被成百上千万次转发。

毫无疑问,新媒体的出现给人类带来了巨大的福祉,为消息的传播、技术的进步带来了便利,但是也带来了不可避免的问题,这就是一些自媒体转发、编发的部分消息,确实是虚假的消息,甚至是构成民事侵权的信息。而这种侵权,与纸质媒体不同,一旦发布,就是向全世界发布,所造成的损害后果是无法估计的,损害一旦发生,也具有不可逆转性和难以弥补性,甚至被搜索引擎收录之后,还无法消除。英国的雷丁教授曾言:"上帝可能会宽恕和忘记我们每个人的错误,然而互联网却从来不会。"① 哪怕你在年轻时候做错了一件事,被互联网转发出来,都要被搜索引擎永久记住。

我认为,面对因自媒体推送、转发信息而引发的大量民事纠纷,一个及时解决纠纷的有效办法是赋予相关当事人回应权,以及时地化解纠纷,解决矛盾。在民法典制定过程中,我积极建议应当规定回应权,但有学者认为,传统媒体本身具有自身的审核和把关机制,所以,刊载假新闻、假消息的情况较为少见,因此,没有必要专门规定回应权。否则,在一些大报上刊载回应内容,也会影响这些报刊的信誉。最终,民法典并没有对回应权作出明确规定,但《民法典》第1028条规定:"民事主体有证据证明报刊、网络等媒体报道的内容失实,侵害其名誉权的,有权请求该媒体及时采取更正或者删除等必要措施。"该条规定中采取了"等必要措施"的表述,这也为未来通过解释该规

---

① Viviane Reding, Vice President, Eur. Comm'n, The EU Data Protection Reform 2012: Making Europe the Standard Setter for Modern Data Protection Rules in the Digital Age 5 (Jan. 22, 2012).

定,使其包含回应权留下了空间。

为什么有必要在法律上规定回应权,我认为,主要有如下几个原因:

一是及时澄清事实真相。回应权实际上赋予遭受错误报道的受害人"自证清白"的权利,可以补偿甚至消除受害人的精神损害。俗话说,"造谣一张嘴,辟谣跑断腿"。在互联网时代,在哪里辟谣最合适?应当说在哪里发出的谣言信息,在哪里澄清最为合适。因此,赋予权利人回应权,使其有权在相关的报刊等媒体发布澄清声明,最有利于及时澄清事实真相。回应必须是针对事实进行回应,而不是针对有关的评论。

有人认为,如果自媒体发布的信息确实不实,那么相关平台都有投诉机制,为什么不借助投诉机制而必须回应呢?我认为,投诉机制代替不了回应。一方面,自媒体推送、转发的信息以亿计算,而其中夹杂着大量的侵权信息,如果都由平台判断是否构成侵权,是否应当采取屏蔽、断开链接等措施,显然是不可能的。平台不可能有如此强的信息识别和处理能力。但是,平台可以提供一个回应的机制,让双方都亮明自己的观点、事实和依据,提供这样一个回应的机会,就使得公众从回应中了解事实真相。这也有利于及时化解纠纷。如果通过回应,双方达成谅解,公众也知道了真相,那么消除了侵权后果,侵权人就没有必要再走诉讼渠道,双方的矛盾可能就到此了结了。这是一个很好的化解纠纷的途径。

二是及时化解网络侵权纠纷。如前所述,自媒体时代,一旦发生侵权,就可能瞬间发酵,造成的后果也难以估计,如果当事人通过诉讼的方式解决纠纷,不仅耗费精力,而且时间较长,即使拿到胜诉判决,相关的损害后果可能也已经难以弥补了。例如，某个微信公众号推送某篇文章，指责某企业的产品不合格，如果通过诉讼，在终审判决生效后，受害人的产品可能已经下架，甚至已经被大量退货，损失已经难以挽回。但如果确实不存在产品不合格的现象，通过回应就可以及时止损，非常迅速，无须等待漫长的司法裁判程序，让公众迅速了解事实真相，避免误会或者谣言的传播。

三是保护当事人平等使用自媒体的权利。回应权就是要给予权利人一种权利，如果某个公众号刊载了不实信息，当权利人作出回应时，公众号应无权拒绝。在哪个平台发布消息，就在哪个平台进行回应，而同一个平台的阅读人群都是固定的，所以回应就格外有效，因为回应针对的是可能误解的人群，针对性强，双方地位平等，具有对等性。在解释回应权的合理性时，德国一些学者提出了"媒体的均衡武器"（Waffengleichheit）理论，认为在同一媒体上发布回应的权利，实际上是给予了受害人武器平等的权利，这是保护人格权的最高效手段之一。[①] 美国也有学者提出了具有类似含义的概念，称为"使用（或者接近）媒体权"（access to the media）理论。[②] 该理论认为，有的人能够接近媒体，利用媒体发布不实消息，如果该不实消息造成了受害人损害，受害人必须享有在该媒体作出回应的权利，也就是有权接近媒体，这种对等的权利实际上具有保护受害人的重大作用。有人认为，如果某个微信公众号发送了消息之后，权利人完全可以自己创造一个公众号，并在该公众号发布消息，为什么一定要在发布侵权信息的公众号上发布消息呢？因为发布

[①] MüKoBGB/Rixecker, 9. Auflage 2021, Anh. zu § 12 Rn. 385; BeckOK InfoMedienR/Brose/Grau, 33. Ed. 1.8.2021, BGB § 1004 Rn. 1.

[②] Jerome A. Barron, Access to the Press—A New First Amendment Right, 80 Harv. L. Rev. 1641(1967).

信息的公众号与其他公众号的受众面可能是不同的,发布信息的公众号的受众面可能很广(例如,可能是由某个网络大V、网红创办的),而新的公众号的受众面可能较小,所以,如果不享有回应权,就会造成一种武器不平等的后果。

回应权是诉讼外解决纠纷的重要机制,大量的纠纷通过回应就可以及时化解,但如果没有这种回应权,受害人就只能走诉讼途径。我认为,在自媒体时代,针对平等主体之间的侵权信息,仍然应该采取多元化纠纷解决机制,不能都指望通过诉讼化解纠纷,如今,已经到了一个诉讼爆炸的时代,如果所有的纠纷都只能走诉讼途径,那么不知道法院会增加多少案件。现在案多人少的矛盾已经压得许多法官喘不过气来,如果将每天发生的因自媒体刊载消息引发的纠纷都交由法院解决,不仅效果不佳,而且将会使法院不堪重负。所以,还是应当采取多元化的纠纷解决机制,其中回应权是一种可行的方法。更何况,有些受害人也不愿意提起诉讼,因为一旦起诉,很可能就登上了热搜,成为舆论的焦点,反而会使矛盾激化。

应当承认,传统媒体确实都有一套审核机制,而且对消息源的认定审查、把关较为严格,但是我们必须注意到,我们现在进入了自媒体时代,而在自媒体时代,几乎每个人都可以创办微信公众号,并在上面发布相关的信息,用传统的审核机制要求每个微信公众号的运营者负有审核义务,根本做不到。所以,通过建立审核机制来从源头上解决这个问题,显然是不现实的。这也更凸显了自媒体时代规定回应权的必要性。

从比较法的考证而言,回应权(droit de réponse)最早由法国在1822年的《新闻法》中予以确立,其被称为"反驳权制度",而后该制度又被1881年7月29日的《出版自由法》予以规定,并被认为是保护隐私等权利的重要方式。法国关于回应权的规定对其他国家也产生了影响,有些国家的立法也相继移植了法国法关于回应权的规定,如1983年修订的《瑞士民法典》在第28g—28l条规定了"回应权制度",并明确规定参加政府的公共讨论时,对于忠于事实的报道,如果当事人也参加了讨论,则回应权不能成立。同时,瑞士法还对回应权的行使规则作出了细化规定,如规定当事人只能通过简洁的方式针对有异议的事实进行回应,如果当事人的回应违背事实、违反法律或者公序良俗,则相关媒体有权拒绝其回应请求。这些国家之所以规定回应权,是因为要在言论自由与受害人保护之间取得一种有效平衡,防止言论自由、新闻自由被滥用,同时也有利于及时化解纠纷。《民法典》第1028条规定的"等必要措施",实际上就包括了回应权,我认为,未来相关司法解释可以明确将该条解释为包含回应权。

当然,回应权的行使不等于诉权的行使,行使了回应权,仍然可以行使诉权。在进行回应的同时,权利人也可以提起诉讼,或者在回应之后仍然未能解决双方的矛盾的,权利人同样可以提起诉讼来寻求司法救济。行使回应权不等于放弃诉权。

最后需要指出的是,回应权的适用对象应当包括各种媒体,但将回应权适用于解决因自媒体发布信息而引发的纠纷,可能最为常见,也最有效率。因为自媒体不像传统媒体那样具有严格的审核程序,所以很容易出现侵权信息,而且自媒体百分之九十都是个人举办的,也没有留下有效的联系方式、联系人,这也给维权带来极大困难。要求微信公众号全部实名可能有些困难,但是公众号至少应该在前端留下联系方式,便利被侵权人及时联系平台,作出回应,从而能够及时化解纠纷、解决争议。如果说书报、杂志等传统媒体都需要对外提供公开联系的方式，以接受社会监督，那么自媒体也应遵循同样的规则。我认为回应权的行使，也是一种依法管网、治网，确认和保障回应权的行使，对于还网络空间一片清朗的天地、保护当事人的合法权益至关重要。

法治是一种生活方式

第四编
司法制度

如何应对诉讼爆炸?

近几年来，随着我国司法改革特别是立案登记制改革的推进，诉讼案件每年都在大幅增长。以民事案件为例，2020年全国法院受理的民事案件约为2800多万件，2021年增长到了2950多万件，而且从发展趋势来看，还在继续快速增长。故而，很多学者认为，我国进入了一个前所未有的诉讼社会，也可以说，已经进入了诉讼大爆炸时代。

毫无疑问，诉讼爆炸在一定程度上反映了人们维权意识、法律意识的明显提升，因为在过去，许多可以靠行政调解等方式解决的纠纷，如物业纠纷、消费者权益保护纠纷、劳资纠纷等都进入了法院。确实，从实践来看，这无疑也从一个层面反映中国法治的进步，反映中国社会正在不断向法治社会转型，也反映了中国正处于各种社会矛盾多发的社会转型期的特点，但与此同时，诉讼爆炸也带来了一系列的社会问题，值得我们关注。

诉讼的爆炸产生了案多人少的困境。许多地方的法官平均每年的办案量达到500件，几乎每天要办两个案件，以北京市朝阳区法院为例，其每年受理的案件就多达55000件，是全国收案最多的基层法院，而审判人员只有70余名。一般而言，一个案件要结案，通常需要经过当庭质证、认证程序，并需要法官作出裁决。办好一个案件，至少要占用法官一天的时间，按照前面的统计数据，即便把周末算进去，每位法官每天仍要办一两个案件。而且除办案外，法官往往还负担一些日常行政工作，如接访、参加政治学习等各种活动，除去这些事项，法官真正办案的时间是十分有限的。为了办这么多的案件，法官往往需要加班加点，"白加黑""五加二"可能成为许多法官工作的常态，即便如此，许多法院仍然难以及时安排开庭，一些案件的开庭时间都已经排到几个月之后了，这将不可避免地导致案件的审理延期。

诉讼爆炸必然影响裁判质量。面对这么多的案件，法官很难在裁判中进行详细说理。在案件裁判过程中，法官既需要花时间查找类案、参考类案裁判，又要详细分析案件的每项证据，并且找法、用法、释法，进行富有逻辑的说理，这些都需要花费大量的时间和精力，唯有如此，才有可能写出优秀的裁判文书。而在案件数量快速增加的情况下，许多法官苦恼没有足够的时间办案，这导致裁判文书质量很难提升，甚至出现了明显下降的现象。从根本上说，造成这种现象的原因并不是法官的水平下降了，而是法官的办案时间难以保障，使得法官没有充足的时间进行裁判说理。

诉讼爆炸也可能影响司法的权威性与公信力。应当看到，诉讼爆炸现象的出现一定程度上反映了司法公信力的提升，即人们对通过司法解决纠纷充满了期待。但我们也必须看到，司法的资源是有限的，这在任何国家都是如此，不可能将所有的矛盾、纠纷都提交司法解决，这是司法不可承受之重。任何国家的司法所解决纠纷的资源都是有限的，司法在解决矛盾和纠纷中的角色和功能也是有限的，法院是最终的纠纷解决机构，但并非唯一的纠纷解决机构。必须看到，对许多纠纷而言，通过其他途径予以解决，可能比通过司法方式解决更有效率。比如，涉及专业评价的纠纷，如职称评定纠纷、体育赛事纠纷等，通过专家进行评判可能更为合理，所得出的评判结果也比法官裁判更有说服力。对此类纠纷，即便司法介入，法官也很难作出专业评价，如果将司法放在此类纠纷解决的第一线，反而可能使司法陷入解决矛盾的漩涡，难以真正发挥其解决纠纷的功能。尤其应当看到，在诉讼爆炸的情形下，如果判决质量不能得到有效保障，裁判的说理性不强，甚至根本不说理，人们也很难从裁判中看到公平、正义，这反而会导致司法的权威性下降。长此以往，也会影响司法的公信力。

从实践来看，司法帮助政府解决了大量的难题，特别是涉及征收、拆迁等纠纷，但事实上，对此类纠纷而言，司法并不一定比政府解决纠纷具有更高的效率，因为政府掌握了司法所不具有的资源，如政府可以通过提高财政补偿等方式解决相关纠纷，这是司法做不到的。因此，由司法完全代替政府解决相关纠纷，也是不现实的。

还应当看到，在某些情形下，司法未必有助于化解矛盾。中国古代有"饿死不做贼，冤死不告状"的说法，这反映中国老百姓在内心对司法的排斥心理，与旧中国"自古衙门朝南开，有理无钱莫进来"的司法黑暗状况具有密切关系，同时，也反映了中国本来是一个人情社会，在亲友间一旦发生诉讼，"打一场官司等于撕破了脸""一场官司十年仇"。本来是家庭成员之间、邻里之间的小矛盾，但一旦打起官司，可能不仅没有解决纠纷，反而会加剧矛盾。所以，在出现了此类矛盾后，通过调解、和解予以解决，所起到的社会效果可能更好。所以，要实现社会的和谐，并不一定都要通过诉讼化解纠纷。在进入诉讼爆炸时代后，我们也应当意识到，诉讼爆炸并不完全是好事，其虽然是法治进步的体现，但对社会的和谐、有序并非当然有益。那么，我们应当如何有效应对这个现象呢？

首先，我们必须要认识到司法资源的有限性，司法是解决社会矛盾和纠纷的最后一道防线，对于能够通过前置程序解决的纠纷，应当尽可能通过前置程序予以解决。例如，依据《个人信息保护法》第65条的规定，针对违法处理个人信息的行为，任何组织、个人都有权向履行个人信息保护职责的部门进行投诉、举报，相关部门也应当依法及时处理，并将处理结果告知投诉、举报人。因此，针对个人信息保护纠纷，能够通过投诉等方式解决的，并不一定都要通过诉讼的方式化解。再如，物业纠纷可以通过业主自治、业主章程，由业主委员会解决，未必都需要起诉到法院。涉及专业评价、体育评价的纠纷，也应当尽可能通过教育机构、体育机构予以解决。这也符合司法机关是纠纷的最终解决机构的功能定位。

其次，实行多元化的纠纷解决机制（ADR），尤其要注重发挥调解、仲裁的作用。从实践来看，仲裁作用已经得到了很好的发挥，但调解在纠纷解决方面的作用仍然很不够。我们应当重视发挥人民调解的功能。虽然依据人民调解法的规定，经人民调解委员会调解达成调解协议后，双方当事人认为有必要的，可以依法共同向人民法院申请司法确认，人民法院也应当及时对调解协议进行审查，依法确认调解协议的效力。但从实践来看，不少法院往往不愿意认可人民调解的结果，不敢在调解协议上盖章，这也导致在调解结束后，一方如果不履行调解协议，对方当事人还要提起诉讼。为了充分发挥人民调解的作用，应当明确如果符合一定的条件，法院应当依法承认调解协议的有效性。

最后，要加大繁简分流，合理配置司法资源。另外，可以考虑适当提高诉讼费用，目前，当事人通过诉讼方式解决纠纷的成本太低，这虽然有利于保护弱势群体，但不利于限制诉讼。我认为，在提高诉讼费用的同时，可以加大对弱者的诉讼费减免，即对真正困难的当事人，应当依法减免其诉讼费用，但对经济并不困难的当事人，则应当提高诉讼费用，增加诉讼成本，这也有利于有效遏制诉讼爆炸现象。

宁可错放,不可错判

党的十八大以前,媒体曾经多次披露一些在全国有重大影响的冤假错案,如河南赵作海杀人案、浙江张氏叔侄强奸案、内蒙古呼格吉勒图案等,这些案件被披露后,引发社会广泛关注。

关注的焦点不仅在于人们对无辜受害人的同情,而且更涉及如何面向未来尽可能地避免冤假错案的发生。

实际上,不少冤假错案是因为屈打成招或者犯罪证据审查不严造成的。因此,冤假错案的预防应严格规范刑事案件侦查、起诉和审判等各个环节,强化程序保障。不过,凡事都要一体两面地看待。规范的刑事司法程序在保障好人免于冤屈的同时,也可能会使某个犯罪分子漏网,逃脱法律制裁。也就是说,避免好人被错判也有可能难以避免地错放坏人。因此,当我们努力防患错判、冤枉好人的同时,也不得不正视因此放过坏人的可能性,这就需要我们在两种价值取向中作出取舍。

有一种观点认为,应当将防范冤假错案作为人民司法工作的底线,要像防范洪水猛兽一样来预防冤假错案,"宁可错放,不可错判"。我认为这种选择是不无道理,值得深思的。

对于"宁可错放"的说法,确实需要准确解读。我理解的是,它并不是说要纵容犯罪行为人,而实际上体现的是一种疑罪从无的思想。当然,仍有很多人将疑罪从无视为西方舶来品,但其实我国古代就有疑罪从无的思想。《尚书·大禹谟》云,"宥过无大,刑故无小;罪疑惟轻,功疑惟重;与其杀不辜,宁失不经"。意思是,罪行轻重可疑时,宁可从轻处置;功劳大小可疑时,宁可从重奖赏。明代张居正也说:"与其杀无罪之人,使之含冤而死;宁可失经常之法,而从轻易生全之。"其实古代刑法例历来也推崇疑罪从无。由此可见,宁可错放体现的就是这种疑罪从无的思想。因为在罪与非罪界限不清的时候,与其冤枉一个好人,不如实行疑罪从无。当然,这就难免有可能放掉一个坏人。这正是保护好人不受冤枉而不可避免要付出的代价。

古今中外,无论社会治理得多么井然有序,法治如何健全,技术如何先进,都难以避免冤假错案。甚至在西方标榜自身法治如何成熟的国家,冤假错案也比比皆是。例如,在美国,许多州都建立了"无辜者中心"(Innocent Center),通过"无辜者行动"(Innocent Project)对可能错判的案件进行复查。这个机构也经常发现一些冤假错案。[①] 在美国科技这么发达的国家,刑事侦查中大量采用了先进技术,但仍然避免不了冤假错案的发生,这是因为冤假错案的发生原因很多,有制度层面、执法层面、规则层面、技术层面等多种原因。现实中常听人说"既不冤枉一个好人,也不放纵一个坏人",作为司法机关和行政机关追求的目标,这一提法是完全正确的。但是要真正实现这一目标,彻底根除冤假错案,绝不是一件容易的事情。

那么,问题就在于,出现了刑事犯罪,特别是发生了命案之后,

[①] 参见何家弘:《错案为何能复制》,载《人民法院报》2013年4月26日。

一时难以判断犯罪嫌疑人是否真正实施了犯罪行为，此时，裁判者就会遇到一个两难的选择，要么是使无辜者无端受刑，要么是使其无罪。面临着两难的选择，如果采取疑罪从有、疑罪从轻，可能使无辜的人承担刑事责任，织网过密虽难有漏网之鱼，不会过多放纵坏人，但必然会带来更多的冤假错案。如果采取疑罪从无，在缺乏足够的证据确定某人实施犯罪行为时，不对其定罪量刑，虽然可能会有漏网之鱼，有的坏人趁机脱逃，但不会使无辜者承担刑事责任，蒙受冤屈。疑罪从无实际上是在两难选择中不得已所采取的一种最佳选择，这就是两害相权取其轻，即放掉一个有罪的人，纵容了凶手；而冤枉一个无罪的人，既伤害无辜，又纵容了凶手。抓捕一个无辜之人本身就是犯了一个错误，如果再错杀一个无辜之人等于再犯了一个错误，实际上是犯了两个错误，错上加错，还不如放掉他反而减少一个错误，放过一个凶手只是犯了一个错误。

"宁可错放，不可错判"体现的是宪法确认的人权保障思想，其实，最大的人权莫过于生命健康权、人身自由权，如果一个人含冤入狱，最后甚至含冤而死，可谓百身莫赎，千金难换。杀人不像割韭菜，割了韭菜可以再长出来，而人死不能复生。就像呼格吉勒图案一样，呼格吉勒图被执行死刑后，虽然后来冤案得以平反昭雪，但呼格吉勒图已经被执行死刑，损失已经无法挽回。还有一些如赵作海、张氏叔侄等人，虽然没有被执行死刑，但因为蒙受巨大冤屈而使其承受了巨大的痛苦，使其家庭承受了巨大的灾难。正如前河南省高院院长张立勇所说，赵作海冤案可以说祸及其三代，灾难如同天塌下来一般。这些损失并不是金钱赔偿所能够完全弥补的。所以，保障人权，最关键的还是要避免冤假错案。

"宁可错放,不可错判"是维护司法公正的重要举措。习近平总书记曾经在谈到司法公正时,精辟地指出:"要懂得'100-1=0'的道理,一个错案的负面影响足以摧毁九十九个公平裁判积累起来的良好形象。执法司法中万分之一的失误,对当事人就是百分之百的伤害。"司法裁判特别是刑事裁判,关乎生杀予夺,出不得半点差错,不像产品可以有1%的不良品,一个错误的司法判决可能使受害人遭受灭顶之灾,同时,也会使司法蒙羞。司法形象可能会因为一个错误判决而受到极大伤害,也就是说,一旦出现冤假错案,就可能使很多人多年维护司法权威和司法公信力的努力付诸东流。

"宁可错放,不可错判"是维护程序正义的必要手段。从已经发生的一些冤假错案来看,虽然原因很多,但其中存在一个共通性的问题,即在调查取证中存在违法取证、刑讯逼供的行为。中国人民大学法学院教授何家弘在2007年曾做过类似的实证研究——通过对50起涉嫌杀人案件的研究发现,把刑讯逼供获得的口供作为定案根据往往是造成错案的重要原因之一。在这50起刑事案件中,被法检认定存在刑讯逼供以及虽然未经认定但很可能存在刑讯逼供的情况占到九成以上,仅3起案件不存在刑讯逼供的情况,占6%。[1] 在司法实践中,坏人可能因难以被认定犯罪而被放过,但这并不意味着"错放",许多情形下是因为证据不充分而不得不放过。曾有权威统计显示,我国刑事案件破案率只有30%左右。其实,美国刑事案件的破案率也不高。因此,在缺乏充分证据的情形下,将犯罪嫌疑人释放,并不构成错放,而是依法释放。如果犯罪嫌疑人被指控的证据不足以证明其有罪,就应当依法宣告无罪;如果已经查明的案件事实不足以认定其有罪,则应当认定其无罪。

---

[1] 参见《〈财经〉平冤系列报道之十:冤案成因解析》,载《财经》2015年8月13日。

如果在案件侦查过程中存在非法证据,就应当依法予以排除。在适用死刑上不能存在任何的合理怀疑,在定罪和量刑的事实、证据上凡存在合理怀疑者,就应当依法不适用死刑。

"宁可错放,不可错判"的结果,确实有可能使个别坏人逍遥法外,但法网恢恢疏而不漏,那些暂时逃脱法律制裁的坏人,最终也逃不过法律的制裁。

法院能与公司搞战略合作吗？*

最近我注意到，有的法院在官网上公开报道与某某公司开展深度战略合作，并将此作为重要新闻发布。例如，有法院与保险公司展开战略合作，"探索建立解决执行难的长效机制，充分发挥保险的功能作用，打造共建共治共享的综合社会治理格局，助力破解执行工作查人找物难、财产变现难等问题，同时增强保险金融业的健康发展"。合作领域包括但不限于以下内容：保险合作项目、共同推进信息化建设、交流合作等。①

司法机关能否和公司开展深度战略合作？这是一个值得探讨的问题。应当说，人民法院与保险公司开展合作确有可能助力破解执行工作查人找物难、财产变现难等问题。因为，保险公司有可能根据投保信息等帮助法院研判被执行人的财产线索等重要执行信息，也有助于在一定程度上解决执行难问题。因此，探索和开展此类合作的初衷不可谓不好。不过，此类合作的性质为何，目的何在呢？如果如报道中所说的，希望通过开展"保险合作项目"，以"增强保险金融

---

* 本文完稿于 2022 年 2 月。

① 参见《给力！山西高院为"执行"上了 6 项"保险"》，载全国法院切实解决执行难信息网（https://jszx.court.gov.cn/main/LocalCourt/133749.jhtml），访问日期：2022 年 1 月 25 日。

业的健康发展",则其妥当性值得讨论。

应当承认,司法机关不是不食人间烟火的机关,为了保证其机构的正常运行也需要从事各种必要的民事活动。例如,除了满足日常运维之需,还要出于不断提升司法审判智能化水平的需要去购买技术支持和服务,包括从市场化的科技公司采购技术服务、职能设备使用的培训服务等。此外,司法机关为解决职工住房、子女教育乃至社会保障等问题,也需要和有关组织开展合作,甚至法院的工会组织也有必要为工会成员向保险公司购买保险。司法机关的这种合作更多地应该是以一种机关法人的名义与其他企业订立民事合同,与普通的民事主体的交易没有本质区别。但是,如果司法机关与包括保险公司在内的各种企业开展全方位的战略合作,则双方的交往目的不再是满足和提升法院运维水平、实现员工福利保障的安排了。因为在一般人看来,如果法院与公司之间实行战略合作,就会在二者之间形成一种特殊的关系,一旦该公司有案件在法院,法院对自己的战略伙伴能不能保持中立,则不得不打一个问号。

众所周知,司法审判机构的重要使命在于依法公正裁判案件,需要尽可能在裁判活动中保持独立性和中立性。司法权本质上是判断权,法官在裁判时应当保持中立,这样才能作出独立的、公正的裁判。这既是司法工作的性质使然,也是司法程序公正的必然要求。其实,中国古代一些思想都体现了司法权是判断权的思想。从汉语"辨"的字义来看,其由两个"辛"和一个"人"组成,两个"辛"表示涉及刑事的双方,即原告与被告;中间是"人",指的就是判官,表示升堂后诉辩双方分立两侧,法官居中裁判。类似地,英文中的 judgement 对应了依据法律判断的含义。因为,裁判(judgement)是在 jus(法)一词的基础上派生出的概念，在法律上表达的就是依法判断的意思。法官（judge）这个词表示的就是作出判断的那个人，即将居中依法判断作为本职工作的人。法官就是要判断是非曲直，如何理解是非曲直？现代国家大都有明文规定。我国《民事诉讼法》第 7 条规定："人民法院审理民事案件，必须以事实为根据，以法律为准绳。"这实际上就是对民事裁判过程中明辨是非要求的具体体现。而明辨是非中的"是非"既包括法律事实上的是非，也包括法律适用上的是非，就是要在查清事实的基础上正确适用法律判断。要达到明辨是非的效果，不仅要从法官个人层面强调清正廉洁、独立公正，而且从法院机构层面也需要强调保持独立性和中立性。如此才能依法公正处理案件，实现司法的公平正义，保证案件裁判不偏不倚。

如果法院和保险公司等企业开展深度战略合作，那么，首先可能遇到的问题就是，这些企业一旦产生了纠纷诉讼至法院，司法机关作为合作方必然面临利益冲突。毕竟，作为法院的战略合作伙伴的某个公司，无论是作为原告还是被告，法院很难在利益上与其完全切割开，很难平等对待该公司与其他当事人，如此，也与司法机构需要保持中立性的性质要求相冲突。网络上近期有一个流行词叫"南山必胜客"，是指某互联网企业屡屡在深圳市南山区人民法院起诉并胜诉，故网友将其法务部门冠名为"南山必胜客"。这个词甚至作为一个关键词被收录进了百度百科。当然，该互联网企业的胜诉可能都是有道理的。但是，这种深度合作的现象确实容易让人产生联想，也容易让人对司法的中立性产生怀疑。那么，一旦法院和保险公司建立深度战略合作关系，保险公司就成了法院的战略合作伙伴。当保险公司成为该法院的当事人之后，无论是作为原告还是作为被告，法院如何对待其深度战略合作伙伴？从另一方当事人的角度来看,其难免会提出诸多质疑。即便法官在个案中坚持依法裁判,但另一方当事人根据法院与保险公司的战略合作伙伴关系质疑裁判的公正性,也不能完全说是空穴来风。

另一个令人担忧的问题是,法院与保险公司等企业建立战略合作关系,是否会为保险公司提供特别的帮助?例如,在前述的合作合同中,法院与保险公司约定:希望通过开展"保险合作项目",以"增强保险金融业的健康发展",那么,如何增强保险金融业的健康发展?按理说,法院只要依法公正裁判涉及保险金融业的案件,那就是维护国家保险金融业的健康发展。但在此之外,法院能否承诺帮助某个特定的保险公司实现行业的健康发展,听起来感觉多少有些别扭。在实践中,如果法院与保险公司建立战略合作关系,那么,保险公司的工作人员包括公司法务就可能有机会在正常的诉讼程序之外的环节获得机会,面见法官甚至向法官了解和咨询案件的胜诉可能性。这很可能影响公司对案件走向的判断,以及公司的争议解决策略。对该公司有利的,该公司可能选择积极主动起诉;不利的,也有了更多与另一方当事人谈判和解的底牌。这种方式看起来好像不会对裁判的公正性产生负面影响,但实际上,这导致该公司提前了解法官的倾向,该法院既违背了民事诉讼法上武器对等的基本原则,也违背了中立性和公正性的要求。与保险公司相比,另一方当事人就在司法审判程序上处于相对不利地位。

那么,法院与保险公司开展深度战略合作,是否能够获得保险公司提供的关于被执行人的财产线索等重要执行信息?我认为,这种可能性是存在的,但也不宜通过与企业达成战略合作的方式来获得。因为,法院作为代表国家行使司法审判权的机构,本来就有权在执行过程中要求保险公司依法提供相应执行协助信息的义务。只要是在法定的执行权限范围内，保险公司都有义务提供相应的信息。相反，如果法院希望保险公司提供超出法定的执行权限范围的信息，是不合法的。更何况，当作为法院战略合作伙伴的保险公司遇到与自己有利害关联的被执行人，如何提供信息也会成为一个不小的问题。

司法是维护社会公平正义的最后一道防线，为了实现这一目的，司法应当保持中立性，这是实现司法公正的基本前提。正是从这个意义上说，人民法院不宜与包括保险公司在内的企业开展战略合作。

司法应当向"和稀泥"说不

2020年5月25日,最高人民法院院长周强在第十三届全国人大第三次会议上作最高人民法院工作报告时说,人民法院要坚决防止"谁能闹谁有理""谁横谁有理""谁受伤谁有理"等"和稀泥"做法,让司法有力量、有是非、有温度。通过明断是非,努力实现社会公平正义。

在拒绝"和稀泥"精神的指导下,全国法院审理了一系列案件,确实在一定程度上收到了良好的社会效果。例如,在郑州阻止老人电梯吸烟案中,法院判决阻止者免责;在撞伤儿童离开遇阻猝死案中,法院判决阻拦者不担责,从而鼓励了见义勇为行为;在患者飞踹医生反被伤案中,法院改判医生为正当防卫;在冰面遛狗溺亡索赔案中,法院判决自甘冒险者自负其责;在小偷逃逸跳河溺亡案中,法院依法判定追赶群众无责,宣示见义勇为者不用承担过重注意义务①;在广州摘杨梅坠亡案中,法院认为,吴某因私自爬树采摘杨梅跌落坠亡,村委会并未违反安全保障义务,不应承担赔偿责任。这一系列案例显现出人民法院拒绝"和稀泥"的鲜明态度,向社会传导了明确的是非观和正义观。

---

① 参见《矫正"谁死伤谁有理"!司法有是非,告别"和稀泥"》,载《羊城晚报》2020年9月28日。

司法对"和稀泥"说不，是价值导向上的一个重大转化，很长时间以来，我国司法虽然是以实现公平正义为目标，但也倡导"案结事了"，即平息当事人的诉讼，至于裁判的结果是否真正实现了个案正义，并没有被放在重要的位置。那么，为了追求案结事了，有的法官就采取"各打五十大板"的做法，有的法官采取有理无理、反复调解的做法，尽可能地让有理一方拖不起时间，从而作出让步，以达到能够让无理的一方满意的结果。当然，更有甚者，有的法院为了追求案结事了，对双方当事人"无理三扁担，有理扁担三"。例如，在前述郑州阻止老人电梯吸烟案中，一审法院为了安抚死者家属，基于公平责任原则，判决劝阻吸烟者承担部分责任。此案在公布后确实引发社会一片哗然。

如果司法"和稀泥"是为了案结事了，不能说没有一定的合理性。有学者认为，这种做法虽然不一定能够实现个案的正义，但可以实现社会的正义，因为做到案结事了就维护了社会稳定，因而可以获得一定的社会效果。这里确实可能存在个案正义和社会正义的冲突问题。的确，如果个案中的裁判完全明辨是非，判决一方败诉，败诉的一方可能因为不理解而不断上访、告状，引发社会的不和谐。但应当看到，个案正义与社会正义是不冲突的，社会正义是由个案正义组成的，只有实现个案中的裁判正义，才能最终形成总体的社会正义，这就是习近平总书记指出的，在司法中"要懂得'100-1=0'的道理"。司法不像是生产产品，允许一定的瑕疵率，其应当对冤假错案零容忍，任何不公正的判决，必然损害个案中当事人的权利，因为"一纸判决胜过一摞文件"，一个错误判决可能产生重大的负面影响。公正的判决可以引导人们从事正确的行为。只有通过无数个明辨是非、体现公正的裁判才能实现社会正义，也才能够在民众中建立起是非分明的价值观念，并在将来对是非的后果产生合理预期，形成良好的秩序。按照法律经济学的看法，法律作为一种社会规范秩序，其具体制度设计不应当局限于实际发生纠纷的个案，而应当考虑特定规则可能对个案之外的其他人产生的行为诱导效果。法律规则的评价应当从其对社会的整体影响来考察。

司法拒绝"和稀泥"就是要传播一种公平正义的价值观，树立正确的行为导向，引导人们正确行为。现代社会，司法裁判不仅仅是针对个案当事人，其实通过裁判的公开，对整个社会传递哪些行为受法律鼓励和保障，哪些行为不被支持或应当受到限制，这就会从对既有争议的解决，扩大到对潜在行为的引导和对潜在争议的提前化解。传统上我们将立法视为引导人们行为的主要工具，但随着司法判决公开的强化，特别是随着司法判决说理的充分化和公开化，司法判决将与立法在很大程度上发挥类似的社会规范功能，对人们的行为具有前瞻性的引导作用。在这个意义上，法官在撰写司法裁判的时候，除了要着眼于案件的直接当事人，还要有意识地去考虑判决本身将对潜在利害关系人产生的未来影响。另外，司法裁判传递正确的价值观，引导人们正确行为。这些导向包括见义勇为、互帮互助、诚实守信、禁止滥用权利等，每一个价值导向背后都传递了正确的价值观。通过裁判的说理，传递正确的价值导向，有利于降低治理成本，实现社会综合治理。例如，在郑州阻止老人电梯吸烟案中，如果法院判决劝阻者担责，则可能鼓励人们在电梯吸烟，人们也不敢劝阻，否则可能需要承担责任。如此一来，在公共场所吸烟时，人人都不敢劝阻，吸烟者可以公然无视禁止吸烟的规定，这就会引导人们错误行为。司法"和稀泥"可能模糊公平、正义、是非的界限，使人们难以准确判断是非。

司法拒绝"和稀泥"，这本身是司法作为判断权的应有之义。司法就是要平定冤狱，定分止争。法官（justice）的概念在英文中就有公平、正义的含义。司法权的行使依赖于法官的独立思考和判断，不论是对当事人陈述还是对证人证言的判断，都需要法官在近距离观察的基础上作出独立的判断。但长期以来，我们更多地将司法裁判的功能局限于定纷止争，着眼于案结事了，忽略了通过定分止争、明辨是非，实现司法所追求的公平正义的目标。法律和司法的功能，应当是"定分止争"，而不是"定纷止争"。在司法领域，"定分止争"中"分"的意义在于"权利归属"。法律只有划定了明确的权属界线，才能厘清每个人的行为界限，进而确保自己的行为不会逾越界线，从而防止纠纷的发生。司法向"和稀泥"说不，不仅明辨是非，而且要向全社会传递明确无误的信息，即哪些行为是应当做的，哪些是不应该做的，某些行为应当承担什么后果。如果人们做了某种行为不仅没有受到惩罚，反而可以得到一些好处，这样人们就不会养成规矩意识。

司法拒绝"和稀泥"，也有利于提升司法的权威性和公信力。司法"和稀泥"的做法容易混淆是非观念，可能使人们养成"谁能闹谁有理""大闹大解决，小闹小解决，不闹不解决"的观念，影响司法的权威性与公信力。因此，司法拒绝"和稀泥"，依法保护当事人的合法权益，可以使人们养成依法解决纠纷的理念，并逐步形成纠纷能够得到依法解决的合理信赖，而不再担忧"人在家中坐，祸从天上来"，这也是人们安全感的重要内容。

总之，司法向"和稀泥"说不，是为了传递正确的价值导向，这是一个国家、一个社会、一个民族应当秉持的基本理念，也是一个社会能够有序运转的前提，同时也是维护社会公平正义，维护司法公信力的必由之路。

法无解释不得适用

——以受害人自甘冒险的案例为例

2021年,媒体报道的一个案例引发了争议,在本案中,张某与同学在某大学篮球场自发组织篮球比赛。比赛时,68岁的李婆婆横穿篮球场。张某在接球跑动过程中,后背不慎碰到李婆婆,将其撞倒在地。李婆婆受伤后被就近送往医院治疗,住院加门诊治疗,共计支付医疗费3.3万余元,其中张某垫付6000元。经司法鉴定,其伤情不构成伤残。二审法院认为,"看到球场上有学生进行对抗性的篮球比赛,应当预见横穿球场潜在风险,但李婆婆仍选择横穿球场,应视为'自甘冒险'行为,所产生的损害后果应由其自行承担"[①]。

本案中,二审法院认为李婆婆构成自甘冒险,我认为是不妥当的,理由在于:第一,《民法典》第1176条将自甘冒险者界定为"自愿参加具有一定风险的文体活动"的人,自甘冒险的受害人是因参与文体活动而遭受损害的人,而本案中李婆婆只是为了走近道穿越球场,其并不参与文体活动,因此,不应适用自甘冒险规则。第二,《民法典》第1176条所规定的自甘冒险,必须是由文体活动内在

[①] 《老人横穿篮球比赛场地被撞伤,法院:自甘冒险,不赔!》,载《长江日报》2021年5月10日。

的固有风险所产生的,而自愿参与者参与这种内在风险的活动,因其他参与人的一般过失行为造成损害,则应由受害的参与者自己承担损失。但本案中,李婆婆所遭受的损害并不是文体活动的内在风险所产生的,因而不应当适用该规则由其自担风险。第三,《民法典》第1176条所规定的自甘冒险规则的适用是"全有全无"式的结果,也就是说,在其他参与者只具有一般过失的情况下,就应当由受害人自担风险,从而完全免除其他参与者的责任。而在其他参与者具有故意或者重大过失的情况下,则应当由其他参与者负责。而在本案中,造成损害的行为人与李婆婆之间都可能具有一定的过失,倘若适用自甘冒险规则,将会导致行为人完全不承担责任的不合理后果。

本案实际上提出了在民法典颁布后,如何准确解释和运用民法典发挥裁判者在解释法律中的作用的问题。

"法无解释不得适用。"民法典颁布之后,民事法律的基本规范已经较为齐备,建立民法规则和体系的任务总体上已经完成,中国特色社会主义法律体系也因此进一步完善。在民法典颁布之后,摆在我们面前的有两大重要任务:一是使民法典从"纸面上的法律"(law in paper)变为"行动中的法律"(law in action);二是最大限度地发挥民法典在实施中的效果。二者都离不开法律解释方法的运用。只有准确运用法律解释方法,才能够准确理解和运用民法典规则,不断克服法典的滞后性,促进民法的发展和完善。因此,进入民法典时代后,我国民法学研究的重心应当从立法论转向解释论,这也昭示了一个民法解释论的时代已经到来并将长期持续。在这一过程中,解释论工作需要承担什么样的任务、发挥什么样的角色?需要遵循什么样的观念和方法?则是一个值得系统审视和重新思考的问题。

长期以来，我国司法实践中对法律的解释通常借助司法解释的方式完成，严格地说，大量的司法解释与充分发挥裁判者在解释中的作用之间经常形成一种张力。司法解释越多、越具体，则裁判者在解释法律中受到的限制就越多。但事实上，社会生活不断发展，案件类型也日新月异，法官在司法裁判实践中会遇到大量的新型案件，其可能是民法典在制定中并未为立法者所预见的，因而，需要裁判者作出解释。而裁判者的解释无法被司法解释完全取代。与立法活动类似，司法解释也具有一定的滞后性，因为实践中一旦出现某个新问题，即便是司法解释也难以立即作出回应，而需要经历司法实践的积累。因而，在司法解释颁行之前，不可避免地需要裁判者的解释，可以说裁判者的解释空间无法避免。而且由于司法解释具有准立法的功能，因此，即便其对特定的新型问题作出了规定，其规定也具有抽象性和概括性，如何将其与特定的案件事实相联结，以及如何解释适用该规则，也仍然有赖于裁判者的解释。

裁判者在个案中所作出的解释是针对个案中存在的法律问题进行的，其仅对个案具有拘束力。裁判者在作出解释时，应当阐明其所使用的法律解释方法，如文义解释、历史解释等，并且应当进行必要的说理论证。尤其是对于解释结论是否能和法律适用中的大前提、小前提相吻合，需要作出说明。与立法解释和司法解释不同，此种解释不具有法律渊源的属性。从司法层面看，准确地依据民法典展开裁判者的解释，可以有效防止法官解释和裁判活动的任意性，规范法官自由裁量权，保障司法的公正。法律解释的重要任务是探寻立法者的意志，准确地将现行法的规定适用于待决案件。此种解释就是发现法律、探求法律真意的过程，它最直接、最充分地表现了法律适用的特点。同时，裁判者在进行法律解释时要秉持正确的解释方法，并辅以充分的说理性论证。应当看到，在现阶段，由于缺乏运用方法论的自觉，部分裁判文书的说理论证并不充分；同时，由于实践中缺乏一套科学的法律解释方法，导致法官对法律规则的理解存在一定的偏差，这也是实践中"同案不同判"现象产生的重要原因，个别法官甚至"操两可之说"随意进行裁判，这也在很大程度上影响了法律的可预期性和法治的统一。

因此在民法典颁布后，必须从注重立法论向注重解释论转变，必须高度重视裁判者如何准确运用法律解释方法准确释法、用法，来处理相关的纠纷。裁判者在个案中的解释与民法典的适用存在互动关系。一方面，民法典是裁判者展开狭义解释活动的对象和依据。前已述及，在狭义的解释活动中，解释者应当在民法典的体系内完成解释工作，而不能代行立法职能。另一方面，裁判者的解释对于民法典的贯彻实施也具有重要意义。法律解释活动在很大程度上决定了成文法的生命力，也就是说，法律解释活动越发达，成文法调整社会生活的规范效果就越明显，其也更具有生命力。同时，法律解释也可以有效填补成文法的漏洞，并成为克服成文法刚性和僵化缺点的"润滑剂"。因此，如果相关的解释技术比较落后，成文法在遭遇挑战之后的生命力就显得十分脆弱，许多内容很快会暴露出其滞后性并最终不能得到真正适用。正是基于以上原因，在民法典的贯彻实施中，除立法解释和司法解释这些一般性解释外，还必须充分发挥裁判者解释的应有功能。

法律解释方法是指运用什么样的方法来解释法律本文，填补法律漏洞。在古希腊语中，方法有"通向正确的道路"之义。正确运用解释方法对于实现解释功能至关重要。结合本案，法官在寻找裁判依据时，可采取如下几种方法：

一是文义解释方法。从《民法典》第1176条规定来看，其采取了

"自愿参加具有一定风险的文体活动,因其他参加者的行为受到损害的"的表述,因而自甘冒险必须是文体活动的参与者。"自愿参加"是指自愿参加具体文体活动的参与者,并不包括没有参加文体活动但进入了特定的文体活动区域者。

二是目的解释方法。《民法典》第1176条之所以将自甘冒险活动限定在文体活动范围内,其立法目的在于对于自愿参加对抗性、风险性较强的体育活动,以及学校等机构正常组织开展体育课等活动,参加者受伤发生纠纷的,明确责任的界限。① 规定自甘冒险免责有利于鼓励学校组织学生参加具有一定对抗性的文体活动,从而有助于提高学生的素质。本案中,法院将非体育活动的参加者纳入自甘冒险的主体范围,显然不符合立法原意。此处立法的目的应当在于免除在自愿参加文体活动时参加者和组织者可能承担的侵权责任,这一规定也旨在避免因为可能承担侵权责任而惮于参与开展文体活动。

三是历史解释方法。民法典侵权责任编草案二审稿增加了一条规定:自愿参加具有危险性的活动受到损害的,受害人不得请求他人承担侵权责任,但是他人对损害的发生有故意或者重大过失的除外。立法机关在反复听取意见后,认为自甘冒险的范围不宜过宽,应限定为体育比赛等具有一定风险的文体活动。因此,自甘冒险的适用范围仅限于具有一定危险性的文体活动的参加者,如果活动组织者为学校等教育机构,应当适用学校等教育机构在学生受到人身损害时的相关责任规定。② 通过采用该解释,可见法院也不应当将非体育活动参加者作为责

---

① 参见黄薇主编:《中华人民共和国民法典解读》,中国法制出版社2020年版,第260—261页。

② 参见黄薇主编:《中华人民共和国民法典解读》,中国法制出版社2020年版,第260—261页。

任主体对待。

四是体系解释方法。相关的法规规章也作出了类似的规定,例如,2002年教育部《学生伤害事故处理办法》第12条第(五)项规定,在对抗性或者具有风险性的体育竞赛活动中发生意外伤害的,学校已经履行了相应的职责,行为并无不当的,不承担法律责任。还要看到,本案可以适用《民法典》第1165条第1款关于过错责任的一般规定,与第1173条的比较过失规则相结合,进而通过比较双方的过错来确定侵权责任成立与否,准确地分配责任。本案应当依据过错责任的一般条款和比较过失规定来确定当事人的侵权责任。

从上述案例的分析可见,随着民法典的颁布,一个解释者的时代已经到来。民法典不仅为法律解释方法的运用提供了基础,而且提供了前所未有的实定法基础。民法典本身是法律解释的对象,其也为法律解释方法的形成和发展提供重要依据。在形成一定的方法之后,最重要的是如何在实践中运用这些方法,应该遵循哪些规则。"法律解释学并不只是从形式上对法规作简单的解释,而是以创造出对具体事件妥当的法为目的的技术。"[①] 法律解释学不仅是单纯地为了解释法律的方法,而且要保障这些方法得到正确的运用,因为即使形成了具有共识性的方法,也不意味着这些方法可以为裁判者所任意选取和运用。如果不能形成一定的具有共识的规则,再好的方法在运用中都会偏离其应有的目的。因此,法律解释方法的运用需要遵守一定的规则,这就首先需要从民法典规定着手,规定解释民法典所应遵循的解释规则。因此,全面贯彻实施民法典,必须要以民法典为基准和依据,运用正确的解释方法和解释规则,从而理解好、贯彻好、实施好民法典。

[①] 陈金钊:《再论法律解释学》,载《法学论坛》2004年第2期。

裁判文书是否要记载分歧意见

在我国，裁判文书中历来没有记载分歧意见，但自21世纪以来，在裁判说理改革的过程中，法院也开始尝试在裁判文书中公开合议庭的不同意见，由此也引发了学理中对裁判文书是否应当记载分歧意见的争议。

2000年年初，广州海事法院修改了原裁判文书格式，形成了以质证、认证过程、公开合议庭成员裁判意见为内容的《广州海事法院判决书格式》及其说明，这一格式明确要求在裁判文书中公开合议庭的不同意见。① 此后，一些法院相继仿效，也在裁判文书中记载了合议庭的不同意见。例如，在河南证券有限责任公司与上海科交房地产开发经营公司商品房预售合同纠纷案中，关于能否判令被告为原告办理系争房屋产权过户手续的问题上，合议庭存在两种意见：少数意见认为，办理产权过户手续是被告的义务，原告依据合同要求被告履行，该请求仍属债权请求的范畴，并非确权之诉。因此，即便法院判令被告办理产权过户手续，也不会出现"一物两权"的局面。多数意见认为，原告在履

---

① 参见赵海峰、高伟、孙叶花：《20年回首：民事裁判说理的检视与修正——以〈中国审判案例要览〉60个案例为研究样本》，载贺荣主编：《司法体制改革与民商事法律适用问题研究——全国法院第26届学术讨论会获奖论文集》，人民法院出版2015年版，第486页。

行合同义务上已依约付清了购房款,按照合同约定应取得房地产权证,被告亦不反对为原告办理产权过户手续,但由于原、被告因他案的债务问题涉讼,系争房屋被法院依法予以查封,从目前情况分析,如果法院支持原告的诉请,原告会误认为法院是将系争房屋判归其所有,否则法院也无必要判令被告为其办理产权过户手续,势必出现"一物两权"的局面,徒增向当事人、案外人解释的难度,在系争房屋权利存有瑕疵、被查封的现实状况下,不能判令被告为原告办理产权过户手续。①

再如,在李某诉北京华星电影院有限公司侵权纠纷案中,李某以华星公司店规不合理、不公平为由提起诉讼,法院在审理此案时,合议庭出现了两种意见。第一种意见认为,被告华星公司存在主观过错问题。第二种意见认为,华星公司在其经营的华星国际影城的售票处、大堂以及电影票背面的观众须知中,均以醒目方式提示消费者,该影城禁止消费者携带外购饮品入场观看影片。在一般情况下,消费者在了解经营者所附此类条件后仍选择购买经营者的服务产品,应视为双方已达成合意,即消费者接受经营者所附条件。应当尊重市场主体自主决定的权利,否则会对商品及服务的多样性及可选择性造成不利影响。判决书最后认定,第二种意见为多数意见。②

分歧意见的采纳确实反映了对于在实践中出现的许多新型案件,法官的认识并不完全一致,在社会转型过程中,一些新型纠纷,法律没有及时作出回应,需要法官对法律规则进行解释,甚至进行漏洞填补,这就难免会出现分歧意见,而将分歧意见记载在裁判文书中,也就客观反映了这一现实。

---

① 参见上海市第二中级人民法院(2002)沪二中民二(民)初字第 79 号民事判决书。
② 参见北大法宝:【法宝引证码】CLI. C. 238265。

但关于是否有必要在裁判文书中记载合议庭的不同意见,学者也存在不同观点。赞成的理由主要为:一方面,此种做法有利于保障裁判的公正。裁判结论的作出不仅需要法官对案件进行独立判断,而且在不同的法官就案件裁判存在争议时,也应当进行有效的逻辑辩证,这有利于保障裁判的公正性。另一方面,此种做法有助于保持法官的独立性。记载少数意见有利于保护法官就案件发表意见的权利,可以使其在不受外界干扰的情形下,按照自己的判断发表意见,从而保持自己地位的独立性。还要看到,此种做法的确有利于推进审判的公开、透明。如果只是在裁判文书中公开合议庭的多数意见,则可能会掩盖一些法律争议。通过在裁判文书中公开合议庭的不同意见,可以提高司法的公开性和透明度,在一定程度上体现了司法的公开与公正。而且在裁判文书中公开合议庭的不同意见,有利于明确合议庭成员的责任。

从域外法来看,此种做法也确实不乏先例。英美法国家历来强调在判决中列出各种不同的裁判意见,特别是反对意见,例如,其裁判文书的附带意见有时属于判决的意见,有时则是不同的意见。当然,只有裁判文书中的多数意见才具有创设先例的效力,附带意见只是一种参考性的理由,并不具有法律约束力。但在特殊情况下,附带意见也可以被法官总结为规则来援引。[①] 当然,判决中的少数意见如果比较有说服力,也可能被后来的法官所采纳,从而成为限缩先例适用或者推翻先例的基础。大陆法国家对此有不同的做法。但近来,许多学者也主张,裁判文书中应当记载分歧意见,其认为,裁判说理并不仅仅是为了更好地得出裁判结论,而且是为了更好地发挥其解决纠纷的功能,在裁判文书中应当公开不同的解决方案。通过公开不同的解决方案,进行充分的说

---

① See Marks v. United States, 430 U.S. 188, 193(1977).

理，裁判文书也就不会显得强词夺理了。① 裁判的民主性是司法公正的内在要求，对于重大疑难案件，合议庭的法官可能难以达成统一的意见，此时，鼓励法官大胆地提出不同见解，并按照少数服从多数的原则得出最终的裁判结果，充分展现司法的民主性，也可以提高当事人对裁判结果的认同度。因为上述原因，德国 1970 年的一部法律授权联邦宪法法院可在判决中表达不同的意见（《联邦宪法法院法》第 30 条第 2 款）②，联邦宪法法院也允许法官在裁判文书中撰写不同的意见，并在裁判文书中公布法官的表决比例。

域外经验虽不无道理，但很难为我国法院所采纳。我认为，在我国现阶段，不宜在裁判文书中记载分歧意见，主要理由在于：

一是此种做法缺乏法律依据。我国现行立法虽然规定了司法公开原则，但其主要是指审判过程的公开，并没有要求公开合议庭评议案件的过程，因此，合议庭的评议过程原则上应当秘密进行，如果在裁判文书中记载合议庭的不同意见，等于是在一定程度上公开了合议庭评议案件的过程，且没有法律依据。而且民事裁判文书并不代表合议庭组成人员中某个人的意见，而是由人民法院代表国家法律对民事案件所作的判定，而且设置合议庭制度的目的就是要就具体案件确定最终的裁判结论③，如果公开合议庭的分歧意见，并不符合设置合议庭制度的目的。

---

① See Luhmann N., The Paradox of Decision Making, Kristianstad: Liber & Copenhagen Business School Press(2005), pp. 85-106.

② See Zweigert, Empfiehlt es sich, die Bekanntgabe Der abweichenden Meinung des uberstimmten Richters(dissenting opinion)in den deutschen Verfahrensordnungen zuzulassen?, 1 Verhandlungen des Siebenundvierzigsten Deutschen Juristentages D1-59 (1986); 2id. R6-149 (1969).

③ 参见赵海峰、高伟、孙叶花:《20 年回首:民事裁判说理的检视与修正——以〈中国审判案例要览〉60 个案例为研究样本》，载贺荣主编:《司法体制改革与民商事法律适用问题研究——全国法院第 26 届学术讨论会获奖论文集》，人民法院出版社 2015 年版，第 486 页。

二是此种做法可能有损司法的公信力。从实践来看,司法的权威性与公信力在我国并没有完全树立起来,许多判决都面临执行难的问题。如果在判决书中公布法官的不同观点,会在一定程度上削弱司法的权威性,并可能为当事人拒绝执行判决裁定提供借口。尤其是最高人民法院如果在裁判文书中公布不同的意见,将可能导致下级法院无所适从。还应当看到,我国目前尚未建立完善的法官遴选和职业保障制度,司法的权威性与公信力尚未真正建立起来,法官的素质参差不齐,在复杂疑难案件中,合议庭法官很可能对案件的裁判存在分歧意见,如果将该分歧意见公开,则可能会在一定程度上使公众对裁判结果的合法性、合理性产生怀疑,当事人也可能因此质疑裁判结果的公正性,并因此拒绝执行法院生效的裁判文书,反而不利于纠纷的解决。①

三是此种做法也不利于裁判的执行。在当前当事人涉诉上访比较严重的情况下,如果公开合议庭和审判委员会的不同意见,没有足够的保障机制,可能给持具体意见的法官造成很大的压力。此外,将合议庭乃至审判委员会的不同意见写入判决书,既不符合我国现有的审判制度,也会导致裁判文书冗长拖沓。

从今后发展趋势来看,在司法的权威性与公信力得到较大提高、法官队伍的整体素质得到极大提高的情形下,可以考虑在裁判文书中公开分歧意见,但就目前情形而言,似乎不宜在裁判文书中公开分歧意见。事实上,无论是合议庭还是审判委员会审理案件的情形,对法律适用方面的问题,经常会出现不同意见,所有法官的意见包括不同意见,都需要在合议庭评议笔录和审判委员会讨论记录中载明,此类案卷材料不对

---

① 参见王松:《创新与规制:民事裁判文书的说理方法》,载《人民司法·应用》2008年第5期。

外公布，作为档案保存。① 我认为，比较合适的做法是，在合议庭讨论过程中，应当将对立意见进行剖析（分析和论证），并依法作出判决意见，多数人在作出决定时要充分考虑少数人的意见，这可能比单纯公开不同意见更易让人接受。

---

① 参见蔡杰、程捷:《封闭与开放:裁判文书论理风格之类型化检讨》，载《法学论坛》2006年第2期。

准确识别虚假诉讼

2020年12月11日，最高人民法院第二巡回法庭和黑龙江省高级人民法院分别在最高人民法院第二巡回法庭大法庭公开开庭审理一系列虚假诉讼案件。在该系列案中，黑龙江鸿基米兰房地产开发有限公司因建设工程施工合同纠纷被黑龙江省高级人民法院裁定查封名下268套房产，为阻却法院对查封房屋的执行，该公司幕后组织部分购房者向黑龙江省高级人民法院提出执行异议。在全部128件执行异议之诉案件中，有63件中的所谓"购房者"系基于虚假事实并冒用他人名义提起的，其中有17件在最高人民法院第二巡回法庭二审阶段，有46件在黑龙江省高级人民法院审理。最高人民法院第二巡回法庭二审判决支持了苏华建设集团有限公司的诉讼请求，准予继续查封案涉17套房屋；为严厉打击虚假诉讼行为，推进社会诚信体系建设，对黑龙江鸿基米兰房地产开发有限公司在每件案件中的虚假诉讼行为分别处以罚款100万元的民事司法制裁，将涉嫌犯罪线索依法移送黑龙江省有关公安机关查处。[①]

近年来，虚假诉讼案件量逐年上升，2017年至2020

[①] 参见《6300万元！人民法院针对虚假诉讼行为开出大"罚单"》，载新华网（http://www.xinhuanet.com/2020-12/11/c_1126850490.htm），访问日期：2022年1月25日。

年,全国法院共查处虚假诉讼案件1.23万件,虚假诉讼败坏社会风气、妨碍公平竞争、损害司法权威,已经严重影响到正常诉讼程序的进行,耗费诉讼资源,损害司法公信力和权威性,也严重损害相关当事人的合法权益,已经成为亟待治理的顽瘴痼疾。虚假诉讼是指双方当事人为了牟取非法的利益,恶意串通,虚构民事法律关系和案件事实,提供虚假证据,使法院作出错误判决或裁定的行为。虚假诉讼通常都存在当事人之间恶意串通、虚构诉讼法律关系和证据的行为。此类行为损害了其他民事主体合法权益。虚假诉讼的当事人虚构法律关系和事实是虚假诉讼典型的手段,主观上表现为恶意。

最高人民法院为深入整治虚假诉讼还将制定一系列司法解释和司法政策,但虚假诉讼案件类型日趋复杂,隐蔽性更强,给识别和防范带来困难。特别是有的案件中当事人之间互相串通,虚构事实与证据,使案件表面上达到事实清楚、证据充分的证明标准,形成真伪难辨的状况。因此,遏制虚假诉讼必须要准确识别和判断,区分真实诉讼与虚假诉讼,如果不能准确识别虚假诉讼,将会否定一些正当诉讼行为的效力,导致对当事人诉权的不当限制,甚至损害当事人的合法权益,威胁民事诉讼程序的正常运行。

但是如何识别虚假诉讼是一个亟待解决的问题,从广义上,此种诉讼是一种滥用权利的行为,具体来说构成对诉权的滥用。诉权是当事人依据宪法享有的合法正当基本权利,行使诉权是公民维护自己合法权益,进行公力救济的基本途径,但是诉权的行使也存在合法的界限,就是不得故意加害于他人,滥用诉权的行为在主观上通过恶意串通的故意,捏造事实和虚构法律关系,结果造成对他人的损害。这也意味着,对虚假诉讼的识别套用滥用权利的规则是行不通的。毕竟滥用权利针对的对象是实体权利,而虚假诉讼主要涉及诉权的行使;而且从实践来看,由于虚假诉讼主要发生在诉讼程序中,因此其更为隐蔽、复杂,情形多样,涉及的主体较多,难以简单适用权利滥用的标准;尤其应当看到,针对滥用权利的行为,主要由受害人提出请求,而虚假诉讼则由法官依职权予以认定,因此,一旦法官的认定存在偏差,则可能导致严重的不利后果。

在总结司法实践经验和借鉴比较法的基础上,我认为,识别虚假诉讼可以采用如下标准:

一是主体标准。这就是说,在判断虚假诉讼中,要考虑诉讼当事人的情形,在虚假诉讼中,当事人之间可能存在特殊的关系。由于虚假诉讼存在风险,甚至面临承担刑事责任的危险,因此,为了控制虚假诉讼可能产生的风险,防止对方当事人利用虚假诉讼牟取非法利益,从而保证行为人获得非法利益的稳妥性,通常参与虚假诉讼的当事人之间都存在特殊的关系。例如,诉讼当事人具有夫妻、亲戚、朋友或者有其他密切关系,或者母子公司、关联企业等关联关系。

二是行为标准。在虚假诉讼情形下,主要判断是否存在虚构行为,这也是认定虚假诉讼的核心标准,换言之,在虚假诉讼中,行为人存在虚构法律关系、捏造案件事实等行为。从事实层面看,案件事实是当事人伪造的、虚构的,当事人的某些行为从外观上看明显不符合常理、经验法则或者日常生活经验等。比如,转让1000万元房产,对价只是100万元,此类交易就存在虚构交易事实的可能。从法律关系层面而言,虚假诉讼主要体现为当事人伪造合同、倒签合同文书、伪造借款凭证等。从实践来看,虚构事实的情形大多发生在民间借贷纠纷、执行异议之诉、劳动争议、离婚析产纠纷、企业破产纠纷以及公司分立合并纠纷等领域。这些领域也是目前虚假诉讼的高发领域。

三是外观标准。所谓外观标准，是指如果发现诉讼过程的外观表现不符合正常诉讼的状态和表现，法官应当及时依职权探查是否存在虚假诉讼。一般而言，当事人在诉讼过程中的反常态性表现主要体现为：（1）所达成的和解协议的内容不符合常理。例如，在民间借贷诉讼中，双方达成和解，原告享有100万元债权，但是却在和解书中大比例放弃自己的债权，如仅主张60万元债权，这种不合常理的情形即需要法官依职权介入审查。（2）在调解中，妥协让步的程度过高，违背正常人的合理选择。（3）抗辩过程对抗性弱，甚至无实质性对抗，对于一方提出的主张，另一方均予以认可，从而使得庭审走过场。（4）当事人自认过多。在诉讼中，一方提出对他方不利事实，对方没有提出任何抗辩或者反驳，就予以自认，这显然不符合通常诉讼过程的情形。（5）对于需要鉴定的情形，当事人并不申请鉴定。在某些案件中，通常需要就案件事实和证据进行鉴定或者评估，但是在虚假诉讼的情形下，当事人通常不会申请鉴定。

四是主观标准。具体而言：（1）判断是否存在损害他人的恶意。当事人进行虚假诉讼通常具有损害他人的恶意，即当事人通过虚假诉讼获取一定的非法利益，如果不存在非法利益的获取，则通常不会构成虚假诉讼。（2）是否存在串通行为。在认定当事人是否存在串通行为时，需要通过特定的事实和外在行为进行判断，具体区分为两个阶段，即诉讼前阶段和诉讼程序进行中的阶段。如果当事人在诉讼前存在恶意串通行为，则应当适用民法典有关恶意串通损害他人利益的法律规范予以调整，只有进行到诉讼阶段，才可能存在虚假诉讼的问题。虚假诉讼发生的阶段是从案件受理开始，经过法庭的具体审理，直至执行完毕的整个阶段。如果当事人在这个过程中存在恶意串通、虚构案件事实和法律关系的行为，才有可能构成虚假诉讼。

当然，采纳上述标准并不需要同时具备或者同时适用，当事人的行为符合其中某项标准，法官就可能需要依据职权来判断是否存在虚假诉讼。上述标准其实只是提出了一个判断虚假诉讼的参考因素，在特定案件中在认定是否存在虚假诉讼时，有的因素表现得十分鲜明，有的因素表现得并不明显，在此情形下，法官有必要采取动态系统论的思维，结合自己的办案经验、办案规则予以审慎、灵活地进行综合判断。从动态系统论的观点出发，法官首先应当确定影响权利人和相对人或公共利益范围的各种因素，具体需要从行为的外观形态、结果、权利行使的时间、方式、对象、目的、造成当事人之间利益失衡的程度等，通过动态系统来进行综合考量，准确地认定虚假诉讼。

裁判说理要秉持正确的价值观

法谚云："正义是从裁判中发声的。"但长期以来，我国裁判文书广为诟病的问题是裁判说理不充分，主要表现为许多法官在裁判中"不愿说理""不善说理""不敢说理""说不好理"。① 不少判决书采取简单的"三大段"模式，即先详述当事人诉讼请求，再概述法院认定事实，最后简述法律条文并下判决。② 在说理部分往往只是"依据法律某某规定判决如下"，在不少判决中，法官在叙述案情之后，便直接援引法条裁判，但为什么依据该法条，则语焉不详。有的判决不针对当事人的诉求来说理，虽讲出了一些道理和理由，但毫无针对性。有的判决甚至根本不援引具体法律规则，而只是援引法律原则（如诚信原则、公平原则）进行裁判，此种情况俗称"戴高帽"的判决。面对一纸"干巴巴的"判决书，很多当事人往往会"胜得茫然、输得糊涂"。其实，一些判决的结果可能是合理的、公正的，但因为欠缺说理，导致一方甚至双方当事人都不相信该判决是公正的，以至于出现无休止的缠讼、上访，并引发了一系列的

---

① 参见靳昊：《"胜得茫然、输得糊涂"，裁判文书如何以理服人》，载《光明日报》2018年7月15日。
② 参见付彪：《释法说理，让法律有了温情》，载《人民法院报》2019年4月13日。

社会问题,这也从整体上损害了司法的权威性和公信力。因此在我国当前司法体制改革中,应当将强化裁判文书说理作为改革的重要内容,以说理促正义、以说理保公平。

但裁判应当如何说理,这确实是一门学问,涉及的内容比较广泛,但如何说好理,一个重要的标准就是,在裁判说理中应当秉持正确的价值观。

以著名的"彭宇案"为例,应当说,在该案中,法官的裁判结论是相对公平的,但是法官在说理时并没有秉持正确的价值观,因而使得这份裁判文书产生了不良的社会影响。在该案的裁判中,法官认为:"从常理分析,其(指被告彭宇,下同)与原告相撞的可能性较大。如果被告是见义勇为做好事,更符合实际的做法应是抓住撞倒原告的人,而不仅仅是好心相扶;如果被告是做好事,根据社会情理,在原告的家人到达后,其完全可以言明事实经过并让原告的家人将原告送往医院,然后自行离开,但被告未作此等选择,其行为显然与情理相悖。"① 这就是说,一般人不会主动见义勇为,彭宇要做好事,就应抓住撞倒原告的人,而不会好心相扶,如果不是彭宇实施了侵权行为,那么彭宇就不会救助受害人,如此说理,既不符合社会常理,也不符合客观事实。按照如此推理,一旦某人受害,他人要做好事,必须先抓坏人,而不能先帮受害人,如果没抓到坏人,也不能算做好事。所以,在该案的判决作出之后,产生了一种不好的价值导向,即便有人倒地,也不能去搀扶,否则会惹祸上身。

从"彭宇案"中,我们可以看出,裁判说理秉持正确的价值观是十分重要的。裁判说理虽然具有很强的技术性特点,但并不仅仅是一项

---

① 参见江苏省南京市鼓楼区人民法院(2007)鼓民一初字第 212 号民事判决书。

说理的技术，法官在裁判说理过程中应当秉持正确的价值取向。① "若不能保证善最大，一定要确保恶最小。"② 出于对主流价值的追求，法官应当准确把握，考虑到裁判对人们行为的引导作用。如果法官的价值取向出了问题，则不论是案件事实的认定，还是法律规则的解释与适用，都可能出现偏差。如何保障裁判中法律适用准确，且裁判结论公正？至关重要的一点就是应当秉持正确的价值取向。

"法官必须宣示司法的真理性（judicial truth）。"③ 裁判本身不是简单地解决个案的纠纷，通过个案的裁判，应当向社会彰显司法对正义的追求，传递司法应当秉持和坚守的价值观，弘扬法治的精神和理念。舒曼指出，"重要之处在于，人们普遍关心的是，一些案件裁判结果是否会自己产生重要的影响，这就要求法官必须确保其裁判是合法合理的。只有我们从现在开始追求法律的公平正义，久而久之，法律才能成为一种保护我们权利的长久的机制，而不是侵入我们生活中的一种意外和风险"④。需要裁决的案件都是具体的，而适用于这些案件的法律规则是立法者制定的一般的、普遍性的规范。法官通过案件的裁判，将蕴含在法条背后的立法者所要表达的价值判断表达出来，为人们所了解和接受，从而引导人们正确地行为。

霍姆斯认为，"在逻辑形式之后，是对于各种不同立法理由彼此之

---

① 参见赵朝琴:《裁判说理及其社会效果探析》，载《黑龙江社会科学》2012年第4期。

② 冯辉:《判决、公共政策与社会主流价值观——"跌倒争议案"的法理省思》，载《政法论坛》2012年第4期。

③ Ngwasiri, The Role of Judge in French Civil Proceedings, 9 Civ Just. Q167 – 168, (1990).

④ Samuel I. Shuman, Justification of Judicial Decisions, California Law Review Vol. 59, 1971, p. 717.

间的相关价值与重要性的判断"①。英国法官秉持规范公权、保障私权的理念，在此基础上形成了行政法上的两个重要的判例，并分别确立了两项原则：第一项原则是"韦德内斯伯利不合理性"原则。该原则是在韦德内斯伯利案中所确立的，在该案中，法官格林指出，"如果一个决策太不合理了，以至于让人觉得这是个不理性的行为，那么行政机关就无权执行这样的决策"②。该案确立了"韦德内斯伯利不合理性"原则，并成为英国法上控制行政自由裁量权的主要法律原则。第二项原则是保护公民的"合理期待原则"。该原则是在2001年的考夫兰（Coughlan）案中确立的。在该案中，主审法官海顿（Hidden）认为，如果行政机关的行为引起了公民的合理期待，那么行政机关就不得损害公民的此种合理期待，否则就可能构成权力滥用。③ 后来，上诉法院将其确立为行政法上的一项重要法律原则，并且成为保障私权的一项重要原则。④ 由此可见，优秀的判例历来强调通过判例向社会传递正确的价值观念。

在传统的观念里，我们更多地将诉讼的功能局限于定分止争，着眼于已经发生的社会争端，目的是让既发的社会争议得到公平的解决。但随着司法活动的逐步公开，司法裁判本身的功能会大大地扩张，会从对既有争议的解决，扩大到对潜在行为的引导和对潜在争议的提前化解。传统上我们将立法视为引导人们行为的主要工具，但随着司法判决公开的强化，特别是随着司法判决说理的充分化和公开化，司法判决将与立

---

① Holmes, The Path of the Law, In Collected Legal Papers (Peter Smith, N. Y. 1952), p. 181.
② Associated Provincial Picture Houses Ltd v. Wednesbury Corporation [1948] 1 KB 223 CA.
③ See R. v. North and East Devon HA ex p. Coughlan[2001]QB 213.
④ 参见叶榅平：《遵循先例原则与英国法官的审判思维和方法》，载《比较法研究》2015年第1期。

法在很大程度上发挥类似的社会规范功能，对社会行为具有前瞻性的引导作用。在这个意义上，法官在撰写司法裁判的时候，除要着眼于案件的直接当事人之外，还要有意识地去考虑判决本身将对潜在利害关系人产生的未来影响。所以，从社会总体效益的角度来看，如果裁判最终能够引导人们行为，诉讼的效益将会更加彰显。

2018年9月最高人民法院又发布了《关于在司法解释中全面贯彻社会主义核心价值观的工作规划（2018—2023）》。近几年来，在相关的案例中，司法裁判坚持了正确的价值观念导向，自觉维护、引导和弘扬社会主义核心价值观。例如，在朱振彪追赶交通肇事逃逸者案中，张某驾驶摩托车与他人追尾相撞，被撞者受伤倒地昏迷，张某倒地后起身驾驶摩托车逃离现场（交警部门认定：张某负此次事故主要责任）。驾车途经肇事现场的朱振彪发现后随即追赶。张某翻越铁路护栏，自行走上两铁轨中间，被火车撞击死亡。张某的亲人向法院起诉，请求判令朱振彪赔偿60余万元。一审法院认定：交通肇事逃逸者行为具有违法性，朱振彪作为普通公民挺身而出，制止正在发生的违法犯罪行为，属于见义勇为，应予支持和鼓励。[①] 在老人与儿童相撞离开遇阻猝死案、患者飞踹医生被反击致骨折案中，法官都作出了类似于该案结果的裁判，收到了良好的社会效果。我认为，司法裁判之所以需要向社会传递正确的价值观念，主要是基于如下原因：

一是促进公平正义的实现。司法裁判说理传递的正义是个案的正义。每个案件当事人的权利主张能否得到支持，对社会而言可能无关痛痒，但对单个的当事人而言，这是一个与其切身利益攸关的问题。一个错误的判决损害的不仅是个人对法治的信仰，更重要的是涉及当事人个

[①] 参见《朱振彪追赶交通肇事逃逸者案》，载《人民法院报》2019年1月16日。

人家庭生活、关系涉案企业生死。因此，每个案件的判决对个案纠纷的解决而言，必须符合正义的要求。司法裁判说理传递的正义是社会的正义。司法裁判影响的不仅是个案本身，更为重要的是，其也影响案件判决所体现出来的社会正义。正如培根所说，一次不公正的裁判，其恶果甚至超过十次犯罪。因为，犯罪虽然触犯了法律——但只是污染了水流；而不公正的裁判则毁坏法律——就好比污染了水源。这就形象描绘了司法裁判传递社会正义的重要性。司法裁判不仅仅要实现个案的正义，而且需要通过一个个裁判区分正义与非正义、善和恶、丑和美，确定相关的价值判断标准。要通过一个具体纠纷的解决，树立行为的模式，禁止邪恶的事件，成就善良的风俗。①

二是弘扬法治的精神和理念。中国几千年并不存在法治传统，几千年的封建思想和传统也成为当前法治建设的一大障碍，正如邓小平同志所指出的：旧中国留给我们的，封建专制传统比较多，民主法制传统很少。在社会生活中，人们的权利意识和民主法治观念依然淡薄。中国经过四十多年的改革开放，在经济建设和法治建设上取得了巨大成就。但改革开放以来的社会、经济和法治改革实践也表明，由于诚信缺失、道德水平滑坡、法治观念淡薄等原因，有法不依、执法不严、违法不究的现象仍然广泛存在，社会生活中不讲法纪、不讲规矩的现象仍频繁发生。在这样的社会背景下，要实现社会和谐、稳定、有序，就必须树立全民对法律的信仰，培养人们对法治的信仰与尊崇，实现从人治向法治社会的转型。要在全社会弘扬法治的理念，每一个社会成员从内心自愿接受法律约束。守法是公民的基本义务，也是道德良心的基本要求。应以守法为荣，以违法为耻。基于这样一种信仰，人人自觉遵守法律、服

---

① 参见易延友：《刑事诉讼法》（第2版），法律出版社2004年版，第10—11页。

从法律，并依据法律规定安排自己的行为。通过裁判弘扬正确的价值观，使人们从一个个鲜活的案例中体会法治的精神和理念，真正使法律内化于心，外化于行。

三是发挥裁判引领社会行为规则的作用。法院在裁判过程中不能仅仅就法论法，就事论事，还应当考虑到裁判引导社会行为准则的功能，法官应当秉持正确的价值观，弘扬社会正确的价值观，通过裁判向社会传递正确的价值观念，并且引导人们按照正确的行为方式安排自己的社会生活。例如，在朱振彪追赶交通肇事逃逸者案中，如果法院判决被告朱振彪应当负赔偿责任，其结果可能对见义勇为产生负面作用，使得广大社会群众在遇到相似情形时，增加了见义勇为的顾虑，从而导致见义勇为的风尚遭受负面影响。通过类似案例的裁判，使得司法裁判越来越发挥其对社会规则的示范引领作用。相反，在"彭宇案"中，法官在主观上认为，不抓坏人就不是助人，这一价值取向也不符合互帮互助、见义勇为的道德观念。这也反映了正确价值判断在说理中的作用。

所以，一个裁判法律说理是否透彻，将会影响裁判本身的质量以及社会效果。一份优秀的裁判文书不仅需要讲明事理、法理，而且需要秉持一种正确的价值观，向社会传达正确的价值观念。裁判文书应当是传播法律公平、正义等价值，弘扬社会主义核心价值观的载体；是法官遵循社会主义核心价值观来适用法律、解决纠纷、实现正义的智慧结晶；也是广泛传播宣传法治理念和法律思维的重要途径。"一摞文件不如一个判决"，如果所有的裁判文书都真正秉持了正确的价值观，弘扬正气，伸张正义，明辨是非，就能够为社会树立正确的行为导向，真正引导人们正确行为。

检察机关提起生态环境公益诉讼的相关建议

生态环境利益具有公益性，其至少是一种公益和私益的结合，因为生态环境关系到人类的生存、发展，是最普惠的民生福祉，与人民群众的美好幸福生活息息相关。由于生态环境系统具有整体性、流动性等特点，因此，侵害生态环境既影响局部的个体利益也影响整体的公共利益。由于针对目前我国频发的生态环境侵害行为提起诉讼的公益组织发展尚不成熟，因而在环境公益诉讼中，检察机关仍应处于主导地位。

2019年10月，党的十九届四中全会通过重大决定，从四个方面为切入点坚持和完善生态文明制度体系，特别强调了完善生态环境公益诉讼制度。我国《民法典》第1232条专门设置了公益诉讼制度，对于保护环境和生态发挥着重要作用。在破坏生态环境的案件中，侵害的往往是公益，而单个受害人能力有限，可能面临举证困难等诉讼障碍，在面对公益可能遭受侵害的场合，显然满足了公益诉讼的群体性。但在公益诉讼中，检察机关是重要的主体，由检察机关提起诉讼能够起到良好的效果。不过，从公益诉讼实践来看，还有如下几个问题需要进一步完善：

一是检察机关是否可以在公益诉讼中主张惩罚性赔偿？

我认为，惩罚性赔偿并不适用于公益诉讼，而主要适用于私益遭受侵害的情形，《民法典》第1232条规定："侵权人违反法律规定故意污染环境、破坏生态造成严重后果的，被侵权人有权请求相应的惩罚性赔偿。"本条使用了"被侵权人"这一表述，这表明受害人是特定的主体，而公益诉讼中并没有特定的被侵权人。例如，在造成土壤污染的场合，应当由土地使用权人提出惩罚性赔偿，而不能通过公益诉讼请求惩罚性赔偿。而在河流污染导致原有饮用、灌溉等功能丧失，土壤破坏造成生态承载能力下降等情形，有时很难确定具体的被侵权人，此时就应当允许提起公益诉讼，但是对污染环境破坏生态的行为并不宜请求侵权行为人承担惩罚性赔偿的责任。如果采取公益诉讼的方式，由国家规定的机关或者法律规定的组织取得该部分赔偿金，也缺乏正当性。在公益诉讼中，检察机关主张行为人承担生态环境损害修复责任，更为妥当。

二是环境公益诉讼与一般诉讼并存的情形。在实践中，环境公益诉讼与一般诉讼有时候也会发生冲突，主要表现在有的检察机关提起公益诉讼之后，相关被侵权人又提起了普通民事诉讼，在此情况下，如何协调这两种诉讼的关系？2019年6月5日出台的最高人民法院《关于审理生态环境损害赔偿案件的若干规定（试行）》第17条明确规定了法院在受理针对同一损害生态环境行为提起的生态环境损害赔偿诉讼与民事公益诉讼时，应中止审理民事公益诉讼，优先审理生态环境损害赔偿诉讼，我认为这一规定是妥当的。一方面，对被侵权的普通民事主体给予救济的紧迫性较强；另一方面，由于个人承担诉讼成本的能力较弱，不宜让其承受过长的诉讼周期。但是在中止公益诉讼之后，普通民事诉讼有可能会撤诉，此时应该恢复公益诉讼。

三是多个主体提起公益诉讼。由于我国民法典规定的有资格提起环境民事公益诉讼的主体包括"国家规定的机关或者法律规定的组织"。"国家规定的机关"既包括检察机关也包括政府环境管理部门,而"法律规定的组织"包括有资格提起环境公益诉讼的环保组织。问题在于,如果这些主体针对同一起生态环境侵权行为同时提起诉讼,法院应如何处理。我认为,优先允许检察机关介入更为合理。毕竟检察机关属于法律监督机关,享有司法权,有法律赋予的查证取证的权限,由其优先介入更有利于环境生态侵权纠纷的解决。

四是检察机关提起公益诉讼后,是否有必要适用《民法典》第1230条关于举证责任倒置的规定?应当看到,法律上之所以采用举证责任倒置,是因为原本应当承担证明责任的一方在举证上存在障碍,而出于公平原则,有必要为受害者提供特殊的保护,对行为人施加更重的证明责任。但是,检察机关显然不属于在举证上存在障碍的弱势主体,没有必要给予其举证责任倒置的特殊保护。在法律上,私益诉讼采取举证责任倒置的前提是两个平等的民事主体在举证能力上存在明显差异,法律为了平衡行为人和受害人之间的关系,由举证能力更强的行为人承担举证责任,具有充分的合理性。但如果提起公益诉讼的主体是国家规定的机关,则双方当事人在举证能力上并不存在明显差异,在实践过程中,往往是由国家机关查清行为人污染环境、破坏生态的违法事实,且因国家机关享有国家权力,其有很强的查清违法事实的能力。因此,并不需要进行举证责任倒置。当然,对于法律规定的组织如环保组织等提起的公益诉讼,由于环保组织等主体在举证能力等方面并不具有优势,其仍然面临举证的困难,因此,仍有必要进行举证责任倒置,这也更有利于对生态环境损害进行救济。

五是在环境公益诉讼中,检察机关如何与相关环境保护部门联动的问题。当前,环境保护已成为政府及各个部门协调合作的综合行为,检察机关可与环境保护部门及其他行政执法机构共享信息,共同调查取证。检察机关作为法定的监督机关,有权要求其他行政机关予以适当的配合。例如,检察机关在公益诉讼中,可以向有关单位和组织、个人调取证据。这能使检察机关高效地获取相关证据材料,因为被告在被检察机关起诉前,往往已经受到了行政执法部门的处罚。相关的现场记录、处罚意见、鉴定报告、司法文书已经形成,具有法定效力。而提起环境民事公益诉讼的检察机关完全可依职权径直调取,检察机关通常以检察建议或致函的方式请求协助。在公益诉讼中,检察机关与行政机关之间的相互配合也是十分必要的。

总之,检察机关提起环境公益诉讼是司法改革的重要举措,也是加强环境保护的一项重要措施。

充分发挥行业调解、仲裁在纠纷解决中的功能

举世瞩目的北京冬奥会结束了,国际体育仲裁法庭(CAS)受理并着手解决因比赛而产生的纠纷,在化解比赛矛盾纠纷方面发挥了必要作用。例如,在北京冬奥会花样滑冰团体决赛中,俄罗斯奥委会代表队获得了冠军,瓦利耶娃拿到了女单的满分10分,表现最为出色,而赛后发现,由于瓦利耶娃在2021年12月25日俄罗斯全国锦标赛中的样本检测呈阳性,其样本中查出了违禁药物,因此,国际奥委会宣布推迟该项目的颁奖典礼,并随后向国际体育仲裁法庭提出上诉,要求恢复对瓦利耶娃的禁赛。但在2月14日,国际体育仲裁法庭驳回了上诉,允许瓦利耶娃继续参加北京冬奥会的比赛。这一仲裁结果及时解决了纠纷。

这也使我联想到,在纠纷大爆炸时代,面对纠纷数量的大规模增长,我们如何充分发挥多元化纠纷解决机制(ADR)的作用?就像奔腾的河水可以由多条支流将其引开一样,多元化纠纷解决机制也发挥着疏解纠纷的作用。当然,从我国实践来看,作为多元化纠纷解决机制的重要组成部分,行业调解、仲裁的作用还有待于进一步加强。

一提到社会矛盾纠纷的解决,人们自然就会想到司法,有人甚至将司法作为解决纠纷的主要途径。但应当看

到，司法在解决社会矛盾纠纷方面具有兜底的作用。一般而言，在多元化纠纷解决机制中，司法主要发挥终局性的作用，是社会矛盾纠纷的最终解决机制。也正是因为这一原因，我们将司法界定为维护社会公平正义的最后防线，将这个防线筑牢，就可以为社会公平正义起到最终的把关作用。司法的这一特点也决定了其在解决社会矛盾和纠纷时不能过于靠前，也就是说，只有在其他纠纷解决方式无法解决相关的矛盾纠纷时，才能运用司法。这一方面是因为司法的终局性功能，另一方面也是考虑到司法资源的有限性，不可能在解决社会矛盾纠纷中"包打天下"。在一个法治社会，法治的核心内容之一是正当程序和司法救济，司法程序应该像公共品一样人人可及，纠纷发生后都能接近司法并获得救济。从理论上说，司法应当为各种权利遭受侵害的受害人提供救济，但司法资源毕竟是有限的，其无法解决所有纠纷，而应当利用各种社会资源有效化解纠纷。

换言之，如果有其他替代司法的纠纷解决机制，则应当发挥其解决纠纷的作用，各种行业调解、仲裁机制，如体育仲裁机构、教育仲裁机构等，就可以起到这种作用。之所以要发挥此类机构的作用，主要是基于如下三个方面的原因：

一是此类机构具有很强的专业性。行业调解、仲裁机构本身具有很强的专业性，其设立的目的就是为了解决本领域的专业性问题，而且其组成人员通常也都是本行业的专业人员，在解决本行业的矛盾纠纷方面具有较强的专业优势。例如，在某项体育比赛中，判断运动员的行为是否犯规，是否需要进行处罚，需要借助专业的判断，而法官通常不具有此种判断能力。而且体育比赛中的规则具有极强的技术性和特殊性，一般人难以充分了解并准确运用。再如，在教育领域，因职称评定、学位授予、入学考试等发生的纠纷,本身也具有很强的专业性,相关人员是否具备获评相关职称的能力,也需要借助专业的判断,依靠业界专家进行判断。因此,在围绕这些问题发生争议后,需要充分发挥行业调解、仲裁的作用。近年来,人民法院实行有案必立,受理了一些涉及入学考试、学位授予、职称评定等专业领域的纠纷,由法官代替专业人士解决相关的专业纠纷,不仅浪费了司法资源,而且所取得的效果也并不明显。

二是有助于利用社会资源化解社会矛盾。化解社会矛盾纠纷的方式方法有多种,司法并不是唯一的途径。尤其应当看到,在任何国家,司法资源都存在稀缺性、有限性,仅靠司法无法解决所有的纠纷。因此,如何积极利用好各种社会资源化解矛盾纠纷,是应对纠纷爆炸的重要举措。发挥行业调解、仲裁在解决相关专业纠纷方面的作用,一方面有利于减轻司法的压力;另一方面也有助于调动各方面的资源解决矛盾纠纷,有助于实现"社会问题社会解决"。还应当看到,与司法对簿公堂相比,借助行业调解、仲裁解决相关纠纷可以取得更好的效果。近年来,随着利益主体的多元化,矛盾纠纷也日益复杂,对于相关的行业内部纠纷,通过行业调解、仲裁,更容易快速解决纠纷,而且可以维持纠纷当事人之间的合作关系。

三是发挥行业自治的功能。行业自治本身也是私法自治的重要内容,加入行业协会的成员,应当自动接受行业调解、仲裁。例如,在美国,运动员在加入 NBA 之后,也应当首先由美国篮球协会解决相关的纠纷,也就是说,在因篮球比赛发生纠纷后,该纠纷并不是直接进入法院,而是由篮球协会按照行业章程予以解决。又如,北京冬奥会期间,国际体育仲裁法庭设立了临时仲裁庭,根据《奥林匹克宪章》第

61条的规定，对于奥运会期间或者与奥运会相关的任何纠纷，国际体育仲裁法庭享有排他性的管辖权。因此，北京冬奥会期间产生的体育相关争议包括运动员参赛资格、兴奋剂、比赛结果不公等均由国际体育仲裁法庭管辖，中国法院没有管辖权。可以说，发挥行业调解、仲裁的作用，也是行业自治的体现。习近平总书记强调，加强和创新社会治理，关键在于体制创新。因此，要充分发挥行业调解、仲裁的自治功能，使社会矛盾纠纷解决更加有活力。

我认为，充分发挥行业调解、仲裁在社会矛盾纠纷解决中的功能，可以通过如下途径实现：

第一条途径是在仲裁机构中设置专业化的仲裁部门，加大仲裁机构的行业仲裁功能。例如，在仲裁机构中设置建设工程、海事、经营消费、投资基金、私募基金、证券等专门的仲裁部门，受理涉及特殊行业的纠纷。2021年11月初，深圳国际仲裁院与深圳证券交易所共同成立中国（深圳）证券仲裁中心，专门受理证券纠纷，就是一种追求高效、专业的纠纷解决的有益探索。随着中国资本市场的高速发展，尤其是科创板设立、创业板改革并试点注册制落地，上市公司数量快速增长，市场化程度显著提高，中小投资者合法权益保护和防范化解金融风险的任务更加繁重。从全国范围来看，证券纠纷案件数量近年大幅上升，呈现出涉案标的金额大、影响广等特点。因此，积极探索和构建证券市场低成本、高效率解决纠纷的机制，是摆在我们面前的一项新课题。基于其各种优势，采用仲裁的方式解决证券纠纷不失为一条有效的途径。

第二条途径是针对特殊行业设立专门的行业仲裁机构。例如，针对证券、期货、建设工程、教育、体育等行业，设立特殊的仲裁机构，设立时可以采取两种探索方式。一是对于如体育、教育等技术性、行业性色彩特别浓的领域,可以考虑将行业调解、仲裁界定为诉讼的前置程序。这些技术性、专业性强的领域,依靠业内专家解决可能更有效率,将其作为诉讼的前置程序,可以更为有效地解决相关纠纷。否则,任由当事人选择纠纷解决方式,则在纠纷发生后,当事人可能会当然选择通过诉讼解决,这在客观上会导致大部分的案件仍然会进入诉讼程序。因此,有必要将行业调解、仲裁界定为诉讼的前置程序,只有通过此种前置程序无法解决的矛盾纠纷,才能进入法院。当然,将行业调解、仲裁认定为诉讼的前置程序,并不是要剥夺当事人的诉权,在行业调解、仲裁无法解决相关纠纷时,当事人仍然可以通过诉讼程序化解矛盾和纠纷。二是对于如建设工程、医疗纠纷、证券、期货等领域,可以考虑由当事人自由选择通过行业仲裁或者诉讼解决纠纷。这些领域虽然具有很强的专业性,但所涉及的纠纷又属于基本的民事纠纷,没有脱离民事纠纷的范畴,一概要求当事人必须先通过前置的仲裁程序解决,也不利于此种民事纠纷的解决。尤其应当看到,在这些纠纷中,双方是民事关系,聘请的业界专家很可能会偏向专业机构,或者忽视对处于弱势的金融消费者、患者等的保护。因此,给予当事人解决此类纠纷的自愿选择权是必要的,如果当事人信任行业仲裁机构,则可以选择通过行业仲裁机构解决,如果当事人不愿意通过仲裁解决纠纷,则其也可以选择通过诉讼解决。

从目前实践来看,我国行业协会虽然不少,但专门的仲裁机构并不多,相关的调解、仲裁程序也不完善,这在一定程度上也阻碍了行业调解、仲裁在社会矛盾纠纷解决中的功能发挥。因此,要充分发挥多元化纠纷解决机制的作用,鼓励发展行业性专门性调解、仲裁机构;同时,要大力倡导行业自治,特别是要制定或完善契合行业特性的行业调解、仲裁程序规则,推荐使用行业领域示范调解、仲裁条款,选聘专业人士担任行业调解员、仲裁员,强调专业水准的同时注重职业伦理的养成,提升行业调解、仲裁的公信力,最大限度发挥行业调解、仲裁在社会矛盾纠纷解决中的功能。

法治是一种生活方式

第五编
法治的实践

普法：让宪法精神深入人心

2014年，全国人大常委会表决决定，将每年的12月4日确定为国家宪法日。国家宪法日的设立不仅仅是要进一步强化举国上下尊重宪法、维护宪法的良好氛围，更是要使宪法日成为全民宪法的"教育日、普及日、深化日"。事实上，自宪法日设立以来，在每年的宪法日，全民都开展了形式多样的宪法普及活动，已经收到了良好的宪法普及效果。

当然，在普及宪法中，确实也存在一种特殊的普法方式，即抄写宪法条文，网上也流传了一些抄写宪法的故事，甚至网上还流传了一份宪法手抄报。这种方式确实是一种宣传宪法的方式。曾几何时，宪法曾经被一些人认为是"闲法"，似乎与我们的生活较为遥远。有人认为，宪法主要是规范公权的法律，普通百姓不需要过多了解宪法。这种观点显然不妥。宪法中大量涉及公民基本权利的规定，与每个人的生活息息相关。普及宪法，让宪法走进每个人的心中，真正成为保护人们财产、人身安全的宣言书，如此，国家才能长治久安，人民生活才能幸福美满。宪法作为国家的根本法，具有最高的法律地位、法律权威、法律效力，是治国安邦的总章程，是党和国家事业发展的根本法治保障。在普法中首先应当把普及宪法放在首位。

但是，普及宪法究竟应当普及什么？我认为，手抄宪法虽然也可以说是普及宪法的一种形式，有助于加深民众对宪法具体条文的了解，也能够促进宪法知识的普及。但我认为，全面普及宪法更需要让宪法精神深入人心。普及宪法，首先应当普及宪法的精神。

宪法精神其实是党和人民的共同意志，代表了最广大人民的根本利益。普及宪法的精神，其实就是使党和人民的意志得到实现。在普及宪法知识的同时，需要普及宪法精神。应当看到，普及宪法知识是十分重要的，这有助于加深民众对宪法知识的理解，但在普及宪法知识的同时，更应当注重普及宪法条文背后的内涵和精神。宪法本身具有很强的专业性，宪法具体条文涉及专业的法律知识，有些条文的内容及其背后的法律比较深奥，难以理解，此时，如果仅仅只是抄写宪法条文、背诵宪法条文，并不一定能够了解条文背后的精神。因此，我们在普及宪法知识的同时，尤其应当注重普及宪法精神，使人们能够结合宪法精神更好地理解宪法条文的含义。

宪法精神是长远的、稳定的，具有深层次性。把握了宪法精神，不仅能够深入了解宪法，而且能够在人们心中留下深刻的记忆。同时，人们了解了宪法精神，能够真正将宪法精神内化于心，仅仅靠机械背诵宪法条文是难以深刻把握和了解宪法精神的，因此要结合社会生活中的案例来宣传宪法精神，通过在社会生活实践中切实发挥宪法的约束作用，拉近宪法与人们的距离，让人们切身感受到宪法的存在，并使人们认识到，宪法并不是束之高阁的法律规则，而是与人们生活息息相关的。

宪法精神也指导着各个部门法的基本价值，理解宪法精神有利于深刻理解部门法的规定。我们既要普及宪法，也要普及其他法律。许多国家的法律实践也承认，法律体系之中存在某种得到广泛认可的客观价值秩序（objektive Wertordnung）。价值秩序实际上是一种价值体系，反映了一种人类社会共同追求的目标，也是社会成员的价值共识，应该在宪法中得到体现。在依法治国的背景下，以宪法精神和价值为统帅的各个部门法的价值共同形成了价值秩序，在这个价值秩序中，宪法精神起着统帅和核心作用，辐射到各个部门法之中。例如，《民法典》和《个人信息保护法》都在第1条明确规定，根据宪法，制定本法。因此，只有真正理解宪法精神，才能从价值和规范层面准确理解部门法的规定。当然，这并不是说要把宪法的所有条文都在这些法律中具体化，而是说部门法不能背离宪法的基本价值。

　　普及宪法的精神有利于树立宪法思维，养成宪法思维，善于从宪法思维去看待、思考问题，是弘扬法治理念的重要举措。宪法普及，最重要的是要把宪法的精神内化于心、外化于行。尤其是对于公权力机关而言，应该牢固树立权力来自人民的委托，权力应受到监督、制约等理念，自觉地在行使权力的过程中做到依法行政、依法用权。习近平总书记指出，"把权力关进制度的笼子里"，这就意味着，公权力要在宪法框架下和法治轨道上运行，要把权力关进宪法和法律这个大笼子里。任何社会都需要形成一定的秩序，国家权力是保障公民权利的力量，但也可能成为侵害权利的力量。面对强大的国家公权力，单个的个体力量是非常弱小的，一旦公权力被滥用是非常可怕的。所以，必须通过宪法来规范和限制公权力。宪法规范公权力的方式很多，例如，科学配置公权力，建立和完善公权力行使的相关规则，要求法律、行政法规和地方性法规不得与宪法相抵触，禁止任何人享有超越宪法和法律的特权，明确公权力之间的监督机制，保障公民的知情权、监督权、批评权、选举权等权利，在宪法指导下，又通过各项法律，将宪法的精神和宗旨予以落实，从而形成将权力关进笼子的制度、规则体系。

什么是宪法的精神？宪法的精神可以分为两个层次：一是彰显了社会主义核心价值观，也包含一定的人类社会共同的价值，包括民主、自由、法律面前人人平等、人格尊严、尊重和保障人权等人类共同的价值。习近平总书记在庆祝中国共产党成立100周年大会上的讲话中指出："中国共产党将同一切爱好和平的国家和人民一道，弘扬和平、发展、公平、正义、民主、自由的全人类共同价值。"这些共同价值就是宪法所弘扬的价值。二是中国的宪法实践和道路所总结提炼的宪法精神，它是中国的宪法实践和道路所选择的精神。我国宪法的基本精神和特征是坚持中国特色社会主义，坚持中国共产党领导，坚持以人民为中心，坚持民主集中制原则，坚持民族团结和国家统一，坚持改革开放，坚持全面依法治国和坚持和平发展道路，一切权力属于人民、权力应当受到监督。中国特色社会主义根本制度、基本制度和重要制度都构成了宪法精神的核心内容。

习近平同志指出，要在全党、全社会深入开展宪法宣传教育活动，"弘扬宪法精神，树立宪法权威"。因此，必须全面普及宪法精神，使人们的心中养成宪法精神，树立和维护宪法在国家和社会生活中的权威性，并最终形成崇敬宪法、遵守宪法、维护宪法的习惯与文化。此外，弘扬宪法精神还体现在人民群众遵守宪法、牢固树立宪法意识，遵守法律首先要遵守宪法，人民群众的权益要靠宪法的保障，宪法的权威也要靠人民群众来维护，人们不仅有遵守宪法的义务，也有维护宪法的义务。

"人情债"的软法治理

每年春节回家探亲,我几乎都能听到邻里乡亲抱怨"人情债"负担越来越重。每逢春节,人们返乡与家人团聚,但在此期间却会收到参加各种红白喜事酒宴的邀请,除传统的婚丧嫁娶之外,还有小孩满月酒、百日酒、周岁酒等各种酒宴,以至于孩子高考、中考甚至小升初取得不错成绩的,也要大摆酒席谢师谢亲。有的人在城里置办了一套新房子,还不忘在老家大摆一顿酒席。我还听说,有人把自己在城里所购房产的照片洗印出来,张贴在农村老家房子外,以此邀请亲朋好友前来庆祝,有的亲朋好友吃完酒席后感觉稀里糊涂,甚至连房子是真买假买都搞不清楚。

除了令人惊讶的酒席宴请名目,酒宴本身的档次和花销也越来越成为一个话题。过去的酒席宴请一般就是在主人家里操办,主人通常会请邻里帮忙,菜品也主要是家常菜。而如今,在主人家里办酒席的现象已不多见了,很多酒席都搬到了酒店,饭菜和酒的档次也随之大幅提高,消费价格自然不菲。相应地,礼钱也水涨船高。有人感叹,过年返乡几天,说不定要出入好几家酒店,参加好几场宴请,光礼钱就要付出一大笔。还有人甚至一天之内在同一家酒店先后参加好几位亲朋好友的酒宴。面对好友的邀请,人们通常不好拒绝，否则会被认为不给"面子"。所以，不少人抱怨，"人情大如债，头顶锅盖卖"。

应当看到，春节期间的这种"人情债"其实也是相互的，对办事儿的主人而言，不啻是一个负担。今天你家办酒席，宾朋满座，但随后就可能要频繁地参加别人的酒席。有的人甚至中午刚摆完自家酒席，晚上就得忙着准备去参加别人家的酒席。如此反复，这逐渐成了亲朋邻里春节期间避不开的人情债务陷阱。所以，有人为了躲避这种人情债，干脆选择春节不回家，这反倒落得一身清闲。

有些朋友问我，酒席这种事，虽然大家表面上都乐在其中，但其实内心不胜其烦，被邀请的人和主人实际上都处于这种状态，所以，国家是不是可以制定一部法律，管一管这种事？我虽然返乡不多，但经常听到人们如此抱怨，感觉今天的乡宴确实与过去相比不是一个味儿了，的确应该想办法予以规范和引导。不过，怎么做好却不是一个简单的问题，对于这种几千年来的"人情债"，直接通过刚性立法设定一个标准甚至禁令，似乎并不容易，也不一定妥当。

一方面，乡宴毕竟是老百姓自己的社交生活和情感世界，法律不必过多介入。对不少人来说，这些都是自愿的事情，而且主人办酒席，邀请亲朋好友一起庆祝，自己开心，也能与亲朋好友分享。有的亲朋好友出手阔绰，很可能是发自内心的道贺。而对于其他一些宴请，如婚丧嫁娶、谢师谢亲的酒宴，无论是从风俗上还是从情感上看，可能都是必要的，这种宴请甚至还带有一定程度的互助属性。因此，对于这类酒席宴请，当事人乐于其中，法律自然没有干预的必要，否则会被各方当事人认为管得太宽。

另一方面，即便有不少人是基于乡土社会联系被"裹挟"进酒席的，但这主要还是一种"情感债"，通常是因为之前欠了别人的礼，参加宴请也是为了还礼，如果当事人真不在乎面子，也可以选择不宴请或者少送礼钱。对于这类情形，法律即便要干预，可能也找不到合适的理由。如果法律要对此种宴请进行干预，不仅需要设定一套干预标准，而且还需要设置相应的干预措施，特别是违反酒席宴请标准的处罚后果。但问题在于，这个度究竟怎么把握？特别是要在国家层面设置一套统一的标准，谈何容易？而且基于面子送出去的礼钱，法律怎么能要求主人归还？毕竟该吃的吃了，该喝的喝了，该乐的乐了，如果要求主人把钱还回去，不仅会使主人颜面扫地，而且客人也会因此感到十分尴尬。

也有人说，即便法律上不好规定明确的规则，但地方政府应当主动作为，干预那些请客送礼的陈规陋习。确实，有的地方政府颁布了关于酒席宴请的规范性文件。据报载，在有些地方，村民在自己家里摆酒席时，政府在接到举报之后，甚至直接带着执法人员到现场没收了锅碗瓢勺，搞得主人和亲朋好友都十分尴尬。① 我认为，针对乡宴现象，政府采用"一刀切"的方式颁发禁令甚至直接现场制止，社会效果并不好，毕竟婚丧嫁娶办酒席主要还是私人事务。在几千年的传统社会生活中，婚丧嫁娶办酒席是实现私人之间有效社会组织和整合的重要工具，是把人与人情感结合到一块的黏合剂。只要熟人社会还存在，婚丧嫁娶办酒席这样的活动就有其存在的价值。政府以一纸文件完全禁止办酒席，明显过于武断，也容易在官民之间引发不必要的冲突和矛盾。特别是，邻里乡亲摆酒宴，大多都有浓厚的喜庆色彩，政府在这样的节骨眼儿上进行执法，虽然能够制止酒席，但却被认为造成了"砸场子"的

---

① 参见朱玉：《新京报快评丨全民举报、"游街"示众，不要以"文革"的方式整治民众办酒席》，载新京报（http://www.bjnews.com.cn/opinion/2017/01/25/431830.html），访问日期：2021年12月25日。

结果,甚至被视为是一种不吉利的行为,很容易引起老百姓的反感,甚至会遭到强烈的抵制。

我认为,个别地方政府的初衷是好的,但并没有取得良好的社会效果,甚至适得其反,要想在解决这类"情感债"问题上取得实效,还需要在治理方法上多下功夫,特别是要考虑从刚性的硬法治理转向柔性的软法治理。这里所说的软法治理,主要是指通过乡规民约等方式实现移风易俗。与国家统一制定和强制保障实施的法律相比,乡规民约之类的软法具有独到的优势,更有助于治理这些陈规陋习,主要原因在于,此种软法具有如下特点:

第一,自主性。较之于硬法而言,乡规民约这类软法治理工具具有地方性色彩,其是在特定乡村社会背景下自发产生的,具有极强的灵活性,而且会随着乡村社会本身的变迁而不断调整和演进。乡规民约能够形成,通常是因为经过某种方式或者历史进程的发展,逐渐形成了具有较高社会共识的社会行为准则和规范,其是一种乡村社会自发的、内生的行为准则和规范,换言之,这是一种自下而上、自生成长的社会规范形成过程,所以更容易被人们所认同。

第二,集体协商性。乡规民约的自主形成过程,同时也是一个集体协商的过程。与硬法不同,硬法是通过国家立法机关制定的,民众很难直接参与制定过程,其更多体现的是国家治理,体现了国家对社会生活的干预。而软法是一种社会治理形式,是社会治理的一种手段和方式,其往往是一个共同体内部大家共同意志的表达,体现了协商民主,民众可以直接参与相关软法规则的制定,其本身带有契约的性质,更接近人们的自主意愿,更容易为人们所遵循。对乡规民约而言,由于村民主动参与了其制定过程,这不仅提高了人们对相关规则的认可度,而且也增加了违规的道德成本,更有助于规则的实施。

第三,适应性。硬法是自上而下推行的,而软法是自始自下而上生长出来的,这些乡规民约也被称为民间法,具有草根性特点,是社会主体的自主创造,源于他们大量和反复的社会实践的总结。软法往往是人们长期生活实践中规则的总结,获得了人们内心的确认,可以说是一些人们内心自发成长的规则。软法都深深植根于社会生活,在人们的生活习惯中形成了内心确信,最接地气,最符合人们的社会生活习惯。因此,对于民众而言,其对软法规则具有更强的适应性,在适用上也能取得更好的效果。也正因如此,卡多佐在论述软法时,将其称为"变动的法""动态的法""生长的法""用或然性逻辑验证的法""非国家创造和存在于国家之外的法""扎根于现实社会关系中的和扎根于公平正义信仰中的法"[①]。

第四,引导性。我们传统上认为,软法不是法,不具有法律效力,也不具有强制执行力。但实际上,软法也可以起到行为规范的作用,与硬法不同,软法没有国家强制力作保障,违反软法,不会受到强制力的制裁。但软法可以起到有效的引导作用,也就是说,软法规范虽然没有国家强制力的保障,但其可以给人们行为提供指引,引导人们正确行为。乡规民约等软法的优势在于:一方面,其是民众自主设定、自愿接受的规范,与法律规范类似,其可以为人们的行为提供明确的指引;另一方面,其又具有道德规范和道德教化的属性。乡规民约的形成过程其实就是对特定乡村社会道德认知的总结,体现了相应社会的道德要求。不过,将这些道德通过较为正式的方式明确记录和确定下来,有

---

① 〔美〕本杰明·内森·卡多佐:《法律的生长》,刘培峰、刘晓军译,贵州人民出版社2003年版,第26—27页。

助于进一步强化相应道德认知的权威性和约束力。反过来，这些规范有助于引导人们按照广为认可的道德标准来安排自己的乡村社会交往活动，从而引导一个社会从沉重的情感债"裹挟"中走出来，形成一个良性循环。例如，对于能够不办的那些酒席（如各种小孩子的生日宴），就尽量不办；能够小范围庆祝的，就尽量不要扩大规模；能够小办的，就尽量避免铺张浪费，更没必要把各路亲朋好友都请个遍。这也有助于回归酒席宴请的本质。例如，对于孩子成长中的那些重要时刻，家庭成员与小孩子一起小范围欢聚和庆祝，才是小孩子快乐成长的真正陪伴；而大操大办"乐"的是大人，被忽视的却是孩子本身。

第五，灵活性。软法与硬法不同，传统的硬法本身虽然具有明确性、统一性、强制性等特点，尤其硬法的制定往往成本比较高昂，且修改的程序复杂，但其往往也具有僵硬性、滞后性。而软法的制定过程简便，修改也比较方便，因此能够更有效适应乡村社会的发展与变化而比较及时地作出调整。例如，有的地方原则上不允许搞谢师宴，但有的地方民众普遍认为，一个偏远的乡村考出一个大学生不容易，乡亲邻里主动提议摆个谢师宴，也应当允许，只不过需要对谢师宴的宴请范围和规模予以限制，避免相互攀比和铺张浪费。

第六，可执行性。通过乡规民约来支持的道德观念更容易在人们心中获得权威优势，更容易被重视和遵守。如果在乡规民约中约定了关于酒席宴请的规范，那么，从政府层面来执行这些乡规民约，则名正言顺。即便村民在乡规民约中约定了对违规者的处罚措施（如罚款等），这些措施也是村民自主自愿接受的，就类似于合同债务一样，村民就应该主动遵守，不能言而无信。如此一来，政府不必出面，就可以由村民自己"执法"。实际上，当村民签订乡规民约时，已经在一定程度上调整了关于酒席宴请事宜的道德认知和法律预期,即便未来因违反规则而被处罚,也没有合理的拒绝理由。

法者,治国之重器,社稷之根本。因而,法都是和国家主权密切联系在一起的,但在现代法治社会,依法治理并不能简单地等同于硬法治理。对于酒席宴请之类的乡村社会问题,还应当着重考虑和选择那些与乡村社会相适应的治理工具,特别是善用乡规民约等更为有效的柔性治理工具,这也是实现国家治理能力现代化的重要举措。

君子怀刑

何谓君子怀刑？

君子怀刑的说法来自儒学，为孔子历来所倡导。子曰："君子怀刑，小人怀惠。"对此处所说的"刑"，有各种不同的解读。一是从狭义上理解，认为所谓刑，即法。当然在中国古代实行以刑为本，刑民不分，所谓法，也主要指的是刑法。皇侃曰："刑，法也。"① 朱熹注："怀刑，谓畏法。"② 刘宝楠《论语正义》载："君子怀刑，指安于法，所谓怀刑，则曰儆于礼法，而不致有匪僻之行，此君子所以为君子也。"③ 黄金贵亦云："'君子怀刑'之'刑'，可确诂为由刑法义引申的法式、法度之义。"④ 二是从广义上理解，此处所说的"刑"可以解释为"礼法"⑤，或者是指"礼乐行政"⑥。三是从文字训诂的角度，将"刑"视为"型"字通假字者，引申之用为典型，具有效法之义。换言之，孔子所

---

① 〔南朝梁〕皇侃：《论语义疏》，高尚榘点校，中华书局2013年版，第89页。
② 〔宋〕朱熹：《四书章句集注》，中华书局2012年版，第71页。
③ 〔清〕刘宝楠：《论语正义》，中华书局1990年版，第148页。
④ 黄金贵、郭海文：《〈论语〉新诂》，载《浙江大学学报》1999第4期。
⑤ 〔清〕刘宝楠：《论语正义》，中华书局1990年版，第148页。
⑥ 刘强：《论语新识》，岳麓书社2016年版，第107页。

讲的"君子怀刑",是指君子思念古今的一些名君圣贤,并效法他们[1],应将其理解为典范、示范、规范之义。所谓君子怀刑,强调的是凡事都必须依循正常的规范、法度,不得偏离、违背。[2]《诗·大雅·思齐》云:"刑于寡妻,至于兄弟,以御家邦。"此处的"刑",就是指以榜样力量感化自己的妻子、兄弟,进而使整个家邦都遵从一定的规范。

我认为这几种理解都不无道理。无论是将刑理解为刑法、刑罚、法度,抑或是典范、规范,或者是礼法制度,都凸出了"刑"的外部约束性、规范属性,是一种应当服膺的制度,一旦违反将招致不利后果甚至是灾祸。因此从这个角度观察,可将"刑"理解为外部规范的约束。孔子在《论语·为政》中曰:道之以政,齐之以刑,民免而无耻;道之以德,齐之以礼,有耻且格。在孔子看来,用政与刑的手段统治民众,达不到教化的效果,故德与礼的作用远胜政与刑,因而不宜将"怀刑"的"刑"解释为刑法或者法度。将"刑"理解为礼法、规矩、规范可能更为妥当。这与孔子一贯的仁礼思想是一致的。[3]

君子为何怀刑?

清代廉吏汪辉祖曾言:"读'四子书',惟守'君子怀刑'及'守身为大'二语,已觉一生用力不尽。"儒学之所以倡导君子怀刑,并将其作为君子做人的准则,有如下几个方面的原因:

一是君子怀德。君子之所以怀德,是因为君子心有戒尺,行有所规,以规矩为行为导向和基本准绳。而小人则是以利益为导向,以最大

---

[1] 参见刘桓:《"君子怀刑"解》,载《孔子研究》1990年第3期。
[2] 参见丁一:《君子怀刑及其它》,载《法学杂志》1984年第2期。
[3] 参见刘桓:《"君子怀刑"解》,载《孔子研究》1990年第3期。

限度地满足自己的私欲为目的,为了满足私欲甚至是蝇头小利,小人都可以不顾规矩,不惜践踏国法。虽然孔子区分了君子怀德与君子怀刑,将其分为两层意思,但从上下文来看,这二者又是不可分割的,君子之所以怀刑,首先是因为怀德。怀德才是怀刑的基础和前提,孔子回答说:"君子固穷,小人穷斯滥矣!"它的本意是,君子即便穷途末路,信念也不变,"穷且益坚,不坠青云之志",所以君子谦谦如玉,也要铮铮如铁,有底线、讲原则,养一身浩然正气。而小人一旦遇到困境,就会不择手段,胡作非为。产生此种结果的原因在于,君子怀德、怀刑,而小人怀土、怀惠。君子怀刑,就能在困境中不放弃做人的原则,不向黑暗的现实妥协,而始终坚守自己的理想、信念。

二是君子修身。君子读圣人书,能够知书达理、效法圣人、修身养性、止于至善,在大是大非面前能够坚持原则,不为名利所诱惑;而小人在小恩小惠面前往往会迷失自我,甚至追逐蝇头小利。如曾子说"吾日三省吾身",以检查自己在德行方面有无损减缺失,以敬畏法度,以正己化人。这是一种大境界,千百年来,多少学子仁人都努力做君子,并将这样的思想状态作为一生追求的方向。汉代李尤《戟铭》曾言:"山陵之祸,起于豪芒。"意思是说,沉重的祸患往往萌发于细微之处。所以,要做到有过必改,而不能纵容自己。儒学认为,孝、悌、忠、信、礼、义、廉、耻合称为"八德",这其实也是最基本的规矩。这些蕴含着君子之风的古语传承至今,依旧具有教化和警醒的功能。君子践行"修己以安百姓"的求仁之道,才能"利己利人,达己达人"。若是心不怀刑,往往会怀惠循利,顺从私欲。所以,君子心中总有一个法则在自我约束,从而做到行不逾礼。

三是君子知耻。此处所说的耻指的是"羞耻""耻辱",所谓知耻，就是司马迁在《报任安书》中谈到的不能使先祖受辱，不能使自身受辱，不能使尊严受辱。君子知耻才能始终遵守底线，并遵从规矩，因为逾越规矩可能使自己遭受耻辱。不讲道德，不守法律，应为此感到羞耻。《太上感应篇》中说"守身为大"，君子为什么守身？因为不能因为失身而使自己蒙羞，使家人蒙羞。小人怀惠，就是小人心里装的都是个人的私利，没有什么荣辱观，更谈不上耻辱观了，小人不讲规矩，甚至践踏规矩，也并不感到耻辱，因此，"不知耻者，无所不为"。

君子如何怀刑？

既然"怀刑"的含义是遵循礼法，因此君子要从外在拘束和内在拘束两个方面来约束自己。就外在拘束而言，主要是法律拘束，其主要是要对规范和法律有敬畏之心。法律是社会生活的调节器，是社会公正的守护神，是社会秩序的维护者，法律规则体现底线道德的基本要求，也是人们基本的行为规则。法律就是治国理政最大的规矩。从法律和道德的关系来看，法律是最基本的道德，道德的标准常常要高于法律的要求，在社会生活中，不能要求每一个人都成为品德高尚的人，但应要求每一个人都必须是遵纪守法的公民，这也是对个人最基本的规矩要求。所以，法律是最基本的规矩。守法不仅是法律义务，也是重要的道德义务，违法本身也是不道德的。古希腊哲学家认为，守法是人们内在道德自律的要求，也是实现完美人格的必由之路。如果连法律都不守，都敢触碰，很难要求违法者遵守道德。所以，守规矩的核心是守法。立规矩首先要立法，讲规矩首先要倡导守法。"君子怀刑"，是指心中有标尺和准绳，严格规范自己的行为，敬畏国家法律，不踩法律的红线。

就内在拘束而言，主要是道德拘束，其主要指的是通过相应的道德规范来约束自我。康德曾有名言谓:我最敬畏的,就是头顶的星空与内心的道德律。其实它们内在的道理是相通的。君子时刻以德行修养为最高追求,一日当中念念不忘德业,这种惦念绝对是主动地向内探求。法律是最基本的道德底线,遵守法律也因此就是守住基本的道德底线。法律是底线,道德是高线,遵守道德能促使人们自觉遵守法律,保障法律的有效实施。不仅如此,道德重在对个人行为进行事先的教化,而法律主要是对违法行为进行事后的制裁,道德因此有弥补法律不足的作用。正如司马迁在《史记·太史公自序》中所言,"夫礼禁未然之前"而"法施已然之后"。冯友兰先生也曾指出:"礼所规定,多为积极的。法所规定,多为消极的。"[①] 如果说,遵守法律是外在的行为约束,那么遵守道德要靠内心的自我约束。君子之所以会怀刑,是与其时时刻刻、在在处处的自我反省、修身养性,蓄养浩然正义的主动选择密不可分的。唯其如此,具有君子品格的人才能够时刻保持清醒,不生贪念,不助长私欲,最终能够在漫长的人生之路上行稳致远。

君子怀刑是儒学倡导的做人做事的准则。历史的经验告诉我们,讲究秩序的生活能够使我们更加安定和幸福,同时也会使我们变得更为文明和进步。而要形成这样的生活状态,离不开规则意识的树立,离不开人人讲规矩、守规矩。因此,在今天,倡导君子怀刑的儒学思想,也具有一定的现实意义。

[①] 冯友兰:《中国哲学史》(上册),中华书局1961年版,第414页。

为什么要保护行政行为中的信赖利益?

2018年6月,某市有关管理部门联合制定了《既有多层住宅增设电梯指导意见(试行)》(以下简称《指导意见》),其中规定,既有住宅申请增设电梯需提交无违章建筑的证明及承诺书等。丁某某等人申请所在楼房单元增设电梯。行政审批局受理后核发了《建设工程规划许可证》《既有住宅增设电梯施工许可证》。但综合执法局经调查发现该楼房楼顶存在违法搭建行为,便依据《指导意见》建议行政审批局撤销上述审批事项。于是,行政审批局作出《撤销登记决定书》,撤销上述两份许可证。丁某某等人对行政审批局撤销许可证的行为申请行政复议,复议机关作出维持撤销决定的复议决定。于是,丁某某等人提起行政诉讼。一审法院认为,《指导意见》将"无违章建筑"作为实施增设电梯许可的条件,属于将违章建筑的处理与规划许可不当牵连,存在"以批代管"和"搭便车"之嫌,有违依法行政的基本原则,《指导意见》不应作为行政审批局撤销行政许可的依据;撤销行政许可应具备法定撤销理由且不违反信赖利益保护原则,遂判决撤销《撤销登记决定书》及《复议决定书》。①

---

① 参见《速戳!2020年度南通行政审判典型案例》,载澎湃新闻(https://www.thepaper.cn/newsDetail_forward_11733609),访问日期:2021年5月1日。

该案作为江苏省 2020 年度南通行政审判十大典型案例，在网上广为宣传，并且被一些地方政府作为法治宣传的案例引用，我认为该案判决不仅维护了行政相对人的权益，也有助于行政机关依法行政。在该案中，法院明确提出要保护信赖利益，这实际上弘扬了行政法中的一项重要原则。

为什么要保护信赖利益？从根本上说，信赖利益的保护是依法行政的重要内容，具体而言：

保障公民合法权益。因为在政府实施行政行为之后，公民已经对政府的行政行为产生了相应的信赖，政府一旦变更、撤销相关的行政行为，即可能损害公民的信赖利益，而这种信赖在法律上值得保护，构成了信赖利益保护的正当性。人们在社会中的信赖可能形成一定的信任关系，这种信任关系应当受到法律保护。例如，在该案中，某市行政审批局核发了行政相对人申请增设电梯的许可，且这种许可是完全合法的，但事后政府机关又在法律规定之外增加了行政许可的条件，并据此撤销了已经作出的行政许可，这显然会损害行政相对人的信赖利益。在该案中，行政机关对于已经作出的行政许可予以撤销过于随意，并未意识到行政许可一经作出即对相对人产生信赖保护利益。

强化诚信政府建设。小至一人，大到一国，都应当诚实守信。孔子说"民无信不立"（《论语·颜渊》），而"国无信则衰"[①]。建设诚信社会，政府诚信是关键，政府诚信是社会诚信的引领，政府缺乏诚信，社会是不可能有诚信可言的。信赖利益本身是从诚实信用原则发展而来，所以保护行政相对人的信赖利益，本质上就是维护诚实信用原则，是符合诚实信用原则的具体体现，其目的也在于强化诚信政府建

---

① 吴闿生：《左传微》，白兆麟校点，黄山书社 2014 年版，第 269 页。

设,构建诚信政府,保护行政相对人的利益也是政府本身所应当追求的目标。

维护政府的公信力。相对于有组织的政府而言,单个的公民处于弱势地位,更有保护的必要性,如果不保护单个公民对政府行为所产生的信赖利益,则公民的权利将难以获得保护,法的安定性也无从谈起。公民可以根据法规等规范性文件预见可能发生的行政机关的行为,同时其出于信任这些规范性文件的效果而实施的行为应当受到法律保护。法的安定性对于公民来说,首先意味着信赖保护。政府公信力的建立,离不开对行政相对人信赖利益的保护。只有行政相对人相信政府作出的行政行为,才能维持法的安定性。

行政法中的信赖利益保护其实也是法治政府建设的重要内容,该制度起源于德国,20世纪20年代就有学者对公法是否要引入民法中的信赖利益保护展开过讨论,"二战"以后,基于对纳粹时期公民权利遭受践踏的深刻反思,德国公法领域大量借鉴私法理论来保护公民基本权利。所谓基本权利对第三人的效力理论应运而生。自20世纪50年代开始,德国法院就通过一系列个案确立了在公法中保护行政相对人的信赖利益。在这些案件中,德国法院认为,一旦行政机关作出某种行政行为,除非该行为是非法的应予撤销,否则一般是不能撤销的。即便作出的行政行为是违法的,如果撤销后导致相对人因信赖公权力活动的有效性使所获得的利益而受损,也应当予以补偿。这就形成了信赖利益保护原则,被行政法遵从为"君临法全域之基本原则"。在英国2001年的考夫兰(Coughlan)案中,法官海顿(Hidden)就确立了"合理期待原则",认为行政机关的行为引发了公民的合理期待,行政机关不得损害此种期待。从比较法上来看,各国学者具有共识性的观点认为,信赖利益保护不仅是行政法的重要理念,而且也是行政程序法的基本价值。今天,在法治政府建设中,我们要依法行政,建立法治政府、诚信政府,都必须坚守信赖利益保护原则。

信赖利益保护原则主要具有如下几项内涵:一是行政行为一旦作出并生效,不得朝令夕改,随意撤回、撤销、废止和更改,因为任何行政行为作出之后都可能使公民产生合理信赖,如果随意撤销可能会给公民造成重大损害。信赖利益保护首先要求行政机关作出行政行为必须有明确性、可预测性和安定性。如果行政决定朝令夕改,人们将无所适从。二是原则上行政行为的效力不能溯及既往。法律不溯及既往是一项基本原则,对行政行为来说也是如此,否则会使得相对人无所适从。如果确有必要溯及既往的,也应对行政相对人因此造成的损失予以补偿。三是如果对行政行为进行撤销、废止或更改,确实给公民造成财产损失,而相对人对此没有过错的,行政机关应当赔偿相对人因此受到的相关损失。例如,有的地方政府违规审批了住宅建设容积率,违反了相关的规划,但业主对此并不知情,之后政府要撤销行政行为,拆除相关建筑,在这个过程中,政府明显存在过错,业主并没有过错,因此,政府应当向业主承担相应的责任。四是如果行政行为是根据以前的法律法规作出的,但由于法律法规已被修改,上位法依据已经不复存在,因此也应当作出相应的修改。如果行政机关确实是因为此类情况的变化而有必要变更、撤销、废止其作出的行政行为,必须进行妥当的利益衡量,尽可能减少行政相对人的损失。五是行政机关应秉持政务诚信,严守协议,遵守承诺,不得随意撕毁协议、"新官不理旧账"。此类不诚信的行为,直接侵害的就是行政相对人的信赖利益。信赖利益保护原则常常被理解为"政府不应出尔反尔",因此强化政务诚信与信赖利益保护本质上是一致的。

当然，信赖利益保护的前提是信赖应当是合理的，行政相对人对行政机关作出的行政行为不仅仅信赖，这种信赖同时也应当是合理的。因为行政行为通常都是由政府作出的，原则上具有一定的公信力，行政相对人当然有合理的理由信任该行政行为不是违法作出的。例如，在前述案例中，行政相对人已经获得了许可，其基于对该许可的信赖而安装了电梯，并且作出了各种后续的业务安排，一旦行政机关随意撤销许可，就会严重损害其信赖利益。当然如果行政相对人是通过非法手段，比如与行政机关工作人员勾结骗取行政机关的审批文件，此时不应当认为存在合理信赖。信赖利益受法律保护也应具有正当性，否则，此种信赖利益也难以受到保护。例如，如果确实发现行政相对人在获得许可时有行贿等违法行为，或者骗取行政机关的审批，在此情形下，行政相对人已经存在过错，不能认为其存在相应的信赖利益。

信赖利益保护原则是基本的法治原则，也是规范公权力的重要举措。只有坚守信赖利益保护原则，才能为全面推进依法治国、实现法治政府建设的目标奠定良好的基础。

行政强制措施权岂能随便委托?

2021年12月6日,在一段网传视频中,江苏省南通市有一位73岁的卖甘蔗老人,在街上遭数十名穿着市容制服人员的围抢。在他无助的哀嚎声中,他的甘蔗被一根根抽走,最后被全部没收。那群"黑衣人"随即开车离开了,老人的孙女说,自行车的打气筒也被拿走了,"轮胎没气了,只能一路推着自行车回家,走了很远的路"。老人扶着自行车孤零零地站在街上,号啕大哭,凄惨的哭声在喧嚣的城市清晰可闻。

"卖蔗翁"的凄惨哭声刺痛太多人的心,引发社会的关注。因为网民的广泛关注和质疑,当地政府高度重视,并迅速进行调查。经当地镇政府核实:身着保安制服的为三星镇购买服务的第三方市容公司人员,按合同规定承担市容管理相关工作。其现场处置过程简单粗暴,与约定工作要求格格不入。当地政府表示对此事深感痛心,同时对相关人员的行为给老人造成的伤害深表歉意。三星镇已暂停该公司相关责任人员的工作,启动程序开展调查,并依照规定进行问责。①

---

① 参见《南通海门通报"粗暴对待卖甘蔗老人事件":多人被处分》,载环球网(https://3w.huanqiu.com/a/1d2ad0/45txLLmfdO1?p=4&agt=46),访问日期:2021年12月8日。

应当说，地方政府在事发之后及时作出调查并公布处理结果，充分显示了对老百姓利益高度负责的态度，事件和舆情也很快得到了平息。但是，这一起事件发生背后的原因和因此产生的教训，值得总结和深思。

从当地政府的调查结果来看，三星镇以购买服务的名义将城管执法权限通过合同约定的方式一并委托给第三方某市容公司。地方政府在签订委托合同后完全由该市容公司按合同开展市容管理相关工作。调查结果还显示，该市容公司的工作人员以简单粗暴的方式对待卖甘蔗老人，违反了合同约定的市容管理方式方法。

毫无疑问，市容公司员工的此种做法已经违反了合同约定。可以想象的是，政府在通过合同委托市容公司进行市容管理时，一定不会允许通过此种暴力方式来对待普通老百姓。但是，我们需要进一步追问的是：从一开始，政府是否就不应当将此种行政管理职责和权限委托给一家企业？

行政管理权是国家公权力的重要内容，法律明确规定，该权力只能由政府管理部门来行使，有很多重要的考虑。特别是涉及行政强制执行的事项，法律之所以将执法权力授予专门的行政执法部门来行使，一方面是因为关涉公民的基本人身、财产权利保障问题，涉及公共利益，因而必须由公权力机关来行使；另一方面考虑到专门行政执法部门的正规性、专业性和严肃性，以确保执法活动在法定权限和程序内开展。此外，政府公职人员都是经过严格培训的专业人员。在执法活动中，执法人员不仅需要具备专业的法律知识和技能，还需要具备较高的道德和伦理品质。但是，政府通过一纸合同将神圣的执法权力转委托给私营企业，就没有一个机制去保障受托方不是为了经济利益而是为了实现公共利益而认真行使执法权力。

的确,近年来,为了提高政府公共服务的水平,考虑到政府人力资源的有限性,大量地方政府开始在一些公共管理领域探索公私合作模式(PPP)或者采取购买服务、服务外包等方式来提供公共服务。特别是在一些纯粹的公共服务领域,例如,在市政公共设施、城市公共绿地、社会福利保障的建设和维护事项上,政府通过合同委托给第三方企业完成,只要政府能够对建设和运维活动进行必要的巡查监管,就可以发挥第三方主体的补充优势来提升政府公共服务的质量。事实上,在全国各地的政府采购网上,有大量的"市容管理外包"项目公开招标。的确也有大量城市的市容外包项目解决了一些"城管难"的顽疾,得到了老百姓和相关领导的肯定和赞赏。这甚至被视为一种城市管理改革的现代化创新。但是,前述涉及行政执法的市容市貌管理活动,与这些单纯的公共服务供给活动在性质上存在重大差异。因为,行政执法活动常涉及对被执法对象的人身和财产的限制,涉及公民行为自由和基本权利的保障问题。

尤其是,就本次事件而言,地方政府不仅把市容市貌管理权委托给私营企业,还把行政强制措施权一并委托给私营企业,这就留下了重大的执法风险。行政强制是指行政机关为了实现行政目的,对相对人的人身、财产和行为采取强制性措施,包括查封、扣押、划拨财产、销毁和处罚等措施。这些措施直接关系到老百姓的财产安全,甚至还关涉到老百姓的人身自由和安全。因此,《行政强制法》在第17条明确规定,"行政强制措施权不得委托",并在第22条明确规定,"查封、扣押应当由法律、法规规定的行政机关实施,其他任何行政机关或者组织不得实施"。行政强制法之所以作出此种规定,就是考虑到行政执法活动直接关系到老百姓的人身、财产安全，必须由行政机关具备资格的行政执法人员实施。行政强制与行政处罚、刑罚共同构成强制、限制或剥夺公民权利的三大制度，其正当性基础在于其代表国家意志，并由国家法定机关亲自行使。另外，行政强制的对象是公民的人身和财产权利，其中涉及人身自由、冻结存汇款，属于法律绝对保留事项，一经授定，不可转移。这也是为什么行政机关不得对行政执法权进行转委托。

在前述事件中，地方政府从一开始就违反了行政强制法的规定，把法律禁止委托的行政强制措施权委托给私营企业。地方政府希望通过合同约定来约束受托企业，但就像私营企业可以破产而政府不可以破产这样一个简单的道理所显示的那样，希望通过合同约束受托企业来完成各种类型的公共服务是不现实的。一方面，合同只能约束签订合同的企业，而不能保证有效约束企业的员工，特别是难以保证企业员工的素质能够达到有执法资质的政府执法人员那样的水准。另一方面，行政强制措施权之所以被法律严格规范，就在于这种权力有比较大的误用和滥用风险，滋生寻租空间。国家必须要尽其所能保障这种权力行使的公益目的性。但将此种权力委托给企业，在某种意义上将执法权力做成了一门生意。受托企业可以通过节省成本来获得大量好处，企业员工又可以通过行使此种权力而中饱私囊。前些年，不少地方出现的暴力拆迁、野蛮拆迁等恶劣事件，背后都与行政强制措施权被委托给企业不无关系。特别是，签订合同委托之后，原本被国家授权的政府部门很可能成了甩手掌柜，只是根据合同收取一定的费用，而受托企业具体如何行使权力，则在政府的掌控之外。对受托企业而言，除要通过管理活动回收向政府所缴纳的费用成本外，还希望获得更大的利益。而在企业和员工之间，又容易发生另一层"代理成本"问题，导致权力的最终行使失控。

从政府将行政强制措施权委托给私营企业开始，诸如卖甘蔗老人那样的遭遇就注定在所难免。

近日，南通市海门区纪委、监委依纪依法对2021年12月6日发生在三星镇的"粗暴对待卖甘蔗老人事件"进行调查处置，并对有关人员进行了问责。[①] 但仅此是不够的，地方政府应当严格遵循和落实行政强制法关于"行政强制措施权不得委托"的禁止性规定，终止执法权限的外包关系。

---

① 参见《南通海门通报"粗暴对待卖甘蔗老人事件"：多人被处分》，载《西安晚报》2021年12月8日。

守经与权变

法律人常常被批评为"守经有余,权变不足"。近几年,我在接触一些企业时,惊讶地发现,有许多法学专业毕业生在企业中担任法律部门负责人,但担任企业负责人的还比较少。我曾经与这些企业的高管讨论其中的原因,他们大多认为,做企业家要脑子灵活,市场瞬息万变,而学法律的人往往过于保守和死板,不善权变,因此,难以管好一个企业,特别是大企业。这种说法似乎有理,但我并不认同。

毫无疑问,法律人应当牢固地树立守经意识。法学院的学生进入大学后,首先学会的一个基本理念就是要信仰法治,忠于法律,遵守法律,而不能随意背离法律。法律人作为知法懂法、从事法律工作的人士,作为护佑法治之舟远行的共同体,应当为普通民众树立遵守法律的表率。法律人信仰法律,心存正义、严格执法、公正司法,真正践行法治的理想,如此就能坚定人们对法律的信仰,树立人们对法治的信心。如果法律人都不能守经,就很难要求其他人守经。当然,守经的含义也不限于守法,要守住法律的底线是最基本的要求,而守经还需要守住道德准则。守经就是要有底线、讲原则,坚守基本的规矩,而不能逾越最基本的"经"。也就是说,不逾底线。坚守底线甚至要达到"玉可碎而不可改其白，竹可焚而不可毁其节"的程度。

但是守经并不意味着不懂权变，中国传统文化素有"守经达变"之说。《汉书·贡禹传》有云："守经据古，不阿当世。"意思是说，如果只知道据古守经，而不知道根据形势变化通晓权宜，随机应付，就只能是书呆子，也只能是本本主义者，很可能导致"书生误国"的后果，做不成什么大事。因此，法律人应当懂得权变。

其实，守经与权变并不是截然对立的，守经是权变的前提，万事万物都在变化，但无论事物怎么变化，法律的一些基本规则、价值是不变的，例如，公平正义、诚实守信、恪守承诺等，永远是做人做事的基本准则。古人说："欲知平直，则必准绳；欲知方圆，则必规矩。"韩非子在《用人》篇中指出"释法术而任心治，尧不能正一国"，意思就是，如果放弃法治而随心所欲地治理国家，那么，就算是尧也无法治理好国家。如果不守经，一概强调权变，以权变为名把法律的基本价值都抛弃，凌驾于法律之上，将法律玩弄于股掌之中，这种权变就有可能沦为只知道钻法律空子，颠倒是非黑白，甚至践踏法律，违法乱纪。

守经也应懂权变，因为社会在发展，法律也要与时俱进，法律人不可墨守成规。在适用法律过程中，并非要像本本主义那样，死抠字眼儿，机械适用法律，也不能像韦伯所说的那样，把法官视为法律的传声筒和自动售货机。社会生活变化万千，立法者的理性有限，不可能在立法之时预见未来发生的一切变化，因此，法律不可避免存在漏洞和滞后性，甚至一些规则脱离实际，在此情形下，如何将法律规则适用于具体的、不断变化的社会生活呢？作为法律人，应当在适用法律过程中懂得适当的权变，通过运用法律解释方法，填补法律漏洞，使法律能够有效运用于社会生活，解决各种社会纠纷。

还应当看到，法律往往是抽象的、一般的、概括的规则，是否能够作用于具体的社会生活，还需要法律人进行解释，这个过程本身也需要有适当的权变，不能一味僵化地理解和适用法律，而应当注重将法律的体系、目的等结合起来，使法律能够有效适用于不断变化的社会生活。这里所说的权变，是指在法律规则和价值指引之下的权变。要使法律的适用具有针对性，因应具体的情形，就不能机械地执法，"一刀切"地适用法律。在将抽象的法律规则适用于具体的个案时，需要根据案件的具体情形，在法律规则允许的范围内，灵活地解释、适用法律，最大限度地实现法律效果与社会效果的统一。

因此，守经与权变并不是对立的关系，一方面，两者是相辅相成、缺一不可的，二者之间始终是一种互相调和、互相补充的关系，守经有余就可能成为"法呆子"，而权变过度就会背离法律的基本精神，逾越法律的底线。就法律人来说，无论是司法者还是行政执法者，守经是最基本的要求，即应当做到严格依法裁判，严格执法。另一方面，两者各自都有一定的限度和要求，权变有余而守经不足，就可能会逾越法律底线，背离法律的原则和精神，违背法律所规定的程序，如此就会导致违法的后果。但守经有余而权变不足，则可能导致机械地司法、执法，反而不能很好地实现法律的社会效果。所以做人做事要很好地把握守经和权变的关系，适度地把握好两者的内涵。

在守经的前提下进行权变，首先，必须坚决反对抛弃法律的基本规则、基本制度、基本价值，而任意"开口子""闯红灯"，甚至打着改革的名义随意突破法律的底线。我们在为人处世方面虽然重视"变易"，讲求随机应变，但其前提应当是"守经"。"变"并不是指不明是非、投机取巧、反复无常，权变也要坚持基本的原则，这也是所谓的

"守经",更不是钻法律空子,随意规避法律。其次,权变是在法律规则的指引下适应社会的发展而变化。宇宙万物时刻都在变化,"守经"也不是要因循守旧,食古不化。形势在发展,时代在前进,法律体系必须随着时代和实践的发展而不断发展。习近平总书记指出,"制度自信不是自视清高、自我满足,更不是裹足不前、固步自封,而是要把坚定制度自信和不断改革创新统一起来"。法律人也要懂得"权变",因为守经并不是指墨守成规,固步自封,法律人总是要看到法律的发展变化,"法宜其时则治,事适其务故有功"。法律要符合实际情况,并根据实际情况提供解决方案,才能够真正实现其社会效果。然而,法律和不断变化的社会生活相比较,总是具有滞后性,所以,法律人应当具备灵活运用法律的能力,即通过解释、适用法律的方法,使法律规则能够适应不断变化的社会生活的需要。法律人的法律思维本质是权利义务的思维,其实也是一种底线思维,但此种思维也不是一成不变的,应当在法律的框架下,根据客观情况的变化而进行一定的变通。法律人应当始终怀有对法律的信仰,在时刻做到"守经"的前提下,合理地认识与思考"权变"与"守经"的辩证关系。

就做人处事而言,要正确处理好守经与权变的关系。君子温润如玉,也要铮铮如铁,这就是说,君子既要学会包容,但也要有强烈的底线意识,讲究做人做事的基本规矩。应当看到,传统文化中确实有一些过于注重权变的观念,带有明显的机会主义色彩,如"良禽择木而栖""良臣择主而事""人挪活,树挪死""活人不被尿憋死"等,对今天人们的观念有一定的影响。现实中,有的人脑子过于活泛,这山望着那山高,反复跳槽,四处牟利,还有的人在生活中逢场作戏,见风使舵,见人说人话,见鬼说鬼话,没有原则,没有立场,这就是权变有余而守经不足的体现。

再看前面的问题,"企业家就是要会权变",这种说法其实是一种误解。现实中可以看到,有的企业家放弃心中的"经",大刀阔斧,敢闯敢干,但没有了底线,虽然把企业的规模做得很大,但最终必会自食其果以失败收场,甚至给国家、社会、债权人带来重大损害。有的企业仅有几十亿元的注册资本,却无限度地放大杠杆,在资本市场翻手为云,覆手为雨,或者四处集资、融资,欠下数万亿元债务,其胆大已经到了无以复加的地步,结果连欠债要还、信守合同等基本的底线都抛在一边,最后轰然倒下,带来严重的社会问题。还有的企业家为了逐利,不惜以身试法,制造假冒伪劣产品,侵害知识产权,严重污染环境等,虽然可能获取一时私利,但最后难逃东窗事发,官司缠身,甚至身陷囹圄,企业也会像雪崩一样,在一夜之间倒塌,几十年的经营也付诸东流。相反,一些念念不忘守经的企业家,虽然其企业发展、扩张的速度不快,但严格依法经营,一步一个脚印,诚信经商,不欺骗顾客,不损害他人,企业也就会稳步、健康地向前发展。所以,将企业家等同于权变家,显然是一种误解。因此,如何处理守经与权变的关系,应当成为企业家的一门"必修课"。

其实,无论是做人、做事还是经商办企业,都需要把握好守经和权变的辩证关系。在守经的前提下权变,在权变中不忘守经,要守经创新而不是毫无底线的创新。只有正确处理好这两者的关系,才能行稳致远,实现人生的价值和理想。

"黑名单"制度亟须法律规范*

据报载，范先生于1993年被厦门航空公司（以下简称"厦航"）特招到公司担任安全员，后来与公司发生纠纷，2006年，在福州市劳动争议仲裁委员会的主持下，范先生与公司达成调解协议，厦航补偿范先生19万余元。从2008年8月起，范先生先后五次乘坐厦航航班被拒，他每次买厦航的机票，都被告知"票被取消"。2008年9月11日，范先生在北京再次购买厦航机票，当天下午在机场办理登机手续时，工作人员发现，范先生的名字和身份证号码后有信息显示，其是被厦航拒绝登机的旅客。范先生遂以厦航侵害其人格权为由，起诉至北京市朝阳区人民法院。朝阳区人民法院认为，就厦航前五次拒载行为而言，双方当事人已经通过"调解意见书"的形式予以解决，而针对厦航的第六次拒载行为，厦航已用人工换取登机牌的方式允许范先生登机，因此认为厦航构成侵权缺乏法律依据。[①]

关于本案，虽然原告的侵权请求被驳回，但也提出了关于如何规制黑名单制度的问题。例如，航空公司在原告毫不

---

* 本文完稿于2018年11月。

① 参见《厦门航空公司黑名单案宣判 法院驳回原告诉讼请求》，载搜狐新闻（http://news.sohu.com/20091110/n268105301.shtml），访问日期：2022年1月11日。

知情的情形下将其拉入黑名单是否合法？航空公司在将原告拉入黑名单时，是否有义务告知原告？被告对此不服是否可以提出异议？等等，本案判决回避了这一问题。近几年来，许多企业都制定了黑名单制度，如国内五大航空公司联合发布《关于共同营造文明乘机大环境的联合声明》，表示将建立旅客不文明行为记录，并实行信息共享，对列入旅客不文明记录的相关当事人采取一定的限制服务措施。除航空公司外，网络动漫产品黑名单、"地条钢"生产企业和窝点黑名单、公共资源配置黑名单、物业服务企业黑名单、工程建设黑名单、医疗机构黑名单等各种名目和类型的黑名单层出不穷。最近，有学者倡导建立网络号贩子"黑名单"、企业招聘"黑名单"、电商刷单"黑名单"，甚至还有观点主张，应当将乱扔废弃物、车窗抛物的行为人纳入黑名单。

可见，黑名单制度的适用范围在不断扩大，不仅企业采用黑名单制度，一些地方的行政执法实践中也广泛采用黑名单制度。严格地说，在行政执法领域建立的黑名单，是指通过法律设定的，将一些特定的违法犯罪行为人或者对社会具有特别危害的人，通过法定的程序将其入册登记，从而由相关部门在一定期限内依法对其行为和权利进行约束的法律制度。实践中的安全生产黑名单、失信企业黑名单、诚信黑名单、公交车逃票黑名单、游客不文明行为黑名单等，都是采用黑名单制度的典型情形。2015年5月，国务院印发了《2015年推进简政放权放管结合转变政府职能工作方案》，提出要推进社会信用体系建设，建立信息披露和诚信档案制度、失信联合惩戒机制和黑名单制度。黑名单制度的推行，极大地增加了失信主体的违法失信成本，从而形成了强大威慑力，有益地倒逼信息主体守信，在实践中取得了良好的社会效果，备受各地、各行各业的青睐，成为一种极受追捧的"创新制度"。

应当看到，在行政执法领域建立和实施黑名单制度，对于严格执法、建立诚信社会具有重要意义。目前，关于黑名单制度的法律性质，存在不同的观点，主要有"行政行为说""行政处罚说""非行政处罚说"以及"类型化说"等不同主张。黑名单制度的推行具有惩戒失信行为和预防风险的双重功能，一方面，黑名单制度通过对违法、违规行为人的行为进行限制，如限制其市场准入，对其可能威胁社会公共利益或者他人利益的行为进行规制，可以产生震慑不法行为人的效果；另一方面，在现代风险社会，风险无处不在，完全通过行政执法的方式难以有效应对各类风险，而黑名单制度的推行，则可以使人们提前了解相关主体的违法、违规行为，尤其是其存在的信用风险，从而为人们提前规避风险提供了切实有效的途径。也正是因为上述原因，黑名单制度被认为是一种有效的"软法"治理工具，受到广泛好评。当然，在行政执法领域，鉴于黑名单制度会对相关主体的行为进行限制，因此，其适用应当严格遵循法律规定的条件和程序，具体而言：

一是黑名单的创设必须有法律、行政法规的依据。从实践来看，黑名单制度的适用出现了泛滥的现象，如前所述，不仅行政机关在行政执法中开始大量采用黑名单制度，而且企业也开始大量采用此种方式，这就可能被滥用。因此，应当要求采用黑名单制度，必须有法律、行政法规的依据，既然在行政活动中运用黑名单制度将会对行政相对人的权益进行一定的限制，其创设就应当受到法律或行政法规的约束。同时，在行政活动中采用黑名单制度，实质上是对行政相对人的行政处罚，属于我国《行政处罚法》第9条第（六）项规定的"其他行政处罚"，因此，行政黑名单制度的创设应当与行政处罚种类的创设依据协调、衔接，即由法律、行政法规制定。至于企业创设黑名单的行为，目前尚欠缺明确的法律依据,将来应当进行针对性的立法,将其纳入法律规范的范围。

二是要遵守正当程序。按照正当程序原则,行政机关在实施行政行为的过程中,如果可能影响公民、法人或其他组织的正当权益,应当在作出行为之前,向行政相对人说明理由,并听取其意见,以尽可能地防止行政权的恣意、滥用。行政执法中采用黑名单制度应当更符合行政程序。例如,在将行政相对人列入黑名单之前,就应当告知相对人,并认真听取其陈述与申辩意见。若行政相对人对黑名单有异议,行政机关应当严格遵守程序,详细说明作出行政行为的理由,听取陈述和申辩。至于企业采取的黑名单措施,也应当有正当程序的要求。例如,前述厦航将范先生纳入黑名单一案,虽然法院最终没有支持范先生的诉讼请求,但本案仍留下了一个值得讨论的话题,即厦航将范先生纳入黑名单之后,没有及时、清楚地进行告知;当然,仅仅是告知还不够,厦航应当为范先生提供陈述与申辩的机会。在实践中,如果乘客的不文明行为影响航空安全,则确实有必要通过将其纳入黑名单来给予其相应的处罚,以遏制此类不文明行为,但在将相关乘客拉入黑名单之前,应当尊重其知情权和申诉权。如果是因为飞机晚点等原因导致乘客实施了不文明行为,确实事出有因、有理,就应当允许乘客提出申诉。

三是要明确救济途径。"有权利必有救济",权利救济原则是现代行政法的一项基本原则,行政机关在针对行政相对人作出行政决定时,应当将行政决定送达相对人,并告知其救济权利与途径。根据最高人民法院《关于审理政府信息公开行政案件若干问题的规定》第 1 条的规定,如果当事人以公开信息侵犯其个人隐私为由提起行政诉讼,法院应当受理。同时,根据我国《行政诉讼法》第 12 条第 1 款第(十二)项的规定,如果当事人以其被纳入黑名单,"认为行政机关侵犯其他人身权、财产权等合法权益的",并以此为由提起行政诉讼,法院则不得拒绝审判。因此,如果行政机关在执法活动中将有关的行政相对人纳入黑名单,也应当为其提供明确的权利救济途径。至于企业将某人纳入黑名单,而被纳入者拒绝此种制裁措施的,也应当允许其在法院提起诉讼,给予救济。否则,一旦企业的行为有误或者运用过度,相对人就连说理的地方都没有,这也不利于保护相对人的权益,甚至会激化社会矛盾。

四是要规范处罚的措施。在将相对人纳入黑名单后,对其采取的措施五花八门,有些措施确实不符合比例原则或给被处罚者的正常生活造成极其严重的影响。例如,有的地方将闯红灯者列入黑名单,提出要"限贷、限购、限行",甚至还会"影响其子女上学";有的旅游主管部门将不文明旅客列入黑名单,还限制其出国旅游;有的地方法院对被列入失信名单的人的通信实施限制,凡有人拨通失信者的电话,就会有彩铃提示,告知此人已经被列入失信名单,甚至将失信者的姓名、肖像在大型广告牌上予以公示,实施"一处失信,处处受限"的联合惩戒制度。这对相关个人的工作、生活造成了巨大的负面影响,显然存在处罚过重的问题。因此,我认为法律上也有必要对列入黑名单后的失信者的处罚措施予以规范。第一,处罚不得侵害他人的人格权,个人的通信自由和人格尊严受法律保护,如果要对此予以限制,必须具有明确的上位法依据。第二,对纳入黑名单者采取的处罚措施要符合比例原则,不能对轻微的违法行为实施过重的处罚。第三,对某人进行处罚时,不能使其基本的生活难以为继,更不能殃及其家人,尤其是不能影响其子女升学、就业。

五是应明确黑名单发布后的撤销机制。无论是行政机关还是企业采取的黑名单措施都存在一个普遍的缺陷，即缺乏退出黑名单制度，也就是俗话说的"拿进容易，拿出难"。究竟"拿进"以后，什么时候能"拿出"，缺乏明确的规定。黑名单撤销程序包括两个方面的内容：第一，经证实违法、错误发布的黑名单，应当及时予以去除；第二，定期对黑名单所涉及的行政相对人进行核查，如行政相对人已经对其违法、违规等行为进行改正的，则应当将其从名单中予以去除。从实践来看，由于缺乏撤销机制，行政黑名单往往一经发布便固定不变，并没有后续的反馈追踪，致使有关行政相对人一旦上了黑名单便"终身背锅"，这一方面造成行政主体违法行为得不到及时纠正，另一方面会严重影响相关相对人纠正自身行为的积极性。

黑名单制度本来是在行政执法领域中实施的一项措施，但现在已被企业大量采用，而由此必然会出现该制度被滥用的后果，因此亟须法律予以规范。例如，在前述航空公司拒载案件中，航空公司要设置黑名单，将特定的乘客纳入黑名单，应当有明确的法律依据，而且应当遵循法定的程序；同时，在将乘客拉入黑名单之时，应当告知乘客，并为乘客提供明确的权利救济机制。此外，航空公司在采用黑名单制度之后，还应当设置黑名单撤销机制，明确在何种情形下可以将相关乘客从黑名单中去除。

总之，虽然黑名单的制定在社会信用体系建设中发挥了其应有的作用，但因为相关立法尚不配套，因而在具体适用中还有必要进一步规范，防止其运用不当给被纳入黑名单中的人造成不当损害，从而更好地发挥其制度功能。

人脸信息应注重保护而非利用

2021年年末,《中国审判》杂志联合最高人民法院研究室共同评选出2021年度《中国审判》十大典型案例,其中"人脸识别第一案"被列入其中,该案的案情如下:2019年4月27日,郭兵与妻子向浙江杭州野生动物世界购买双人年卡,并留存相关个人身份信息、拍摄照片及录入指纹。随后,杭州野生动物世界要求客户进行人脸激活,由此引发纠纷。2020年11月20日,浙江省杭州市富阳区人民法院作出一审判决,判决删除包括郭兵照片在内的面部特征信息。该案第一次在司法层面明确宣告了人脸信息应当受到法律保护的立场,从而引发了对人脸信息保护的广泛关注。

据报载,北京多个小区推行"智慧社区"建设,在小区出入口安装人脸识别系统,要求业主必须通过刷脸才能进入小区,但多个业主因拒绝录入自己的人脸信息而无法进入小区。① 实际上,近年来,人脸识别进社区已经在全国遍地开花,许多地方都反映了类似的问题,该问题也是12345市民热线反映的主要问题之一。

毫无疑问,人脸识别技术进入社区,确有其积极意

---

① 参见金贻龙等:《人脸识别进社区:"刷脸"背后的隐私安全之问》,载《新京报》2021年4月13日。

义,也是高科技成果在日常生活中的运用。一方面,人脸信息确实给业主带来一定的便利性,业主不用带门禁卡就可以通过刷脸进入社区,且通过人脸比对,对于维护小区的安全环境也不无意义。另一方面,从目前的防疫形势来看,人脸识别技术对于检测疫情动态也可能具有一定的作用。此外,人脸信息现在已经成为破案的重要依据,因为人脸比对的准确率比 DNA 更为可靠。此种应用属于核实试比对模式,简单来说,只要存入一张目标人脸照片,AI 人脸识别技术便会根据人脸比例大小、器官位置信息提取人脸信息点,建立人脸特征图,再转化为数字信号传输或保存。实践中,公安机关就是通过人脸识别系统在茫茫人海中捕捉犯罪嫌疑人的面部图像,并与目标信息库内人脸信息进行比对,从而确认其身份,将其绳之以法。据公安部官网披露,自 2019 年 6 月公安部部署"云剑行动"以来,警方借助"人像大数据"系统,抓获在逃人员 9.9 万名,同比增长 135.6%。公安部开发了大数据追逃研判平台,实现对在逃人员的实时预警、精准推送、定点抓捕,大部分逃犯都是通过数据研判和技术比对抓获的。①

但就像硬币具有两面一样,任何事物都有两面性,人脸识别技术的采用,确实给我们的生活带来了一些便利,同时也必然会给人们带来负面影响,存在受侵害的风险。一旦该技术被滥用,就有可能导致个人生物识别信息被非法处理,形成极大的信息安全隐患:一方面,人脸识别技术不是单纯地进行面部信息与数据库信息的匹配,其还能进一步追踪个人的身份信息与调查个人亲属关系等。因此,人脸信息等生物识别信息属于敏感个人信息,一旦遭受非法处理,就可能给个人造成极大的损

---

① 参见《"净网 2019""公安部'云剑'行动"追逃取得 8 年来最好成绩 网络套路贷下降超 7 成 电诈破案数、抓获数大幅上升》,载百度(https://baijiahao.baidu.com/s? id = 1653979520208562381&wfr=spider&for=pc),访问日期:2022 年 2 月 18 日。

害。人脸信息不仅是敏感个人信息,更是个人的核心隐私,还涉及个人的肖像,以及身体、健康、年龄等信息,并可以从中获取种族、遗传病、职业、地域来源等信息,甚至可能检测到个人的心理状态和精神状态。另一方面,人脸信息还涉及个人其他私密信息。人脸信息比对具有高度的准确性,甚至比 DNA 的比对更为准确,这也是其成为破案中技术手段的首选的原因。人脸信息是个人核心隐私,也是个人敏感信息。有些银行账户和人脸信息进行绑定、关联。因此,一旦人脸信息被泄露,或被非法转让,一些不法行为人利用人脸信息从事各种欺诈、盗窃、敲诈勒索等违法犯罪行为,就会造成严重的危害后果。还应当看到,人脸信息的处理本身需要相应的技术能力,但从实践来看,许多收集人脸识别信息的主体并不具有采取相应处理措施的能力。例如,在前述小区物业收集业主人脸信息的情形,物业服务企业的业务范围是保障小区的安全,提供专业的物业服务,其并不具有专业的保护业主人脸信息的技术能力,其难以防范业主人脸信息泄露,而且一旦业主的人脸信息泄露,物业服务企业也不具有采取措施防止损害扩大的能力。从有的小区搜集信息来看,搜集人脸信息之后也没有严格的保护措施,人脸信息很容易被他人窃取、盗用。事实上,人脸识别技术仍然处在发展的过程中,相应的人脸信息保护措施也处在不断更新变化之中,而物业服务企业并没有更新相关技术措施的动力,而且更新相关技术措施也会给物业服务企业带来很大的成本和负担。

但应当看到,人脸信息关乎个人的人身安全,并且直接体现的是个人的人格尊严,不仅属于个人的核心隐私,而且属于个人的敏感信息,因此,智慧社区建设虽然具有其积极意义,但也应当注意其可能带来的风险。人脸识别技术的运用与人脸信息保护之间具有一定的冲突。

社区确实需要为业主提供便利，提供更佳的服务，但不能仅追求管理的便捷而忽视对业主人身安全的威胁。在小区业主人身安全和人格尊严面前，其他利益都应当退居其次，从这个意义上说，小区不应当为了管理的便捷而任意采集业主的人脸信息，不能仅强调"智慧""智能"，而给个人人脸信息的保护带来巨大隐患。我国民法典为了强化对个人信息的保护，专门在第1034条规定了生物识别信息的法律保护，而生物识别信息就包括个人敏感信息。2021年实施的个人信息保护法规定了对敏感个人信息的特殊保护，人脸信息属于敏感个人信息的内容，因而毫无疑问应当纳入特殊保护范围。那么，就小区门禁收集业主人脸信息而言，究竟应当如何有效规范此类行为？我认为，应从如下几方面进行规范：

第一，符合特定目的和充分必要性的要求。依据《个人信息保护法》第28条第2款的规定，处理敏感个人信息应当同时具备特定的目的和充分的必要性，二者之间具有不可分割的关系，此处所说的充分的必要性应当是为实现特定目的的必要性和不可或缺性。对一般的个人信息而言，其处理具有必要性即可，而处理敏感个人信息则需要具有充分的必要性，这也体现了对敏感个人信息的强化保护。最高人民法院《关于审理使用人脸识别技术处理个人信息相关民事案件适用法律若干问题的规定》第10条第1款规定："物业服务企业或者其他建筑物管理人以人脸识别作为业主或者物业使用人出入物业服务区域的唯一验证方式，不同意的业主或者物业使用人请求其提供其他合理验证方式的，人民法院依法予以支持。"就小区门禁而言，即便物业服务企业收集业主人脸信息的目的是特定的，但也应当受到充分必要规则的约束。如果业主不同意，认为如果物业服务企业不收集业主的人脸信息，而通过门禁卡、密码锁、门卫查岗等方式,也能实现相关的效果,就没有必要采取人脸识别这种风险极高的方式。

当然,如果物业服务企业收集业主人脸信息具有符合法律规定的事由,未经信息主体的同意而收集其人脸信息,也属于合法行为。例如,为应对突发公共事件或者在紧急情况下为保护业主的生命健康和财产安全所必须。但对人脸信息而言,在解释公共利益的概念时,应当严格限定其范围,而不能用宽泛的公共利益来解释。如果出于商业目的或营利目的,则更不能成为擅自收集的理由。在"人脸识别第一案"中,动物园就属于商业机构,其收集人脸信息很难说是为了公共利益。那么对小区物业来说,物业服务企业本身也是商业机构,虽然收集业主人脸信息有提供物业服务的目的,但其很大程度上是为了实现商业利益。

第二,符合单独同意规则。个人信息保护法要求处理敏感个人信息应当符合单独同意规则。作出此种规定的原因在于,一方面,进一步提高对信息处理者的义务要求,通过单独授权的方式,严格限制敏感个人信息的收集,以防止对敏感个人信息的侵害。另一方面,对信息主体而言,单独授权的方式也可以使其意识到授权风险,从而谨慎授权,并强化权利保护意识。① 当然,为了公共利益等法定事由而不需要单独同意的除外。但就物业服务企业收集业主人脸信息而言,通常并不存在不需要取得业主单独同意的法定事由。因此,物业服务企业必须取得信息主体"明确同意"才能进行采集,如果权利人没有明确同意,则必须要基于公共利益的需要才能收集。需要指出的是,对一般个人信息的处理而言,民法典使用的是"同意"这一表述,这就意味着可以采取默示同意

---

① 参见程啸:《个人信息保护法理解与适用》,中国法制出版社 2021 年版,第 273 页。

方式,也可以采取明示同意方式。而人脸信息不同于一般信息,其属于敏感个人信息。对于敏感个人信息不能泛泛地采用默示同意方式,而需要取得信息主体的单独同意。同时,信息处理者在此之前还要有告知义务,使信息主体详细知道收集人脸信息的目的和用途。此外,对人脸信息而言,还要严格限制其共享,即如果信息处理者要与他人共享信息主体的人脸信息,则须取得信息主体的明确同意。未经信息主体同意擅自收集其人脸信息的,应当构成侵权。最高人民法院《关于审理使用人脸识别技术处理个人信息相关民事案件适用法律若干问题的规定》第2条第(三)项已将未取得单独同意处理人脸信息作为侵害人格权益的行为。

第三,必须具有严格的保护措施,要强化对人脸信息的安全维护。依据民法典和个人信息保护法的规定,信息处理者应当采取必要的安全保障措施,保障个人信息安全,切实防止未经授权的访问,以及个人人脸信息的泄露、篡改、丢失。个人信息的一般处理规则是基于信息主体的同意,而对于敏感个人信息,只有在具有特定目的和充分的必要性,并采取严格保护措施的情形下,信息处理者方可处理敏感个人信息。对敏感个人信息而言,信息处理者应当采取更为严格的安全保护措施。如果信息处理者没有建立相应的维护措施,人脸信息一旦被泄露,则可能产生严重后果。因此,从法律层面看,不仅迫切需要确立安全维护的义务,而且没有尽到义务、导致大面积信息泄露、对权利人造成损害的有关单位,应该承担相应的责任。就物业服务企业而言,其通常没有采取有关保护个人信息的能力,也没有保存个人信息的能力,如果允许其大面积收集业主的人脸信息,则可能产生较大的个人信息安全隐患。

人脸信息属于敏感个人信息，我国法律对敏感个人信息的态度与一般的个人信息不同，原则上不得收集，除非取得信息主体的明确同意，或者基于其他法定的事由，对其利用条件也进行了严格限制。从这一意义上说，对于敏感个人信息，法律重在保护，并不强调利用；而对于一般的个人信息而言，可能既注重保护，也注重利用。因为在大数据时代，如果对一般个人信息保护过度，则会影响对个人信息的利用，影响数据产业的发展，甚至影响技术的发展。正是因为人脸识别技术的应用价值较高，如果不作严格控制，由此造成的对个人人格尊严和人身安全的不当影响是难以估量的。

强化对未成年人网络权益的保护[*]

我们已经进入了一个互联网、大数据时代,互联网技术的发展深刻地影响了社会生活的方方面面。在网络时代,如何更好地保护未成年人的网络权益,是整个社会所普遍关注的重大问题。众所周知,青少年是最为活跃的互联网用户群体。根据有关的报告显示,截至2017年6月,中国网民总数已经达到7.5亿人,其中,10岁以下青少年网民占比约为3.1%,约0.23亿人;10~19岁的青少年网民占比约为19.4%,约1.46亿人,上述未满19岁的青少年网民总计已经达到1.5亿人,占中国网民总数的近五分之一。休闲娱乐是青少年上网的一个最主要目的,而网络游戏又是互联网休闲娱乐方式中最吸引人的一种类型。特别是游戏中的角色扮演对青少年的身心健康以及他们的世界观、人生观、价值观等多方面都会产生很大的影响。对未成年人来说,因为他们正处于敏感、冲动、心智尚未成熟的年龄,个人信息非常容易受到侵害,所以需要进一步加强对他们的人格权益的保护。

近年来,我国采取了很多的措施保护未成年人的网络权

---

[*] 原载《新京报》2017年12月5日,收录时有改动。

益，也取得了明显成效。但迄今为止，我国专门保护未成年人网络权益的立法仍显得滞后，我国虽然已经颁布了未成年人保护法、预防未成年人犯罪法等一系列法律，文化部、国家网信办颁布的一些规章也就未成年人保护问题作出了规定，但尚未颁行专门保护未成年人网络权益的法律，相关规则仍然缺乏系统性和完整性。当前，要强化未成年人网络权益保护，立法必须先行，党的十九大报告强调必须要"以良法促进发展、保障善治"，因而首先要制定良法。在立法方面，要加强未成年人网络权益保护的专项立法。所谓专项立法，就是专门针对未成年人网络权益保护的立法。在未成年人网络权益受到侵害的情况下，应综合运用民事、行政、刑事等法律手段，通过多种法律责任来强化对未成年人的保护。专项立法应当根据未成年人的特点来设置有关网络权益保护的规则，尤其是采用多种法律手段来保护未成年人的人格权益。有关部门已经注意到这个问题，国家网信办已经起草了《未成年人网络保护条例》，该条例已经在网上公开征集意见，应该说，该条例明确规定了未成年人网络权益保护的一些管理体制，建立了网络管理的相关制度，增加了公共上网场所预装过滤软件的义务，强化对未成年人个人信息和隐私的保护，规范了一些沉迷于网络游戏等网络成瘾行为的矫正活动，对于有效保护未成年人网络权益具有重要意义。例如，对于网络游戏是否需要采取分级措施、限制暴力等有害信息的产生，以及网络游戏直播中的打赏行为都应当进行必要的规范。

强化对未成年人网络权益的保护，应当贯彻实施好民法典、个人信息保护法。民法典为未成年人健康成长编织了立体化的权益保障网。孟德斯鸠说过，"在民法的慈母般的眼里，每一个个人就是整个的国家"。民法典健全了从人身到财产，从精神到物质的民事权利体系，构建了规范有效的权利保护机制。在未成年人所享有的各项权利中,人格权应当居于核心的地位。强化对未成年人人格权的保护,也是适应互联网高科技时代的必然要求。未成年人的个人信息体现了未成年人的人格尊严,特别是对未成年人而言,他们正处于敏感、冲动、心智尚未成熟的年龄,涉世不深,容易受到各种五花八门的APP、网络游戏的诱惑,时常轻易地暴露自己的信息,包括敏感个人信息,且容易沉溺于网络直播打赏、网络游戏等,使其利益遭受侵害。

一方面,民法典和个人信息保护法全面强化保护未成年人的个人信息。未成年人的个人信息体现了未成年人的人格尊严,未成年人的信息一旦泄露,即可能被不法行为人用于实施诈骗等不法行为,也会对未成年人未来的发展造成重大的不利影响。因此,个人信息保护法将不满14周岁的未成年人的个人信息均作为敏感个人信息加以对待,这就强化了对未成年人个人信息的保护,这可以说是个人信息保护法的一大亮点。敏感个人信息的界定不仅涉及信息处理者的义务,而且涉及监管者如何制定相应的规则、履行监管职责等一系列问题,还关涉权利人在其敏感个人信息受到侵害时的权利救济问题。个人信息保护法将未成年人个人信息纳入敏感个人信息的范畴,是一种重要的制度创新,其有利于规范网络服务提供者处理未成年人个人信息的行为,为未成年人个人信息提供一种特殊的保护。此外,个人信息保护法要求自动化决策应该公开透明,避免因算法黑箱导致的算法歧视、大数据杀熟等现象(第24条)。实践中,一些网络服务提供者向未成年人的不断推送可能诱导其实施不安全行为、沉迷网络游戏等行为,这就会影响未成年人的身心健康。因而,也有必要依据该法的规定规制算法的运用,保护未成年人的网络权益。

另一方面，民法典全面保护未成年人的隐私和个人信息，并通过侵权责任制度为未成年人守护干净、清朗的网络空间，维护未成年人的人格尊严。鉴于互联网对损害后果具有一种无限放大的效应，侵害未成年人网络权益的信息一旦在网上发布，即可能在瞬间实现全球范围的传播，民法典的相关规定着力预防通过网络侵害未成年人人格权的行为，如采用删除侵权信息等预防性的责任方式，或采用禁令制度等最大限度地防止损害的发生和扩大，从而为未成年人隐私和个人信息提供更为有效的救济和保护。

未成年人是祖国的花朵，是国家未来的希望，我国已经颁布了未成年人保护法等相关法律，体现了对未成年人的特别保护，但是在互联网、高科技时代，还需要加强对未成年人网络权益的特别保护，从而呵护未成年人的健康成长。

自媒体时代要强化人格权保护

随着互联网技术的不断发展和社交网络的普及，一个崭新的自媒体时代已经来临，微信、微博、百家号等已经逐渐成为人们耳熟能详的自媒体平台。据统计，截至 2021 年，实际注册运营的微信公众号已超过 1370 万个，其中超过 90% 的微信公众号是由个人运营的。自媒体的普及与发展也导致了话语权的下沉，因为在自媒体时代，人人都拥有一个"超级麦克风"，这也打破了传统媒体时代信息发布垄断的现象。

应当承认，自媒体的产生和发展有力地推动了信息的传播，大幅提升了信息流通的效率，促进了科技的发展和社会的进步，甚至可以说，自媒体的发展在信息传播领域产生了革命性的变革。但也应当看到，人人虽享有话语权，但目前并没有相应的信息审核、把关机制，在每天发布的数以亿计的信息中，确实掺杂了不少的不实信息和侵害他人合法权益的信息，而且借助现代信息传播技术，相关的侵权信息一旦在自媒体平台发布，即可能瞬间实现大范围的传播，损害后果往往也难以弥补。以"微信公众号"作为裁判理由部分的关键词，以"人格权纠纷""知识产权与竞争纠纷""侵权责任纠纷"为案由在威科先行法律数据库进行检索，相关的民事案件目前已经超过 2 万个。事实上，有大量的纠纷已经通过向平台或者有关部门投诉获得了解决，还有一些尚未解决的纠纷的数量更是难以统计。与传统媒体侵权相比，自媒体侵权确实具有其自身的特点，具体而言：

侵权主体多元化、隐匿化。一方面，在传统媒体时代，媒体侵权的主体都是纸质媒体，这些媒体数量有限，而且其设立都有严格的审批程序和审查把关程序；而在自媒体时代，人人都可以在自媒体上发布信息，其发布信息的行为无须审批，也不受监管，这也导致侵权责任具有多元化的特点。另一方面，自媒体的运营主体具有隐匿性。虽然自媒体平台大多需要实名制注册，但是自媒体平台往往会隐去注册者的个人信息，这也导致对阅读自媒体信息的主体而言，自媒体的运营主体实际上是隐匿的。因此，在自媒体侵害他人合法权益时，受害人往往难以及时获知行为人的信息，也难以及时行使更正权、删除权等，在受害人请求自媒体平台披露自媒体运营主体时，相关的侵权信息可能已经广泛传播开，相关救济措施也可能已经丧失了时效性。

侵权方式多样化。在传统媒体时代，媒体侵权的方式主要体现为刊登不实言论，或者出版涉及描述或者评论他人的小说，从而侵害他人的隐私权、名誉权等。而在自媒体时代，行为人除发布不实言论、对他人进行侮辱诽谤之外，还可能涉及抄袭他人著作、仿冒他人商标、擅自发布他人肖像照片、对他人照片进行 PS 加工，甚至对他人的声音进行变造，或者使用 AI 换脸技术对他人的形象进行仿造，等等，随着互联网、大数据技术的发展，自媒体侵权方式将日益多样化。同时，与自媒体时代侵权方式多样化相适应，在自媒体时代，侵害行为可能侵害他人的肖像权、名誉权、隐私权、个人信息、声音、形象，等等，侵害的权益范围更加广泛。

侵权的成本低廉。在自媒体时代，信息发布与传播的成本较为低廉，甚至可以忽略不计，这也极大地降低了侵权的成本。例如，微信公众号的注册程序简单，成本低廉，并无资质的限制，而且自媒体运营者在推送内容的制作、发布等方面享有高度的自主性，只要点击发送，即可在瞬间完成信息发布，这就使得相关的侵权行为易于发生。自媒体种类繁多、竞争激烈，大量的自媒体依靠流量生存，通过点击量、订阅量、关注数和广告获得收入，这就不可避免地导致自媒体发布信息的盲目性，即自媒体运营者往往只关注流量而忽略信息的真实性和合法性，出现了大量蹭热度、博出位、抓眼球、标题党现象，甚至有些自媒体为了吸引流量而恶意发布侵害他人合法权益的信息，由此引发不少纠纷。

侵权成本低、维权成本高的特点在自媒体侵害知识产权的情形下表现得极为突出，自媒体往往通过追热点获得流量，这必然产生所谓"洗稿"现象，很多人将别人写的东西拿过来，改变一下表达，然后就发布出去了，这就很容易构成对他人著作权的侵害。自媒体虽然也会有专业的团队运作，但大部分自媒体通常采用的是个体化的操作模式，在缺乏较高的技术及较多采编投入的情形下，很多自媒体会选择通过二次创作的方式获取流量，最典型的就是电影解说类的自媒体。此种对电影作品的二次创作通常没有取得原创作品权利人的同意，因此，不论此种二次创作是否产生了新的作品，都构成对原创作品知识产权的侵害。在传统社会，媒体有市场准入及资金投入的问题，而在自媒体时代，自媒体行业的进入门槛较低，也缺乏严格的监管。在这种情况下，投机取巧、迎合受众就成为不少自媒体的必然选择，此种状况也必然引发不少知识产权侵权纠纷。

损害后果更为严重。 在传统媒体时代，侵权损害后果与媒体的发行量有关，涉及范围十分有限，传统媒体虽然面向多数人进行传播，但是其传播范围不广，传播效率有限。而在依托互联网技术的自媒体时代，自媒体虽然可能没有传统媒体的权威性，但却可能产生更大的影响。在网络环境中，侵权信息一旦发布，可能瞬间传遍全球，影响力极大，而且自媒体信息可以被无数次地转发、下载、评论、收藏，随着侵权信息的广泛传播，侵害行为可能瞬间发酵，完全突破地域限制，在全世界范围内进行传播，其损害结果也将急剧扩张，与一般损害相比，其损害的产生具有明显的即时性和难以遏制性。同时，相关的损害后果也具有不可逆转性，因为侵权信息一经发布，删除将十分困难，在损害发生后，损害后果往往难以消除。因此，与传统媒体侵权行为相比，自媒体侵权对权利人的损害更为严重。例如，行为人在某微信公众号发布侵权信息后，其所造成的侵权后果将随着信息的传播被瞬时发布给数量众多的订阅者，并通过订阅者的进一步分享导致侵权信息在瞬间不断扩散，其所造成的侵权后果是难以估量的，甚至是不可弥补的。

面对自媒体侵权，受害人面临维权成本高、维权难的困境。无论是侵权证据的收集，还是诉讼程序的开启，对受害人来说均需要花费相当多的时间和金钱，而且事后的救济有时难以有效弥补对受害人所造成的伤害。就自媒体时代的人格权保护而言，难点主要在于对损害的预防和救济。在自媒体发布的信息内容侵害国家利益、公共利益时，相应的政府机构可以采取行政措施。但在侵害民事权益的情形下，加害人与受害人均为平等的民事主体，政府机构的公权力不宜直接介入，受害人获得救济往往较为困难。对于自媒体引发的民事纠纷，需要着重关注对损害的预防,避免损害的扩大。尤其是由于缺乏有效的外部监督与制约,再加上目前微信公众号等自媒体运营者以个人运营为主,不同运营主体的能力和素质良莠不齐,又不受媒体行业职业伦理规范的约束,使得微信公众号推送内容的制作与发布完全系于运营者的主观偏好和个人的利益判断,这显然与传统书报杂志、广播电视等媒体在发布信息时需要经过内部的审核把关、秉持客观公正的新闻伦理不同。可以说,自媒体运营的诸多乱象,如借助微信公众号发布虚假不实信息、侮辱诽谤他人、贬损他人名誉、侵犯他人隐私、网暴他人等,显然与这种不受制约、监督的话语权存在紧密关联。

自媒体时代强化人格权的保护,应当注意如下问题:

一是加强平台自律,落实平台的主体责任。自媒体的运营需要借助一定的平台,其信息的发布与传播也依赖于平台。目前注册运营的公众号超过千万,每天向平台提出的投诉举报成千上万,由于这些投诉举报的处理需要大量的人力物力,平台要么无力处理这些复杂的涉嫌侵权的举报或者投诉,要么处理时间过长,同时平台是否采取措施以及采取什么样的措施,是其自主决定的,这对受害人而言非常不利。尤其是在侵害受害人的名誉权、肖像权、荣誉权、隐私权等人身权益的情形,受害人在向平台投诉后可能迟迟得不到回应,无法及时与侵权人沟通,受害人只能束手待毙,任由侵权结果不断扩大。相较于权利人而言,自媒体平台更能够获知自媒体运营者的信息,也能更早接触到自媒体信息,因此应当成为防范自媒体侵害人格权益的第一道防线。这就需要多发挥平台的监管责任,落实平台在防范网络侵权中的主体责任,这也是实现社会综合治理的重要举措。自媒体平台要及时对自媒体推送的信息进行监管,并建立健全投诉机制,在发现自媒体信息侵害他人权益时,平台必须及时作出处理,以避免损害的发生和扩大。

二是增加部分自媒体前端运营者联系方式等信息的公示。例如,就微信公众号而言,应当在微信公众号对外公开展示的界面,增加运营者有效的联系方式等信息。此种措施有助于改善因隐匿化所导致的某些自媒体运营者在内容制作或者意见表达时无所约束、不受限制的现状,自媒体运营者的身份信息公示得越充分,越有助于其审慎、克制地发布信息,这也可以在很大程度上减少其发布侵权信息的可能。很多自媒体在信息发布方面所具有的影响力与传统的书报、杂志等媒体不相上下,甚至比这些传统媒体的影响力更大,已经具备了媒体的属性。如果说书报、杂志等媒体都需要对外提供公开联系的方式,接受社会公众的监督,那么这些自媒体也应当遵循相同的规则,对外公开其联系方式。某些自媒体的公示界面不展示运营者的主体、联系方式等信息,这也导致受害人只能向平台表达诉求、寻求权利救济,如果平台消极不作为、慢作为,受害人则处于极为不利的地位。同时,如果平台不提供运营者的信息,受害人又因各种原因不愿在法院提起诉讼,则其权益就难以得到保护。

三是切实保护权利人的更正、删除、回应权。目前受害人自力救济的渠道仍不通畅。现有的"通知—删除—反通知"模式,将纠纷解决的重心移转给法院,平台自身对于网络侵权的预防和处理的功能被弱化,实质上成为一个受害人与侵权人通知与反通知的中间通道。另外,受害人的维权方式单一,在现阶段,受害人权利救济所面临的主要困境是自媒体运营主体的匿名化,这也导致权利人往往不知悉侵权人的身份,无法直接与侵权人沟通协商,行使停止侵害、排除妨害、消除影响、恢复名誉、赔偿损害等请求权,以及更正权、删除权等权利。如果受害人能够直接请求行为人更正、删除相关侵权信息，或及时回应、澄清事实，就会避免大量的案件涌入法院，挤占宝贵的司法资源。同时部分受害人由于法律知识的欠缺，以及希望避免引发新的舆情或者公共关注等，不愿提起诉讼，但又无法联系到侵权人，不能直接针对行为人主张权利，这对受害人显然不公平。因此，在发生自媒体发布信息侵害他人人格权益的场合，经权利人申请，平台应当及时披露自媒体运营主体信息，以便于受害人及时行使权利，避免损失的扩大。

四是充分发挥人格权禁令制度的功能。人格权禁令制度针对人格权遭受侵害或有遭受侵害可能的情形，赋予权利人请求法院责令行为人停止有关行为的权利。人格权禁令制度可以及时防止损害的发生或扩大。自媒体发布侵害他人人格权的信息时，往往都具有急迫性，一旦不停止其传播，将导致不可逆转的损害。在符合申请禁令的条件时，权利人可以通过人格权禁令制度，及时避免损害的发生或者扩大。

总之，自媒体时代要强化人格权保护，有效规范公众号的运营，避免公共话语权被滥用，减少相关侵权纠纷的发生，最终构建文明有序、清朗的网络空间。

人格权侵害禁令：依法管网治网的方式

2021年8月25日，广州互联网法院依法为申请人签发人格权侵害禁令。这也是民法典实施以来全国法院发出的首份人格权侵害禁令。①

本案的案情是：广州某进出口公司在其注册的微信公众号、张某在其实际控制使用的微信个人账号中持续大量发布宣传某植物饮料产品的文章、图片和视频。该产品瓶身、外包装均印有知名演员刘涛的肖像照，配文"助力某品牌'欢乐颂2'电视剧演员刘涛"以及手写艺术签名"刘涛"。原告刘涛认为，被告广州某进出口公司未经其许可，擅自使用其肖像照和签名，已侵害其肖像权与姓名权。2021年6月，刘涛向广州互联网法院提出人格权侵害禁令申请，法官告知刘涛先行通知网络服务提供者采取删除、屏蔽、断开链接等必要措施。2021年7月，广州互联网法院裁定：(1)被申请人广州某进出口公司于收到本裁定之日起，立即停止在案涉微信公众号中发布含有申请人刘涛姓名、肖像的内容；(2)被申请人张某于收到本裁定之日起，立即停止在案涉微信个人账号朋友圈发布含有申请人刘涛姓名、肖

---

① 参见《【法脉准绳】演员刘涛"被代言"？广互作出首份人格权侵害禁令！》，载广州互联网法院微信公众号2021年8月25日。

像的内容;(3)驳回申请人刘涛的其他申请事项。广州互联网法院的裁定收到了良好的社会效果。

所谓禁令(Injunction),是指权利人为及时制止正在实施或即将实施的侵权行为,在诉讼开始前或者在诉讼过程中请求法院作出的禁止或限制行为人实施某种行为的强制命令。禁令制度是各国法律普遍认可的一项制度,我国民法典在借鉴国外经验并在总结我国司法实践经验的基础上,对侵害人格权的禁令制度作出了规定,这是民法典人格权编的重大亮点,该制度对于及时制止侵害人格权的行为,有效预防侵害人格权损害后果的发生以及强化对人格权的保护等,均具有重要意义。

我国民法典规定的侵害人格权的禁令制度通常仅适用于情况紧急的侵害行为。一般认为,禁令适用于现实、紧迫的不法侵害行为,在此情形下,如果不及时采取禁令措施,侵权行为继续进行,就会造成损害的进一步扩大,甚至导致权利人遭受经济损害以外的其他损害(如其他人格利益的损害、商誉的减损等)。禁令制度适用于正在实施或具有侵害之虞的情形。禁令的适用要求必须存在侵害或者可能侵害人格权的情形,从而使得申请人在实体纠纷的审判中具有较高的胜诉概率。因此,《民法典》第997条强调禁令必须针对"行为人正在实施或者即将实施侵害其人格权的违法行为",具体而言包括如下三种情形:

第一,人身安全保护令适用范围以外的侵害人格权的行为。我国《反家庭暴力法》第23条①虽然规定了人身安全保护令,但仅仅适用于人身安全保护,禁令是保护所有人格权的重要措施,而不仅仅适用于对

---

① 《反家庭暴力法》第23条规定:"当事人因遭受家庭暴力或者面临家庭暴力的现实危险,向人民法院申请人身安全保护令的,人民法院应当受理。当事人是无民事行为能力人、限制民事行为能力人,或者因受到强制、威吓等原因无法申请人身安全保护令的,其近亲属、公安机关、妇女联合会、居民委员会、村民委员会、救助管理机构可以代为申请。"

人身安全的保护。我国现行立法缺乏关于统一适用人格权保护的禁令制度,是一大缺漏。从实践来看,大量的网络侵权行为,尤其是针对名誉、隐私等的侵权行为,很可能会给受害人造成难以弥补的损害,如不及时加以制止,损害后果可能会被无限扩大,因此禁令制度的适用必要且可行。在家庭暴力领域有人身安全保护令,其在性质上属于广义的禁令,但其适用范围有限,对该范围之外的特定行为,则可以颁发禁令。① 如针对"医闹"行为,可以发布禁令。

第二,行为人正在实施侵害他人人格权的行为。例如,行为人在网上发布侮辱、诽谤他人的信息,侵权行为处于持续状态,可以通过发布禁令的方式予以制止。再如,行为人已经在网上发布他人的裸照,如果不及时制止,就可能使受害人的名誉、隐私遭受重大损害。即使在损害已经发生的情况下,颁发禁令也具有防止损害进一步扩大的作用,从而保护受害人免于遭受更大的损害。当权利受到侵害或者威胁时,为了制止损害的发生或者扩大,避免权利人遭受难以弥补的损害,就有必要及时制止行为人的不法侵害行为。此外,如果禁令颁发错误,则可以被撤销,不会妨碍当事人的表达自由,而且禁令的申请和颁发,以及维持、撤销等,都有一定的程序保障,因此,禁令制度是预防和制止网络侵权最有效的办法,也是一种法治化的管网、治网方法。

第三,即将实施的侵害他人人格权的行为,也就是有侵害人格权之虞的行为,是指未来有可能发生侵害人格权的危险,且发生侵害的盖然性较高的行为。在损害有发生之虞的情形下,禁令制度可以预防损害的实际发生,使得受害人免于遭受重大损害。例如,反家庭暴力法第四章

---

① 参见黄薇主编:《中华人民共和国民法典人格权编解读》,中国法制出版社2020年版,第44页。

专门规定了人身安全保护令。在离婚诉讼之前,如果一方有实施家庭暴力的可能,申请人可以请求人身安全保护令,这一人身安全保护令也属于诉前禁令,其功能在于有效预防可能发生的家庭暴力或骚扰行为。

禁令针对的是正在发生和将要发生的侵害行为,损害常常具有急迫性。也就是说,如果通过正常的诉讼程序维权,因为诉讼耗时等原因,可能导致损害后果的迅速扩大或难以弥补。在互联网时代,网络侵权层出不穷,网络暴力不断产生,这些不仅会对自然人造成重大损害,甚至会给企业带来灭顶之灾。在网络侵权发生之后,如果任由侵权损害后果蔓延,将会使受害人的权益遭受不可估量的损失,因而最有效的保护受害人的方式是及时制止、停止侵权信息的传播。对利用网络侵害人格权而言,一旦发生侵害行为,很难通过金钱赔偿的方式对受害人进行完全弥补。因此,需要通过禁令及时制止此类侵权。如果损害后果的发生不具有急迫性,或者即便发生,也可以通过其他方式弥补,则应当对此种情形进行严格审查。[①] 当然,如果损失能够通过金钱方式在事后进行充分赔偿,则不应认为该损失是不可弥补的。[②] 例如,行为人未经权利人许可擅自利用其肖像的,主要侵害了权利人的财产利益,可以通过赔偿财产损失的方式对其提供救济,此时,一般不宜通过禁令制度解决纠纷。但如果是将某人的裸照用于网上广告用途,一旦传播,则可能对受害人造成严重精神损害,而且该损害难以通过金钱赔偿恢复原状,此时,就有必要通过禁令制度对权利人提供救济。

当然,申请人必须有证据证明行为人正在实施或者即将实施相关侵害行为。从《民法典》第997条的规定来看,禁令的适用要求"民事主

[①] 参见黄薇主编:《中华人民共和国民法典人格权编解读》,中国法制出版社2020年版,第42—43页。

[②] See Abbott Labs. v. Andrx Pharms., Inc., 452 F.3d 1331(Fed. Cir. 2006).

体有证据证明行为人正在实施或者即将实施侵害其人格权的违法行为",这就是说,禁令应当由权利人提出,但权利人在申请发布禁令时,必须提出相关的证据证明已经具备适用禁令的条件。通常来说,权利人必须证明侵害人格权的行为已经发生并将持续发生。所谓"有证据证明",应当达到能够使人相信的程度。① 在此有必要区分侵害人格权的行为是否已经发生,对于正在发生的侵害行为,权利人的举证相对简单,而对侵害尚未发生的情形,则应当适当提高申请人的举证负担,以防止禁令制度的滥用。在这里需要讨论的是证明标准的问题,即申请人提供证据应当达到何种程度才能颁发禁令?我认为,应当采纳盖然性的证明标准,即只要当事人有证据证明他人的行为可能造成损害或有损害之虞,就应当认定满足了相应的证明标准,而并不要求必须达到诉讼的证明标准,即最高人民法院《关于适用〈中华人民共和国民事诉讼法〉的解释》第108条规定的"高度可能性"标准。

禁令的效力具有多样性。一般认为,禁令发出之后,可能会产生如下两种效果:一是终局性效果。这就是说,在人民法院发布禁令后,对方当事人如果不再继续实施侵害行为,也没有提起诉讼,则禁令具有终局性的效力。禁令一旦颁布,在到达行为人时即发生效力,行为人应当按照禁令的要求立即停止相关侵权行为。在前述案件中,广州互联网法院发出禁令之后,被告没有提出异议,因而禁令一经发出即产生了终局性的效力,当事人无须再进入复杂的一般诉讼程序。如果被告在收到禁令后,继续实施侵害行为,法院可以根据已生效的禁令强制执行。二是临时性效果。如果人民法院发布了禁令,但是被告对该禁令不服,认为

---

① 参见黄薇主编:《中华人民共和国民法典人格权编解读》,中国法制出版社2020年版,第43页。

人格权侵害禁令侵害了其正当权利，其在法院提起一般的民事诉讼请求解除禁令。在此情形下，在作出终局的裁判之前，虽然禁令不能解除，但禁令不能发生终局的效力。在进入普通诉讼程序后，当事人应就是否存在侵权行为进行质证、论证，若法院经审理，发现被告并未实施侵权行为，则应当撤销人格权侵害禁令，在此情形下，禁令就失去了效力。如果法院经过审理认为被告已经构成侵权，就应该继续维持禁令的效力，在此情形下，被告当然可以针对法院的判决提起上诉，继续主张其权利。从这个意义上说，禁令的效力具有暂时性，因为禁令主要是一种临时性的措施，即针对侵权人实施的侵权行为，申请法院责令被申请人停止一定行为的紧急措施，如果侵权人不服禁令，在法院提起诉讼，则只有在终局判决生效后，禁令才发生终局性的效力。

  回到本案来看，广州某进出口公司未经刘涛许可，使用其肖像和手写签名对外销售产品，并且通过微信公众号发布假冒刘涛姓名、肖像的文章以从事产品推销行为。因为在网络环境下，网络具有放大效应、受众的广泛性、传播的快速性等特点，网络无边界，受众具有无限性，这就使得侵权信息一旦发布，就可以为全球用户所知晓。例如，本案中，被告通过微信公众号发布信息，会令很多网民相信刘涛在为其产品代言，这也会侵害刘涛的名誉权。如果不加以制止，就可能会在网络上迅速发酵，因而，刘涛采取人格权侵害禁令的方式，请求法院立即禁止被告从事该行为，由于相关侵权事实较为清楚，法院发布禁令后就立即产生了解决纠纷的效果。由此可见，禁令制度具有普通诉讼不具有的功能，将成为互联网时代依法管网治网、保护受害人合法权益的重要方式。

法律可以预防"公交坠江案"吗?

据人民网报道,2018年10月28日上午10时8分,重庆市万州区的一辆公交车在行驶过程中突然越过道路中心线,在撞击对向行驶的轿车后,又直接撞断护栏,不幸从长江二桥冲下坠入长江。该起事故造成公交司机和大量乘客伤亡。事发后,当地公安机关通过恢复车载行车记录仪数据,调查过往车辆、驾乘人员和目击证人等方式,还原了事故发生的过程。结果发现,乘客刘某在乘坐公交车过程中,要求司机冉某在因道路维修而不能停靠的车站停车。在遭到司机拒绝后,刘某与冉某发生争吵,并用手机击打正在驾驶的冉某。后冉某右手放开方向盘还击刘某,并与刘某抓扯,造成车辆失控坠江,十余条生命从此消逝。[①]

这是一件令人痛心的社会恶性事件,十余条生命瞬间逝去。犯罪嫌疑人刘某的行为令人发指,泯灭人性。事故报道后,很快引起了广泛的社会关注。但这起事故的发生过程值得从法律上深思。

从早期预防的角度来讲,需要避免乘客采取过激的行为

[①] 参见冯人綦、曹昆:《重庆万州公交车坠江原因公布:乘客与司机激烈争执互殴致车辆失控》,载人民网(http://society.people.com.cn/n1/2018/1102/c1008-30378646.html),访问日期:2018年11月14日。

来实现自己的主张,避免因为乘客的一己私利导致恶性交通事故的发生。2018年11月19日,最高人民法院司法大数据研究院发布《公交车司乘冲突引发刑事案件分析司法大数据专题报告》指出,公交车司乘冲突引发纠纷起因多为车费、上下车地点等小事,合计占比近六成。超五成案件发生在车辆行驶过程中,46.40%的案件有"紧急停车"情形。超半数案件有乘客攻击司机的行为,更有近三成存在乘客抢夺车辆操纵装置的情况。超五成案件出现车辆撞击其他车辆、行人、道旁物体或剧烈摇晃等危险情况。① 即便在本次事故发生的重庆市万州区,自2015年至2018年,万州区人民法院共审理以危险方法危害公共安全犯罪案件九起,与公交车相关的有七起。在乘客干扰公共交通司机驾驶的案例中,乘客往往是因为坐过站或投币问题产生纠纷。② 由此可见,乘客因为琐事与司机发生冲突的事件并不罕见,只不过大多冲突并没有最终酿成大祸而已。我国刑法已经明确规定了以危险方法危害公共安全罪,且此前也不乏依此判决惩罚影响公共交通安全的恶性行为。但是,有的交通运输主管部门并没有对这类事件和风险引起高度重视,也缺乏对公共交通驾驶人员进行专门的培训以避免他们在驾驶中与乘客发生纠纷。尤其是在硬件设施上,没有通过设置必要的物理隔离措施将司机与乘客隔开,避免不必要的接触。在一些地方,司机可以在紧急情况下通过一键报警装置向公交公司或者公共安全主管部门求助,保障司机和其他乘客的生命、财产安全。但是,在许多地方,这些硬件设施严重缺乏。事实上,安置这些设施的成本并不高。在没有安置的情形,一旦发生事

---

① 参见《最高法发布"公交车司乘冲突引发刑事案件分析"大数据报告》,载《人民日报》2018年11月19日。

② 参见张昊:《辱骂或殴打正在驾驶的公交车司机如何定罪量刑? 最高法院司法案例研究院组织了一次研讨》,载法治日报微信公众号2018年11月11日。

故，后果不堪设想。

从法律层面来看，"公交坠江案"至少提出了如下问题值得我们思考：

首先是防卫过当的认定问题。在法律上，构成防卫过当的当事人不仅不能免除其刑事责任，还可能要承担民事责任。如果其构成正当防卫，则不必承担任何法律责任。如果乘客殴打司机，那么司机的任何防卫行为，哪怕是过激的防卫行为都构成正当防卫。因为，即便其作出过激的防卫行为，也是为了保护全体乘客的安全，是必要的。但是，本案提出了一个问题：当乘客殴打司机时，其他乘客采取了过激的手段进行防卫，是否构成防卫过当？法律对此的规定并不明确。我认为防卫行为没有超过必要限度的，就不构成防卫过当。而认定是否超过必要限度，要根据防卫人当时所处的境遇、意志状态、行为的合理性、保护的利益和侵害的利益之间的比例性、损害的严重程度等，只要是为了制止侵害所必需的，就不能认为超过了正当防卫的必要限度。由于乘客殴打司机是一种高度危险的行为，其他乘客的人身安全也因此受到了严重威胁，所以其他乘客完全有权利实施防卫。即便采取了过激的手段，只要能够有效地制止危害的发生，都不构成防卫过当。如此才能鼓励其他乘客采取防卫行为制止诸如此类严重危害公共安全行为的发生。

其次，要鼓励见义勇为行为。让人难以释怀的是，眼看要发生这样的事故，乘客群体中没有人积极站出来伸出正义之手，及时制止对人对己即将面临的灾祸。这不得不让我们反思社会大众的道德教育，特别是一名老百姓如何参与社会公共生活。的确不少人有"事不关己、高高挂起"的冷漠心态，只要没有直接影响到自己的利益，就视而不见。在该案中，刘某的行为已经直接威胁到包括司机、其他乘客的生命安全在内的重大利益,但没有乘客站出来制止刘某从事的高度危险行为。这场悲剧反映了公民的社会参与意识缺乏,也反映了见义勇为精神和教育的缺失。虽然这在很大程度上是一个道德问题,但法律在公民的道德塑造和培育工作上是完全可以有所作为的。我国民法典规定了鼓励见义勇为的条款,这样的规范也有必要在诸如道路交通安全法等专门立法中予以重申和特别强调。对于那些冷漠的人,法律的确没有理由对其进行惩罚,令其承担法律责任,但是,法律完全可以通过正面承认和鼓励的方式来弘扬人们朴素的正义感,激励一些人在关键时刻及时采取正义之举,维护社会的公共秩序。正如哈耶克所言,法律虽不能直接建立某种秩序,但却可以"为这样一种秩序的形成和不断地自我更新创造条件"[1]。对于好意施救的行为,即便造成了对方的损害,也应当免除其法律责任,以免给在关键时刻出手的正义人士造成心理上的顾虑。毕竟,在面对危险情况时,其他乘客为了保障驾驶安全,对行为人予以制止,这本身也是为了维护自身的安全,依据《民法典》第181条的规定,由于过激乘客击打司机的行为已经对自己人身造成威胁,其他乘客可以正当防卫,其造成损害的,不承担民事责任。

最后,应当加强公共交通规范和安全意识的培养,尤其要培养规矩意识。其实,中华民族历来是一个讲规矩的民族,我们被称为礼仪之邦、文明古国,就是因为我们有守规矩的传统。19世纪,美国传教士阿瑟·史密斯曾经游历中国,认为"中国人具备许多令人赞叹的品质,其中之一便是与生俱来的尊重律法"[2]。古人云,无规矩不成方圆。治理一个国家,一个社会,关键是要立规矩、讲规矩、守规矩。

---

[1] 〔英〕哈耶克:《自由宪章》,杨玉生等译,中国社会科学出版社2012年版,第229页。
[2] 〔美〕阿瑟·史密斯:《中国人的性情》(第2版),晓敏译,中国法制出版社2014年版,第187页。

有规矩、讲规矩，社会才能有安定秩序，国家才能繁荣强盛，人民生活才能幸福安康。"公交坠江案"也再次提醒我们，应当培养人们基本的规矩意识，使人们切实认识到干扰驾驶的危险行为可能导致严重的后果，使人们认识到问题的严重性。对于乘客而言，司乘人员应当引导乘客遵循乘车规章，对于线路、票价等问题应当进行明确说明，减少乘客作出过激行为的可能。对于司乘人员而言，则应当教育其遵守基本的规矩，并引导司乘人员在遭遇侵害时作出妥善应对。

实际上，近年来因为乘客与驾驶人员之间的纠纷引发的恶性交通事故不止重庆市"公交坠江案"这一起案件。在另一些案件中，因为驾驶人员在驾驶途中遭受影响而导致公交车撞上其他地方，引起严重伤亡。因此，需要加强公共安全方面的立法，强化公民的公共安全意识，培育公民文明乘车素养、规范驾驶人员的应急处置能力、鼓励市民的见义勇为行为，最大限度地消除隐患，塑造安全的交通环境。

行政执法应当与刑事司法相互衔接

在实践中,经常出现行政机关在行政执法过程中,办理相关的行政违法案件时发现违法行为人已构成犯罪是否应当及时移送司法机关处理的问题。例如,税务机关在办理偷税、漏税问题时,发现违法行为人已构成犯罪。再如,公安机关就民间斗殴进行治安查处的过程中,发现相关当事人已经涉嫌刑事犯罪。这些情形都涉及是否要移送司法的问题。但现实中,遇到此类情况,有的行政机关不愿及时移交司法机关,而采取了"以罚代刑"的措施,这就造成"有罪不究"的后果,放纵了犯罪嫌疑人,影响了社会市场经济秩序。

就行政执法应当与刑事司法相互衔接这一问题,早在2001年4月,国务院就发布了《关于整顿和规范市场经济秩序的决定》,要求行政执法部门在查处违法行为中发现的犯罪线索,必须及时通报并依法移送公安部门及其他有关部门;同年7月,国务院发布《行政执法机关移送涉嫌犯罪案件的规定》对行政机关向司法机关移送案件作出了具体的规定。有关司法机关也先后发布了一系列规范性文件,旨在解决行政执法与刑事司法"信息沟通不畅、案件移送不及时、协作配合不规范"等问题。2013年11月,党的十八届三中全会通过《中共中央关于全面深化改革若干重大问题的决定》，将"完善行政执法与刑事司法衔接机制"作为一项全面深化改革的任务；2014年10月，党的十八届四中全会通过《中共中央关于全面推进依法治国若干重大问题的决定》，再次明确提出要"健全行政执法和刑事司法衔接机制，完善案件移送标准和程序，建立行政执法机关、公安机关、检察机关、审判机关信息共享、案情通报、案件移送制度，坚决克服有案不移、有案难移、以罚代刑现象，实现行政处罚和刑事处罚无缝衔接"。行政执法与刑事司法之间存在不可割裂的联系，如果二者之间不能协调衔接，不仅会导致行政和司法效率的低下，更可能导致违法犯罪行为无法被有效处理，从而影响社会的正常秩序。

　　行政执法与刑事司法相互衔接，也是法治建设过程中急需解决的重大问题。目前我国行政执法与刑事司法程序的衔接，主要有如下几个突出问题：第一，行政执法机关存在"有案不移"的现象。根据现行法规定，行政执法人员在执法过程中发现违法犯罪线索时，应当向相应的司法机关移送违法犯罪线索。但也确有一些行政执法机关不愿主动移送涉嫌犯罪的案件，也不愿意提供相关线索，其中一个重要原因在于，有的行政执法机关认为移送会增加工作量，不愿自找麻烦，还不如由自己直接处理了之，采用行政处罚的方式进行处理更为简便。这就导致应当受到刑事处罚的行为人并未受到应有的处罚。第二，移送与接收案件的程序不明确、不完善，导致"有案难移"。有的行政执法机关在执法过程中确实发现了刑事犯罪的存在，也想将其移送至刑事部门，但是对向谁移送、如何移送缺乏清晰的认识，而规则本身也不明确，导致行政执法机关难以启动移送程序，司法机关难以启动接收程序。有些案件在移送以后，司法机关感到很难处理，也不愿意接收,出现了相互推诿的局面,从而使得本应移送的案件难以被顺利移送。第三,案件定性及证据衔接等问题有待明晰。对于行政违法与刑事犯罪两者的界限究竟应当如何厘清是实践中面临的一个难题。罪与非罪的界线时常并不明确,实践中出现的"以刑代罚""以罚代刑"均是未能把握二者界限的表现。

上述问题的产生,与我国目前的立法、行政执法和法律监督工作的开展均有不同程度的关系。要确保在行政执法过程中发现的涉嫌犯罪的案件的移送工作顺利进行,就有必要从上述几个环节,协同推进移送工作的开展。具体而言,主要包括以下几个方面。

一是要在法律上明确,在涉嫌犯罪的情形下,移送案件是行政机关的一项义务,同时也要规定司法机关负有接收的职责。目前,由于法律中对移送和接收涉嫌犯罪的案件的规定并不十分具体明确,使得许多行政执法人员并没有认识到移送是其应当负担的一项法定义务,这就导致其不愿意主动移送,认为这是自找麻烦。而对于被移送的案件,一些司法机关也不愿意主动配合接收。各部门内部各自为政的现象仍然存在,"铁路警察,各管一段"的现象时有发生,甚至会出现"事不关己、高高挂起"的情况。有些行政执法机关受狭隘的部门利益的驱使,不愿意对其处理的案件进行移送,担心移送导致自身利益受损,自身权力受到限制,不利于自己工作的开展。要改变这种情况,就必须从行政执法机关和刑事司法机关内部着手,强调移送工作的重要性,树立依法依规移送案件的意识。对于拒绝移送、拒绝接收的行为,应当追究有关责任人的责任。

二是完善案件移送相关制度,为有效衔接提供保障。为此有必要加强刑事诉讼程序立法,进一步完善"移案监督"制度,确保检察机关和监察部门在移案过程中的监督职能得以落实。所谓"移案监督",就是由检察机关、监察部门介入行政执法与刑事司法衔接的过程,就移送案件等事项发挥检察、监督职能,防止出现"有案不送"或"有案不收"的现象。同时要建立具体的行政执法与刑事司法的证据衔接制度。就证据转换问题而言,尽管行政证据与刑事诉讼证据存在收集主体、程序要求和对证据终局性的认定等方面的不同,但我们也要看到两者之间存在转化的必要性和可能性。行政执法机关长期的工作特点使行政执法人员积累了丰富的经验,对相关领域的经济违法活动更为熟知,能够更有针对性地对违法行为涉嫌犯罪的证据进行搜集、保全。如果片面强调两种证据的差异,全盘否定行政执法机关移送的证据材料,对行政执法机关移送案件所进行的前期工作无疑是一种否定,也不利于行政执法与刑事司法的衔接。

三是应当建立网上衔接、信息共享机制。在信息平台建设方面,为充分提高衔接效率,有必要改变现在各部门信息平台孤立存在、信息分割的格局,尽快实现信息共享。例如,市场监督管理部门作为行政主体负责市场主体的登记工作。其在行政执法过程中获得的市场主体的登记信息完全可以与司法机关进行无障碍共享,司法机关所掌握的信息也可以为行政执法机关所获取。只有社会管理中必要的信息平台进行共建、共享、联网、联动,才能做到"让信息多跑路",从而有效提升衔接效率。

四是要严格实行收支两条线制度。为避免行政执法机关在涉嫌犯罪的案件中本着"罚款创收"的目的,通过"以罚代刑"狭隘地维护部门利益,就必须严格贯彻落实收支两条线制度。坚持对于具有执收执罚职能的单位,实行收入与支出两条线制度,确保收费、罚没上缴财政，从而在根源上避免上述现象的发生。

总之，要有效地解决行政执法与刑事司法相互衔接的问题，必须建立起与衔接程序相配套的制度。

门口安装摄像头与权利滥用

近年来发生了多起因家门口安装摄像头而引发的诉讼纠纷,试举两例加以说明:

在李某诉黄某隐私权纠纷案中,黄某在住宅门锁被他人数次毁坏后,在其木门上安装了一个猫眼摄像装置,能够拍摄到其与李某房门外的公共走廊区域。李某认为,黄某安装的摄像头能够拍摄到其日常进出房屋的全部信息,持续侵扰了其私人生活安宁,应当构成对其隐私权的侵害。而黄某则认为,其安装摄像头的目的在于防止有人破坏自家大门,并不是为了监控李某,其也没有对外传播相关信息,因此,不构成侵害李某的隐私权。法院认为,个人住宅的信息以及日常进出房屋的信息应当属于个人隐私,黄某在家门口安装摄像头不当侵扰了李某的生活安宁,应当构成对李某隐私权的侵害。①

在马某诉周某隐私权纠纷案中,被告以保护自家财产安全及家人人身安全为由在其家门口的门框上方公共通道处安装摄像头,从而使得原告出入公共通道、进出电梯、出入家门均被被告安装的摄像头录入。法院认为,本案中,根据通

---

① 参见广东省高级人民法院(2016)粤民再464号民事判决书。

常认知,在居民楼楼道内安装摄像头对居民从进入楼道至进入个人房屋前的所有活动进行监控,会对居民的心理自由感造成一定的束缚,而不压抑、不束缚的生活状态亦是私人生活安宁的重要组成部分。本案中,被告在公共通道处安装摄像头对楼道、电梯口进行监控,在一定程度上对原告的自在生活、生活安宁造成了不良影响,在事实上形成对原告隐私权的威胁,无论其是否存在窥视他人隐私之主观故意,其行为仍构成隐私权侵权。①

传统观点认为,"隐私止于屋门之前","住宅是个人的城堡"(a man's house is his castle),这是英国法学家提出的法谚。住宅是个人所有权,也是个人所享有的隐私的重要组成部分。但问题在于,门外是否属于个人的隐私范围,这就是一个值得讨论的问题。

在上述两个案件中,虽然被告是在其自家门口安装摄像头,但他们这种行使权利的方式构成了对他人的侵害。他们虽然是在行使自己的权利,但是由于他们行使权利的方式不当地对他人的权益造成了损害,此时应当构成滥用权利。

权利本质上为行为人提供了一定的行为自由,因此,盖尤斯曾经说过:"行使自己的权利不被认为构成恶意(Nullus videtur dolo facere qui suo jure utitur)。"传统上人们常常认为,"如果我有做某事的权利,我对此事没有什么过错,如果我有不做某事的权利,我不做某事没有什么过错"。但是任何自由都是有限度的。法律应当对权利行使规定一定的限制,以防止滥用权利。任何权利的行使都会对他人造成限制。但是,正当的权利行使行为是行使权利所必需的,因此法律也容忍正当的权利行使行为给相对人带来的限制。但权利从来不是绝对的,他人的权

---

① 参见上海市嘉定区人民法院(2019)沪 0114 民初 13714 号民事判决书。

利构成某人行使权利的边界,而这实际上就是在权利冲突中探寻平衡的过程。法律应当对权利行使规定一定的限制,以防止滥用权利。虽然权利本质上为行为人提供了一定的行为自由,但是任何自由都是有限度的,正如自由不是绝对的,权利的行使也不能是绝对的,当权利人行使权利逾越了应有的界限时,即构成滥用权利。功利主义哲学家密尔曾形象地指出,"挥舞拳头的自由止于他人的鼻尖",或者说,一个人的权利主张以不损害其他社会同伴的权利为边界。① 经济学家科斯认为,由于"权利的相互性"或"问题的相互性"(the reciprocal nature of the problem)存在,某人权利的行使就必然意味着他人权利的减损;凡是行使权利,都可能产生权利的冲突。② 但是逾越权利行使的边界导致他人遭受损害,违背了权利存在的正当目的,构成滥用权利,此种滥用权利的行为可能对社会生活的正常秩序造成危害。

所谓权利滥用,是指行使权利违背权利设定的目的,损害了他人利益。我国《宪法》第51条规定:"中华人民共和国公民在行使自由和权利的时候,不得损害国家的、社会的、集体的利益和其他公民的合法的自由和权利。"《民法典》依据《宪法》的规定,于第132条规定:"民事主体不得滥用民事权利损害国家利益、社会公共利益或者他人合法权益。"这就确立了禁止权利滥用规则。滥用权利行为与正当的权利行使行为存在显著不同,此时权利滥用人行使权利的行为给他人带来的不利益已经超越法律可以容忍的限度,因此立法者对这种行为给予消极的评

---

① See John Stuart Mill, On Liberty 13 (Currin V. Shields ed., Liberal Arts Press 1956)(1859), cited in Joseph Elford, Trafficking in Stolen Information: A "Hierarchy of Rights" Approach to the Private Facts Tort, 105 Yale Law Journal 727, 728(1995).

② 参见[美]R. 科斯、A. 阿尔钦、D. 诺斯等:《财产权利与制度变迁——产权学派与新制度学派译文集》,刘守英等译,上海人民出版社1994年版,第3页以下。

价。所以，禁止滥用权利制度的核心功能在于，为权利人的利益与公共利益或他人利益之间划定边界，从而协调可能产生的冲突。

权利意味着主体的意志自由，但这种自由是有一定限度的。法律并不允许权利人以任何方式随心所欲地行使自己的权利，民事权利亦不例外。孟德斯鸠在《论法的精神》中宣称："一切有权力的人都容易滥用权力，这是万古不易的一条经验。……从事物的性质来说，要防止滥用权力，就必须以权力约束权力。"[①] 虽然这句名言主要适用于对公权力进行规范，但是民事权利同样也存在被滥用的可能，法律也应当对民事权利行使规定一定的限制，以防止滥用，此种规定也是为了从根本上保障权利的正当行使。我国民法典一方面鼓励权利人正当行使权利，满足个人利益的需要，另一方面又为权利的行使划定了行为界限，禁止权利人超出这些界限侵犯他人和社会利益。我国法律、法规通过许多强制性规范确立了民事权利行使的目的和界限，民法典的上述规定也确立了禁止滥用权利的规则。

在民法上，关于判断滥用权利的标准，各国立法规定和实践做法也是极不统一的，大致可分主观说和客观说两种。主观说以权利人行使权利的主观状态为标准，认为行使权利时有故意滥用的意志，就构成滥用权利。例如，德国对禁止权利滥用采取主观说，一方面是存在独立于善良风俗的《德国民法典》第226条，另一方面是为了防止混淆不道德的行为和不法的行为，因此要求滥用具有主观意思（实际上也有客观标准）。德国的学者和法官认为，如果权利人缺乏正当权益，则可以推定其有加害于他人的意思，同样构成滥用权利。客观说以权利行使的客观结果为标准，认为只要行使权利时损害了他人和社会的利益，就为滥用

---

① 〔法〕孟德斯鸠：《论法的精神》，张雁深译，商务印书馆1961年版，第154页。

权利。

应当看到，在权利人滥用权利时，可能导致相对人遭受损害，因此权利滥用的行为很可能会与侵权行为发生交叉。因此，许多国家将权利滥用作为侵权的一种形态，或直接适用过错责任的一般条款进行调整。因此，滥用权利在法律体系中并不具有独立的地位，而是被置于侵权责任规则之中。然而，我认为，滥用权利不同于侵权责任，滥用权利的行为既可能构成侵权，也可能不构成侵权，侵权行为与滥用权利具有不同的构成要件，二者在成立和效果上应当分别判断，不宜将二者混淆。理由主要在于：

第一，滥用权利行为并不一定导致侵权法上的损害后果。滥用权利的行为主要是以权利的行使超过实现权利的目的的必要为形态，在这一过程中，并不一定会发生侵权法上所承认的损害结果。侵权责任所保护的范围并未涵盖所有民事权益，某些情形下，滥用权利行为只是给相对人造成纯粹经济损失，或者只是给他人造成轻微的损害，而不构成侵权。例如，在越界建筑的场合，被越界的一方可能并未受有可以证明的损害，但是这并不影响权利人行使权利构成滥用。因此，如果将滥用权利作为侵权的一种类型，就势必会导致在没有造成侵权责任所认可的损害时，滥用权利人的行为不会遭受消极评价，从而不能实现督促权利人诚实信用行使权利的立法目的。

第二，滥用权利发生于权利行使的过程中，侵权责任中的侵权行为不以权利行使为限。滥用权利规则针对的都是权利行使的行为，而侵权责任中的侵权行为范围广泛。这种权利行使的行为与侵权行为并不完全相同。侵权行为中的行为包括作为与不作为，而滥用权利中主要是权利人的权利行使行为，因此主要是作为。

第三，二者的法律效果不同。侵权责任的法律效果主要是侵权责任的承担，尤其是损害赔偿。而在发生滥用权利的场合，其产生的效果需要依据具体的情形分别判断。滥用权利最主要的效果是权利的行使不发生效力，权利人因此会受到不利益，但相对人并不一定会获得损害赔偿请求权。因此，从法律效果而言，滥用权利的法律效果主要是造成权利人利益的减损，这与侵权责任存在显著的区别，侵权责任的法律效果是导致受害人获得各种侵权救济。

综上所述，滥用权利并不能归入侵权之中进行调整，就二者的关系来看，滥用权利与侵权责任并非同一层面的问题。滥用权利旨在评价权利人行使权利的行为是否超出必要限度，是否违反诚实信用原则，应通过对权利人自身施加不利益避免滥用权利行为的发生。而侵权则侧重于认定行为人是否因过错造成他人损害，通过损害赔偿等侵权责任的承担方式使得受害人恢复到没有遭受侵害的状态。

当然，由于滥用权利与侵权是从不同角度对行为人的行为所作出的评价，因此滥用权利的行为可能也同时满足侵权责任的成立要件，此时，滥用权利并不影响侵权责任的适用，只要行为同时满足侵权责任的成立要件，受害人便可以请求加害人承担侵权责任。

回到上述两个案件，我认为，在这两个案件的裁判中，法院关于认定被告构成滥用权利的裁判是妥当的，因为被告行使权利的行为确已逾越了其应有的界限，且已经构成了对他人的隐私和个人信息的侵害。这两个裁判实际上已经在司法层面进一步厘清了权利滥用的构成要件，将为以后的司法实践提供有益的指导。

发挥商业行规在商事治理中的作用

广东民商法学会每两年都会专门组织专家学者对广东省各行业中自发形成的行业自治规范进行调研、整理,形成系统性的行规研究报告并编辑出版。2021年,在其汇编的一本有关行业习惯的新书出版之际,该学会负责人邀请我就此书的出版做一个评论,我认为,整理行业习惯是一件很有价值的工作。

商业行规为什么重要?因为商业行规是一种习惯法,也常常被称为行动中的法,或软法,以行规治理商事活动,可以成为一种社会治理的方法。《中共中央关于全面推进依法治国若干重大问题的决定》提出"推进多层次多领域依法治理",强调"发挥市民公约、乡规民约、行业规章、团体章程等社会规范在社会治理中的积极作用",十分必要。以商业行规调整商事交易,可以形成一种软法之治,其特点在于:

一是灵活性。商业行规并不是国家制定的、由国家保障实施的规范性文件,而是由商事主体在长期的商事交易中形成的一种惯例、规则,商业行规有一定的法律效力,但不是国家制定的法律。19世纪末期,社会法学的代表奥地利学者尤根·埃利希最早提出了"活法"的概念,商业行规就是"活法",它是商事主体自己制定的规则。

二是适应性。商业行规是商事主体自己为自己制定的规则,产生内心确信,有很高的认可度,因此能够有效用于解决各种商事纠纷。商业行规可以作为解释合同内容的依据。当事人之间订立的合同,事先很难作出十分完美的设计,可能存在一些合同漏洞。那么如何解释这些漏洞,行规就可以作为重要的解释依据。例如,买卖双方签订了一份买卖20车黄沙的合同。后来交货时,黄沙价格上涨,出卖人便用130小货车交付,买受人则提出应当用东风大卡车交付,双方对于合同中约定的"车"的结算单位产生争议,那么这个"车"究竟是指大卡车还是小货车,一旦发生纠纷,就需要去作出解释。我国《民法典》第142条已经规定,可以用习惯去解释当事人的意思,此时就只能按照当地运沙通行的惯例和做法来确定"车"究竟是指大卡车还是小货车。因而,商业行规成了一种解释合同的重要依据。

三是可执行性。由于商业行规是商事主体自己制定的,因此,商事主体对商业行规的内容较为熟悉,也愿意自觉遵守商业行规的要求。同时,由于商事主体熟知商业行规的内容,对违反商业行规的后果也有合理的预期,这也可以形成一种自觉遵守商业行规的自我治理模式。以商业行规进行治理,其实也是一种社会自治的方法。商业行规具有专业性、针对性强的特点,尤其是商事主体在实践中形成的一种惯例得到了普遍的认可,所以能够得到商事主体的尊崇,因此商业行规不仅实施成本低,而且有较高的实施效率,这在商业纠纷的解决和行业交易秩序的维持中特别明显。此外,在发生纠纷后,商业行规也可以成为调解、仲裁的重要依据。

商业行规可以作为有效的裁判依据。《民法典》第10条规定:"处理民事纠纷,应当依照法律;法律没有规定的,可以适用习惯,但是不得违背公序良俗。"这就为商业行规获得正式法源的效力提供了途径。意味着当事人在发生商事纠纷之后,如果能够找到法律的明确规定,当然直接援引法律规定。但是商事活动纷繁复杂,不断出现一些新行业、新业态,法律难以及时反映出这些行业的新情况、新问题,而实践中已经出现了一些相关的规则,在此情况下,就有必要承认这些商业行规的效力。在找不到法律依据的情况下,法官又不得拒绝裁判,此时当事人可以向法院提供商事规则,法院也可以主动援引商事规则来裁判案件,填补法律漏洞。然而商业行规的意义并不止于通过"习惯"这一法源在司法裁判中作为补充法源。在没有具体法律规定的情况下,可以以行规为依据。例如,在曾意龙与江西金马拍卖有限公司、中国银行股份有限公司上饶市分行、徐声炬拍卖纠纷案中,最高人民法院认为,"三声报价法"是拍卖行业的惯例,"虽然法律、拍卖规则对此种报价方式没有规定,但行业惯例在具体的民事活动中被各方当事人所认同,即具有法律上的约束力"。

当然,行规必须符合法律的规定和公序良俗,才能成为裁判的依据和合同解释的依据。在改革开放之初,由于缺乏必要的法律制度,为了解决纠纷,有些地方摸着石头过河,把民间习惯作为依据,在认识不到位的情况下,导致有些陈规陋习登堂入室,结果不仅不能公正地解决纠纷,还导致对法治建设的损害。因此,行规要成为裁判规则,必须符合公序良俗和法律规定。

那么在现实中,法官裁判案件时,谁来提供习惯就成了一个难题。早在清末光绪年间,清朝政府曾成立专门的调查组织,对民商事习惯进行调查,并专门颁发了《法律馆调查各省商习惯条例》。沈家本在《裁判访问录序》一文中就曾经指出:"夫必熟审乎政教风俗之故,而又能通乎法理之原,虚其心,达其聪,损益而会通焉,庶不为悖且愚乎。"① 这就是说,只有注重善良风俗,才能使法律不悖于民情,充分吸纳民情民意,以符合现实需要,展现时代特色。民国时期也曾经整理出版过民事习惯调查报告。由于各方面原因,我国民法典制定时并没有展开对商事习惯的全面调研和整理,这确实在一定程度上影响了商事习惯作用的发挥。所以,有必要充分发挥民间社会资源在调查、整理商事习惯方面的作用。

我认为,广东民商法学会整理商业行规具有重要的意义。一方面,可以帮助法官和当事人寻找作为裁判依据和合同解释依据的行规习惯。因为在诉讼中,当事人双方由于利益的冲突,可能会对作为依据的习惯提出不同的看法,甚至提出不同的习惯要求作为对自己有利的依据。此时法官就可能面临寻找大前提的困难。法官并非各个行业的从业者,对于各个行业的习惯未必精通和熟知。另一方面,有利于推动商事法治的治理。有些行业习惯甚至是通过口口相传的方式流传的,外人难以得知,而且也没有权威的机构加以认可,很难保存下来。那么如何在最短的时间找出各行各业所通行的习惯,就成了司法裁判中的一项重要任务。如果有专业机构或者权威的机构和人士将存在于各行各业的通行习惯进行梳理、整理、提炼、加工,以文字形式表述出来,那么无疑将极大地减轻法官的工作量,为法官在寻找相关习惯时提供极大的便利,从而有助于提高司法效率,也有利于纠纷的合理解决。

还应当看到,商业行规作为活的法律,可以从实践中自然产生,来

---

① 〔清〕沈家本:《历代刑法考》(附《寄簃文存》),邓经元、骈宇骞点校:《寄簃文存》(卷六),中华书局1985年版,第2237页。

源于实践，同时又得到商事主体的广泛认可，因而在条件成熟时，应当将一些不违反法律和公序良俗的商业行规吸收到司法解释之中，习惯如法，这将会使我们的法律更具有生命力。当然，在广东民商法学会整理出这些商业行规之后，建议有关行业协会和商会应当重视它们整理的行规，最好能够通过有关机构予以认可，使这些行规真正能够系统化，成为正式的行规记载下来，发挥在商事治理中的作用。

借助数字技术解决业主"投票难"问题

我记得在参与物权法的制定工作时,就业主如何行使共同管理权问题,参与者展开了激烈讨论。虽然大家都认为业主应当就小区重大事项(如维修基金的使用、业主委员会的选举等)享有决定权,但是对于业主如何通过业主大会行使表决权,却存在明显的分歧。有的学者认为,召开业主大会并不现实,如果小区业主较少,可能召开会议的难度较小,但是一旦业主众多,甚至有的小区有上万名业主,此时召开业主大会必定成为难题。为适应这一局面,应该尽可能地降低业主决定事项的投票门槛,以确保业主决定权的实现。还有学者认为,业主大会决定小区的重大事项,关系到每一个业主的切身利益,因此应当获得绝大多数业主的同意,不宜轻易降低投票门槛。

物权法最终采取了人数与物业面积相结合的方式,在表决中既考虑人数占比,也考虑专有部分面积占比,但是这一表决方式的门槛还是比较高的。在物权法通过后,我们仔细调研发现,业主行使权利普遍遇到投票难问题,业主的共同管理权的行使遭遇严重阻碍。这主要是因为:一是业主大会召开难。召开业主大会需要一定的条件,一些小区很难满足召开业主大会的条件,例如,经费的缺乏、场地的限制、组织协调的不力等都会导致业主大会难以顺利召开。二是难以满足人数要求。在一些小区中,大多数业主根本不住在该小区,因此,能够参加业主大会参与表决的人数往往不足。三是业主参与积极性不高。即便对于长期居住在小区的业主而言,其参与业主大会的积极性也往往不高。许多业主认为参与业主大会浪费时间、议程烦琐等,因而不愿参加业主大会。针对这些问题,有的地方尝试采取上门登记统计票数的做法以代替直接召开业主大会。但是,这种方法的实践效果也并不好,有的业主不在家,即使在家的业主也常常婉言拒绝;有的居住者无法确认其业主身份。而且上门统计使得干扰因素增加,难以反映业主的真实想法,导致投票假票多、统票不透明等问题。可以说,在实践中,业主共同管理权的行使虽然有业主大会作为制度保障,但是由于业主大会制度运行不畅,导致业主的共同管理权事实上始终没有真正得到落实。

鉴于原物权法关于业主共同决定的重大事项表决程序要求较高,实践中难以达到法定比例,导致作出共同决议较难,为了降低决议门槛,民法典物权编对原物权法所规定的表决程序作出了重要修改①,即不要求全体业主参与表决,而仅要求专有部分面积占比 2/3 以上的业主且人数占比 2/3 以上的业主参与表决。《民法典》第 278 条第 2 款规定:"业主共同决定事项,应当由专有部分面积占比三分之二以上的业主且人数占比三分之二以上的业主参与表决……"这就是说,对于应当由业主共同决定的事项,并不要求必须由全体业主参与,而只要符合占专有部分面积 2/3 以上的业主和占人数 2/3 以上的业主参与表决的要求即可。其中对于专有面积的确定应当以登记簿为准,未登记的应当按照测

---

① 参见黄薇主编:《中华人民共和国民法典释义》(上),法律出版社 2020 年版,第 527 页。

绘机构的实测面积计算，未实测的按照合同记载的面积计算。然而即便如此，实践中投票难的问题也并没有得到彻底的解决。

　　针对上述问题，在近年的实践中，有的地方开始修改了物业管理条例专门解决投票难问题。据报道，四川省 2021 年修订的《四川省物业管理条例》中规定，业主可以通过电子投票表决系统，采取电子投票的方式行使共同管理权。2018 年 8 月，北京市住建委发布《关于推行手机投票决策小区共同事项的通知》，明确北京市住建委开发了手机投票系统（以下简称"北京业主"APP），在首批可覆盖的一百余个住宅项目中，均可免费使用。业主通过手机下载 APP，在进行业主身份验证之后，就可以在这个平台对小区管理相关事务进行决策，并召开业主大会。APP 可以实现云投票、云开会等功能，从而提高业主投票表决效率，也解决了虚假送达、表决不透明等侵害业主合法权益的问题。实践已经证明，采用数字技术方式是保障业主行使共同管理权的重要举措。

　　上述通过 APP 进行开会投票的方式具有传统方式所不具备的优点。由于此种方式要求业主在下载 APP 后首先进行业主身份认证，即输入门牌号码、身份证号码，从而提高了确认身份的真实性，确保投票业主的投票资格。在身份确认后，APP 将投票通知推送到手机上，由业主在手机上进行投票。此时，公证机构可以监督投票的公正性、有效性，大大提升了投票工作的透明度。这种云开会、云投票的方式也解决了空间的限制，业主无论在什么地方，都可以通过下载 APP 参与投票。这种方式在时间的选择上也赋予业主更大的自由，业主可以在一段时间内自行决定投票时间，只要在闲暇时打开手机投票即可，这就极大地激发了业主的投票热情。与此同时，这种方式还有效避免了各种外部因素的干扰，使得居民的意思表达更为真实。因此，这种高科技方式解决了长期以来困扰业主的投票难问题,也切实保障了业主管理权的有效行使。不过这种新方式是否符合法律的规定,仍然值得思考。

一是关于线上投票方式的有效性问题。我认为,民法典和其他法律均未对业主大会投票的方式进行限定,因此无论是线上还是线下的方式,只要业主身份真实,不存在假冒他人名义投票等问题,无论采取何种形式投票,都是行使业主的共同管理权。业主由此表达的真实意思,应当得到法律的认可。

二是缺乏线下实际召开的会议,是否会影响表决的效力?我认为,召开业主大会主要是要充分尊重业主的知情权,由业主委员会对投票的相关事项进行详细说明,并对疑问进行解答,从而保证物权的行使。而线上投票的方式也可以满足上述要求。只要关于投票的事项在APP中清楚地说明和展现,并对业主的疑问进行合理的解答,是否线下实际召开会议无关紧要。

三是关于线上投票方式如何保障过程的公平公正问题。应当看到,投票的程序应当保持公平公正,才能产生应有的法律效果。线上投票也可以采取相关的程序对投票过程进行监督,例如,引入公证机构对投票的全过程进行监督,以确保投票的公平公正和唱票的透明公开。如此一来,就能够给线上投票方式设定合理的程序,以确保程序的公平公正。

事实上,这种线上APP投票方式不仅解决了开会难、投票难问题,还带来了更为深远的影响:

首先,这种方式确保了业主自治的落实。民法典在建筑物区分所有中充分体现了对业主自治的尊重,因此业主自治同样也是私法自治在物权法上的体现。它在性质上属于民法中的共同行为,只要按照一定的表决程序作出决定,就应当对全体业主产生拘束力,因此它是业主自治的产物。依据民法典的相关规定,业主有权在不违反法律法规的情况下,自主地决定有关其共同事务管理的一切规则。这种方式突破了长期以来困扰业主行使共同管理权的壁垒,使得业主行使共同管理权有了真正的程序保障。

其次,这种方式有利于推进社会共治。当今社会,国家治理和社会管理的理念正在发生深刻变化,社会治理的发展趋势正从单纯的政府"管理"转向多种社会治理方式的结合,即从单纯的国家主导纵向规制转化为多元互动、横向参与、国家与社会合力互动的治理。[①] 业主自治作为社会治理的重要组成部分,应当在社会共治中发挥更大的作用。由于传统的业主大会召开难和投票难,很多小区事项由业主委员会把控,或者由物业公司决定,而这很可能损害业主的切身利益。同时,鉴于业主难以形成有效决策,所以有人建议,改由居委会或街道对小区进行管理。但是,居委会是基层群众自治组织,街道作为政府的派出机构,并不能当然管理业主的事务。不能仅仅因为开会难、投票难,就将关于业主的事项推给基层自治组织或政府,否则将与社会共治的理念相悖。事实上,居委会只能对业主共同管理进行指导,而不能参与重大事项的表决,尤其是涉及业主财产权问题,如小区空地的使用、绿化安排、公共空间处理等,交由居委会或者政府解决都不妥当,而必须充分发挥业主自治的功能,从而实现国家与社会的综合治理。

最后,这种方式是落实全过程民主的重要组成部分。业主通过形式表决权管理自己事务是民主的重要体现,也是基层民主的组成部分。公

[①] 参见俞可平主编:《国家底线:公平正义与依法治国》,中央编译出版社2014年版,第147页。

民民主素养的培养需要一个过程,而这一过程恰恰是从业主管理与自己关系最为密切的自身事务开始。现代公民需要有民主意识,我国公民的民主意识也需要不断增强,民主是一种生活态度,也是一种生活方式。参与小区共同管理,为业主提升民主意识提供了契机,有利于激发业主参与管理共同事务的热情,并在潜移默化中不断提升民主意识。

综上所述,我认为,以APP为载体的线上业主大会投票方式不仅很好地解决了业主行使共同管理权的现实问题,更有利于业主自治的落实,社会共治的实现,也为公民不断提升民主意识提供了契机,因此值得在全国范围内有序推广。

疫情期间西安"孕妇流产"事件的思考

2022年元旦,西安正处在抗疫工作的攻坚阶段,但一名孕妇在西安高新医院门口等待2小时后流产的事件却迅速引起了全国关注。

根据网上报道,这名孕妇于当日晚上8点左右被送往西安高新医院就诊,但因为健康码异常,被医院告知需要经过核酸检测之后才能办理入院手续。后来,该孕妇因为等待核酸检测时间过长而大出血,医院方面最终同意接诊,但由于治疗不及时,导致8个月左右的胎儿不幸流产。该事件发生之后,陕西省和西安市卫健委迅速调查事件,并认定构成责任事故,西安市卫健委主任也于1月6日在疫情防控新闻发布会上向流产孕妇鞠躬道歉。

尽管这一事件后来引起了行政主管部门的高度重视,也启动了对相关当事人的追责机制,但采取这些事后补救措施,显然无法弥补已经造成的损害。而且据网上报道,在这起"孕妇流产"事件发生的前几日,类似悲剧也曾不幸地发生在另一名孕妇身上。疫情还没结束,我们需要痛定思痛,深刻总结悲剧发生的原因,特别是关注防疫工作中相关当事人的道德失范和人文关怀缺失问题,以防此类悲剧再次发生。

首先,我们需要深刻认识到,防疫工作的根本目的是保护人民的生命健康。我国之所以不惜社会经济发展受限的巨大代价采取严格的防疫措施,根本目的还是为了优先保护公民的生命健康利益,将生命健康利益置于第一位。习近平总书记指出,"保护人民生命安全和身体健康可以不惜一切代价","只要是为了人民的生命负责,那么什么代价、什么后果都要担当"。在武汉疫情暴发后,全国各地的医护人员冒着生命危险、义无反顾、逆行出征,赶赴武汉,顽强地与病魔作斗争,打响了一场震惊世界的抗疫战争,也诠释了生命至上的光辉理念。既然抗疫本身都是为了维护生命,那么抗疫中更不可忽视生命,医疗机构的首要职责就是抢救病人,有效提供医疗服务,决不能以任何借口将患者一拒了之,也不能以核酸检测结果未出为由将患者拒之门外,否则也违背了抗疫的根本目的和宗旨。

其次,作为高危人群的临产孕妇,对其及时进行诊疗,不仅关系到孕妇自身的生命和健康,而且还关系到孕妇体内小生命的健康孕育和娩出。医疗机构和行业主管部门应当采取有效措施保护孕妇和胎儿的生命健康利益,对孕产妇等特殊群体,应当满足其就医的特殊需要,而不能以抗疫为由拒绝诊疗。对即将分娩的孕妇来说,主要是孕妇的生命健康问题,因为一旦流产,将会对孕妇的生命健康造成危险,同时不及时诊疗也会对胎儿的生命健康产生重大影响。因此,在抗疫期间,对孕妇等特殊群体,不仅不能拒绝救治,而且还应当为其就医提供特殊的保障措施。

最后,抗疫不能忽视个人的生命尊严。对人而言,生老病死是生命过程中少有的重大时刻,关乎人之为人的基本人格尊严,对生命尊严的尊重与保护应当成为最高的价值追求。防疫工作和防疫措施不得损及起码的人格尊严,一个新生儿的生命,甚至是孕妇的生命,应当是医者仁心最需要关注的问题,救死扶伤本就是医疗机构的天职。我们说生命至上,其实也包含了对生命尊严的充分尊重。在国家经济建设取得重大成就的今日,老百姓能否在关键时刻获得最为基本的医疗服务,可以说关系到这个时代的人格尊严的维护。即便是在应对疫情的紧要关头,也需要尽可能地满足这些基本需求。在孕妇等特殊群体就医时,核酸检测固然重要,但是在紧急抢救生命面前,其也应当退居其次,医疗机构应当做好防疫预案,防止出现孕妇等群体投医无门的现象。即便孕妇的核酸检测结果是阳性,医院也有义务在面临流产先兆或者临盆之际及时提供救治服务,而不得拒绝救济,因为一旦抢救不及时,造成患者死亡,任何补救措施都无法挽回损害后果。在疫情集中暴发的区域,孕妇感染新冠病毒可以说难以避免,面对一位可能感染新冠病毒的先兆流产孕妇时,医疗机构不应要求其等待长达数小时的核酸检测结果,而应当在第一时间根据特殊的防疫措施展开医治工作,提供医疗服务。在西安"孕妇流产"事件中,当家属向院方阐明严重流产先兆等问题后,即便孕妇的核酸检测结果尚未确定,医院也可以按照新冠肺炎确诊孕妇的方案及时收治患者。

从西安"孕妇流产"事件中,我们最应当理解的就是何为以人为本,以及对生命的尊重,如何真正把人民至上、生命至上落到实处。在抗疫中,确实涉及因公共利益的需要而牺牲个人某些权益的问题。例如,因为抗疫需要限制个人的出行,获取个人的隐私和个人信息等,这些本身也都是为了维护不特定多数人生命健康利益的需要,而老百姓对此也给予了充分的理解和配合,但公共利益的需要不等于要牺牲个人的所有权益。在疫情时期采取防疫措施,其所要维护和实现的公共利益不应局限于"免于新冠肺炎疫情造成的生命健康损害",而且还应当包括人们日常的生命健康利益等同样重要的群体性利益。防疫政策的制定和执行需要充分协调和兼顾多重重大的社会公共利益,避免顾此失彼。人民的生命健康本身体现的也是一种公共利益,而且是最重要的公共利益。生命健康就是最高的人权。如前所述,抗疫本身就是要维护人民的生命健康,这也是抗疫的根本目的。当孕妇即将分娩,如果抢救不及时就会使孕妇和胎儿面临死亡时,这其实就是维护生命利益的紧急情形,此时,抢救生命就是最为重要的公共利益,其他的一切都应当退居其次。

西安"孕妇流产"事件背后也折射了某些医院医德缺失问题。2022年1月27日,央广网对东莞康华医院在年会聚餐时悬挂的一条横幅(内容为"虎虎生威迎新年,手术室里全是钱")提出批评,该医院已就此事作出道歉。① 这件事迅速登上热搜,引发社会广泛热议。确实,现在有的医院已经缺乏了基本的医者仁心,以逐利、营利为主要目标,医院甚至成了追求利润的场所,有的医院为了钱而忘了本,金钱甚至超过了生命的价值。本来,救死扶伤是传统医德,若医院在面对一名孕妇的紧急医疗救助需求时首先考虑的是纸面上的防疫政策,而不是如何采取措施及时治病救人,说明医院和医务人员丧失了基本的医德要求。如果医院和医生能够怀着一颗救死扶伤、治病救人之心,在紧急时刻就会采取变通措施,灵活理解和执行防疫政策。这一事件也说明,在注重防疫政策科学性的同时,提升医疗道德水准也是当前需要关注的问题。

---

① 参见《央媒批手术室里全是钱:不见"医者仁心",只见疯狂逐利》,载搜狐(https://www.sohu.com/a/519658461_120099890),访问日期:2022年2月28日。

谈谈单位反职场性骚扰的义务

2021年8月，网传一则某著名互联网公司员工遭受性骚扰的事件受到社会广泛关注，该公司6000名员工联合倡议推动女性职工职场反性骚扰。据有关媒体报道，该公司对此高度重视，2021年8月9日公布了处理决定：同城零售业务总裁和人力资源官引咎辞职，涉事男员工被辞退且永不录用，该公司的首席人力资源官也受到记过处分。因为在整个事件的处理过程中，人力资源团队对人的关注、关怀不够，缺乏同理心，也缺乏应急响应体系，存在严重的判断失误，在涉嫌违法的情况下仍未在第一时间将当事人停职。[①] 应当说，该公司应对此事较为高效合理，值得肯定。

这件事情之所以引起广泛的关注，甚至消息一旦发出就冲上热搜，也反映出社会各界对单位内部性骚扰现象的高度关注。近年来，职场性骚扰一直是公众热烈讨论的问题，一旦出现了相关事件，就会很快引发热议。这反映出，人们对性自主等人格尊严的重视与维护比以往任何时候都要强烈，从一个层面也折射出公众维护人格尊严的意识已大幅提升。

[①] 参见《"阿里员工被灌酒猥亵"，济南华联声明》，载环球网微信公众号2021年8月8日。

性骚扰是一种丑恶的职场现象，严重违反性别平等原则和人格尊严原则，侵害受害人的人格权，甚至造成受害人严重精神损害。为了有效地防范性骚扰，《民法典》第1010条第1款对性骚扰的定义和构成要件作出了明确规定。《民法典》第1010条第2款规定："机关、企业、学校等单位应当采取合理的预防、受理投诉、调查处置等措施，防止和制止利用职权、从属关系等实施性骚扰。"这就确立了机关、企业、学校等单位负有预防性骚扰的义务。之所以规定这些单位承担预防义务，一方面是因为法律规制的性骚扰最初主要针对职业中的性别歧视，是为了保护在工作中受害的弱者。对职场性骚扰而言，用人单位完全有条件也有能力通过事前预防、事中监管和事后处置等手段来预防和控制性骚扰。从这个意义上说，要求有关单位承担预防性骚扰的义务，有助于从源头上预防和减少性骚扰的发生。而对于公共场所的性骚扰，如在公共汽车上猥亵妇女、在街头针对异性突然裸露性部位等，都不可能也无法要求公交公司等相关单位负担预防性骚扰的义务。另一方面，这些单位是最常见的组织体，其中的人员交往密集，是容易发生性骚扰的场所。这些单位很容易发生职场性骚扰行为，而且职场性骚扰行为常常发生在具有从属关系的人之间，例如，企业的管理者与员工、机关的领导与职员、学校的老师与学生，所以强势的一方有可能利用其职权从事性骚扰行为，违背受害人的意愿。因此民法典要求这些单位应当负起防范性骚扰的义务。还要看到，机关、企业、学校等单位可能发生行为人利用职权和从属关系实施性骚扰行为，且在发生性骚扰行为之后，社会影响较大。特别是在学校等特殊场所，需要强化对特定人员的保护。例如，学校是学生聚集的场所，是未成年人和年轻人十分集中的地方，一旦发生教师对学生的性骚扰，将给未成年人和年轻人带来严重伤害。对于发生在学校的性骚扰问题，教育部印发的《关于建立健全高校师德建设长效机制的意见》中就明令禁止"对学生实施性骚扰或与学生发生不正当关系"。故而，明确要求机关、企业、学校等单位应当采取合理的预防等措施，有利于保护员工、学生等合法权益，有助于预防性骚扰的发生，实现对性骚扰的社会多层次综合治理。

虽然机关、企业、学校等单位有预防义务，但不意味着，在发生性骚扰后，这些单位必须承担严格责任。在美国法上，性骚扰案件中的雇主责任属于严格责任，虽然判例对此种责任进行了限制，但严格责任仍是性骚扰案件中雇主责任的主流。我认为，这一经验很难借鉴，在员工实施性骚扰的情形，用人单位所承担的责任并不是雇主责任。因为一方面，雇主责任适用于雇员按照雇主的意志和利益来行为的情形，而用人单位工作人员实施的性骚扰虽然发生在工作场所，但行为人是按照自己的意志行为，不同于雇主责任的适用情形。另一方面，对雇主进行归责的基础，是雇员实施侵权行为发生在执行职务过程中，而性骚扰并不涉及执行职务的问题，主要是个人实施的违法行为，二者存在显著区别。

用人单位对员工实施性骚扰承担的责任应当是过错责任，用人单位只有在对性骚扰存在过错的情形下，才承担责任。在我国，性骚扰主要由行为人自己承担责任，按照自己责任原则，性骚扰是行为人自己故意实施的侵害他人人格权益的行为，行为人理应对自己行为所导致的后果承担责任。但在行为人实施性骚扰的过程中，用人单位在防范性骚扰方面存在过错的，应当就其过错承担责任，此种责任类似于违反安全保障义务的责任。

应当看到，用人单位预防性骚扰的义务不完全等同于安全保障义务。《民法典》第1198条第1款规定："宾馆、商场、银行、车站、机场、体育场馆、娱乐场所等经营场所、公共场所的经营者、管理者或者群众性活动的组织者，未尽到安全保障义务，造成他人损害的，应当承担侵权责任。"该条规定了违反安全保障义务的侵权责任。虽然安全保障义务与用人单位预防性骚扰的义务一样，均要求义务人积极作为以保障他人，违反义务的表现均为消极不作为，但这两种义务存在以下区别：第一，保护的客体不同。安全保障义务主要是对人身安全和财产安全的保护；预防性骚扰的义务则主要是针对人格尊严，而不完全针对人身安全和财产安全。第二，保护的范围不同。源于大陆法系"交往安全义务"的安全保障义务所保护的对象，除意图与其订立合同的顾客外，还应当包括虽未意图与其订立合同，但借助场所、交通往来的其他人，例如，借地铁站通行的行人，或根本不想购物的超市往来行人。[1] 预防性骚扰的义务则主要保护受雇于该用人单位的劳动者，不宜扩大至所有进入该用人单位的人。因为交往安全义务的基础在于义务人开启了一定的危险，而性骚扰的风险广泛发生于各种场合，用人单位只是因其对职场的环境具有掌控的能力而负有预防义务。

从《民法典》第1010条第2款的规定来看，用人单位应当采取如下几个方面的措施：

一是预防措施。为实现防止性骚扰发生的目的，预防是最为重要的环节。单位对于性骚扰的预防主要应当通过完善的制度建设实现，比如，用人单位应当制定或完善管理制度，提倡健康向上的企业文化，明确禁止性骚扰行为；应当发布禁止性骚扰的书面声明，以明确禁止工作场所内任何形态的性骚扰，并应将相应的规章制度印发给员工。[2] 此

---

[1] 参见王泽鉴：《侵权行为》，北京大学出版社2009年版，第264页。
[2] 参见陈英敏：《性骚扰法律问题研究》，载柳经纬主编：《厦门大学法律评论》（第6辑），厦门大学出版社2004年版，第446页。

外,目前许多用人单位逐步采取开间式办公方式,这既可以提升办公空间的利用效率,又可以有效预防可能发生的性骚扰。

二是投诉、调查机制。用人单位应当确保投诉渠道的畅通,在接受投诉后不得推诿、拖延或压制。用人单位在接到性骚扰投诉之后,应当积极展开调查工作,尽快查清事实真相,以防止性骚扰危害结果的扩大。在调查中,用人单位应当保持中立的立场,做好保密工作,尽可能避免信息的泄露,妥善保护当事人的隐私。用人单位还应当采职措施,防止投诉可能引起的报复行为。

三是处置机制。如果发生性骚扰,用人单位应当及时处置,这对于他人具有一定的威慑作用。如果有员工投诉性骚扰,用人单位却置之不理,事实上起到了纵容姑息的作用。在经过调查发现确有性骚扰的,用人单位应当在内部进行处理,包括警告、降职、调离、停职停薪或者开除等。[①] 当然,对于诬告行为,也应当依法依规给予诬告者一定的处罚。

严格来说,上述措施都是用人单位内部制度建设的范畴,但在法律规定用人单位负有采取必要措施防范性骚扰的义务之后,如果用人单位并未采取相关措施,在发生性骚扰之后,用人单位是否应承担责任?对此,我认为,既然民法典人格权编规定了用人单位负有预防性骚扰的义务,若用人单位违反此种义务,就应当承担相应责任(如行政责任),否则难以落实预防义务,但是否应当承担民事责任?我认为,在确定其是否应当承担民事责任时,不仅要考虑这些单位是否尽到了上述义务,而且需要考虑这些单位未尽到义务对损害后果发生的作用,如果这些单位未尽到上述义务客观上与损害的发生没有因果关系,则不应使

[①] 参见本书编写组编:《女职工劳动保护特别规定》,中国工人出版社2013年版,第18页。

其承担民事责任。也就是说，如果用人单位违反上述义务，应当依据侵权的基本归责原则即过错责任原则确定其责任。用人单位对性骚扰行为所造成的损害后果有过错的，就要负责，没有过错的，就不应承担责任。

总之，在当今人们普遍高度重视性自主和人格尊严的背景下，对法律上对职场性骚扰行为的规制提出了更高要求，如何贯彻好、实施好《民法典》第1010条关于防治性骚扰的规定，在今天具有尤为重大的意义。

法治是一种生活方式

第六编
法 学 教 育

法学为何是一门科学？

法学（德文为 Rechtswissenschaft，英文为 legal science，法文为 science du droit）是一门历史悠久的学科。在现代哲学社会科学中，法学是一门研究国家制度和法律制度的理论之学，也是一门治国安邦、经世济民、服务社会的实践之学，在推进国家治理体系和治理能力现代化中发挥着理论引领和制度支持作用。不过，相较于自然科学而言，法学是否真正是一门独立的科学时常引发争论。我辈作为法律人，终身与法律相伴，法学是否为一门科学，诚为不可不察的问题。

耶林说，法是罗马人天才的发明。《学说汇纂》第一卷便记载了乌尔比安的一句话，"法学（iuris prudentia）是关于神和人的事务的认知，是正义和非正义的科学"。由此可见，在罗马法中法学就被定义为一种科学，是一门正义与非正义的科学。罗马法复兴之后，这种思想也对启蒙时期的学者产生了重大影响，许多启蒙思想家深信法学是一门科学，为了增进其逻辑性与可验证性，他们尝试用自然科学的方法来研究和解释法学。然而，这种将数理逻辑运用到法学之中并结合人文主义方法的尝试并没有取得成功。从根本上说，这是因为法学本来就是研究社会现象的学问，而社会现象又是很难用数理逻辑来量化和计算的。也正是基于法学的不可量化和计算的特性,一些学者开始反思法学的科学属性。德国学者基尔希曼等人认为,法学不具有自然科学所具有的可验证性等品质,因而并非一门科学。相反,自然科学则"有着高贵的尊严。它们只关心自然的、永恒的、绝对的东西,这在任何细微之处均有所体现。自然科学的任何创造都必须实实在在、能够自圆其说,武断地伪造是行不通的"。在与自然科学的对比中可以发现,法学并不具备成为一门科学的条件。① 这一观点也深刻影响了之后对法学是否具有科学品性的探讨。

不过,简单地以自然科学的属性和标准来断定法学是否具有科学性,显然是狭隘的。要回答法学是否为一门科学,就必须首先回答它的前置性问题,即究竟什么是科学?

迄今为止,关于科学的概念尚未达成共识。一般而言,科学有广义与狭义之分。狭义的科学是指物理、化学、逻辑等研究自然现象的自然科学,这些科学要求在试验、观察和应用上具有可重复的可验证性和可证伪性,具有可计算性,能够进行严密的逻辑推演,例如,$1+1=2$。亚里士多德即认为"科学"(epistene, scientia)在本质上是客观先在和不可把握的。科学要解决的是真假问题,能纳入其范围的标准是可检验性,只有客观外在于人的、具有确定性的东西才可经验地测度,证明其存在与否。20世纪奥地利哲学家波普尔也着重强调科学应当是一门可证伪的学问。② 由此可见,狭义上的科学应当是具有可验证性、可计算性、可证伪性的知识系统,它具有可系统化、公式化和可计算的基本特点。从这一意义上讲,由于法学很难公式化且不具备可计算性,而且法

---

① 参见〔德〕J. H. 冯·基尔希曼:《作为科学的法学的无价值性——在柏林法学会的演讲》,赵阳译,载《比较法研究》2004年第1期。

② 参见曹卫东:《交往理性与诗学话语》,天津社会科学院出版社2001年版,第11页。

学以社会现象为研究对象,研究的是人的行为,这恰恰是不可证伪的,也是难以用实验数据进行验证的。法学的目标并非描述经验世界的某种事实,无法通过某一经验材料对某命题进行证伪,其充满了价值判断。因此,按照狭义的科学概念,法学并非科学。

其实,从狭义上理解的科学,不仅仅是法学,甚至许多人文学科都不是科学。比如,苏格拉底把哲学视为一种生活方式,一种化为生命血肉并贯穿生命始终的对话活动、教化活动。① 哲学旨在认识客观世界,但在认识世界过程中,则充满了认识者的价值判断。再如,文学理论的核心宗旨是发现文学文本的意义,至于文学文本究竟是什么意义,并非可证伪的,不同的读者可以发现不同的文本意义。"诗无达诂","一千个读者就有一千个哈姆雷特",对许多文本的解释都是仁者见仁,智者见智。如此就难以满足上述狭义科学的特征。

但实际上,狭义的科学概念并不能完全准确地概括出科学的本质,即便是自然科学,通过可验证性也只是在不断探寻真理,接近真理,但并不意味着真正能够找到一种永恒不变的真理。例如,化学家卢瑟福提出原子结构模型(一个命题),后人用实验证明这个原子结构模型是错误的。尽管卢瑟福提出的命题是错误的,但没有人否定卢瑟福所做的是一项科学的工作。同样,牛顿的万有引力说曾经被认为是一种永恒的真理,但其在今天也受到了量子力学的有力挑战。许多物理学的公式也不断受到质疑,这表明,科学都处在不断的发展过程中,都是一个不断地探寻真理、接近真理的过程。哲学上有个著名的论断,即由于人类无法超越自身的经验来观察自身(休谟的不可知论),因此,人类无

---

① 参见李长伟、方展画:《实践哲学的复兴与教育学的新生》,载《教育理论与实践》2008 第 4 期。

法证明自己经验的正确性。从这一意义上说，自然科学与社会科学宣称"可证伪"，实质上是建立在以人类共同体使用彼此可以理解的语言，对大家共同认识的经验进行讨论的基础上。也就是说，自然科学与社会科学本质上也是某一领域的共同体以相同的话语和方法进行彼此沟通，不断探索和追求真理，但这并不能因此否定它们所具有的科学性。

从广义上理解的科学概念，它是指能够揭示事物真理的、具有逻辑性的知识体系，并可以用来交流和共享。从这个意义上理解的科学，当然包括了哲学。因为哲学作为一门知识体系，从其产生之时就被认为是一门科学。苏格拉底最早将哲学用于人类事务的研究，探寻人类最佳的生活方式。柏拉图对话记载的苏格拉底式方法，其实就是通过不断识别，消除那些导致矛盾的假设，找到更好的假设，从而寻找事物的规律。[①] 亚里士多德后来创建的系统目的论的哲学程序，旨在寻找认识事物的科学规律，即科学地认识一件事。正是从这个意义上说，哲学可以成为一门科学。既然哲学是一门科学，法学中的法哲学为什么不能成为一门科学呢？

如果从能揭示事物真理的角度理解科学，法学也当然属于一门科学。法学能够发现法的运动规律，在这一点上，它也能够不断地接近真理，因而具有科学性。法学的目标不是去描述经验世界的某种事实，而是要努力发现法律现象发展的规律，客观地理解人的行为，并设置相应的科学合理的行为准则来规范人们的行为。法学在认识法的现象的历史、现实以及未来的发展规律的过程中，寻求一种最佳的法律调整模式

---

① "苏格拉底式方法"即"苏格拉底对话"，就是指通过启发、比喻等手段，用对话方式帮助对方说出蕴藏在自己意识中的思想或见解，进而考察其思想的真伪，从而不断发现真理。参见陈红：《苏格拉底方法的复兴：一种新的哲学践行范式》，载《安徽大学学报（哲学社会科学版）》2014 年第 3 期。

和制度、规则规律，并致力于探讨法如何服务于社会生活，以增进人类福祉，实现社会正义。从这个意义上说，法学也应当像哲学一样，被认为是一门科学。今天，法学本身是一个内容十分丰富的概念，在法学之下，又可以分为狭义的法学与广义的法学，狭义的法学仅仅指的是法教义学意义上的法学，而广义的法学指以法这个社会现象来作为研究对象的学问，如可以以社会学的方法来研究法学，也可以以经济学的方法来分析法律规范，这样就形成了法社会学和法律经济分析等广义的法学。但是法理学、法哲学等与哲学如此接近，为何就不能认为法学是一门科学？如今，法学已形成一门系统完整的知识体系，具备了科学的品性。具体而言，法学作为一门科学，理由主要在于：

第一，法学具有一以贯之的基础价值。自然法学派曾经试图解释法学价值的永恒性。就自然法而言，正如莱布尼茨所说，自然法基于永恒的、共有的智慧与正义法则，而法学是揭示如何使人类实现正义的追求变为现实，是探求实现社会公平正义的普遍法则。法学是寻求一种超乎实在法的正义和秩序理念的科学。亚里士多德用的希腊语的正义，与拉丁语的正义（justum）是一个概念。而法的拉丁语为"jus"，德语为"Recht"，法语为"droit"，意大利语为"diritto"，西班牙语为"derecho"，其实都有正义的含义。而英语中的权利（right）本身又有正确的含义。所以法学从一开始就和正义、正确是不可分割的。[①] 例如，民法上的诚实信用、禁止权利滥用、不可抗力免责等规则，都是正义法则的反映。而就实定法而言，美国第36任总统林登·约翰逊认为，法律的发明使得人类学会驾驭自己，人类正是通过法学这门科学学会规范自身的生活，形成良好的

[①] 参见〔法〕耶夫·西蒙：《自然法传统——一位哲学家的反思》，杨天江译，商务印书馆2016年版，第172—173页。

社会秩序。通过实定法，人与人之间实现平等、和睦相处，国家社会实现有序运转。因此法学是一门具有科学性的学问，它的科学性不在于其一定要揭示某个真伪，而是使我们不断认识到如何能够更加有效地进行社会治理。法律实证主义的目标就是想要揭示实定法规定了哪些规范，可能会运用语义分析、逻辑分析等方法去客观地揭示实定法规定了哪些制度和哪些规范，从这个意义上而言，其科学性是比较明显的，其客观地描述了法律是什么。

  第二，法学具有实践性。马克思指出，立法者不是在发明法律，而仅仅只是在表述法律。① 我国古代法治思想与其不谋而合，例如，慎子曾谓："法者，非从天下，非从地出，发乎人间，合乎人心而已。"② 这就表明，法律必须来源于社会生活实践，同时要有效地规范社会生活。法律在颁布以后，也需要依据社会生活的发展而与时俱进，不断完善。德沃金指出，"法律是一种不断完善的实践"③；富勒也认为，法律制度是一项"实践的艺术"④。法律的实践品格也必然对法学产生深刻影响，法学是一门实践的艺术，它不是纯理性的、形而上的知识，而是解决如何治国理政，解决国家和社会治理中的现实问题，解决如何将法适用于特定的案件、有效规范人们行为的问题，解决如何通过司法和行政执法实现社会正义的问题。从这一意义上说，法学的研究对象是建立在社会实践基础之上的，法学也是人们对于社会实践经验的总结，法学的研究对象总是以社会生活实践为中心，探究法律现象的发展规律，符合作为一门科学的基本要求。

---

① 参见《马克思恩格斯全集（第1卷）》（第2版），人民出版社1995年版，第347页。
② 《慎子·佚文》。
③ Ronald Dworkin, Law's Empire, Harvard University Press, 1986, p.44.
④ See Lon L. Fuller, The Morality of Law, Yale University Press, 1969, p.91.

第三，法学已经形成了有逻辑的知识结构体系。一方面，法学已经形成了相对固定的知识体系。从罗马法开始，古往今来的法学家都在探寻法学自身的知识体系结构，乌尔比安把法学定义为一种关于正义的学问，其实后世许多法学家也是围绕正义来研究法学的知识体系。潘德克顿学派则试图构建概念和规则的体系，其代表人物普赫塔并不赞成萨维尼的民族精神说，但他也深受萨维尼关于体现民族精神的法律必须依赖法律所构建、必须通过法律人之手加以系统化的观点的影响，认为法律应当由法律人构建，而且此种法律要呈现出一个"概念的金字塔"。① 同时，普赫塔提出了要基于对罗马法的研究，塑造一个概念体系严谨、富有逻辑性的结构，这个概念体系可以为法官提供明确的裁判依据，法官只需要在概念中寻求依据，便可解决争议。今天来看，概念法学虽然在理解法律制度、规则方面过于机械，但其试图探求法学作为知识体系的完整性，仍然是值得肯定的。而伴随着法教义学的不断发展，法学的知识体系已经得到不断的丰富和完整。供法律人交流的话语体系和知识体系已经形成。另一方面，法学的知识体系也具有逻辑性。潘德克顿学派通过解释罗马法，揭示了概念和规则之间的内在联系，尤其是历史法学派代表人物萨维尼以法律关系来编排民法典的理论为许多国家所接受。② 在法典化的过程中，各种制度都被加以归纳、整理，其内在关联性也得到澄清，在此基础上，概念明晰、逻辑严密的严谨体系得以形成，法学的知识体系的逻辑性不断得到增强。上述具有逻辑性的知识结构体系的形成成为法学是一门科学的重要例证。

---

① 参见〔德〕阿图尔·考夫曼、温弗里德·哈斯默尔主编：《当代法哲学和法律理论导论》，郑永流译，法律出版社2002年版，第162页。

② 参见〔葡〕平托：《民法总则》，法律翻译办公室、澳门大学法学院译1999年版，第5页。

第四,法学具有独立的研究方法。一门科学常常有其自身独有的研究方法。法律解释学是法学研究中最为重要的研究方法之一,也是实现法律共同体追寻的价值目标的重要手段。而且这一研究方法在世界范围内呈现出趋同的态势。从研究方法而言,一方面,法学具有自身的比较法研究方法、实证研究方法、法律解释方法等,这些方法都具有不同于其他学科的特殊性,尤其是现在法学在不断与其他学科发生交叉、融合的过程中,大量借鉴经济学、社会学、伦理学、逻辑学等学科的方法,从而形成了法律经济学、法律社会学等特殊的研究方法。另一方面,从解释法律、适用法律而言,法学已经形成一套具有共识性的法律解释、漏洞填补方法。例如,以德国法为蓝本的成文法国家,基本上承认文义解释、体系解释、历史解释和目的解释的解释要素,当代法哲学也普遍承认以价值(或目的)为导向的解释标准。即便在以美国法为蓝本的判例法国家,尽管法律解释的对象并非成文法,但是解释者也努力在浩如烟海的判例中寻找被法院始终承认的基本原则,再以该基本原则为框架讨论个案纠纷的解决,从而实现德沃金在《法律帝国》中所说的法的"整全性和融贯性"[①]。在我国,在民法典颁布之后,对民法典的解释依然要遵循文义解释、体系解释、历史解释和目的解释等基本解释方法。这种解释方法不仅约束研究者、法官、律师,同样也约束立法者,因为立法者是以将来的法律适用者可能所作的理解进行立法的。这也正如考夫曼所言,立法工作就是法律解释工作的"反向工程"。以法律解释方法为典型的法学研究方法,使得法学同其他科学一样,拥有了自身所特有的研究方法,为法学成为一门独立的科学奠定了基础。

当然,法学作为一门科学,与其他科学部门相比,尤其是自然科学

[①] [美]德沃金:《法律帝国》,许杨勇译,上海三联书店2016年版,第140页以下。

部门，存在一定的区别。首先，法学的最终目标不是求真而是追求正义。法学并不追求某个制度、某项规则是真实的或可证伪的，法学或者法律制度也并不是为了描述经验世界。相较于真实与否，法学更关心人与人之间的相互关系和价值共识，以及为此所应制定出来的规则。其次，法学无法穷尽真理，只能不断接近真理。法学的根本任务是认识法的现象的发展规律，为寻求治国理政之道提供帮助，并探求如何更好地增进人类的福祉。在这个过程中，法学仅以法的发展和变化的规律为研究对象，而并不研究自然规律。

综上所述，既然法学是一门科学，那么每个法学研究者都应当将法学研究作为一项严肃的科学研究加以对待。法学研究者应当自觉地遵循科学研究的一般规律，秉持科学研究的严谨态度，坚持科学研究的学术规范，贯彻严谨的科学研究的系统方法。也只有如此，法学才能够真正地以一门成熟、独立的科学的身份，屹立于各门科学之林。

尽快构建中国民法学理论体系

民法学作为一门古老的学问，自罗马法以来，经过两千多年的发展，在自身独特研究对象的基础上，已经形成了一些具有共识性的概念、规则和制度，形成了富有逻辑的理论体系。在我国，自清末变法以来，西学东渐，民法学理论逐渐兴起，但早期的民法学研究基本属于舶来品，缺乏对本土语境的关注。自中华人民共和国成立以来，特别是改革开放以来，民法学已经有长足的进步，具有中国特色的中国民法学逐渐形成。但我国民法学理论的国际影响尚不尽如人意，我国民法学理论的国际话语权仍然有限，某些理论领域仍然缺乏必要的自主意识和独立思考，特别是由于种种历史原因，民国时期，中国民法几乎完全照搬德国民法，鲜有中国元素，即使至今天，德国民法的影响依然深远。然而，"世易时移，变法宜矣"，如何期待一百多年前的《德国民法典》能够完全适用于当下的中国，并有效回应社会在快速转型过程中所面临的大量现实问题呢？每次看到我们的民法理论缺乏必要的自主意识和独立思考，我都深感不安。比较和借鉴域外法律制度和法律学说固然是获得启发和新知的重要途径，但脱离本土语境的照搬照抄一定不能解决中国的现实问题。我们需要理解比较和借鉴的工具属性，更需要时刻秉持建构中国自己的民法学理论体系的目标和情怀,以实现对中国社会现实法治问题的深入思考和有效回答。

在民法典颁布后,我们进入了民法典时代,民法典的颁布为民法学理论体系的构建提供了制定法基础。民法典实际上采纳七编制,形成了人格权独立成编和侵权责任独立成编,这在世界立法史上绝无先例,这也为中国民法学理论体系的构建提供了坚实的基础。无论是形式体系还是价值体系,都彰显了本土性和实践性。民法典是我们开展民法法律解释的基础,也是发展民法的准则。在民法典颁布后,习近平总书记明确提出,要"坚持以中国特色社会主义法治理论为指导,立足我国国情和实际,加强对民事法律制度的理论研究,尽快构建体现我国社会主义性质,具有鲜明中国特色、实践特色、时代特色的民法理论体系和话语体系,为有效实施民法典、发展我国民事法律制度提供理论支撑"[①]。这就为民法典时代的民法研究指明了方向。我们要以民法典颁布为契机,并以民法典为基准,构建中国民法学理论体系,这是当前每位民法学者责无旁贷的使命和任务。

我们之所以要有自己的民法学理论体系,是因为古老的中华法系源远流长,长久地傲然屹立于世界法制之林,为人类法制文明作出了重要贡献。作为一个拥有14亿人口的大国,我们应该有自信构建我们自己的民法学理论体系,并把它发扬光大。人生在天地间,贵在自立,国家民族贵在自强。我们需要构建自己的民法学理论体系,是因为在当代,中国已经是世界第二大经济体,是崛起中的大国,改革开放以来社会主义市场经济的伟大实践和法治建设的巨大成就,都为民法学理论体

[①] 习近平:《充分认识颁布实施民法典重大意义,依法更好保障人民合法权益》,载习近平:《论坚持全面依法治国》,中央文献出版社2020年版,第283页。

系奠定了坚实的基础。这是产生伟大法典的时代，也是产生民法思想的时代。在这个时代，我们会面临许多新情况、新问题，这些问题的解决无先例可遵循，需要我们去面对、去回答，去发出自己的声音，去讲好自己的故事。我们要走出一条行之有效的法治之路，只能从我国的实际情况出发，植根于中华大地建设和推行法治。在这个过程中，既不可照搬他国经验，不可奉某一外国法律制度为圭臬，更不可"削中国实践之足，适外国理论之履"。我们也要有自己的民法学，它应当在世界民法学之林有自己的重要地位。作为民法学工作者，我们所做的一切，都应朝着这个目标而努力。

当然，在民法典颁布以后，我们最需要关切的问题在于，我们应当如何创建自己的民法学理论体系？

我认为，中国民法学理论体系首先应当是对中国实践具有解释力的思想和知识体系，也就是说，它应当立足于中国实践、内生于中国文化传统、回应中国社会现实需求、展示民族时代风貌、具有浓厚的中国特色。它应以中国特色社会主义法治体系为基础，最充分地反映广大人民群众的利益和意愿，反映公平正义的法治理念，以全面保护公民民事权利为目的，充分彰显关爱人、尊重人、保护人的人文关怀精神。"道无定体，学贵实用"，要构建中国民法学理论体系和话语体系，必须坚持以下研究立场：

一是体现继承性、民族性。中国特色的民法学应当从中国实际出发，在结构和内容上应充分回应中国市场经济建设过程中出现的各种现实问题，其研究对象是作为市场经济基本规则和市民生活"百科全书"的民商事法律。也就是说，中国民法学理论体系应当植根于中国大地，以中国问题为中心，解决中国的现实问题。在公有制基础上实行市场经济，是人类历史上从未有过的伟大实践，物权法理论既要维护公有制，又要依据市场经济的基本规律探索土地等资源进入市场、实行资源优化配置的规律。我国民法典吸收了中华民族五千年优秀的法律文化传统，继承重家庭、讲仁爱、守诚信、尚公平、促和谐的传统法律精神，展现出鲜明的民族特色和深厚的文化底蕴，因而，民法学也应当反映我国优秀的传统文化、善良风俗，从传统道德中汲取营养。我国民法典从中国实际出发，作出了许多具有中国元素的制度创新。例如，合同编发挥债法总则的功能，物权编关于物权变动模式的规定，侵权责任编规定多元化的救济措施，婚姻家庭编注重弘扬良好家风，建立和睦、和谐的家庭关系等，都体现了我国民法典的中国特色。因此，中国民法学也应当在总结我国民法典编纂经验的基础上，努力构建具有中国特色的理论体系和话语体系。

在构建这样一个体系的过程中，既需要坚持主体性意识，也需要积极借鉴人类文明的有益成果，贡献中国方案和中国智慧，构建以研究我国现实问题为重心的民法学理论体系并不意味着对异域法律文化的排斥。相反，在全球化背景下，中国民法学理论体系应当是一个包容世界民法文化精髓的体系，反映人类社会发展进程中面临的共同问题和应对智慧。对于人类法律文明的优秀成果，应秉持鲁迅先生所说的，"我们要运用脑髓，放出眼光，自己来拿"[1]。民法学的研究应当有广阔的视野和开阔的胸襟，广泛借鉴两大法系的先进经验，高度重视国际上民商法学的发展趋势。当然，外国的制度、理论，都只能是我们借鉴的素材，只能服务于我国民事立法和司法的需要。民法学研究应当从中国实际出发，绝不能完全从希腊、罗马出发，照搬照抄他国经验。

---

[1] 鲁迅：《且介亭杂文》，印刷工业出版社2001年版，第32页。

二是体现原创性、时代性。一方面，中国特色的民法学应当不断地与时俱进，随着我国市场经济的发展而不断发展，并与改革开放相伴而行，不断反映和确认改革开放的成果，为国家的法治改革建言献策。民法学研究应当强调原创性，不能进行低水平的重复。另一方面，民法学也应当反映时代精神、体现时代特征。具体来说，应当不断反映互联网时代、高科技时代、大数据时代民法的特点；要反映经济全球化对交易规则趋同性要求的发展趋势；要反映在生态环境不断恶化的背景下对生态环境保护的时代要求；要反映在风险社会如何通过多种救济措施保护受害人，同时预防损害发生的要求；要反映新时代人民群众对人身权、财产权、人格权保护的更高要求。我国民法典积极反映了上述需求，从而彰显了鲜明的时代特色，而民法典所体现的时代性也必然要求民法学的发展要坚持时代性。例如，新一轮科技革命和产业变革正在改变人类的生产方式、生活方式、交往方式，互联网、大数据、云计算、人工智能、基因检测与基因编辑等，提出大量的时代性命题，民法的概念、规则、制度、体系都需要对这些问题的回答提供理论基础。民法学需要加强对新时代经济社会发展中新型法律问题的研究，只有积极回应互联网、高科技等带来的时代问题，充分保障个人的隐私、个人信息等人格权益，才能真正实现民法学研究的现代化。

三是体现系统性、专业性。民法学之所以是一门科学，是因为民法学本身具有科学的理论体系和科学的研究方法。一方面，经过两千多年的发展，民法学在自身独特的研究对象基础上，已经形成了一些具有共识性的概念、规则和制度，形成了富有逻辑、体系严谨的理论体系。另一方面，我国民法典的体系化也将极大地促进民法学的科学性。民法典的体系化表现在两个方面：一方面是制度体系（也称为外在规则体系）的构建。民法典七编制紧扣民事权益的确认和保障这一立法目的，形成了严谨的、具有内在逻辑联系的体系。另一方面是价值体系（也称为内在体系）的构建。民法典不仅坚持私法自治的价值，而且适应时代精神发展需要，确立了人文关怀的价值，充分保护弱势群体的权益，维护个人的人格尊严，甚至通过相应的条款，确认在人格尊严和私法自治发生冲突的情形下，优先保护人格尊严，这也丰富了民法学的内在价值体系。民法典还通过大量的引致条款，沟通了民法典与单行法、民法典各编相互之间内在的逻辑联系，形成了一个以民法典为中心并包含各个单行法的完整的民商事法律体系。这些都为民法学的科学性奠定了良好的基础。进入21世纪以后，民法学必须要与时俱进，在内容和方法上不断创新，以解决现实问题为依归，永葆民法学研究的时代性和专业性。

四是体现实践性。法学本身是一门实践性很强的学科，民法更是如此。我国民法学不仅要反映中国的现实，而且要解决现实问题。民法学研究应当来源并服务于中国改革开放的伟大实践，对社会生活中产生的现实问题提出创造性的解决方案，以此为民主法治建设作出贡献。民法学要成为一门治国安邦、经世济民、服务社会的学问，就必须以中国的现实问题为依归，提出科学合理的解决方案，每个民族的法学理论都脱胎于本民族的独特法律传统和法律实践，都是对本民族的独特法律记忆和法律经验的理性提取。改革开放以来，中国民法学者在立足基本国情的基础上，以更开阔的视野借鉴大陆法系、英美法系的先进经验，并在许多领域进行了融通性、创新性发展。无论是人格权法、侵权责任法的独立成编，还是民法典各编许多的重要制度和规则设计，都是在借鉴两大法系经验基础上作出的重要创新，也是中国民法学对世界民法学作出的重要贡献。一方面，民法典反映了改革开放和社会生活的实践需要。例如，在主体制度中，有关营利法人与非营利法人的分类、特别法人制度的构建、非法人组织制度的确立；在监护制度中，民法典构建了"家庭监护为主体、社会监护作为补充、国家监护为兜底"的监护体系，为弱势群体构建了周密的法律保障体系，强化了对被监护人的保护。物权编中关于所有权的分类和平等保护、用益物权体系的构建等，都是对中国改革开放实践经验的归纳和总结。民法典关于农村土地制度"三权"分置的规定，也是农村土地制度改革经验的总结。民法典在隐私、个人信息保护等问题上作出了创新性规定，顺应了社会变化和公众关切，已经孕育出有资格被称为"中国元素"的诸多民事法律制度。另一方面，民法典的大量规则来源于司法实践，是司法实践经验的总结，这既使得民法典具有鲜活的生命力，也保障了民法典将来能够得到很好的贯彻实施。这一实践特色也为民法学的研究指明了方向，民法学研究必须紧扣实践的脉搏，还原民法学作为一门实践学科的本质，有效回应社会现实中不断涌现的问题。民法典颁布后，我们应当挖掘更多的本土资源，从中国的实际出发，研究具有价值的中国案例，丰富我国民法学的实践内涵。同时，民法学研究也应当密切结合中国的发展实践，始终注重问题导向，解决法治建设中的重大问题。尤其是要适应中国社会发展的变化，配合国家的战略需求，不断提供理论支持。民法典本身就是凝聚万众智慧的法典，在民法典颁布后，要继续立足于实践、服务于实践，不断促进民法学的繁荣与发展。

要构建这样一个理论体系，非一日而能毕其功，也非自吹自擂、自说自话就可以实现，而是要靠几代民法学人"一棒接一棒"地努力，广大民法学人任重道远,需要奋起直追、与时俱进、不断创新。"路漫漫其修远兮,吾将上下而求索",仿佛涓涓细流汇入大海,学术繁荣就像水流汇集成川一样,需要仰赖每个人不断地努力和贡献。

民法典时代的民法教学

民法典的颁布，对民法教学产生重大影响。之前因我国的民法学没有体系化，没有形成完整的体系，从而导致民法学课程设置、教材以及教学内容等，都不成体系，甚至民法学的教材都没有真正做到统一。民法典颁布之后，必然要求我们的民法学要以民法典为基准展开教学，推进我们的课程、教材等的改革，为适应培养高层次的法治人才服务。民法教学是法治人才培养的核心环节之一，也是关系到民法学研究可持续发展的关键。民法教学同样应当坚持习近平总书记强调的中国特色、实践特色、时代特色。中国特色要求民法教学一定要结合中国的国情，体现鲜明鲜活的本土特色；实践特色要求在民法教学中充分利用丰富的本土案例资源；时代特色要求关注高科技、互联网的发展对民法学提出的新任务、新要求。

价值传导：将民法典所体现的核心价值观贯穿于民法教学之中

德国法学巨儒耶林在《为权利而斗争》一文中明确提出："不是公法而是私法才是各民族政治教育的真正学校。"我们的民法教学理应贯彻民法典的价值，具体而言：

一是弘扬社会主义核心价值观。专业课的教学不能就制度论制度，还要结合制度规则背后的价值理念和立法宗旨进行阐释。社会主义核心价值观在民法典中得到了充分体现，包括重视家庭的和睦，弘扬家庭美德，提倡良好家风，重视家庭文明建设；强化了对人格尊严的保护；确立未成年人利益最大化原则。民法典确认诚信原则，要求从事民事活动应秉持诚实，恪守承诺，遵守契约，崇法尚德；民法典确认了公序良俗原则，禁止滥用权利，鼓励见义勇为和救助行为，倡导互助互爱，守望相助，致力于构建和谐的人际关系，维护社会和经济秩序。民法教学要弘扬社会主义核心价值观，让主旋律更响亮、正能量更强劲。

二是弘扬人文关怀价值。要把民法教学真正当作一种人文主义教育。进入21世纪以来，尊重与保护人的基本权利已经成为整个国际社会的普遍共识，人文关怀价值已经成为民法的重要价值，这主要表现在：民法典因全面保障基本民事权利，促进了我国人权事业的发展；民法典实现了从传统民法的形式平等到兼顾实质平等，注重对弱势群体的保护，维护社会的实质正义。[1] 民法典除强化意思自治以外，还赋予人的尊严和人身自由以同样重要的价值。民法教学应当传导民法典所秉持的关爱人、尊重人、保护人的人文关怀理念。

三是维护民事权益、强化私权保障。民法教学要弘扬民法典以民为本、全面保障私权的理念。民法典作为保护民事权利的宣言书，坚持以人民为中心的理念，饱含爱民、护民、安民、惠民的情怀，促进民权保障、民生改善、民业兴旺、民心和顺、民风文明，成为充分关心人、爱护人、保障人的尊严的基本法。[2] 民法尊重生命尊严，秉持生命至上、

---

[1] 参见马俊驹、余延满：《民法原论》（第4版），法律出版社2010年版，第39页。
[2] 参见黄文艺：《民法典是经世济民、治国安邦之重器》，载《光明日报》2020年6月3日。

健康至上的理念，全面维护个人人格尊严，在人格尊严与财产权发生冲突时，将人格尊严置于更高的保护地位，并贯彻在民法各项制度和规则之中。民法典甚至通过相应条款，确认在人格尊严和私法自治发生冲突的情形下，优先保护人格尊严，这也丰富了民法学的内在价值体系。

总之，民法学是思政元素最丰富的法学学科，应当从民法学中多提炼思政元素，以更好地落实立德树人的育人目标。① 民法典是社会主义核心价值观的载体，而民法学相关课程正是学生接触民法典的重要途径。在课程教学中引领学生理解社会主义核心价值观，在课程实践中促进学生践行社会主义核心价值观是民法学教师的时代使命。

教学改革：以民法典为基准推进课程改革与教材编写

教学的开展总是依托课程和教材而展开。因此，要提升民法学的教学质量就必须抓住课程体系建设与教材建设两个至关重要的环节。

一方面，民法教学的课程设置应当与民法典大体保持一致，适当对原有课程体系进行必要调整。民法典已经建构了以保障民事权利为中心的七编制完整体系，尤其是人格权独立成编、侵权责任独立成编，彰显了鲜明的中国特色和时代特色。我们的课程体系要与此相衔接。例如，有的学校仍然开设债法总则课程。由于民法典并未采债法总则体系，而是采纳了以合同编通则发挥债法总则功能的模式，因此课程名称宜改为债与合同法或者合同法更为妥当。由于民法典中侵权责任已经与债法分离独立成编，因此也应设立单独的侵权责任法课程。还有的学校仍然将人格权法放到总则的主体制度中介绍，这显然不符合民法典的体

---

① 参见蒋安杰、战海峰：《一场聚焦民法学教学如何改革与发展的研讨会》，载法治网 (http://www.legaldaily.com.cn/index/content/2021-07/11/content_8548609.htm)，访问日期：2022年1月11日。

系,宜将人格权法作为单独课程开设。课程的内容设置也应当与民法典的体系保持关联。例如,长期以来,婚姻家庭法课程自成体系,与整个民法体系缺乏关联,但婚姻家庭已经成为民法典的重要组成部分,尤其是民法典其他编的许多规则可直接适用或参照适用婚姻家庭法律关系(例如《民法典》第1001条明确规定了人格权编可参照适用因婚姻家庭关系等产生的身份权利的保护),因此婚姻家庭法的内容应当与民法典的其他各编保持有效协调。而人格权、物权也应当注重与侵权责任编的有效协调。例如,民法典设置相关的引致条款使人格权请求权、物权请求权与侵权损害赔偿请求权之间形成了密切的互动关系,教学中也应当注重各编之间的内在逻辑联系。因此,要以民法典为基准,在课程改革中努力把民法学课程打造成一门门金课。

另一方面,民法教材的编写也应当以民法典为基准。首先,就结构而言,民法教材的体系安排应当尽量与民法典相适应;就内容而言,应当结合民法典对教材内容进行及时修订,确保民法典中的制度变化在教材中得以体现。民法教材应当充分尊重民法典的体例、规则,准确客观地反映民法典。其次,对民法典的新规则的规范意旨和适用范围等作出准确的解释,尽可能在教材中反映出来。例如,民法典关于生态环境保护问题,在全世界范围内首次把绿色原则规定为民法基本原则①,并创设多层次的规则共同确保绿色原则的实现。有的教材没有写绿色原则,而这其实是民法典的一大特色,应当体现在教材之中。教材编写者应当将教材与专著进行区别,教材是引领学生学习的工具,从而区别于对某一专门性问题进行探讨的专著。在教材的编写过程中要尽可能全面

---

① 《民法典》第9条规定:"民事主体从事民事活动,应当有利于节约资源、保护生态环境。"

展现通说。

总之，民法学是实用之学，如何将民法的规则和生活实践相结合，从本土资源中挖掘有益的法治经验，并且把它应用到课堂教学之中，转化为教学资源，为课程实践提供宝贵的资料，这是下一阶段我们每位民法学者应当承担的一项重要工作。把每一门民法学课程打造成金课，就能够更好地立德树人，培养更多的优秀法治人才。

本土资源：案例教学的广泛应用

案例教学有助于准确解释民法典，使民法典能够真正走到人们身边，走进人们心中。一方面，我们可以通过案例教学讲好中国的故事，通过活生生的案例展现中国法治发展进程。另一方面，借助案例教学方法，我们也可以讲好民法典的规则，即通过以案说法的方式，准确阐释民法典的规则。此外，通过案例教学方法也可以使我们真正实现学以致用。法学是一门实践之学，而不是象牙塔式的学问。法学学科以法的发展为研究对象，以公平正义为主要价值追求，其不同于其他学科之处就在于其实践性。德沃金指出，"法律是一种不断完善的实践"[①]；富勒也认为，法律制度是一项"实践的艺术"[②]。真正的实践教学必须以案例教学为基础，才能够有效培养学生的动手能力，也就是分析、解决现实问题的能力。即使法科学生所掌握的知识体系再娴熟，如果不知道如何运用，也不能真正做到学以致用。因此，法学教育也要适应法学实践之学的特点。民法教学不仅应注重概念、制度，还要注重将民法典的规则运用于实践中，理论联系实践，学以致用，而这一能力的提升离不

---

① Ronald Dworkin, Law's Empire, Harvard University Press, 1986, p.44.
② See Lon L. Fuller, The Morality of Law, Yale University Press, 1969, p.91.

开案例教学方法。

  案例教学方法的运用离不开案例的选择。在案例教学实践中，受教师学术背景、学术偏好的影响，甚至由于备课阅读材料有限，有时有些教师过于偏重外国案例，甚至是百年前的外国案例。虽然其中不乏经典案例，但有些案件已经与当下的社会环境明显脱节，很难激发学生的学习兴趣，也不利于培养学生解决现实问题的能力。事实上，中国在司法实践方面已经有相当丰富的案例资源，这些案例资源值得民法教师充分挖掘。自2014年1月起，最高人民法院开始实施裁判文书上网的举措，"截至2020年8月30日18时，中国裁判文书网文书总量突破1亿份，访问总量近480亿次"[①]。这些案例为案例教学提供了宝贵的素材，甚至有些案例在国内外产生了重大影响。而且，案例也不限于司法案例，还包括仲裁和其他纠纷解决方式以及行政执法中所涉及的案例。民法教师不应忽视这些案例教学的本土资源，只有如此，才能真正产生学生感兴趣、有收获、受启发的案例教学。

[①] 姜佩杉：《中国裁判文书网文书总量突破一亿份 司法公开规范司法行为促进司法公正》，载中国法院网（https://www.chinacourt.org/article/detail/2020/09/id/5433643.shtml），访问日期：2020年9月16日。

以案例教学促进法学教育的变革

我国属于大陆法系国家,重视以法律条文为中心的教科书的讲授①,但这绝不意味着可以削弱案例教学的作用。案例教学实际上就是以案说法,将典型案例带入课堂,引导学生进行思考和讨论,从而深刻理解法律规则的应用场景和内涵,并在这一过程中掌握法律规则的解释和运用方法。霍姆斯曾言,"法律的生命不在于逻辑,而在于经验"。实证主义学派认为,要区分书本中的法律(law in book)和行动中的法律(law in action),行动中的法律和书本中的法律并不完全一致,法条可能是含糊的、有歧义的,甚至是完全冲突的,不能完全准确、清晰地适用于特定的案件。因此,在传授学生书本中的法律时,还应当使学生了解行动中的法律,这就有必要开展案例教学。

案例教学是重要的实践教学方法。法学是一门实践之学,而不是象牙塔式的学问。法学学科以法的发展为研究对象,以公平正义为主要价值追求,其不同于其他学科之处就在于其实践性。德沃金指出,"法律是一种不断完善的实

---

① 参见〔日〕星野英一:《民法的另一种学习方法》,冷罗生、陶芸、黄育红译,法律出版社 2008 年版,第 57 页。

践"①。因此，法学教育也要适应法学实践之学的特点。从总体上看，英美法系更加侧重实践性教育，而大陆法系更强调关注理论体系。自 1869 年兰代尔（Christopher Columbus Langdell）担任哈佛法学院院长期间，改革法学教育的方法，将案例教学法（the case method）、苏格拉底论辩（Socratic discussion）以及案例教材（the case book）引入美国大学法学院，促进了美国法学教育的深刻变革。从两大法系毕业生所占据的与国际经济交往密切相关的法律服务市场份额来看，侧重法律实践性教育的英美法系国家的确占有不小的优势。虽然这种优势与相应的经济发达水平和在国际经济交往中的地位重要性有关系，但其也与英美法系国家注重知识实践教学、注重运用苏格拉底式教学法、注重法律诊所等法学教育方法不无关系。由于法学是实践性很强的学科，因此，法学教育必须处理好法学知识教学和实践教学的关系。通过法律诊所教育、法律援助、法律第二课堂、辩论式教学、案例讨论等各种方式，使学生真正掌握实用的本领和动手的本领。学生不仅要理解抽象的法律规则，而且需要将其熟练运用于实践，解决具体的纠纷，因此案例教学尤为重要。

案例教学是能力教学。案例教学就是最典型、最鲜活的实践教学。通过一个个典型的案例，可以使学生真正把握博大精深的法学学科的真谛，并且能够举一反三，培养学生反思、创新的意识。真正的实践教学必须以案例教学为基础，才能够有效培养学生的动手能力，也就是分析、解决现实问题的能力。即便法科学生所掌握的知识体系再娴熟，但如果不知道如何运用，也不能真正做到学以致用。例如，我们谈合同法，理论谈得头头是道，但如果不知道如何帮当事人设计合同，维护其

---

① Ronald Dworkin, Law's Empire, Harvard University Press, 1986, p. 44.

利益,或在发生纠纷后,不知道如何解决纠纷,则就没有达到学以致用的目标。我国法学教育总体上存在重知识、轻能力的倾向,事实上,法律人的重要工作就是在面对各类社会矛盾和纠纷时,能够对现实社会中各类法律服务需求(包括合同谈判和争议解决)提出法律上的可行性实践方案,能够处理好这些纠纷,法律技能是法律人必备的专业素质。我们要培养的学生不仅要能够像律师那样思考,而且还要有独立的思辨能力、审辨能力、批判能力,对同一事实、争议,能够从不同角度提出解决方案,而培养此种能力必须加强案例教学。

案例教学是互动式教学。案例教学需要教师事先准备特定的案例,并指导学生提前阅读,在教学过程中需要组织学生进行反复讨论与交流,"天边不如身边,道理不如故事"。苏格拉底与其学生就深邃的哲学问题进行了平等对话和相互辩驳,探讨哲学思想的真谛,其中也包括法律的真谛。从这一意义上说,此种辩论式的探讨方式实际上铺就了一条探求真理之路(the way of truth)。苏格拉底的提问法对今天的法学教育也产生了重大的影响,英美法基本是按照苏格拉底的提问法展开法学课堂教学的。苏格拉底提问法通常都是围绕实际的案例展开的,尤其是围绕实际的案例所涉及的法律问题展开,通过反复的平等对话,深刻把握法律的真谛,追问法律的精神、实质,法条的意旨以及法条在适用中的规律。案例都是一些活生生的故事的演绎,这可以使得课堂教学更加生动,使学生更加积极地参与到教学过程中。实际上,这种互动不仅仅培养学生的能力,而且可以实现教学相长。

案例教学是辩论式教学。有人概括课堂教学有如下"五种境界",即沉默(silence)、回答(answer)、互动交流(dialogue)、质疑(critical)和辩论(debate)。从这个角度而言,辩论实际上是课堂教学的高级阶段。

这个说法是否妥当，确实值得探讨，但至少有一点可以明确，即在课堂教学中引入辩论方法，确实有利于培养法科学生的思辨能力和运用法律规则的能力。法学教育应当注重培养学生的辩论能力，具备良好的辩论能力也是成为法律共同体成员的基本素养之一。法科学生辩论能力的培养有多种方式，如模拟法庭、辩论比赛等，都有利于提高学生的辩论能力。上述方式虽然有效，但其往往作为法科学生辩论比赛的方式，缺乏长久的、可持续的运行机制。而案例教学则可以将辩论能力的培养融入课堂教学之中，每一个典型的案例都可以引导学生梳理争议焦点，并围绕这些争议焦点所涉及的法律问题展开辩论，在攻防转换的过程中，有助于学生从多个角度看问题，理解不同当事人群体之间的利益分歧和思考角度及策略，对问题的观察会更为全面，可以培养学生的逻辑思维能力、应变能力以及分析和解决问题的能力。

案例教学是开放式的教学。所谓开放式的教学，是指将教学过程视为动态、变化的过程，以学生为中心，采用多样化的教学模式和方法，努力调动学生学习的主动性、积极性，激发学生的学习兴趣、求知欲望和参与热情，培养学生的反思性、创造性思维。开放式教学并不拘泥于教材、教案，而是充分考虑学生学习活动过程的多变性，并相应地采用"探索式"的方法，引导学生主动获取知识。案例教学立足于司法实践，通过真实的案例发现法律适用中的焦点问题，并在此基础上探明法律的意旨，或者填补法律的漏洞，这就为培养实务型、创新型人才提供了有效的途径。案例研究具有很强的实践性，在运用案例研究方法时，需要对相关的案例进行全方位研究，总结司法裁判的争议焦点，归纳相关的疑难问题，通过理论对其进行分析，就其中所涉及的法律适用问题作出解答，最终得出分析结论，这些都有助于培养学生的思辨能力、分析问题的能力和实际操作能力。案例教学可以将学生置身于问题之中,这有利于调动学生解决问题的积极性,而且为了解决具体的问题,学生需要充分发挥其逻辑思维能力和文献检索能力。在辩论的过程中,不断的攻防也有利于极大地刺激学生求知的欲望,调动其学习的积极性。

案例教学是法学教学改革的重要途径。案例教学有利于调动学生学习的积极性,使学生由被动接受知识转变为主动探索知识。作为一名从教三十多年的教师,我始终认为,没有普遍适用于每一个人的教学方法,各种方法只要能够有效地调动学生的学习热情和学习兴趣,启发学生的思维,开启学生的智慧,每节课都能使学生真正从中学到知识,这就是有效的教学方法。案例教学虽然不能取代传统的教学方法,但案例教学是一种十分重要的法学教学方法,是法学教育的重要发展领域,并可以引领法学教学方法的变革。学生不仅要理解抽象的法律规则,而且需要将其熟练运用于实践,解决具体纠纷。司法实务需要不同角色的法律工作者进行互动交流,能够在交流过程中质疑对方观点是法律工作者应当具备的基本法律素养。法学教学应当以问题为中心,以实务为导向,以讨论为教学手段,以理论与实践相结合为教学目的。

组织好案例教学,首先要有好的案例教材。高质量的教材是案例教学成功的一半,以案释法、以案说理,前提是找好案例。同时,案例的分析也要遵循特定的法学方法论,将其融入案例的分析、研讨之中。案例教学需要有良好的教材相配套,需要有典型的案例,不是所有的案例都能够拿到课堂上让学生进行长时间研讨,只有那些能够生动地、典型地再现法律解释和适用中的重大、疑难问题,能够有助于学生思考的案例,才有讨论和思考的价值,这就对案例的选择和案例的分析方法提出了要求。

中国的法学研究究竟排世界第几?

汤森路透于2014年发布的一份专题报告显示,从2004年到2014年7月,SCI和SSCI共收录法学论文53139篇,其中中国学者共发表699篇,占世界英文法学成果产出的1.3%。如果将这些成果依国别划分,我国法学成果产出位居世界第七位,落后于英国、美国、澳大利亚和加拿大四个官方语言为英语的国家,但在非英语国家中位列前三。据此,不少学者认为中国法学研究水平已经进入世界前七位。与此同时,一些高等教育评价体系(如英国的QS、泰晤士等)也在其报告中发布法学院的排名,在这些排名榜单中,中国的一些法学院已经开始崭露头角,有人也据此得出中国法学已经在世界法学中占有重要位置的结论。应当承认,这些数据和评价说明中国的法学研究已经在国际化方面取得了重要进展,至少表明我们的法学研究已经开始走向世界,成为世界法学研究中不可忽视的力量,这无论如何都是一个可喜的进步。但能否据此认为我国的法学研究已经在世界上排名前几,恐怕还是一个值得探讨的话题。

我认为,单纯从SCI和SSCI收录论文数量作为衡量法学研究地位的指标并不科学。首先,SCI和SSCI的语言局限性决定了其不能完整反映世界法学研究状况。SCI和SSCI是英语国家主导的期刊评价机制，其收录的绝大多数为英文期刊。而在非以英语作为母语的国家，作者想要在这些期刊上发表论文，难免受到语言限制。在法国、德国等国家，法学学术刊物大多是非英语的，许多质量较高的期刊也并没有被SCI和SSCI收录。因此，SCI和SSCI很难反映非英语国家和地区的法学研究状况，或者至少可以说这种评价机制是不全面的。其次，SCI和SSCI作为一种检索系统，不应被过度神化。即便在英语国家中，大量的期刊也并没有被SCI或SSCI收录。我与许多美国教授讨论过这一话题，他们告诉我说，美国学者并不看重SCI和SSCI的评价机制，甚至有些学者根本不知道哪些期刊被收录，哪些期刊没有被收录。有学者告诉我，SCI和SSCI本质上只是一种检索系统，而并非质量评价系统，因此并不是说被SCI和SSCI收录的都是好文章。最后，SCI和SSCI反映的研究成果形式有限。SCI和SSCI均是引文索引，收录的主要是论文，而作为对法学研究具有重要贡献和价值的著作与教材则并没有被纳入上述系统。因此，从以上几个方面来看，以SCI和SSCI收录的文章作为评价中国法学的世界地位和排名，显然是不可靠的。

当然，认为SCI和SSCI在反映法学研究水平上具有局限性并不意味着要否定这种评价机制，更不是说我们不需要在SCI和SSCI收录的期刊上发表论文。发展中国法学，促进法学繁荣，需要鼓励中国学者能够在这些期刊上发表文章，尤其是一些需要高度与国际接轨的学科，如国际法、知识产权法、合同法、担保法等，应当尽可能拓宽研究的国际化视野，提升国际化影响。如果我们的学者在这些领域中多发表一些获得国际社会认可的论文，这对于展现我们的法学进步成果，讲好中国故事，让世界了解中国，并且加强与世界法学的交流都具有重要意义，也可以不断鞭策我们提升法学研究水平。但是，上述 SCI 和 SSCI 的局限性提醒我们，在法学发展成就的评判上不能"唯 SCI、SSCI 论"。

总体上看，要客观、公正地评判某一国家某一学科研究的发展水平，应该采取多维度的评价标准，而且必须关注学科本身的特有规律。一方面，法学作为一门治国理政的学科，是一门实践性极强的学科。法律虽然被书写于纸面，但却扎根于实践。以法律为研究对象的法学，不可能脱离法律的运行而展开研究，一国的法学研究水平也一定是与其法治本土实践相适应的。另一方面，法学具有强烈的地域性。德国法学家耶林在 1869 年发表的《法学是一门科学吗？》一文就明确指出，法并非普适的，而是一门受国界限制的学问，他甚至追问有哪一门学科会因为地域的变化而遭受质疑。① 美国著名的人类学家格尔茨同样认为法律是一门地方性知识（Local Knowledge），并从"地方性知识"等文化阐释角度出发，提出了法的普适性存在偏差，进而指出"法律乃是一种赋予特定地方的特定事务的特定意义的方式"②。

法学的实践特征和地域性特征说明对于法学研究的评价必须立足于本国实践才能放眼国际竞争。换言之，中国的法学研究水平究竟在世界排名如何，并不是由期刊发文数量或院校排名决定的，而是应当由法治实践的需求回应程度和世界法学研究的贡献程度决定的。具体而言，至少应当考虑如下几个方面的因素：

一是我国法学研究对本土法治实践的贡献有多大。虽然法学的一些基本价值具有普适性，但是一个国家的法学主要是服务于一个国家的立法、行政执法、司法和法治文化的培育，因而我国的法学研究对我国本

---

① 参见〔德〕鲁道夫·冯·耶林、奥科·贝伦茨编著：《法学是一门科学吗？》，李君韬译，法律出版社 2010 年版，第 44 页。
② 梁治平编：《法律的文化解释》，生活·读书·新知三联书店 1994 年版，第 145 页。

土法治实践是否提供了有力的保障和科学的指引,是展开评价的前提性因素。如果一国的法学研究尚不能为本国的法治实践作出贡献,那么其也就丧失了获得国际评价的基础,即便展开评价也是不具有任何意义的。文章发表得再多,但对本土法治实践缺乏贡献,也很难说有太大价值。

二是我国法学研究对人类社会的共性问题的解释力如何。现实问题的解决是法学研究发展的动力与目的。社会不断发展变化,立法者理性有限,法律规则总会产生缺漏。在面对新问题时,法学研究的功能便得以展现,提供理论路径以解决现实问题是法学研究责无旁贷的使命。法学发展到今天,仍然有许多需要从理论上解决的问题,大到法治如何回应人类从工商社会向数字社会的转型、法律如何应对气候变化以及如何保障人类命运共同体的构建,小如何规范算法歧视、基因编辑、人脸信息保护等崭新法律问题,都是人类社会所共同关切的重大课题。只有法学研究能对这些共性问题积极发声,并提供具有解释力的处理方案,才能够向世人展示我国法学研究的实力。

三是我国法学研究对世界法学研究的贡献多少。中国作为世界范围内人口数量和地域面积占比巨大的国家,对自身问题解决路径的探寻本身就是对世界法学发展的重大贡献。但是,中国法学的研究也不应当仅仅局限于此。在中国法学走向世界的过程中,我们要在世界法学研究中掌握一定的话语权,才能与其他国家就一些共同性的问题进行对话。而这一话语权的获得,不能单纯依靠在 SCI 和 SSCI 上的发文,必须要靠中国法学研究对世界法学研究的贡献,从而获得其他国家学者的尊重。中国的法学研究可以为世界法学研究提供多少中国经验,贡献多少中国智慧,是衡量中国法学研究水平的重要因素。

诚然，如果基于上述因素评价中国的法学研究究竟在世界排名如何，可能确实很难寻求具体的量化指标。因此，确切回答中国的法学研究到底排名世界第几恐怕仍会是一个难题。不过，回答中国法学研究究竟排名世界第几这一问题本身远不如上述三个问题同等重要。倘若我国的法学研究已经能够为本土法治实践贡献足够的智力支持，能够为人类社会问题贡献有效的解决方案，能够为世界法学研究贡献中国经验，那么我们究竟排名世界第几，对于中国法学研究者而言，似乎已经就是一个略显多余的问题了。

加强涉外法治人才培养的几点思考

"徒法不足以自行",法治中国建设的关键在于培养大量的优秀法治人才。习近平总书记指出:"要坚持统筹推进国内法治和涉外法治""要坚持建设德才兼备的高素质法治工作队伍"。这也对涉外法治人才的培养工作提出了新的要求。应该说,涉外法治人才培养是党中央统筹国内国际两个大局所作出的战略部署,具有历史的必然性,是对"我们应当培养怎样的法治人才"这一法学教育的时代之问作出的时代回应,与国家层面的"一带一路"建设、自由贸易区和自由贸易港建设等紧密相关,根本上是改革开放所需要的。党的十九届五中全会提出,实行高水平对外开放,开拓合作共赢新局面。坚持实施更大范围、更宽领域、更深层次对外开放,依托我国大市场优势,促进国际合作,实现互利共赢;要建设更高水平开放型经济新体制,全面提高对外开放水平,推动贸易和投资自由化便利化,推进贸易创新发展,推动共建"一带一路"高质量发展,积极参与全球经济治理体系改革。这一目标的实现,必须依赖涉外法治人才的培养。

毋庸讳言,目前,我国涉外法治人才仍然较为紧缺,而且存在涉外经验不足等问题,这也难以满足我国高水平对外开放所急需的涉外法律服务需求,因此,我们应当加强涉外法治人才储备,培养政治立场坚定和专业素质过硬的涉外法治人才,从而为我国的涉外法治工作提供有力的人才支撑。

加强涉外法治人才培养首先要坚持立德树人,把培育和践行社会主义核心价值观融入教书育人全过程。法学教育应当坚持育人为本、立德为先的正确方向,将立德树人的理念贯穿法学教育的各个环节,才能培养出德才兼备、优秀的涉外法治人才。具体而言,在现阶段,强化涉外法治人才培养应当注重从如下几方面着手:

一是要明确涉外法治人才的培养必须具有主体意识。本国法是法治人才培养的基础,涉外法治人才培养作为法治人才培养的重要环节,也必须从打好扎实的本国法知识的基础做起。没有本国法的基础,涉外法治人才培养也绝对不可能取得成功,因为法律背后的原理是相同的,只有扎实学好最基础的法律知识,才有可能培养出精通国外规则的涉外法治人才。在我国法学教育中,要明确14门法律基础核心课程是重中之重,是本国法的基础,也是涉外法治人才培养的基点。所以说,我们要培养的法治人才,都必须熟悉本国法,这是法治人才的根基,否则所谓的法治人才培养也就只能是空中楼阁。法学教育不能采取言必称罗马、言必称德国的做法,如今我国法律体系已经形成,更是拥有了全世界最大的案例数据库,公开的裁判文书数量已经超过1.1亿篇,法治人才的培养着实应当注重本国法律规定和司法实践,为涉外法治人才培养打下良好的基础。

二是要重视知识和体系系统性、完整性。涉外法治人才的培养也要有系统、成体系,使其打下坚实的法律知识基础。严格地说,涉外法律虽然也以国际法为主干,但其不完全等同于国际法,可以说,其既包括国际公法、国际私法、国际经济法等，也包括中国法的域外适用，还包括有重要影响力的国别法。目前，国际法学科已经形成了较为完备的知识体系，但是，对国别法以及中国法的域外适用等问题，目前仍欠缺系统的研究，没有形成完整的知识体系。因此，涉外法治人才的培养，一个重要的工作就是对国别法的熟悉与学习。但是对外国法的学习不等于把外国法的教学变成简单的介绍，必须真正知其所以然，探寻其背后的历史传承与社会背景，探寻各国所面临的共同法律问题并加以解决。从比较法研究来看，传统法学教育对比较法的研究注重的是对规范本身的研究，对概念、结构的具体阐释，以及对我国相关法律问题解决的借鉴意义，所以传统法学尤其是法教义学，它本身重视的不是社会现实问题而是规范本身，随着传统法学的转型，目前的比较法研究已经开始注重法学所解决的社会问题。所以说，比较法不能就规范论规范，必须考虑外国法律背后的制度、社会等背景，从而通过比较以便于借鉴域外的经验。或者说，比较法研究更多地应该是分析不同域外法律制度差别的原因之所在，从而用于解决相关社会问题，所以说比较法教学必须引入功能主义原则。

三是重视实践能力的培养。涉外法治人才的培养，关键在于培养其运用法律的能力。习近平总书记指出："法学学科是实践性很强的学科，法学教育要处理好知识教学和实践教学的关系。"建立以实践为导向的涉外法治人才培养机制，主动服务国家战略，服务重点领域、新兴领域、涉外领域立法，为提升我国在国际法律事务和全球治理方面的话语权和影响力作出积极贡献。涉外法治人才应当掌握良好的法律技能，熟练解决法律纠纷，不论是合同的起草、商业的谈判抑或纠纷的解决，都是法治人才培养的重要环节，同时要特别重视多元化纠纷解决机制即 ADR 的教学。因此，涉外法治人才培养不能仅仅局限于课堂教育，还需要法治创新人才从实践中吸取经验，使其掌握良好的法律实践操作能力。一个合格的法律人才，无论是从事立法、执法和司法工作，还是要成为律师、仲裁、公证、专利、商标以及企业法律业务等领域的实务人才，都必须能够熟练掌握法律知识以及实务操作技巧，具有良好的思维能力和分析问题的能力，熟练运用法律分析的方法去分析问题、化解纠纷，这样的人才不是仅仅在课堂听课、图书馆看书就能培养出来的，也不是仅仅依赖网上获取的知识和信息就能培养出来的，更重要的是要通过各种实践教学，培养实务能力。正因如此，涉外法治人才的法学素养不在于其能够背诵或记忆多少法条和经典，而在于其掌握了多少实际应用的本领，在于能否把法律当作活的知识加以理解和运用，能够准确地分析事实、寻找法条并解决纠纷。法学教育不能从书本到书本，困于概念之中，必须灵活应用、举一反三，能够解决实务问题，只有这样，我们才能培养出德才兼备的优秀法律人才。

四是引导学生具有国际视野与时代眼光。涉外法治人才的培养，要具有国际视野和时代眼光，这就要求我们的教师有能力讲授法律制度发展的最新国际趋势，需要熟悉国际贸易、国家规则。在全球化时代，我们需要一大批具有国际视野、通晓国际规则、能够参与国际竞争的法治创新人才。在经济全球化时代，经济交往日益频繁，法律事务日益增多，我国正在积极推进"走出去"和"一带一路"建设，但企业走出去后遇到的一个最大的困难就是法律障碍，出现纠纷后，往往不知道如何从法律层面应对，许多企业为此蒙受重大损失。尤其是我国虽然是联合国常任理事国，但无论是在联合国还是在有关的国际组织中，所派驻的相关法律人才都远落后于韩国等国家，这与我国的大国地位是不相称的。我们培养的涉外法治人才,要能够参与全球治理、国际规则的制定,能够在国际舞台上发出自己的声音、维护好国家利益。涉外法治人才一方面要具有国际视野,另一方面在大数据、互联网时代,也必须了解现代科技和当前经济的要求,成为多元化人才。

五是强化外语沟通能力。外语沟通能力也是涉外法治人才培养的基础之一,其中,法律专业外语课程的建设对人才培养尤为重要。我们都知道,生活语言和专业术语是存在较大差异的,如果不重视专业外语能力的培养,涉外法治人才培养也是不可能成功的。或者说,外语除了语言交流,还必须运用于专业领域。应当看到,运用外语进行生活沟通交流能力的培养,已经取得了巨大进步,但是对于运用专业外语从事法律工作这一点,如今我们确实很欠缺。

世界正处于百年未有之大变局,国际形势风云变幻,世界面临的不稳定性、不确定性十分突出,国与国之间的竞争日益激烈,但未来国家之间的竞争很大程度上也体现在法律的竞争方面,因而,更需要培养一大批涉外法治人才。

什么是学问?

"学问"二字,再平常不过,我们经常会听到人们说某人有学问,某人学问差,这两个字好像是评价一个人学识能力的标准,但细想起来,又好像不完全如此。因此,究竟什么是学问,引起我的好奇,通过查阅资料,发现少有人去深究它的意思。现把我对学问的所思所想呈现出来,供大家参考。

"学问"由"学"和"问"两个字并列组成,这两个字包含着非常丰富的学问之道和治学方法,在理解时应从"学"和"问"分别讲起。

非学无以广才

"学"的范围很宽泛,但在"学问"中当指学习。朱熹在《中庸集注》中言:"学问思辨,所以择善而为知,学而知也。"人是会学习的动物,人们获得的所有知识都来自学习,可以说,学习是获得知识的唯一途径。孔子说:"君子不可以不学,见人不可以不饬","才须学也,非学无以广才"。的确如此,人与人之间之所以会有差距,不在于先天智力水平的差异,而在于后天的学习。只有学习,才有学养,学养不深,哪来学问?!

学习的方法有很多,首先是从书本上学习。书籍是人类文明的结晶,包含了人类的丰富思想和文明成果,只有善读好书、多读好书、长读好书,我们才能弥补自身不足,才能不断取得进步,正如杜甫的名句:"读书破万卷,下笔如有神。"对此大家都深有体会,我就不再赘言。

我们需要向师长学习。老师是知识的传播者,是我们学习的引路人。我们最初的知识源于启蒙教师,以后的知识更离不开师长的教授。荀子曰:"学莫便乎近其人。"意思是说,没有比向身边的良师益友学习更为简便的途径了。向老师学习,效仿老师的行为,获得老师的真知灼见,不仅能够使我们获得全面的知识,快速掌握正确的学习方法,也可以使我们习得为人处世的方法,变得通达世事。若不跟着老师学习,就要自己在黑暗中摸索,这样的效果正如清代刘开在《问说》中所言,"学有未达,强以为知;理有未安,妄以臆度。如是,则终身几无可问之事"。

再者,我们还应当从实践中学习。"世事洞明皆学问,人情练达即文章。"很多知识都来源于实践,来源于社会生活,它们可能没有写在书本上,老师也可能没有传授,需要我们仔细观察社会生活,努力体会人生道理。俗话说,要在干中学、学中干,讲的就是这个道理。这样说当然不是要否定读书的重要性,而是说不能读死书,要读"活书",正所谓"读万卷书,不如行万里路",从书本上得来的知识是有限的,甚至是不够完善的,还需要从实践中学。陆游说"纸上得来终觉浅,绝知此事要躬行",也说明了这个道理。我们应当将从书本上、从老师处学到的知识运用于实践,并通过实践的检验,这样才能真正将知识领会于心,将其转化为真学问。

学即继以问也

学问,"学"离不开"问","学问之道","学即继以问也"。求知仅读书学习是不够的,还要勤于思考,辨析所学知识的益处何在,有何缺陷,这就需要多问。"君子学以聚之,问以辩之。"(《周易·乾卦》)"博学之,审问之,慎思之,明辨之,笃行之。"(《礼记·中庸》)《尚书》曰:"好问则裕。"汉代王充曾在《论衡》中说,"人才有高下,知物由学。学之乃知,不问不识"。这些话均表明,正是通过"问",才能提升人们对所学知识的辨识能力、反思能力和拓展能力,进而获得长足的进步,获得丰富的知识。这样一来,"问"实际是学习的重要组成部分,是获得知识的重要技巧。

何为"问"?问何事?问何人?"问"就是反思,就是提问,就是请教。我认为在学习中,首先要问自己。这就是说,我们要带着问题去读书、去请教、去实践,首先要自己思考问题,反思所接收的信息或所接受的知识,究竟是什么意思?应怎么理解?与书本、与老师、与实践有无不同,有什么不同,为何会这样……学必思,思必问。独立思考,审慎追问。只有带着问题去学,在思考中领悟知识,才能真正将知识深化于心,才能真正进入知识的殿堂。格物致知,悟道觉理。

问自己后,才能请教他人,知而好问,然后能才。如果不带着问题去学,即便博览群书,遍访名师,深入实践,我们所看到的知识也可能只是一闪而过,没有在大脑中形成印记,不能转化为自己的思考和见解,最终变成人云亦云,难以获得真学问。对某事、某物存有疑问,表明我们已然思考,会想方设法解决它,几经摸索得到一个答案,将不知道的变为知道的,达到"一旦豁然贯通","众里寻他千百度,蓦然回首,那人却在,灯火阑珊处"的程度,就会有成就感,这会激励我们再学、再思、再提高。真正的学者不光学富五车,更应有独立思考的能力、有独立的见解。这样的观念不仅表现在读书上,更表现在追问上。比如我们在写一篇论文时,必须追问自己,这篇论文要解决什么问题、解决方法是什么,我们应当从哪些方面思考,如何证成这些方法的合理性,"苏格拉底方法"就是通过不断对话、追问,来努力探究哲学真理。只有不断追问,才能真正形成独立见解,论文才有生命力。

"问"的含义当然包括向他人请教。"三人行必有我师焉",只有善于问道于他人,才能博采众长,有效地提高自己。向他人学习,最重要的就是不耻下问。在这方面,古代先贤的佳话很多。《淮南子·主术训》讲,"文王智而好问,故圣;武王勇而好问,故胜"。周文王、周武王之所以能无往不胜、成就霸业,一个重要原因就在于虚心请教他人。孔子甚至向七岁的项橐请教。这些都为我们树立了向他人学习的典范。刘开在《问说》中总结说,"古之人虚中乐善,不择事而问焉,不择人而问焉,取其有益于身而已"。也就是说,古代的人虚心采纳善言善事,不挑选事情地问,不挑选人地问,只要能求取那有益于自己的修养和学业就足矣。向他人学习,不要限定范围,即便是自己的学生、下级、晚辈,只要他们相较自己有某一方面的长处,就应当不耻下问,虚心学习。

儒家认为,不耻下问是一种美德,相反,任何问题都不屑于问他人的人,大多是刚愎自用、自负之人。其实,每个人都会因为不同的知识积累、价值取向、人生阅历,而对事物形成不同的看法,都有值得我们学习之处。我们一定要抱有"求得一字便为师"的态度向他人学习。向他人学习的方法多种多样,既可以是与他人讨论同一话题,也可以是提出问题请教他人，还可以是请他人评论自己的观点，等等。正是通过向他人学习，我们才能发现自己的知识缺陷，我们自己的知识才会不断增长，逐步完善，渐至成熟。

学与问需相辅而行

"学问"一词包含了两种治学的方式方法。正如清代陈宏谋所说，"古人学问并称，明均重也，不能问者，学必不进"。刘开在《问说》中也说，"非学无以致疑，非问无以广识；好学而不勤问，非真能好学者也"。这些话都说明了学与问是治学的两大途径。若要求学问，则不仅要"学"还要"问"，不仅要善于学习，还要善于反思，善于发问，如此才能做好学问，才能有真学问，才能有大学问。

"学问"一词还包含了另一层含义，就是"学"与"问"必须相辅相成，"问与学，相辅而行者也"（刘开《问说》）。相辅而行的意思就是说，要在学中问，在问中学。求知治学之道，在于学而不止，在于问而不停，在于认真读书，在于教学相长，在于实事求是，在于勤于思考，在于不耻下问。只有把握好、实践好这一根本道理，我们才能知道自己的不足，才能真正获得学问，才能使自己的学问日益精进，获取广博的知识。

通过前述，可知"学问"这个词不仅是对我们知识、学识的概括，同时还包含了我们求知的方法、我们思考的能力等，具有丰富的内涵。朱光潜先生在《谈学问》中说："中国语中'学'与'问'连在一起说，意义至为深妙，比西文中相当的译词如 learning, study, science 诸字都好得多。"通过对"学问"一词、"学""问"二字的意义探究，我领悟到了治学的基本方法和获取学问的真正途径。

法治是一种生活方式

第七编
人 生 感 悟

五月梅花落?

——读李白《与史郎中钦听黄鹤楼上吹笛》有感

我爱诗仙李白的诗作,特别喜爱李白的这首诗:

《与史郎中钦听黄鹤楼上吹笛》
一为迁客去长沙,西望长安不见家。
黄鹤楼中吹玉笛,江城五月落梅花。

李白的这首诗系在其流放夜郎途中所作。当他途经黄鹤楼时,写下了这首令人无限感伤的诗篇。此诗的大意是:我像贾谊被流放到长沙一样,在流放途中回望长安,深感漂泊不定,不知道家在何处。坐在黄鹤楼上,听到远处传来的笛声,仿佛五月的江城飘满了梅花。

这首诗看起来是平淡的写景感怀之作,相比李白留下的许多千古绝唱,很可能算不上脍炙人口的经典名作。所以这大抵也是这首诗较少引起后世唐诗鉴赏者关注的原因,且在千百年来古人留下的以黄鹤楼为题的诗词中,也称不上千古流传的佳作。与崔颢的《黄鹤楼》等作品相比,或许有人认为更逊一筹。

不过,如果我们把这首诗放到李白的人生处遇中来品读,很可能从平淡的诗句中体味到另一番人生情境和内心世界。实际上,李白一生怀才不遇。这首诗把作者仕途屡遭坎坷的落寞之情展现得淋漓尽致。更何况，这首诗的背后还有令人唏嘘不已的故事。

一、五月梅花落？

年少时爱读这首诗，首先是因为它与我家乡的黄鹤楼有关。但我始终有一个不解的疑惑，即"江城五月落梅花"应作何解？按农历计算，古人讲的五月实际上已经快到阳历七月了。而在我的家乡，梅花通常是在阳历的二三月间（也就是初春时节）凋落。奇怪的是，初夏怎么还会出现梅花凋落的现象呢？难道是李白把时间记错了？

抱着这个困惑，我后来看了不少关于这首诗的赏析。其中，不少赏析文都说，这里的"梅花落"并不是"梅花凋落"的意思，而是一首曲名《梅花落》。这首曲子是古代笛曲的代表作品，为汉乐府中二十八横吹曲之一，自魏晋以后一直非常流行。实际上，除本名外，《梅花落》其实还有"落梅花""大梅花""小梅花"等多个别名。据有人考证，今天很多人所熟知的"三弄"或"梅花三弄"，实际上也是《梅花落》的别称。①

在曲风上，《梅花落》的原曲采用了很多异域乐器，具有浓厚的异域风情。据传，西汉时的李延年将张骞从西域带回的外国歌曲和乐声进行了改造，制作了中西混合风格的乐曲。乐曲的旋律矫健、激烈，且气氛热烈，具有浓烈的异域边塞风格。尽管后世不断演化这一笛曲，并以梅花凋落的意象为名，但它还是给人壮烈激昂多于伤春感逝的感受。宋代刘过就曾在《柳梢青》中说，该曲有"泛菊杯深，吹梅角远"之

---

① 参见王美凤：《〈梅花落〉研究》（上），载吴相洲主编：《乐府学》（第五辑），学苑出版社2009年版，第138页。

感，表达了《梅花落》笛声余韵悠长，令人神往的效果。

然而，在作《与史郎中钦听黄鹤楼上吹笛》这首诗的时候，作者李白正处于人生的最低谷，不太可能有壮怀激烈、踌躇满志之情。特别是，从诗的前两句来看，"一为迁客去长沙，西望长安不见家"！这是何等的凄凉啊！

再看流放夜郎，就如同贾谊被贬长沙一样凄凉。贾谊是西汉名士，曾被贬长沙，途经湘江时写下千古名篇《吊屈原赋》。"屈贾谊于长沙"，历朝历代很多文人在失意时，都曾自比贾谊。李白说，自己的命运与贾谊一般，空有才华，但怀才不遇，在政治上际遇潦倒。虽然远在黄鹤楼上，仍然西望长安。无奈的是，命运多舛、时运不济，找不到自己的归属。就如同他在《登金陵凤凰台》中说的那样，"总为浮云能蔽日，长安不见使人愁"。长安万里迢迢，对迁谪之人是多么遥远！一生仕途坎坷的落寞，在这些诗篇中展现得淋漓尽致。

纵观李白留下的诗词，可知李白一生都有"暂因苍生起，谈笑安黎元"的执念。他的"长安情结"就是再明显不过的体现。无奈的是，无数次西望长安，却始终找不到"家"。李白眼中的"家"指的是什么呢？应该就是李白渴望施展抱负的家国情怀和归属。他希望能够找到这样一个让他大有作为的舞台。然而，不仅终其一生也没能找到这样一个"家"，甚至还在最后几乎丢了脑袋。

走在流放夜郎的路上，可以想象，李白的心情是多么凄凉。听到笛曲《梅花落》，怎么可能还有壮怀激烈的豪情壮志呢？尤其是，激昂的落梅花笛声怎么会与李白的凄凉之情联系在一起呢？我认为，一定别有缘故。

江城五月，究竟为何会落梅花？

二、弦外之音

清代沈德潜曾在评价此诗时说："七言绝句以语近情遥、含吐不露为贵，只眼前景，口头语，而有弦外音，使人神远，太白有焉。"（《唐诗别裁集》卷二十）那么弦外音是什么呢？我认为，实际上是隐藏在这首诗背后的一段故事，即李白与高适的交际之事。

李白比高适大两岁，应当属于同时代的人。两人交情深厚，且惺惺相惜，曾被传为佳话。天宝三年（744年），李白、杜甫与高适在高适所寓的梁宋之地相遇了。也有可能是李、杜二人同去拜访高适。三人在当地游玩赏景，在大梁的"琴台"等地登高畅饮，嬉笑怒骂皆成文章。李白留下了著名的《梁园吟》，高适留下了《古大梁行》。在此之后，他们又结伴游览宋州的阏伯台等遗迹，并且与睢阳太守共同驰猎，饮酒赋诗，欢快无比。① 后来，杜甫曾写下一篇回忆往昔的诗："忆与高李辈，论交入酒垆。两公壮藻思，得我色敷腴。"可见三人当年的交情着实不错。

"安史之乱"爆发后，两人的命运发生了突如其来的巨变。高适追随唐玄宗和唐肃宗，一路高升；而李白从庐山下来后，稀里糊涂地追随永王李璘，举旗造反。高适奉命讨伐永王，永王李璘兵败被杀，李白以"附逆"被拘捕，下浔阳狱。此时的李白随时有掉脑袋的危险，而李白知道打败永王的领兵统领是高适，顿时燃起了恕罪脱刑的希望。他先是托人向高适求情，然后自己写信向高适求救，并写下了《送张秀才谒高中丞》一诗。在诗中，他以"两龙争斗时，天地动风云"来表达自己卷入政治斗争实属身不由己，并奉承高适："高公镇淮海，谈笑却妖氛。

---

① 参见郑焕坚：《高适：从村野诗人到封疆大吏》，载《同舟共进》2020年第9期。

采尔幕中画,戡难光殊勋。我无燕霜感,玉石俱烧焚。但洒一行泪,临歧竟何云。"希望能够以这样的姿态取得高适的同情。毕竟两人是旧时好友,又同为当时的著名诗人,应当惺惺相惜。既然李白已经将自己的身段放得很低,且实际上已经认错悔悟了,高适应当念及旧情给他一个重新做人、改过自新的机会。

李白甚至在这首诗中留下一行字,"原序:余时系浔阳狱中正读留侯传。秀才张孟熊蕴灭胡之策,将之广陵,谒高中丞。余嘉子房之风,感激于斯人,因作是诗送之。"这句话其实更是将高适比作张良,极度吹捧高适,以求高适救命。

然而,李白完全想错了,高适是何等人呢?他虽是诗人,但又是仕人。作为政治家,他岂能为旧情所羁绊,岂能为李白的认错、吹捧而动容?据史料考证,高适冷漠地回绝了老友李白向他发出的求救。[①] 李白曾多次要求见高适一面,高适皆置之不理。即便李白夫人宗氏后来专门赶来求见高适,也遭到拒绝。在高适的眼里,李白已经形同路人了,甚至是一个避之不及的罪犯,见面则可能引火上身。直到李白被判流放夜郎,李白及其家人都没有见到高适一面。而流放夜郎在当时已经属于很重的惩罚,几乎与处死无异。

关于高适不念旧情、拒见李白之事,后人有各种各样的评说。从高适当时的处境来看,也许确有难言之处。但是,在李白被判流放夜郎之后,高适见李白一面,安慰几句,估计也无妨。在此意义上,高适一直置之不理,未免过于冷漠。诗圣杜甫却截然不同。听到李白被判"附逆"的消息后,杜甫情不能已,写下多首怀念李白的诗篇。[②] 杜甫在

---

① 参见郑焕坚:《高适:从村野诗人到封疆大吏》,载《同舟共进》2020年第9期。
② 参见周勋初:《李白评传》,南京大学出版社2005年版,第115页。

《不见》诗中说,"不见李生久,佯狂真可哀。世人皆欲杀,吾意独怜才"。可见还是李杜感情深厚,读罢感人肺腑。

回到"黄鹤楼中吹玉笛,江城五月落梅花"中,李白是否想到了高适的《塞上听吹笛》一诗?因为高适曾在此诗中写道,"借问梅花何处落,风吹一夜满关山"。《塞上听吹笛》写作的背景是冰雪消融的春季,以"梅花落"的曲名来写景是很正常的。这首诗的大意是:胡天北地,在冰雪消融时,入侵的胡兵已经悄然返还。月光皎洁,悠扬的笛声回荡在戍楼间。试问悠扬的《梅花落》笛声飘向何处?仿佛像梅花一样随风落满了关山。读到这里时,不禁让人想到,仿佛风吹的不是笛声而是落梅的花瓣。它们四处飘散,将色香洒满关山。高适的这首诗表达了一种热烈慷慨和思乡之情,令人壮怀激烈。

或许李白站在黄鹤楼上,想起了高适的"借问梅花何处落"一句,顿感人情冷漠,世态炎凉,不禁用《梅花落》的笛声来抒发自己的悲凉之情。我想,这或许是李白在这首诗中提到"落梅花"的缘故。

南宋诗论家严羽曾评价这首诗"凄远,堪堕泪"。我深以为然。再结合李白与高适的故事,想起当年的著名诗人李白的遭遇,让人不禁感慨万千,黯然伤怀。

三、性格决定命运?

李白是天才般的诗人,才华横溢,但毕竟不是成熟老到的仕人。高适也是很有天赋的诗人,但更是老谋深算的仕人。这在很大程度上决定了两人所选择的人生道路和生活境遇。李白虽有治国安邦的鸿鹄之志,但论官场经验和政治智慧,与高适相比存在天壤之别。或许正是因为仕途不顺,才造就了他这样一位天才诗人,并留下了许多堪称中华文明瑰宝的诗篇，让后人受益无穷。

然而，李白的坎坷仕途和人生悲剧是否可以归咎于其始终没有意识到自己在官场经验上的欠缺，却执着地要入仕，以实现其终身抱负？品读李白的诗篇，很容易感受到他那深入骨髓般的长安眷恋之情。尽管历史不能重演，但如果李白当时学陶渊明"采菊东篱下，悠然见南山"，岂不也快哉？遗憾的是，李白执着地追求自己的官场梦，最终却落得个悲催结局。甚至在年逾花甲之时，当他听到太尉李光弼为讨伐叛将史朝义带甲百万出征的消息时，他还没有忘记投书请战。虽言"儒夫请缨，冀申一割之用"，但却无奈中途病还，天不如愿。人常说，性格决定命运，此言也不差。

愿为一字之徒，不为一字之师

山西大学的罗元贞教授是我国当代德高望重、享誉海内外的著名诗人和学者。中华人民共和国成立初期，罗元贞教授曾经为毛主席的一首诗提出修改建议，得到重视和采纳。海内外数十家报刊对此事先后多次做过详细的报道，一时传为美谈。

据报载，事情大体是这样的：1952年元旦，罗元贞教授致信毛主席恭贺新年，同时在信中对毛主席诗作《长征》提出修改建议。他认为，诗的第五句"金山浪拍云崖暖"中的"浪"字与第三句"五岭逶迤腾细浪"中的"浪"字重复，建议改"浪拍"为"水拍"。毛主席收到信后，立即回信，表示欣然接受这一建议。此事后来传开，罗元贞教授也因此被外界誉为毛主席的"一字师"。《诗刊》1957年1月号发表此诗时，"浪拍"确已改为"水拍"。1958年9月，文物出版社出版《毛泽东诗词十九首》，1958年12月，毛主席在对自己的诗所作批注中写道："浪拍：改水拍。这是一位不相识的朋友建议如此改的。他说不要一篇内有两个浪字，是可以的。"罗元贞教授收到毛主席的回信后，激动不已，于是写下了《七绝·四首》（应当是四首诗），并在《喜得毛主席亲笔信示儿》中写道："半因胆识半因时,敢作毛公一字师。圣藻飞来寒舍暖,闻韶喜赋示儿诗。"①

  罗老学识渊博、学养深厚,堪称一代大师。就学识而言,我等难以望其项背。不过,智者千虑必有一失。罗老在此诗中写下"敢作毛公一字师",或许罗老一时高兴,想不到自己的意见竟然被毛主席所采纳,兴奋之情难于言表。如果说当时的媒体评论主动称罗老为毛主席的"一字师",应当是恰如其分的。但罗老把"一字师"落笔到自己的诗句中,则不一定妥当了。斗胆对此谈一点不成熟的想法。

  所谓一字师,就是帮助他人修订一字,以使得表述更为准确,因而被他人尊称为一字师。据考证,"一字师"的说法最早出现在晚唐五代时期。当时,王定保在《唐摭言·切磋》记载,李相在读《春秋》时,曾把叔孙婼的"婼"字读错了。实际上,叔孙婼之"婼"应为"敕略切",但李相却误为"敕晷切"。有一位小吏指出了李相的错误,李相大为惭愧,并因此"命小吏授北面之礼,号为'一字师'"。又据宋代阮阅《诗话总龟·评论门二》记载,在五代时期,张迥曾在《寄远》一诗中写下"蝉鬓凋将尽,虬髯白也无"的诗句,有一位叫齐己的人把"白也"改为"黑在"。张迥便拜齐己作一字之师。这很可能是一字师比较早的提法。

  再后来,历史上有过不少"一字师"的故事。从这些故事中都可以看出,一字师正确的用法,都是被指教(纠正)的人尊称指教者(纠正者),没有反过来自称为别人"一字师"的。这里试举几例:

  据北宋陶岳的《五代史补·僧齐己》(卷三)记载,僧人齐己写了一首题为《早梅》的诗,到袁州去拜访郑谷,该诗中有一句"前村深雪

---

① 李友唐:《罗元贞:毛泽东的一字之师》,载《文史博览》2010 年第 7 期。另见散木:《毛泽东的"一字师"罗元贞及"诗案"》,载《文史精华》2009 年第 5 期。

里，昨夜数枝开"，郑谷看后笑曰："'数枝'非早，不若'一枝'则佳。"齐己听后，随即叩地拜郑谷为师，郑谷也因此被称为"一字之师"。

据南宋罗大经的《鹤林玉露补遗》（卷十三）记载，南宋著名诗人杨万里以写景著称，其诗作的风格清新自然、富于情趣。有一次，他与别人在衙门里攀谈《搜神记》一书时，将该书的作者说成了"于宝"，其身旁的一位小吏上前纠正了他的说法，该小吏指出，该书的作者为"干宝"而非"于宝"，并且还列举了韵书上的证据。杨万里并没有因此感到难堪，反而尊称该小吏为一字之师。

据南宋周紫芝的《竹坡诗话》（卷三）记载，宋代曾吉父的《送汪内相赴临川诗》中有句"白玉堂中曾草诏，水晶宫里近题诗"，后来有一位叫韩子苍的人看到后，将该句中的"中"改为"深"，将"里"改为"冷"，曾吉父看到后，认为这一改动十分精妙，立即拜韩子苍为"一字师"。

据明朝黄溥的《闲中今古录》（卷一）记载，元代的萨天锡在送浚天渊入朝时，作有"地湿厌闻天竺雨，月明来听景阳钟"的诗句，该诗句也为人们广泛传颂，唯独山东有一位老者对该诗嗤之以鼻，他认为，这句诗措辞虽然不错，但其中的"闻"字与"听"字实际上是一个意思，因此并非好诗句。萨天锡听说后，问老者如何修改，老者回答，应当把"闻"改为"看"，并补充说，唐代就有"林下老僧来看雨"的诗句。萨天锡顿感茅塞顿开，也因此拜老者为"一字师"。

我们从上述例子中能够看到，"一字师"通常是在受教之人向赐教之人表达敬意之时的习惯性说法，但鲜有赐教之人自称他人的一字之师的说法。实际上，这种习惯性做法也与中国人的传统文化观念相符合。特别是，中国传统上奉行"自谦"文化。除非是有师承关系，或者存在长幼尊卑之序,通常不会主动以"一字师"自称。实际上,中国古人对称呼历来是十分讲究的。例如,三国时期,称呼他人时一般不直呼其名,而只称其号。只有本人才自道其名。例如,诸葛亮常自谦为"亮本不才",但他人当面称呼诸葛亮时则不能直呼其名,而只会称其"孔明先生"。同理,"一字师"也只能由他人来表达,而不能自封。实际上,这种传统文化不仅仅是一种自谦的表现,也是一种表达对他人尊重的方式。因为,中国人不具有好为人师的传统,而更多的是一种尊他人为师的传统。这也是为什么我们有"不耻下问""三人行必有我师"等千古传唱的谚语,都是以他人为师的范例。

不过,罗老写下"一字师"时,很可能并没有好为人师的本意,只不过是因为自己的意见被毛主席所采纳而感到异常欣喜,其主观上主要是因为自己的意见得到毛主席的认同而深感自豪,并不是真的认为自己可以成为毛主席的一字师。但是,这种表达很容易被他人误解甚至曲解。在"文化大革命"开始后,罗老被当作资产阶级学术权威、日本特务、右派分子遭受批斗。后来,罗老竟被造反派扣上"组织反动诗社"的罪名,身陷囹圄长达五年之久。其家属也被遣返原籍,遭受牵连。据后人回忆,所谓"组织反动诗社"是指他在 1964 年在太原晋阳酒楼曾组织诗词聚会,邀请一些名家作诗唱和,不料酿成大祸。① 在罗老去世后,其子女在他逝世 11 周年之际,汇编了诗集《难老园诗词选》(中国翰林出版社 2004 年版),该诗词选中并没有收录罗老的四首诗(《七绝·四首》),只留了《喜得毛主席亲笔信示儿》("万里长空万里风")一首(1952 年),该诗云:"万里长空万里风,九天飞下朵云红。吾门今有传家宝:一纸亲题'毛泽东'。"

---

① 参见散木:《毛泽东的"一字师"罗元贞及"诗案"》,载《文史精华》2009 年第 5 期。

无论我们如何理解罗老自称"一字师"时的内心真意,但回顾关于一字师的历史故事,我们能够再次感受到这三个字在中国文化传统中的深刻意蕴。在与人交往中,能够指出他人的谬误,常属助人之举。而能够从他人的真诚点拨中得到启发并弥补不足,也是一种收获。故而,我自己的感受是:"愿为一字之徒,不为一字之师。"

厚道:为人处世的基本准则*

上研究生时,导师佟柔教授除了精心讲授民法专业知识,还经常结合其阅历和我聊一些为人处世的道理,这些知识和道理指引我前行,让我受益终身。

厚道,是佟老师和我闲聊的话题之一。佟老师说,无论做人还是做事,都要厚道;厚道,是为人处世的基本准则,是做人做事的起码要求。他曾提及"文化大革命"时期那段不堪回首的经历,说有的教工在大字报、小字报上,甚至在公开批斗场合,把另一些老师私下的掏心窝子的话抖搂出来,上纲上线地批判,给后者带来极大伤害。说到这些,佟老师感叹道,这样的做法让人不寒而栗,极不厚道啊!他说,别人信任你,给你说几句心里话,你可以不同意、不赞成,但是不能翻脸不认人,转过头来揭发批判,甚至无限上纲上线;如果大家都这样,人与人之间将丧失基本信任,谁都不敢轻易与别人打交道,更别说向他人吐露自己的心声、倾诉自己的情感,这多么可怕,多么可悲啊!

虽然佟老师已经离开我们三十多年了,但他说的为人处世之道,始终被我铭记在心,并身体力行。随着年龄和阅历

---

* 本文成稿于 2019 年。

的增长，我对佟老师反复提及的厚道是为人处世基本准则的观念，有了愈发强烈的共鸣。

读圣贤之书，做圣贤之士，是读书人的追求。客观地讲，读圣贤书不难，但能真正汲取其中的营养，并化身为自己的实际行动，使自己能达到尧舜、孔孟之境界，对普通人来说并非易事，对此只能是"高山仰止，景行行止，虽不能至，然心向往之"。我们普通人都有七情六欲，能够在仁义礼智信的某些方面谨记圣人训诫，严格按照圣人要求行事，已很不容易，要想实现"六亿神州尽舜尧"，人人成为圣人，恐怕不现实。

与以圣贤为准的高要求相比，厚道是为人处世的基本准则，而非人性修养的理想境界；厚道是做人做事的起码要求，而非完美品格的至高标准。"人之初，性本善"，善良是人性本有的内在构成，每个人都有善良的一面。发现和践行自己本有的善良，对每个人来说都是不难做到的。厚道，不过是人性之善的天然反映和自然流露，只要我们能够保持这种善良的初心，就能成为厚道之人。从这个意义上讲，世界上没有不厚道的圣贤之士，一个人虽然在某个领域颇有造诣，但如果不厚道，没有彰显人性之善，那难言其是圣贤之士。相反，虽然一个人没有什么专业成就，但终生以厚道待人，即使非圣人，也必定会有好的口碑，成为人们心中的好人。

综观古今的经验和观念，可以看出，厚道的内涵是多元的，标准是多样的，但对厚道之人的以下认知是有共识的：

厚道的人必为敦厚之人。《尚书·周书·君陈》有云："惟民生厚，因物有迁。"《礼记·经解》也说："其为人也：温柔敦厚，《诗》教也。"敦厚，有诚朴温良、本分守己之意。厚道的人是敦厚、淳厚的人，其在与人交往时，不一定要把自己所知道的任何事都和盘托出，但绝不会说假话，不会欺骗他人，不会误导他人；其在追求进步的时候，必定不会算计他人、伤害他人，更不会把他人作为自己成功的垫脚石，反而会"美人之美，美美与共"；其在他人有困难之际，虽然有时爱莫能助，但总乐于在力所能及范围内助人一臂之力、成人之美、帮人一把，绝不会落井下石、背后补刀。

厚道的人必为宽厚之人。厚道的人人性宽厚，海纳百川，容人容物，与此相反，刻薄之人不能包容他者。厚道的人总是尊重他人，尊重他人的意愿，不强人所难；尊重他人的观点，不搞一言堂；尊重他人正当的私密，不背后说三道四。厚道的人总是有容人之量，"宰相肚里能撑船"，懂得求同存异，容得下与自己不同的观点，不强求别人一定要听自己的，容得下批评自己的意见，不会"顺之者昌，逆之者亡"。厚道的人总是宽以待人，哪怕别人曾对自己做过不利之事，说过中伤之话，但在困难之际需要自己伸以援手时，自己也会以德报怨，积极给予帮助。厚道的人总是顾及他人，遇事不会自作聪明，更不会刚愎自用，而是广开言路，从善如流。厚道的人知道，包容他人，宽以待人，待人厚道，是给别人留退路，给自己留出路。"爱人者，人恒爱之；敬人者，人恒敬之"（《孟子·离娄下》），因而，人们才常说，厚道之人有厚福。相反，对人刻薄，甚至内心阴暗，总想着算计他人的人，就是不厚道的人。事实上，那些不厚道的人因为对他人一直耿耿于怀，不满意甚至记恨他人，其内心永远处于阴暗当中，没有快乐可言。

厚道的人必为坦荡之人。厚道的人，心胸坦荡，是非明确，不搬弄是非。《菜根谭》中说："牙尖嘴利，终非福厚之人。"的确，那些经常挑拨离间、搬弄是非、打小报告、造谣诽谤、恶意中伤、不安好心的人，绝不是厚道之人，正所谓"来说是非者，便是是非人"。厚道的人，不颠倒黑白，说话办事全凭良心，不会蝇营狗苟，更不会为了蝇头小利就与他人争得死去活来。厚道的人，心胸坦荡，待人坦诚，为人忠厚，值得信赖。"己所不欲，勿施于人"，没有人希望自己在向所信任之人吐露心声后反而被这个人刻意伤害，每个人都希望自己所信之人为其保守秘密，既然如此，尊重和保护他人对自己的信任，就是做人的基本要求，也是厚道的基本要素。

厚道的人必为诚信之人。厚道的人为人诚实，说话算数，办事靠谱，言行一致，表里如一，信守承诺，笃信"言必行，行必果"，坚守"君子一言，驷马难追"，绝不会说话不算话，对人对事"看菜吃饭，见山唱歌""见人说人话，见鬼说鬼话"。厚道的人经商从业，必定严守合同、诚实守信、童叟无欺，绝不会为追求利润而视合同如废纸，绝不会坑蒙拐骗、偷奸耍滑、投机取巧。早在2012年，时任国家副主席的习近平同志在中美企业家座谈会上就指出，企业家要"厚道经营，兼济天下"，这道出了厚道在经商从业中的指导价值。

厚道的人必为实在之人。厚道的人不会花言巧语，不会巧言令色，不会吹吹拍拍，不会投机取巧，而是实实在在做人，踏踏实实做事。厚道的人不善于走捷径，更注重一步一个脚印，脚踏实地地在人生道路上前行。厚道的人稳重如山，不会虚张声势、锋芒毕露、无中生有。厚道的人看起来可能不善于变通，不善于取巧，不善于取悦于人，但始终坚守为人之道，做人做事无愧于心、无愧于人，站得直、走得正。正是因为厚道之人是实在之人，与厚道的人打交道，才更能使人放心。正因此，厚道成为立身安命之本，左宗棠就说："做人，精明不如厚道。"正因此，厚道的人有好的人缘和人气。

厚道的人必为善良之人。厚道的人心中始终秉持善念，善待他人，厚道的人总是有一种悲天悯人之心，能够时时为他人着想，换位思考，切身体会他人的难处和不易，能够推己及人，富有同理心，践行孟子所说"君子莫大乎与人为善"（《孟子·公孙丑上》）。厚道的人会感激他人的帮助，会回报帮助过他的人。厚道的人能够力所能及地为他人提供帮助，虽不能总是救人于水火，但在力所能及的范围内总能伸出援助之手。如果一个人总是为一己私利处处算计，昧着良心做人做事，甚至钩心斗角、尔虞我诈，或者为了一己之私对有恩于自己的人说翻脸就翻脸，乃至恩将仇报，那他就肯定不是厚道的人。

厚道的人必为沉稳之人。就像《周易》所说："君子以厚德载物。"厚道的人会放低自己的姿态，恪守做人的本分，因而看起来可能木讷迟钝，不善言辞表达。老子说："良贾深藏若虚，君子盛德，容貌若愚。"（《史记·老子韩非列传第三》）厚道的人温和似水，沉稳如山，但"敦厚而不为弱"，是抱朴藏拙，谦虚好学，从而更能获得他人的尊重。

厚道，是为人处世的根本，是做人做事的基础。厚道，反映了人的基本道德修养，体现了人的共同价值观念。厚道，是诚朴敦厚、品行宽厚，是诚实守信、善良正直、沉稳可靠。厚道，是对自己良善本性的坚守，是对他人人格和行为的尊重。厚道，是判断一个人是否值得打交道、值得尊重的重要标尺，是判断一个人是否值得信赖、值得托付的必备维度。

"厚"是一种良好的品德，而"道"是一种为人之道，一种好的品德再加上良好的为人之道，既有利于自身，也有利于社会。苏轼说"忠厚传家久"，这就是说，忠厚之人必有厚福。厚道不仅是人们的一种道德修养，也强调人们在对人对事中做到包容、接纳和尊重。厚道，是历史传承久远的优秀文化，是社会文明进步的时代风尚。

我愿意做一个厚道的人，也愿意多与厚道的人相处。

事了拂衣去,深藏身与名

2021年5月20日,39岁的张一鸣宣布卸任字节跳动公司CEO一职,成为全球最年轻的退休富豪之一。在特朗普执政期间,美国政府采用各种手段打压字节跳动旗下的短视频社交平台Tik Tok。但出乎不少人意料的是,在张一鸣的带领下,Tik Tok有惊无险地渡过了难关,且据说公司业务发展得越来越好。虽然张一鸣旗下的公司仍未上市,但他在2021年以3400亿元身价成为中国最富有的互联网企业家,力压马云和马化腾。Tik Tok的浏览量已经超过了Facebook和Twitter,在到达互联网经济舞台的最高点时,张一鸣却选择了从商海战场中急流勇退,不得不说需要果断和勇气。

看到这个消息后,我不禁想起李白在《侠客行》中的两句话:"事了拂衣去,深藏身与名。"有后世学者在引用李白这句诗时,误把第二句写成了"深藏功与名",这显然不妥,虽然仅一字之差,但意思有很大区别。李白的这句诗其实来自老子《道德经》第四十四章的一句话,即"名与身孰亲?身与货孰多?"显然,身与名是相对应的,而功与名多少是有雷同和重复的。① "深藏身与名"才是李白的本意。

---

① 参见邹金灿:《水自东流人自西:浮生读诗记》,东方出版社2019年版,第249页。

李白深受黄老学说影响，其许多作品都可以寻找出道家的痕迹。《道德经》第九章所说的"功遂身退"就被认为是老子一贯主张的"无为"思想的具体展开；《道德经河上公解》中言："言人所为，功成事立，名迹称遂，不退身避位，则遇于害，此乃天之常道也。""功遂身退"便被后人解释为一种功业成就后就急流勇退的人生智慧。

李白在这两句诗中也是在描写一种侠客之风，而张一鸣就颇有这种舍得放弃、急流勇退的果断和勇气，这就是一种侠客之风。在《侠客行》一诗中，李白描写了一位侠客的行侠仗义之举，勾勒出一位武艺高强、功成身退的侠客形象。不过，"事了拂衣去"从来都不是简单的事。纵观历史，大丈夫生当建功立业，甚至不惜忍受九死一生之苦。可功业一旦建成，却要毅然放弃无边的荣华富贵，确实很难。功成是否要身退，是个很难抉择的问题，值得探析。

在功成与身退之间，大致有三种选择：一是功成身不退；二是功未成身不退；三是功成身退。其实在这三种选择中，第三种选择是最艰难的。所以在李白看来，能够作出这种选择的人才能称得上他所崇敬的侠客。不少后世学者认为，李白在《侠客行》中的"事了拂衣去，深藏身与名"主要是为范蠡所写。这种说法也不无道理。相传，范蠡曾辅佐勾践22年，历经百战，终于完成复国大业。范蠡因厥功至伟，被拜为上将军，勾践甚至表示要将越国江山的一半分给他。但在功成之后，范蠡却选择急流勇退，辞官归隐，载西施泛游五湖。唐代文人张蠙曾在《经范蠡旧居》一诗中评价道，"他人不见扁舟意，却笑轻生泛五湖"。这首诗的意思就是说，一般人不明白范蠡散发扁舟的志向，却笑话他轻易丢掉高官厚禄游荡江湖。其实，在张蠙看来，急流勇退、功成身退才是大智慧。

在李白心中，范蠡是高不可攀的偶像，也是终其一生想要修成的榜样。实际上，正是通过赞颂这种轻薄名利的侠客行径，李白寄托了其人生感悟与理想情怀。与李白建功立业的思想紧密相联的，也是他的功成身退想法。在他的咏侠诗篇中，我们可以找到不少佐证。除了在《侠客行》中写下"事了拂衣去，深藏身与名"，李白还写下了诸如"归来使酒气，未肯拜萧曹"（《白马篇》）的诗句。因为，他认识到，"功成身不退，自古多愆尤"（《古风》其十八），"吾观自古贤达人，功成不退皆殒身"（《行路难》其三）。所以，他在其他诗作中也一再表达对"功成身退"的向往，例如，"我以一箭书，能取聊城功。终然不受赏，羞与时人同"（《五月东鲁行答汶上君》）；"功成谢人间，从此一投钓"（《翰林读书言怀呈集贤诸学士》）；"愿一佐明主，功成还旧林"（《留别王司马嵩》）。可以说，能在建功立业之后及时归隐田园，也是李白的毕生夙愿。

而且，这种功成身退的思想与李白对侠义气节的颂赞之举也是不矛盾的。李白希望能够功成身退，并不仅仅是出于消极避世、全身远祸的考虑，而是因为他鄙薄富贵、崇尚气节、向往自由。所以研读李白的诗词，有时候可以发现一种矛盾的现象，一方面他极其渴望功名，具有浓厚的"长安情节"，希望登居庙堂，拯救黎元；但另一方面，他又看淡名利。他渴望建功立业，但又希望在功成名就时及时隐退，这可以说是李白游侠精神的明显特点和高度升华，也可以说是他毕生的追求。

如前述，李白"功成身退"的想法确实来自黄老学说。老子曾在《道德经》中说"功成身退，天之道也"。意思就是，老子认为在功成名就后及时隐退，才是符合天道的。其中也蕴含了"物极必反"的道理，在老子看来，"万事福祸相依"，一个人身居高位之时要懂得谦居人下，越成功越要学会低调，找到自己的准确定位，成功后占据高位，但高处不胜寒，很可能会给自己带来祸患。类似的思想在《道德经》中也有其他记载，如"杀人之众，以悲哀泣之；战胜，以丧礼处之"。意思就是说，在战场中杀人众多，也应当以悲恸之心去对待；即便战胜了敌人，也要用丧礼来看待自己的胜利。这其实就是老子"祸福相依"辩证思想的体现。

回到张一鸣宣布卸任字节跳动公司CEO一职事件，为什么说张一鸣确有功成身退的侠义之风呢？因为在企业界，的确常流行一人打天下后坚持坐天下的做法。在成功创业并壮大企业之后，创业者一般都会认为企业是自己成功的象征，是自己一生的事业，是自己辛勤劳动的结晶，自然就要长期占据企业"最高掌门人"之职，并且希望终生掌控，甚至世袭。这似乎是天经地义之事，毕竟企业界也没有法定退休一说。在自己创办的企业里，创业者愿意干多久就干多久，甚至招揽自己的七大姑八大姨，形成家族企业，也无可非议。

但张一鸣能够选择在企业发展到顶峰的时候认为自己不再适合做公司负责人，主动急流勇退，这确实是十分难得的做法，可以说也是企业家精神的一种体现。毕竟作为全球最炙手可热的互联网企业的总裁，在世界各地都会收到掌声与鲜花，可以在媒体上频频露脸，可以在社会上具有很高的知名度和影响力，甚至有可能"圈粉无数"。但在这样的一个节骨眼儿上，他选择功成身退，这不是常人所能做到的。像张一鸣那样，无论自己在企业的创立和发展过程中有多大功劳，始终能够怀着一颗平常心，把是非功过留给他人去评说。自吹自擂、自我炫耀，头顶各种各样的头衔，以巨富身份四处露脸，或者四处博眼球、刷流量，可能会给自己招来各种非议，反而有害于企业的健康、可持续发展。像张一鸣这样功成身退，说不定能使企业收到"闷声大发财"的效果，毕竟，高处不胜寒，长期在高位不退，甚至丧失自我反思的能力和机会，对企业也未必是一件好事。如果能够选择更好的带头人，企业的事业更能蒸蒸日上。

对普罗大众而言，即使不是人生赢家，并未取得事业上的极大成功，但保持这样一种"事了拂衣去，深藏身与名"的心态，对自己而言也大有裨益。因为这种心态可以说是一种"拿得起、放得下"的境界。人生在世，会遇到各种各样的诱惑，也会遇到各种得与失的选择，一个人总是想鱼和熊掌都能兼得，但事实上这并不可能。因为，一个人要获得回报就应该有相应的付出，有得就有失，这可以说就是老子所主张的"天道"。一个人在想到有所得时，就要想到有所舍。学会舍得，是一种大智若愚的人生智慧，是一种利人利己的处世哲学。舍得放下，才能在人生路上轻装出发，到达自己的理想目的地。更何况，"塞翁失马，焉知非福"，在舍与得的转换中，就是"有失必有得"。只要得到的是自己的所想所爱，失去的又何必在意？很多人在得失之中困惑一生，无有解脱，遗憾终生。真能懂得、做到舍得的人，也就到达了人生的一种豁达境界。有舍有得，不舍不得，如果处处都想好事占尽，甚至贪得无厌，最后就只能落个两手空空，以梦幻破灭结束，甚至以悲剧收场。所以从这个意义上说，李白的这句诗也体现了做人、做事的深刻道理。

"深藏身与名"的人在功业建成后即急流勇退，这也是一种进取之道。从张一鸣事件中我们其实可以体会到，虽然张一鸣对字节跳动的创立和发展厥功至伟，但并不意味着他就永远正确，也不意味着字节跳动离开了他就无法发展。"人事有代谢，往来成古今"，滚滚长江东逝水，长江后浪推前浪，一代一代的优秀企业家层出不穷，一代人做一代人的事，当事成之后，将接力棒交给新的优秀企业家，这就能够使企业不断地持续发力，蓬勃发展。在接力赛中，即使是最优秀的短跑选手，也不可能一个人跑完四棒并取得胜利。所以，只要能够为国为民作出实质的贡献，就会全身心付出，不在意是否被人们关注、自己的功劳是否被记住，更无须在乎自己曾经的功劳是否得到了足够充分的利益回报。

李白在《侠客行》中的"事了拂衣去，深藏身与名"这句诗，既赞颂了侠客之风，确实也表达了一种做人、做事的道理。历史上，范蠡、张良这种功成身退的例子，其实都在诠释着这句话的深刻道理。元朝杜道坚在解释《道德经》时曾说道："乃知功不在大，知止者成。名不在高，知足者遂。世之超出利网，脱去名缰，身退急流，自全天道者，几何人哉。功成身退，天之道，惟尧、舜得之。"杜道坚把"功成身退"的道理说成只有尧、舜这样的圣人才能领悟，这未免说得过于玄妙了。诚然，这种道理很难被常人理解，但一个人一旦悟出其中的道理就能进入人生的新境界。"功成身退"，绝不是说要一味地放浪江湖、远离红尘，也不是要远离俗世、自封高雅，而是先"功成"，而后才"身退"。首先要尽力为国家、社会作出贡献，在作出贡献之后，如果认为自己已经不适合再继续占据高位，为了国家、社会和企业的利益和事业的稳步发展，选择"身退"也是一种大智慧。

人生短暂，光阴荏苒。在有限的人生中，我们应积极入世，奋力拼搏，书写人生的美好篇章，为国为民贡献自己的一份力量。如果因此获得成功，面对功名利禄，也应当淡然处之，心静如水。即便获得事业的巨大成功，能够享受社会给予的崇高荣誉，能够像张一鸣那样选择功成身退，这也达到了一种人生的境界。因此，在今天，重温李白在诗篇中所说的"深藏身与名"的精神，也不无道理。

六十感怀*

新年的钟声即将敲响，2020年即将成为过去。过去的一年确实是不平凡的一年，是国际风云跌宕起伏、国际关系变化莫测的一年，也是我国人民在党的领导下，万众一心，战胜疫情，取得复工、复产伟大胜利的一年。

对于广大民法学者来说，它更是永远值得铭记的一年，因为我们万众期盼的民法典终于颁布了。这部法典凝聚了每一位民法学者的心血和智慧，它的颁布是我们的光荣，也是我们的梦想。我记得三十年前的一个夜晚，我的导师、新中国民法学的创立人佟柔教授，在临终前对我说，新中国一定要有自己的民法典。三十年后，我作为一名民法学者，有幸见证并亲自参与了这部法典的问世，几代民法学人的夙愿今天终于实现了。

光阴荏苒，日月如梭，转眼间，我已到六十，进入耳顺之年。人到六十，就好像已进入人生的冬天，至少是过了金秋丰硕的阶段。如果说生命仿佛四季轮回一般：青少年正如明媚灿烂的春天，青壮年就好像如日中天的夏日；到了中年，便犹如成熟收获、果实收仓的秋天；人到六十，收获的

---

* 原载《法治周末》2021年2月1日。

季节已要结束，即将进入树叶凋零的冬天。年轻人是早上八九点钟的太阳，青壮年可以说是中午的太阳，而老年则是傍晚五六点钟的斜阳。

人到六十，已经日过晌午，不再有那种像正午阳光般的炽热激昂。但这太阳余热尚存，甚至不减炽热。李商隐曾发出喟叹，"夕阳无限好，只是近黄昏"；李白亦掷出感慨，"逝川与流光，飘忽不相待"，似乎"夏花般绚烂"之后，便只能归于"秋叶般静美"。但以己之见，纵使岁月不居，时节如流，人的潜能却是无限的，取决于自身如何激发它。通过不懈奋斗，必然收获人生另外一个硕果累累的秋季。杜甫有言，"古来存老马，不必取长途"，人到六十，可能已少有那一番"弄潮儿向涛头立，手把红旗旗不湿"的勇猛朝气，却仍怀有一份"猛志逸四海，骞翮思远翥"的壮志豪情，并凭借自身总结人生阅历的智慧，"藏巧于拙，用晦而明"，最后曲达人生之境。"莫道桑榆晚，为霞尚满天"，人到六十，更应一鼓作气，争分夺秒，抢在天黑之前，抵达理想之地。

人到六十，欲望和追求自然开始减少，心态也应该开始变得平和，性格也会变得顺其自然，静而不争。人到了六十，也应变得更加宽容、包容，多一些忍让，眼睛里也得能揉得一点儿沙子，耳朵里也得能飘得进半句逆耳的话。毕竟经过六十年，人与人之间的什么鸡毛蒜皮没有见过？我们应该以更加开放、平和的心态来看待身边的一切，来对待生活中的纷争。希望岁月静好，因为"牢骚太盛防肠断，风物长宜放眼量"。孔夫子把六十岁称为耳顺之年，我理解，这便是说人到了这个年龄，应当能够听得进去各种不同的声音，能够辨别出话中之意，无论是好话、坏话，既听得进顺耳之声，也听得进逆耳之声，亦能够领略其言下之意。毕竟经过了几十年生活的磨炼，可谓"经事还谙事，阅人如阅川"，人到六十，吃过亏，上过当，领悟来时路，应该能够辨清人间是非。

人到六十，就好像攀登一样，已经越过了半山，也犹如划水，也越过了中点。前面的路究竟还有多长，到了这个阶段，我们已经越过了最困难、最弯曲、最险峻的道路，是不是该停下来喘喘气、歇口气？但是，"一鼓作气，再而衰，三而竭"，"船到中流水更急，人到半山路更陡"，其实，越过了这个阶段，面对前面的路途，我们反而更不能停顿、歇息，因为一旦歇下来，我们就可能再也打不起精神，无法前行了。我曾见过家乡划龙舟的一个情景，一位光着膀子的古稀老人在龙船上掌舵喊号，越过中流，他激情四射，浑身是力，大声呐喊，引来众人齐声应和，那龙舟果然越驶越急！那幅动人的情景至今让我记忆犹新。我由此想到，人到六十，更应该去开启新的学术生涯，树立新的奋斗目标，继续做"弄潮儿"，不断奋力前行。

人到六十，到了退休的年龄。六十岁之前，人沉沦在日常生活中，奔走忙碌于衣食住行、名位利禄，早已把人生目标丢失遗忘；六十岁之后，面对着人生又一个不一样的阶段，经过岁月的沉淀，人到了一个常常会回忆的年岁，便不由得拾起那早已被岁月蒙尘的初心。有人将六十岁作为人生的一个分界线，认为人的一生，在六十岁之前是价值决定存在，而六十岁后则是存在决定价值，其含义是人在六十岁前，是拼搏的年代，而到了六十岁后，则进入了保养、休息的人生阶段，打拼的年月已经过去了，是应该好好休整了。但是，我认为，人生的幸福是在不断的劳动中造就的，就像老农拖着伛偻之躯仍躬耕于田间，于持续不断的劳作中，觅见自身的价值、存在的意义，如此换来的是一份内心的踏实、对人生价值的肯定。而我们，不也应"只问耕耘，不问收获"，在寻找人生意义的旅途上继续跋涉吗？

人到六十，我们似乎已经过了学习的岁月，完全依靠自己的经验行事。但我认为，人即便到了六十，也应当学习一些新的知识和技能。古人说，"学而不已，阖棺而止""学然后知不足，教然后知困。知不足，然后能自反也；知困，然后能自强也"。我还想学好民法之外的其他部门法，还想学好法律之外的其他学问，还想继续重拾旧爱——把文学爱好再好好捡起。我也很想练好书法，挥毫泼墨。静下来的时候，总觉得要做的事情还有很多，好像还有许多做不完的事。

"我问青山何时老，青山问我几时闲。"我记得20世纪80年代初期，我刚到北京，见到佟柔老师，初次见面，佟老师说："我刚过六十，正好开始学术的新生涯。"佟老师说这番话，是因为他这一代人在过去耽误得太多，恰逢改革开放，百废待举，正好有一番作为。想起这句话来，其实对我也是一种激励。佟柔老师年过六十，每天凌晨四点多便起床开始工作，读书、看报、写作，早上八点去上课，依然精神抖擞，声音洪亮。佟老师每天忘我地工作，乐此不疲，他哪里像一个年迈之人呢？佟老师给我树立了很好的榜样，我不能到了六十岁就懈怠，就闭目养神，就无所事事、无所作为，我应当向他学习，重新开启新的学术生涯。

"人生如逆旅，我亦是行人。"民法学是我的专业，是我理念之归属，精神之寄托。我的学与思，行于世，终生与法律相伴，同向同行。改革开放四十余年，我亲眼见证了中国法治的进程。这是一个伟大的时代，才诞生了伟大的法典。民法典必将为保护人民群众的美好幸福生活、实现老百姓对良法善治的美好期待提供重要保障。作为一名民法学者，我理应为民法典的全面贯彻实施、为中国民法学理论体系的构建继续奋斗，为祖国的法治事业不懈努力。期盼国家更繁荣、法治更昌明、人民更幸福！

后　记

　　本书是我继《人民的福祉是最高的法律》《法治：良法与善治》《法治具有目的性》《法为民而治》之后的第五辑随感录，写作的时间基本上是 2019 年至 2022 年年初，为保持文章的完整性，对文中提及的时间未作改动。在本书写作过程中，得到了北京大学法学院常鹏翱教授、许德风教授，北京理工大学法学院孟强副教授、中央民族大学法学院王叶刚副教授，中国人民大学熊丙万副教授及任久岱、龚家侃两位博士研究生等的大力帮助，在此一并致以谢意。

图书在版编目(CIP)数据

法治是一种生活方式 / 王利明著. —北京：北京大学出版社，2022.7
ISBN 978-7-301-33011-1

Ⅰ.①法… Ⅱ.①王… Ⅲ.①社会主义法治—中国—文集 Ⅳ.①D920.0-53

中国版本图书馆 CIP 数据核字(2022)第 079639 号

书　　　名	法治是一种生活方式 FAZHI SHI YIZHONG SHENGHUO FANGSHI
著作责任者	王利明　著
责 任 编 辑	焦春玲
标 准 书 号	ISBN 978-7-301-33011-1
出 版 发 行	北京大学出版社
地　　　址	北京市海淀区成府路 205 号　100871
网　　　址	http://www.pup.cn　http://www.yandayuanzhao.com
电 子 信 箱	yandayuanzhao@163.com
新 浪 微 博	@北京大学出版社　@北大出版社燕大元照法律图书
电　　　话	邮购部 010-62752015　发行部 010-62750672　编辑部 010-62117788
印 刷 者	涿州市星河印刷有限公司
经 销 者	新华书店
	650 毫米×980 毫米　16 开本　30.25 印张　375 千字 2022 年 7 月第 1 版　2022 年 7 月第 1 次印刷
定　　　价	98.00 元

未经许可，不得以任何方式复制或抄袭本书之部分或全部内容。
版权所有，侵权必究
举报电话：010-62752024　电子信箱：fd@pup.pku.edu.cn
图书如有印装质量问题，请与出版部联系，电话：010-62756370